Schriften zum Ostasiatischen Strafrecht

herausgegeben von
Eric Hilgendorf und Genlin Liang

11

ARTIBUS INGENUIS J·C·B·M· 1·8·0·1

Strafrechtswissenschaft als Ordnungsfaktor

Texte zur Strafrechtswissenschaft und Strafrechtstheorie aus Japan

Herausgegeben von

Eric Hilgendorf und Makoto Ida

Mohr Siebeck

Eric Hilgendorf, geboren 1960; Studium der Rechtswissenschaft in Tübingen, von 1997 bis 2001 Professor in Konstanz, seit 2001 Inhaber des Lehrstuhls für Strafrecht, Strafprozessrecht, Rechtstheorie, Informationsrecht und Rechtsinformatik an der Universität Würzburg.

Makoto Ida, geboren 1956; Studium der Rechtswissenschaft in Tokyo, von 1995–2016 Professor an der Keio-Universität in Tokyo, seit 2016 Professor an der Chuo Law School in Tokyo.

ISBN 978-3-16-161123-0 / eISBN 978-3-16-161124-7
DOI 10.1628/978-3-16-161124-7

ISSN 2195-5018 / eISSN 2569-4464 (Schriften zum Ostasiatischen Strafrecht)

Die Deutsche Nationalbibliothek verzeichnet diese Publikation in der Deutschen Nationalbibliographie; detaillierte bibliographische Daten sind im Internet über *http://dnb.dnb.de* abrufbar.

Das Buch wurde von Martin Fischer in Tübingen aus der Stempel Garamond gesetzt, von Laupp & Göbel in Gomaringen auf alterungsbeständiges Werkdruckpapier gedruckt und gebunden.

Printed in Germany.

Vorwort

Die Strafrechtswissenschaft Japans nimmt im Kontext der internationalen Strafrechtswissenschaft[1] eine herausragende Stellung ein, wie sie sonst wohl nur den Strafrechtswissenschaften Spaniens, Lateinamerikas sowie der deutschen Strafrechtswissenschaft zukommt. Japan hatte sich nach der durch äußere Einflüsse erzwungenen Öffnung des Landes zunächst dem französischen Strafrecht zugewandt. Das erste moderne Strafgesetzbuch Japans aus dem Jahr 1882 wurde zu großen Teilen von *Gustave Émile Boissonade* (1825–1910) entworfen, der das Japanische Justizministerium ab 1873 als Berater unterstützte.[2] Im letzten Jahrzehnt des 19. Jahrhunderts wandte sich Japan dann aber immer mehr dem deutschen Strafrechtsdenken zu, wobei politische Gründe offenbar eine mindestens ebenso große Rolle spielten wie wissenschaftliche Gesichtspunkte. Das 1907 verkündete und 1908 in Kraft getretene neue Strafgesetzbuch wurde daher stark von der deutschen Strafrechtsdogmatik der Zeit, insbesondere der „modernen Schule" der Strafrechtswissenschaft, geprägt.[3]

Das Strafgesetzbuch von 1908 ist bis heute in Geltung. Seine größten inhaltlichen Änderungen erfuhr es Ende der 40er Jahre, als nach dem verlorenen Weltkrieg das politische System Japans, ähnlich wie dasjenige Deutschlands, unter US-Amerikanischem Druck im Geiste von Liberalismus und Demokratie umgestaltet wurde. Der deutsche Einfluss auf System und Dogmatik hielt jedoch an und verstärkte sich in den nachfolgenden Jahrzehnten sogar noch.[4] Dies beruhte nicht zuletzt auch auf längeren Auf-

---

[1] Zum Konzept einer „internationalen Strafrechtswissenschaft" *Eric Hilgendorf*, in: E. Hilgendorf, H. Schulze-Fielitz (Hrsg.), Selbstreflexion der Rechtswissenschaft, 2. Aufl. 2021, S. 153–184.

[2] *Keiichi Yamanaka*, Einführung in das japanische Strafrecht. Strafrecht auf der Basis der japanischen Sozialstruktur, 2018, S. 30.

[3] *Makoto Ida*, Zur Rezeption des deutschen Strafrechts in Japan, GA 2017, S. 419ff.; *Osamu Magata*, Zur Entwicklung des japanischen Strafrechts, in: E. Hilgendorf (Hrsg.), Ostasiatisches Strafrecht, 2010, S. 25ff., insbes. S. 30ff.

[4] *Yamanaka*, Einführung in das japanische Strafrecht (Fn. 2), S. 55ff. Seit den 80er Jahren fanden zahlreiche japanisch-deutsche Strafrechtstagungen statt, für ein Beispiel aus jüngerer Zeit Eric Hilgendorf, Makoto Ida und Takuma Sato (Hrsg.), Strafrecht zwischen Ost und West. Neue Beiträge zur internationalen Strafrechtswissenschaft, 2019.

enthalten japanischer Wissenschaftler in Deutschland, welche oft von der Humboldt-Stiftung unterstützt wurden.[5]

Heute hat die japanische Strafrechtswissenschaft einen Grad an Differenziertheit und logischer Geschlossenheit erreicht, der es ihr erlaubt, mühelos mit Arbeiten aus der spanischsprechenden Welt und aus Deutschland zu konkurrieren. Eine ganz besondere Leistung liegt darin, das Modell der internationalen Strafrechtswissenschaft mit seiner Orientierung an Rechtsstaatlichkeit und Systematik in China heimisch gemacht zu haben. Nach der selbstzerstörerischen Kulturrevolution begann das „Reich der Mitte" Ende der 70er Jahre des 20. Jahrhunderts, ein neues, modernes Rechtssystem, auch und gerade für das Strafrecht, aufzubauen.[6] Dabei orientierte es sich an den erfolgreichsten Vorbildern des ostasiatischen Kulturkreises, und damit naturgemäß vor allem an Japan.

Ein erhebliches Hindernis auf dem Weg zu einem intensiveren Austausch der Japanischen Strafrechtswissenschaft mit Deutschland und der spanisch sprechenden Welt bildet offenkundig die Sprache. Während sich japanische Gelehrte seit über 100 Jahren immer wieder der Mühe unterzogen haben, Deutsch zu lernen, gibt es kaum deutsche Strafrechtslehrerinnen und Strafrechtslehrer, die des Japanischen mächtig sind. Dies steht der Rezeption des Japanischen Strafrechtsdenkens offenkundig im Wege. Um diese Lücke schließen zu helfen, habe ich meinen Japanischen Kollegen *Makoto Ida* gebeten, mit mir zusammen einen Band mit repräsentativen Texten aus der Japanischen Strafrechtswissenschaft herauszugeben.[7] Zu meiner großen Freude hat sich Kollege *Ida*, einer der wirkmächtigsten Strafrechtlehrer Japans und langjähriger Brückenbauer zwischen Ost und West, bereitgefunden, an dem Projekt teilzunehmen. Das Ergebnis unserer Zusammenarbeit bildet der vorliegende Band, der nach fast 10jähriger Arbeit endlich fertiggestellt werden konnte.

Die Auswahl der Texte hat *Makoto Ida* übernommen, Übersetzung und redaktionelle Bearbeitung fanden in Würzburg statt. Der Band spiegelt die bis heute anhaltende Ausrichtung der Japanischen Strafrechtswissenschaft auf Fragen des Allgemeinen Teils wider. Er wird eingeleitet durch eine höchst informative Darstellung der Entwicklung des japanischen Strafrechts und der japanischen Strafrechtswissenschaft aus der Feder Makoto Idas, die auch neue und neueste Tendenzen umfasst.

---

[5] Repräsentativ vielleicht die Autobiographie von *Taira Fukuda*, in: Eric Hilgendorf (Hrsg.), Die ausländische Strafrechtswissenschaft in Selbstdarstellungen, 2019, S. 99 ff.

[6] *Genlin Liang*, Einleitung, in: E. Hilgendorf, G. Liang (Hrsg.), Strafrechtswissenschaft im Aufbruch. Texte zur Strafrechtswissenschaft und Strafrechtslehre aus der Volksrepublik China, 2021, S. 1 (7 ff.).

[7] Siehe auch schon Gunnar Duttge, Makoto Tadaki (Hrsg.), Aktuelle Entwicklungslinien des japanischen Strafrechts im 21. Jahrhundert, worin ebenfalls ausschließlich japanische Strafrechtswissenschaftlerinnen und -wissenschaftler zu Wort kommen.

Ein Werk wie das vorliegende kommt nicht ohne vielfältige Unterstützung zustande. Dank sagen die beiden Herausgeber zunächst Frau *Ina Helm*, die die Texte aus dem Japanischen in eine erste deutsche Fassung übertragen hat. Herr *Dr. Jochen Feldle*, Herr *Johannes Petersen*, Frau *Dr. Anna Lohmann* und Herr *Justin Völkel* haben die Übersetzung überarbeitet und gestraft. Auch ihnen sind wir zu herzlichem Dank verpflichtet. Der Band schließt an den bereits im Dezember 2021 erschienen Sammelband mit Texten aus der Chinesischen Strafrechtswissenschaft an, welcher von *Genlin Liang* und *Eric Hilgendorf* herausgegeben wurde.[8]

Veitshöchheim, im Dezember 2021 Eric Hilgendorf

[8] Siehe Fn. 6.

Inhaltsverzeichnis

Einführung in das japanische Strafrecht

Makoto Ida

I. Einleitung

In diesem Einführungsteil werde ich im ersten Abschnitt die Entwicklung des japanischen StGB unter historischen Gesichtspunkten beleuchten. Im zweiten Abschnitt werde ich die Eigenheiten des japanischen Strafrechts darstellen, insbesondere seine Charakteristika aus rechtsvergleichender Sicht. Hierbei lässt sich erkennen, wie ähnlich bzw. unterschiedlich das deutsche und das japanische Strafrecht sind. Im dritten Anschnitt wird es sodann einen Überblick über die derzeitigen kriminalpolitischen Tendenzen in Japan geben. Sie lassen sich durch einen eigenartigen Antagonismus zwischen stabiler Kriminalität einerseits und hoher Punitivität andererseits kennzeichnen. Schließlich wird dem Leser im vierten Abschnitt die Entwicklung der japanischen Strafrechtswissenschaft nach dem Zweiten Weltkrieg vorgestellt. Zu beobachten sind hier vor allem die allmähliche Abkopplung der japanischen Dogmatik von der deutschen Dogmatik und ihre starke Annäherung an die Praxis bis hin zu praxisrelevanten Problemen.[1]

---

[1] Heutzutage gibt es einiges an deutschsprachiger Literatur über das japanische Strafrecht und die japanische Strafrechtswissenschaft. Als Dissertationen sind bspw. zu nennen: *Makoto Ida*, Die heutige japanische Diskussion über das Straftatsystem, 1991; *Akihiro Onagi*, Die Notstandsregelung im japanischen und deutschen Strafrecht im Vergleich, 1993; *Hirokazu Kawaguchi*, Strafrechtliche Probleme der Organtransplantation in Japan, 2000; *Mitsuru Iijima*, Die Entwicklung des strafrechtlichen Unrechtsbegriffs in Japan, 2004.

Als Tagungsbände sind erschienen: Hans Joachim Hirsch/Thomas Weigend (Hrsg.), Strafrecht und Kriminalpolitik in Japan und Deutschland, 1989; Hans-Heiner Kühne/Koichi Miyazawa (Hrsg.), Neue Strafrechtsentwicklungen im deutsch-japanischen Vergleich, 1995; Andrzej Szwarc/Andrzej Wasek (Hrsg.), Das erste deutsch-japanisch-polnische Strafrechtskolloquium, 1998; Hans-Heiner Kühne/Koichi Miyazawa (Hrsg.), Alte Strafrechtsstrukturen und neue gesellschaftliche Herausforderungen in Japan und Deutschland, 2000; Albin Eser/Keiichi Yamanaka (Hrsg.), Einflüsse deutschen Strafrechts auf Polen und Japan, 2001; Andrzej Szwarc (Hrsg.), Das dritte deutsch-japanisch-polnische Strafrechtskolloquium der Stipendiaten der Alexander von Humboldt-Stiftung, 2006; Jan C. Joerden/Andrzej Szwarc/Keiichi Yamanaka (Hrsg.), Das vierte deutsch-japanisch-polnische Strafrechtskolloquium der Stipendiaten der Alexander von Humboldt-Stiftung,

II. Das japanische Strafrecht im Überblick

Die wichtigsten Vorschriften des japanischen Strafrechts sind im geltenden StGB von 1907 niedergelegt. Außerhalb des StGB existieren zudem zahlreiche Sonderstrafgesetze, darunter auch Vorschriften, die eigentlich im StGB zu finden sein sollten, wie beispielsweise die Bestimmungen der gefährlichen Körperverletzung mittels einer Waffe oder des gewohnheitsmäßigen Einbruchsdiebstahls. Die gesamten Sonderstrafgesetze lassen sich in Kriminal- und Verwaltungsstrafgesetze einteilen.

Das japanische StGB besteht – wie auch das deutsche – aus einem Allgemeinen (§§ 1–72) und einem Besonderen Teil (§§ 77–264). Im Allgemeinen Teil finden sich generelle Vorschriften über die örtliche und die zeitliche Geltung des Strafgesetzes, die Arten und die Anwendung der Strafen sowie die Strafvoraussetzungen und -aufhebungsgründe. Im Besonderen Teil sind hingegen Bestimmungen über die einzelnen Straftaten niedergelegt. Eine deutsche Übersetzung des japanischen StGB liegt zwar vor, allerdings handelt es sich hierbei um eine Fassung vom 10. August 1953, die nur bis Mitte der 80er-Jahre des 20. Jahrhunderts galt.[2] Das japanische StGB ist seit 2001 vielfach – teilweise stark – reformiert worden. Dieser Trend einer fortschreitenden Reformierung wird auch weiterhin andauern, obwohl der Gesetzgeber bis zur Jahrtausendwende nur zögerlich in die Substanz des StGB eingriff. Eine Totalreform, wie sie derzeit in Korea geplant und vorbereitet wird, ist in Japan momentan jedoch nicht vorgesehen, obwohl das über 110 Jahre alte StGB durchaus Überholungsbedarf aufweist.

2011; Wolfgang Frisch (Hrsg.), Grundfragen des Strafzumessungsrechts aus deutscher und japanischer Sicht, 2011; Gunnar Duttge/Makoto Tadaki (Hrsg.), Aktuelle Entwicklungslinien des japanischen Strafrechts im 21. Jahrhundert, 2017; Christian Schwarzenegger/Makoto Ida (Hrsg.), Autonomie am Lebensende – Kultur und Recht. Die aktuelle Diskussion in der Schweiz und in Japan, 2018; Eric Hilgendorf/Makoto Ida/Takuma Sato (Hrsg.), Strafrecht zwischen Ost und West. Neue Beiträge zur internationalen Strafrechtswissenschaft, 2019.

Als Aufsatzsammlungen sind insbesondere hervorzuheben: *Keiichi Yamanaka*, Strafrechtsdogmatik in der japanischen Risikogesellschaft, 2008; *ders.*, Geschichte und Gegenwart der japanischen Strafrechtswissenschaft, 2012; „Japan-Heft“ des GA (Goltdammer's Archiv für Strafrecht) mit Beiträgen zum japanisch-deutschen Strafrechtsdiskurs; Robert Esser/Makoto Ida (Hrsg.), Menschenrechtsschutz und Zusammenarbeit im Strafrecht als globale Herausforderung. Rezeption internationaler Standards in Deutschland und Japan, 2018.

[2] *Kinsaku Saito/Haruo Nishihara* (Übersetzer), Das abgeänderte Japanische Strafgesetzbuch vom 10. August 1953, Sammlung Außerdeutscher Strafgesetzbücher, Nr. 65. Die erste deutsche Übersetzung wurde bereits im Jahr 1907 durch den späteren Richter des japanischen Reichsgerichts *Shigema Oba*, der an der Universität Erlangen promovierte, fertiggestellt und im Jahr 1908 veröffentlicht: Strafgesetzbuch für das Kaiserlich Japanische Reich vom 23.4.1907, Sammlung Außerdeutscher Strafgesetzbücher in deutscher Übersetzung Nr. 23.

Vergleicht man das japanische StGB mit dem deutschen StGB, erhält man den Eindruck, es handle sich um voneinander unabhängig entstandene Strafgesetzbücher. Zwar gibt es auch einander ähnelnde Vorschriften, wie beispielsweise § 38 Abs. 2 jaStGB. Dieser lautet:

> „Der Täter, der eine schwerere Straftat verwirklicht, aber die Tatsachen nicht kennt, welche diese schwerere Tat ausmachen, darf nicht wegen dieser Straftat bestraft werden."

Diese Bestimmung, die inhaltlich fast identisch mit § 16 Abs. 2 dtStGB ist, entstand aber gerade nicht aufgrund einer Rezeption des europäischen Rechts, sondern diese Vorschrift stammt aus dem chinesischen Strafrecht des 8. Jahrhunderts, das in dogmatischer Hinsicht bereits ein erstaunlich hohes Niveau aufwies. Trotzdem können sichtbare Unterschiede in vielen Details festgestellt werden. Beispielsweise erklärt das japanische StGB die allgemeine Straffreiheit der „aufgrund eines Gesetzes oder einer Rechtsverordnung" vorgenommenen Handlung sowie der in Ausübung eines „legalen Geschäfts" durchgeführten Handlung (§ 35 jaStGB)[3]. Der Gesetzgeber hielt diese allgemeine Erklärung, dass eine solche Geschäftshandlung rechtmäßig sei, für nötig, weil andernfalls beispielsweise Verletzungen beim Sumo- oder Judokampf die Strafbarkeit begründen könnten. Ein Vorbild hierfür war damals im schweizerischen StGB zu finden.

Wie beim Vergleich von Gesetzestexten der verschiedenen Rechtsordnungen üblich, finden sich auch hier nur äußerliche Ähnlichkeiten und kleine oder große Unterschiede im Gesetzeswortlaut. Um die zahlreichen Rätsel zu lösen, die dabei entstehen, muss man nicht Kenntnisse der deutschen und japanischen Strafgesetzbücher in der heutigen Fassung besitzen, sondern historisch vorgehen und sich über die Entstehungsgeschichte der jeweiligen Gesetzbücher informieren. Zum Verständnis des japanischen Strafrechts ist es zudem wichtig, den Prozess der Modernisierung des Rechts und der Gesellschaft nach der Meiji-Restauration von 1868 näher zu betrachten.[4] Japan mied seit Beginn des 17. Jahrhunderts über 200 Jahre lang Beziehungen mit dem Ausland, vornehmlich weil die Verbreitung des Christentums durch ausländische Missionare befürchtet wurde. Folge dieser zwei Jahrhunderte andauernden Isolation war, dass Japan, das von der Samurai-Herrschaft im Zeitalter des Feudalismus geprägt war, in dieser

---

[3] § 35 jaStGB lautet: „Eine Handlung, welche auf Grund eines Gesetzes oder einer Rechtsverordnung oder in Ausübung eines legalen Geschäfts vorgenommen wird, ist nicht strafbar."

[4] Ein zuverlässiger Überblick findet sich in Harald Baum/Moritz Bälz (Hrsg.), Handbuch Japanisches Handels- und Wirtschaftsrecht, 2011, S. 5 ff. mit weiteren Nachweisen; vgl. auch *Makoto Ida*, Wissenschaftstransfer zwischen Deutschland und Japan, in: Festschrift für Hans-Heiner Kühne, 2012, S. 759 ff.

Zeit mit der westlichen Kultur und Wissenschaft nur bedingt in Berührung kam und daher mit der rasanten Entwicklung der westlichen Welt nicht mithalten konnte. Dies betrifft beispielsweise die industrielle Revolution. Japan nahm schließlich die Meiji-Restauration von 1868 zum Anlass, die Feudalherrschaft zu beenden und sein Rechts- und Gesellschaftssystem von Grund auf zu modernisieren. Hierbei wurde ein möglichst zügiger „Totalumbau" gefordert.[5] Die Meiji-Regierung trieb deshalb die geforderte rasche Modernisierung durch einen umfassenden Transfer westlicher Kultur, Wissenschaften und Rechtsinstitute voran. Anfangs spielten die Japaner sogar mit dem Gedanken, das französische Zivilgesetzbuch ins Japanische zu übersetzen und es als eigenes Zivilgesetzbuch in Kraft treten zu lassen. Allerdings bewegten sich die chinesische Kultur und ihr Gedankengut, die die Japaner während der Isolationszeit gründlich rezipierten, auf hohem Niveau, sodass gegen Ende der feudalistischen Edo-Periode in Japan bereits subtile philosophische, ethische sowie religiöse Lehren und Ideen vorhanden waren. Sie verfügten zwar noch nicht über genügend Reife, um das moderne europäische Gedankengut in sich aufzunehmen und daraus eine Synthese hervorzubringen. Die japanischen Intellektuellen waren jedoch in abstraktem Denken und rationaler Argumentation geschult, sodass eine relativ reibungslose Übernahme westlicher Kultur und Wissenschaften vonstattengehen konnte. Nichtsdestotrotz mussten die Japaner vieles nachholen. Ihnen fehlte damals beispielsweise ein Verständnis vom Begriff des subjektiven Rechts; ihnen war nur die Pflicht oder der Status des Einzelnen bekannt. Das Konzept des subjektiven Rechts musste zunächst einmal von Japanern verstanden und das entsprechende Wort ins Japanische übersetzt und verbreitet werden. Auch die Unterscheidung von öffentlichem und privatem Recht war in Japan nicht geläufig. So musste das japanische Justizministerium in der frühen Meiji-Periode häufig Anweisungen an die Gerichte senden und verbieten, bei Zivilsachen die unterlegene Partei mit einer Strafe zu belegen.

Die Japaner sind vor allem dem Pariser Professor *Gustave Émile Boissonade* zu größtem Dank für die Unterstützung bei der Modernisierung des Rechtssystems verpflichtet. Er hielt sich auf Einladung der japanischen Regierung von 1873 bis 1895 in Tokyo auf und leistete einen kaum zu überschätzenden Beitrag zur Gesetzgebung und zur Ausbildung von hohen Justizbeamten in Japan. Er unterrichtete handverlesene junge japanische Juristen und brachte ihnen das europäische Recht und das europäische Rechts-

[5] Einerseits herrschte in der Öffentlichkeit allgemein eine starke Unzufriedenheit darüber, dass Japan wegen seiner Rückständigkeit von den westlichen Mächten nicht als gleichberechtigt anerkannt wurde. Andererseits bestand die ernst zu nehmende Gefahr, Japan könne bei einer Verzögerung der Umgestaltung des Landes in eine koloniale Abhängigkeit von den westlichen Mächten geraten.

denken näher. *Gustave Émile Boissonade* verfasste Entwürfe wichtiger Gesetzbücher, vor allem des BGB und StGB. Hinsichtlich des Strafrechts bemühte er sich zudem um die Abschaffung der zur Erlangung von Geständnissen ausgeübten Folter und stellte einen umfangreichen Strafgesetzentwurf fertig, bei dessen Abfassung er zwar den *Code pénal* Napoleons von 1810 zum Vorbild nahm, ihn aber unter Berücksichtigung der damaligen europäischen Strafgesetzbücher an vielen Stellen revidierte. Dieser Entwurf konnte jedoch erst in erheblich überarbeiteter Form als Gesetz in Kraft treten. Es handelte sich hierbei um das erste moderne japanische StGB von 1880, das 1882 Gesetzeskraft erlangte. Das StGB von 1880 zeichnete sich vor allem durch seine liberalen und objektivistischen Merkmale aus. Beispielsweise wurde das Gesetzlichkeitsprinzip – *nullum crimen, nulla poena sine lege* – in diesem Gesetz zum ersten Mal ausdrücklich niedergelegt.[6] Zudem wurden die gegen das Schuldprinzip verstoßenden Rechtsinstitute und die ständigen Privilegien entfernt. Das StGB von 1880 entschärfte und modernisierte auch das bisherige Strafensystem. Die Freiheitsstrafen wurden in den Mittelpunkt gerückt, die Leibesstrafen wurden abgeschafft. Charakteristisch für das StGB war, dass für die Realkonkurrenz das Prinzip der Absorption galt; wie heute bei der Tateinheit sollte diejenige Strafe herangezogen werden, die sich nach dem schwersten der begangenen Delikte richtet. Eine Erhöhung des Strafrahmens unterblieb dabei. Die Strafvorschriften des Besonderen Teils wurden detailliert und begrifflich klar gefasst. Außerdem wurden die einzelnen Delikte nach der Art und Weise der Tatausführung sowie nach der Schwere des eingetretenen Erfolges in Kategorien eingeteilt. Auch die jeweiligen Strafrahmen wurden relativ eng gefasst, um den Ermessensspielraum des Richters möglichst gering zu halten. Die Vorschriften, die *Boissonade* vermutlich unter besonderer Berücksichtigung des deutschen StGB von 1871 formulierte, fanden in diesem StGB Aufnahme und blieben fast unverändert im geltenden StGB von 1907 erhalten, so zum Beispiel § 38 Abs. 1 jaStGB. Dieser lautet:

> „Eine Handlung, bei der der Wille, eine Straftat zu begehen, fehlt, ist [grundsätzlich] nicht strafbar."

Das StGB von 1880 wurde jedoch bald durch das derzeit geltende StGB von 1907 ersetzt. Der Grund hierfür war die Unzufriedenheit der Praktiker. Diese kritisierten das StGB von 1880 vor allem wegen seiner schweren Verständlichkeit aufgrund detaillierter und komplizierter Regelungen, die ihnen das Gefühl vermittelten, in ihren Handlungsspielräumen stark eingeschränkt zu sein. Außerdem fand ab den 1880er-Jahren eine Hinwendung zu Deutschland und dessen Recht statt. Hier wird insbesondere 1881 als

---

[6] Allerdings darf nicht übersehen werden, dass es damals noch kein Parlament gab und man deshalb nicht vom Gesetzlichkeitsprinzip im strengen Sinne sprechen konnte.

figsten Stichworte nennen, die zur Charakterisierung der Japaner und der japanischen Gesellschaft gebraucht werden:
- gruppenorientiertes Denken
- vertikale Gesellschaftsstruktur
- Inselmentalität
- starkes Anlehnungsbedürfnis *(Amae)* als Besonderheit der japanischen Psyche
- mütterliche, alle Personen einschließende, jedwede klare Zäsur vermeidende Gesellschaft im Gegensatz zur väterlichen westlichen Welt
- Japaner als Agrarvolk
- Moratorium (*Erik H. Erikson*) als allgemeines Merkmal der Japaner, wobei die geistige Verselbstständigung aufgeschoben wird

Diese und andere Thesen sind interessant und entsprechen auch dem Selbstbild vieler Japaner. Sie sind aber wegen ihrer Unbestimmtheit wissenschaftlich schwer überprüfbar. Bisher handelt es sich nur um mehr oder weniger mit empirischen Befunden harmonierende Hypothesen. Diese „Theorien" sind kurzlebig; Thesen, die heute Hochkonjunktur haben, werden morgen wieder in Vergessenheit geraten. Aus ihnen lassen sich weder dogmatische noch rechtspolitische Konsequenzen für die strafrechtlichen Probleme ableiten.

Die Kultur und die damit einhergehenden Stereotypen werden jedoch häufig zur Legitimation des Status quo sowie gegen die Modernisierung des Rechtssystems nach ausländischem Vorbild benutzt und wirken damit kontraproduktiv und politisch reaktionär. Obwohl es sich bei Japan um ein „Rechtsimportland" handelt, berufen sich viele Gegner von Reformen zur Verteidigung des vormodernen Rechtszustandes auf die Kultur und Tradition Japans. Die Argumentation mit den Besonderheiten der japanischen Kultur stellt eine Flucht in einen wissenschaftlich schwer nachweisbaren und damit gegen Kritik immunen Bereich dar.[9] Eine solche Immunisierungsstrategie ist etwa dann anzutreffen, wenn die Beibehaltung der Todesstrafe mit der kulturellen Eigenständigkeit der japanischen Gesellschaft begründet wird.[10] Ein Beispiel, das eine dogmatische Frage betrifft, soll dies verdeutlichen. Eine Entscheidung des japanischen Obersten Gerichtshofs (OGH) aus dem

[9] Vgl. auch *Makoto Ida*, Wozu Rechtsvergleichung heute?, Zeitschrift für Japanisches Recht Nr. 46, 2018, 321, 322 ff.

[10] Bekanntlich verteidigte *Haruo Nishihara* die im Allgemeinen positive Einstellung der Japaner gegenüber der Todesstrafe, obwohl er selbst eine Position der Mitte zwischen den Befürwortern und Gegnern dieser Strafe einnimmt, vgl. *Haruo Nishihara*, Die Idee des Lebens im japanischen Strafrechtsdenken, Augsburger Universitätsreden, Heft 32, 1997, S. 27 ff.

Jahre 1957 verneinte die Freiwilligkeit des Rücktritts (§ 43, 2. Hs. jaStGB)[11] in einem Fall, in dem der Täter, der mit Tötungswillen einmal auf den Kopf des Opfers eingeschlagen hatte, durch die dabei entstandene stark blutende Wunde erschrak und deshalb von seinem Vorhaben abließ.[12] Ein Autor versuchte damals, die Verneinung der Freiwilligkeit damit zu begründen, dass die Japaner ein Agrarvolk und deshalb nicht daran gewöhnt seien, Blut zu sehen, sodass der Anblick von Blut bei Japanern eine stark tathemmende, den freien Willen ausschließende Wirkung hätte. Diese Argumentation wird heute in Strafrechtsvorlesungen nur noch zu dem Zweck erwähnt, die studentischen Zuhörer zum Lachen zu bringen und die Vorlesung aufzulockern.

Der Kulturdeterminismus verringert die Vergleichsbasis verschiedener Lösungen der jeweiligen Länder, erschwert einen über das kulturanthropologische Gespräch hinausgehenden, auch auf einen Rechtstransfer abzielenden Diskurs und entwertet damit die Rechtsvergleichung. Von einer Erweiterung der Lösungsmöglichkeiten, die als Sinn und Zweck der Rechtsvergleichung immer wieder hervorgehoben wird, kann dann kaum die Rede sein. Deshalb sollte im juristischen Diskurs bei einer Bezugnahme auf die jeweilige Kultur mit Bedacht vorgegangen werden. Die Kultur sollte bei der Rechtsvergleichung gewissermaßen als *ultima ratio* für die Erklärung von Lösungsdifferenzen herangezogen werden. Allerdings ist die Rechts- bzw. Justizkultur von der Kultur im allgemeinen Sinne zu unterscheiden.[13] Erstere ist auf einer konkreteren Ebene lokalisiert und kann bei der Rechtsvergleichung und damit bei der Erklärung von Lösungsdifferenzen aussagekräftiger sein als die allgemeine Kultur. Das Charakteristische an der Rechts- bzw. Justizkultur ist, dass sie durch allerlei Zufallsmomente bestimmt wird. Dazu gehören in diesem Zusammenhang beispielsweise politische Machtkonstellationen, die hinter der Kodifikation oder der Rezeption des Rechts stehen; die geografische oder geistige Nähe der Herkunftsländer der Rechtsfiguren und der Rechtsinstitute; die von der Persönlichkeit der einzelnen Wissenschaftler herrührende Gestaltungskraft der Dogmengeschichte sowie einige weitere Punkte. Die Zufälligkeit, die Einseitigkeit und die Voreingenommenheit jeder Rechtsordnung, die ihre Ursachen in diesen oder anderen rechtskulturellen Zufallsfaktoren haben, können durch die Rechtsvergleichung korrigiert oder behoben werden.

---

[11] § 43 jaStGB lautet: „Bei dem Täter, der die Ausführung einer Straftat begonnen, aber nicht vollendet hat, kann die Strafe gemildert werden; wenn der Täter aus eigenem Willen mit der Ausführung der Straftat aufhört, so tritt Strafmilderung ein oder es kann von Strafe abgesehen werden."

[12] Beschluss des OGH v. 10.9.1957, Keishū, Bd. 11, Nr. 9, S. 2202.

[13] Hierzu vgl. *Makoto Ida*, Strafrechtsvergleichung als Kulturvergleich? – dargestellt am Beispiel der Versuchsstrafbarkeit, in: Franz Streng/Gabriele Kett-Straub (Hrsg.), Strafrechtsvergleichung als Kulturvergleich, 2012, S. 26 ff.

2. *Ein weiter Beurteilungsrahmen für die Richter*

Das geltende japanische StGB ist einerseits gekennzeichnet durch die Abstraktheit seiner Vorschriften und die Weite der Strafrahmen sowie andererseits durch einen weiten Beurteilungsspielraum bei der Berücksichtigung von Strafmilderung und -erhöhung. Während das jaStGB von 1880 beispielsweise acht verschiedene Typen des Diebstahls kannte, ist im geltenden jaStGB nur ein einziger Diebstahlsparagraf (§ 235 jaStGB) zu finden, der lediglich 40 Schriftzeichen umfasst und dessen Strafdrohung eine Zuchthausstrafe von einem Monat bis zu zehn Jahren und eine Geldstrafe von 10.000 Yen (etwa 84 Euro) bis 500.000 Yen (etwa 4.180 Euro) vorsieht. Im Übrigen differenziert Japan, anders als Deutschland, das von einer einheitlichen Freiheitsstrafe ausgeht, zwischen einer Zuchthausstrafe und Gefängnisstrafe. Mit Ersterer ist eine Pflicht zur Arbeit verbunden (§§ 12 f. jaStGB). Auch die Körperverletzungsvorschrift (§ 204 jaStGB), die sogar nur 34 Schriftzeichen umfasst, bestimmt einen Strafrahmen von einer Zuchthausstrafe von einem Monat bis zu 15 Jahren und einer Geldstrafe von 10.000 bis 500.000 Yen. Das japanische StGB unterscheidet zudem nicht zwischen Mord und Totschlag. § 199 jaStGB sieht für die vorsätzliche Tötung einen Strafrahmen von einer fünfjährigen Zuchthausstrafe bis zur Todesstrafe vor.[14]

Das japanische StGB enthält zahlreiche fakultative Strafmilderungsgründe sowie die großzügig gestalteten Rechtsinstitute der bedingten Strafaussetzung und der bedingten Entlassung aus der Strafanstalt. Diese entstanden aufgrund der oben erwähnten starken Einflussnahme der spezialpräventiven Strafrechtslehre. Besonders erwähnenswert ist in diesem Zusammenhang die Vorschrift, die allgemein nach den Umständen eine fakultative Strafmilderung zulässt (§§ 66 f. jaStGB). Sie kann auch dann zur Anwendung kommen, wenn ein oder mehrere gesetzliche Strafmilderungsgründe vorliegen. Bei der zeitigen Freiheitsstrafe kann das Gericht deshalb die gesetzliche Strafe bis auf ein Viertel der Strafe herabsetzen. Liegt ein Fall der Realkonkurrenz vor, die das geltende jaStGB im Gegensatz zum früheren jaStGB von 1880 als einen Straferhöhungsgrund ansieht, kann eine Freiheitsstrafe von bis zu 30 Jahren verhängt werden.[15] Das Rechtsinstitut der Strafaussetzung ist hingegen großzügig gestaltet. Dieses kann angewendet werden, wenn der Angeklagte zu einer Freiheits-

---

[14] Qualifizierende und privilegierende Tatbestände sind viel seltener anzutreffen als im deutschen StGB. Eine Abstufung der Strafrahmen in besonders schwere und minder schwere Fälle mit der Regelbeispielstechnik fehlt im japanischen StGB.

[15] Beispielsweise wird die Körperverletzung mit Todesfolge mit Zuchthausstrafe bis zu 20 Jahren bestraft (§ 205 jaStGB). Wenn der Täter zwei derartige Taten in Realkonkurrenz begeht, beträgt die Höchststrafe eine Zuchthausstrafe von 30 Jahren.

strafe von bis zu drei Jahren verurteilt wurde (§ 25 jaStGB). Zudem gibt es in Japan auch die Möglichkeit der Todesstrafe. Aus alledem lässt sich der Schluss ziehen, dass das japanische Gericht im Vergleich zum deutschen einen großen Beurteilungsspielraum im Hinblick auf die Strafzumessung innehat. Wenn der Angeklagte zum Beispiel wegen vorsätzlicher Tötung (§ 199 jaStGB) zu verurteilen ist, hat das Gericht die Wahl zwischen der Todesstrafe, einer unbefristeten Zuchthausstrafe oder einer zeitigen Zuchthausstrafe von zweieinhalb bis 30 Jahren. Kommen ein oder mehrere Strafmilderungsgründe in Betracht, so beläuft sich die Strafrahmenuntergrenze auf eine Zuchthausstrafe von einem Jahr und drei Monaten. Die Gesichtspunkte, an denen sich die Strafzumessung orientiert, sind im Gesetz jedoch nicht zu finden. Die Einzelheiten der Strafzumessung werden vielmehr der juristischen Praxis überlassen. Von besonderem Interesse ist deshalb die Frage, wie die japanischen Richter diesen großen Beurteilungsspielraum ausfüllen. Die japanische Gerichtspraxis betrachtet bei der Strafzumessung den *Schuldausgleich* bzw. die *Tatproportionalität* als Leitprinzip und lässt präventive Überlegungen nicht in den Vordergrund treten. Vielmehr ist die *Dichotomie von Tatumständen und sonstigen allgemeinen Begleitumständen* von fundamentaler Bedeutung. Unter Letzteren versteht man zum Beispiel das Verhalten nach begangener Tat, beispielsweise Bemühungen zur Wiedergutmachung, sowie die für die präventiven Überlegungen bedeutsamen Tatsachen. In der Gerichtspraxis wird das Strafmaß also im Wesentlichen anhand der Tatumstände bestimmt und unter Berücksichtigung der allgemeinen Begleitumstände in gewissen Grenzen – nach oben oder nach unten – modifiziert.

Die japanischen Praktiker legen großen Wert auf eine einheitliche Strafzumessung.[16] Deshalb steht in Straffragen überwiegend die Proportionalität zwischen Tat und Strafe im Vordergrund und spezialpräventive Überlegungen erlangen fast nur bei Rückfalltätern Gewicht. Die Spezialprävention kommt beispielsweise erst im Stadium des Strafvollzugs zum Zuge. Die Schwereskala zur Quantifizierung des Strafmaßes bestimmt in Japan nicht der gesetzliche Strafrahmen, sondern der *Strafkurs*, der sich in jahrelanger Praxiserfahrung allmählich gebildet hat. Deshalb betrachtet das Gericht bei der Strafzumessung einen oder mehrere verwandte Fälle aus der Vergangenheit anhand der in ganz Japan gesammelten bisherigen Entscheidungen und orientiert sich schließlich für die Bestimmung der Strafhöhe stark an den dort ausgesprochenen Strafen. Dadurch wird eine einheitliche Strafzumessung erzielt. Der Grund für dieses Verlangen ist nicht nur die Neigung zur Einheitlichkeit, die bei Japanern oft zu be-

[16] Diese Forderung wird auch in der japanischen Gerichtspraxis nach Meinung der Praktiker mehr oder weniger gut erfüllt.

obachten ist, sondern auch das zentralisierte Justizwesen. Eine große Rolle spielen ebenfalls häufige Versetzungen der Richter und Staatsanwälte innerhalb Japans sowie eingehende Kontrollen hinsichtlich Straffragen durch die höheren Gerichte.

3. Einstellung zum Gesetzlichkeitsprinzip

Ein weiteres Charakteristikum des japanischen Strafrechts stellt die flexible Handhabung des geschriebenen Gesetzestextes dar.[17] Die japanischen Strafjuristen nehmen, anders als ihre deutschen Kollegen, den Gesetzeswortlaut manchmal weniger ernst. Sie messen dem Gesetzeswortlaut im Vergleich zu den Deutschen keinen derart hohen Stellenwert unter den verschiedenen Anforderungen bei, die an die Rechtsfindung gestellt werden. Folglich nehmen japanische Richter häufig eine analogieverdächtige Auslegung vor, obwohl auch in Japan das Gesetzlichkeitsprinzip heute als Verfassungsgrundsatz (Art. 31, 39 japanische Verfassung) gilt. Problematisch daran ist, dass sie nur selten unter Berufung auf das Analogieverbot zum Ergebnis eines Freispruchs gelangen. Dazu möchte ich drei Beispiele anführen.

Der erste Fall betrifft den Elektrizitätsdiebstahl. Hier subsumierte das japanische Reichsgericht in einem Urteil von 1903 die Elektrizität unter den Begriff der Sache und bestrafte den Angeklagten, der elektrische Energie von seinem Nachbarn entwendet hatte, wegen Diebstahls nach § 366 jaStGB von 1880.[18] Das Urteil fiel in die Zeit, in der sich auch der deutsche Gesetzgeber mit diesem Problem beschäftigte und auf dem Wege einer Gesetzesänderung die bis dahin vorliegende Strafbarkeitslücke beseitigte, nachdem das deutsche Reichsgericht die Subsumtion der Elektrizität unter den Begriff der Sache verweigert hatte.[19] Das japanische Reichsgericht argumentierte daraufhin folgendermaßen: Das Diebstahlsobjekt müsse weggenommen werden können. Damit man es wegnehmen könne, müsse das Objekt zwei Merkmale aufweisen; zum einen die Fähigkeit, es aufzubewahren, und zum anderen die Transportfähigkeit. Da beide Merkmale bei der Elektrizität vorhanden seien, stelle sie eine Sache im Sinne des Diebstahlsparagrafen dar. Hier handelte es sich um eine an sich tadellose logische Argumentation. Man schenkte allerdings dem Gesetzeswortlaut zu wenig Beachtung.

---

[17] Vgl. hierzu *Makoto Ida*, Methodik der Rechtsfindung – insbesondere im japanischen Strafrecht, in: Vergleichende Strafrechtswissenschaft: Frankfurter Festschrift für Andrzej J. Szwarc, 2009, S. 3 ff.; *Makoto Tadaki*, Faktische Gesetzgebung durch „freie" richterliche Auslegung von Strafgesetzen in Japan, in: Gunnar Duttge/Makoto Tadaki (Hrsg.), Aktuelle Entwicklungslinien des japanischen Strafrechts im 21. Jahrhundert, 2017, S. 75, 15 ff.

[18] Urteil v. 21.5.1903, Keiroku, Bd. 9, S. 874.

[19] RGSt 29, 111; 32, 165.

Das zweite Beispiel stammt aus dem Urkundenstrafrecht. Der japanische OGH bewertete im Jahre 1976 – im Gegensatz zur deutschen Rechtsprechung – die Herstellung einer nur scheinbar originalgetreuen Fotokopie einer amtlichen Urkunde als Urkundenfälschung.[20] Der OGH berief sich dabei auf eine teleologische Auslegung. Die Fotokopie einer originalen amtlichen Urkunde stelle demzufolge insofern eine amtliche Urkunde dar, als sie eine dem Original vergleichbare soziale Funktion als Beweismittel innehat.

Beim dritten Beispiel handelt es sich um den strafrechtlichen Lebensschutz. In den 50er- und 60er-Jahren des 20. Jahrhunderts verursachten in Fabrikabwässern enthaltene Quecksilberverbindungen eine schwere Umweltvergiftung, Minamata-Krankheit, genannt. In der Folgezeit kamen viele Kinder schwer krank zur Welt und verstarben schließlich an dieser Krankheit, die eine sukzessiv die Gesundheit schädigende Wirkung entfaltete. Der OGH befasste sich hier mit der Frage, ob diese pränatale Verletzung der Leibesfrucht, die erst nach der Geburt allmählich den Tod bewirkte, wegen fahrlässiger Tötung eines Menschen (§ 211 jaStGB a. F.) bestraft werden könne. Er bejahte dies in einer Entscheidung aus dem Jahre 1988.[21] Auch dies steht im Gegensatz zur Stellungnahme des deutschen Bundesgerichtshofs (BGH).[22] Dem üblichen Einwand gegen die bejahende Auffassung, man könne von einer Verletzung eines menschlichen Körpers erst dann reden, wenn zum Tatzeitpunkt nicht nur eine Leibesfrucht, sondern ein Mensch existiert habe, wollte der OGH mit folgender Argumentation begegnen: Durch die Tat sei durchaus in einen Teil eines Menschen eingegriffen worden, nämlich der Mutter. Dieser verletzte Mensch oder, genauer gesagt, dieser verletzte Teil eines Menschen könne als identisch mit dem später geborenen, verletzten Opfer angesehen werden.

Wie die dargestellten Beispiele verdeutlichen, bemüht sich auch die japanische Judikatur um eine logische Argumentation und eine rationale Begründung des Ergebnisses. Jedoch gehen die japanischen Juristen mit dem Gesetzeswortlaut flexibel um und betrachten offenbar die Bindung der Justiz an die Wortlautgrenze nur als relativen Wert neben anderen Werten. Wenn also japanische Juristen das Ergebnis der Straflosigkeit als ungerecht empfinden, dann zögern sie nicht, auch über die Grenze des Wortlauts des Gesetzes hinauszugehen. Warum die Japaner dem Gesetzeswortlaut kein bedingungsloses Vertrauen entgegenbringen, ist eine schwer zu beantwortende Frage. Möglicherweise hat die Rezeption des europäischen Rechts und des Rechtsstaatsgedankens in Japan eine zu kurze Geschichte, um

[20] Urteil v. 30.4.1976, Keishū, Bd. 30, Nr. 3, S. 453.
[21] Beschluss v. 29.2.1988, Keishū, Bd. 42, Nr. 2, S. 314.
[22] BGHSt 31, 348.

Wurzeln schlagen zu können. Andererseits lässt sich eine gewisse Parallele zu der alltäglich zu beobachtenden Tatsache ziehen, dass die Japaner dem geschriebenen oder auch dem gesprochenen Wort keine entscheidende Bedeutung beimessen. Eine schweigende Verständigung ist die höchste Tugend im interpersonalen Umgang in Japan.[23]

4. Rechtsschöpfung durch die Gerichte

Diese flexible Handhabung des Gesetzeswortlauts durch die japanischen Richter hängt mit der – jedenfalls bis zur Jahrtausendwende – relativ zurückhaltenden Tätigkeit des Gesetzgebers zusammen. Ein Paradebeispiel hierfür ist das Folgende: Nach § 200 jaStGB ist ein Aszendentenmörder mit der Todesstrafe oder lebenslänglicher Zuchthausstrafe zu bestrafen. Obwohl der OGH diese Vorschrift in seiner Plenarentscheidung vom 4. April 1973 wegen ihres übermäßig strengen Strafrahmens für verfassungswidrig erklärt hatte, wurde sie bis 1995 weder aufgehoben noch entsprechend abgeändert. So kam es zu der kuriosen Situation, dass diese Vorschrift zwar in der Praxis nicht mehr angewandt wurde, aber dennoch über 20 Jahre lang bestehen blieb. Ein weiteres Beispiel bieten die Abtreibungsvorschriften der §§ 212 ff. jaStGB. Danach wird die Abtreibung in ihren sämtlichen Erscheinungsformen (einschließlich der durch die Schwangere selbst vorgenommenen Abtreibung) bestraft. Die Bestimmung des Mutterschutzgesetzes, die die Indikationen zum Schwangerschaftsabbruch vorsieht, wird

[23] An dieser Stellte möchte ich ein weiteres Beispiel für eine flexible Handhabung der Gesetzessprache nennen. Es handelt sich um das Bestimmtheitsgebot, dem die Lehre und die Judikatur in Japan Verfassungsrang einräumen. Zum Verständnis dieses Falles ist es wichtig zu wissen, dass in Japan jede Präfektur ermächtigt ist, Strafgesetze zu erlassen, deren Strafandrohung Zuchthausstrafe bis zu zwei Jahren beinhaltet. Fast alle Präfekturen besitzen entsprechende Strafvorschriften, die unzüchtige Handlungen an Jugendlichen unter 18 Jahren unter Strafe stellen. Der OGH befasste sich in seiner Entscheidung aus dem Jahre 1985 (Urteil des Großen Senats v. 23.10.1985, Keishū, Bd. 39, Nr. 6, S. 413) mit der Frage, ob folgende durch eine Präfektur erlassene Strafvorschrift wegen ihrer Uferlosigkeit und Unbestimmtheit für verfassungswidrig erklärt werden muss: „Wer an einem Jugendlichen oder an einer Jugendlichen unter 18 Jahren eine unzüchtige Handlung vornimmt, wird mit Zuchthausstrafe bis zu zwei Jahren bestraft." Es ist klar, dass diese unzüchtigen Handlungen nicht mit dem Geschlechtsverkehr oder anderen sexuellen Handlungen gleichgesetzt werden können, zumal in Japan Mädchen ab 16 Jahren und Jungen ab 18 Jahren heiraten dürfen. Der OGH vermied es aber, dieses offensichtlich unbestimmte Strafgesetz für verfassungswidrig zu erklären, und versuchte, seine Verfassungskonformität durch eine einschränkende Auslegung zu retten. Danach stellen der Geschlechtsverkehr oder andere sexuelle Handlungen mit einem oder einer Jugendlichen dann unzüchtige Handlungen dar, wenn Letztere ausschließlich zur Befriedigung des Geschlechtstriebs – praktisch ohne Liebe – vorgenommen werden.

extensiv ausgelegt bzw. als Eingrenzung nicht ernst genommen, wodurch das Abtreibungsverbot des StGB seit langer Zeit leerläuft. Auch hier hat der Gesetzgeber bis heute nichts unternommen.

Wenn der Gesetzgeber eine Regelungslücke nicht füllt, müssen die japanischen Gerichte unweigerlich rechtsschöpferisch tätig werden. Die oben dargestellten drei Fälle dienen hierfür als Beispiele. Die Anpassung des Rechts an veränderte soziale Verhältnisse wird häufig den Richtern aufgegeben. Doch nach dem Selbstverständnis der japanischen Richter ist ihre Arbeit streng auf den konkreten Fall bezogen. Generalisierbare, allgemeine Regeln aufzustellen, sei die Aufgabe des Gesetzgebers, nicht die des Richters. Diese Überzeugung der japanischen Richter spiegelt sich auch in der Tatsache wider, dass in der vom Gericht herausgegebenen Entscheidungssammlung ausführlich der jeweilige Sachverhalt geschildert wird. Die japanischen Richter orientieren sich stark an früheren Entscheidungen, obwohl im japanischen Rechtssystem das kodifizierte Recht die wichtigste Rechtsquelle darstellt. Dies lässt sich, etwas vereinfacht, wie folgt erläutern: Die Wissenschaftler suchen auf einem höheren Abstraktionsniveau nach Lösungsprinzipien, die in allen theoretisch denkbaren Fällen zu widerspruchsfreien Resultaten führen. Die Einzelfallgerechtigkeit dürfe nur innerhalb dieses systematischen Rahmens Bedeutung haben. Demgegenüber sind die japanischen Praktiker der Ansicht, die Einzelfallgerechtigkeit genieße absoluten Vorrang. Man dürfe zwar keine Ad-hoc-Lösung herbeiführen wollen; dennoch müssten gleiche Fälle auch gleich gelöst werden. Doch den Kreis der gleichen Fälle müsse man eng ziehen. Wie und mit welchen Prinzipien man die vom vorliegenden zu unterscheidenden Fälle lösen solle, sei hingegen nicht wichtig.

Die auf die Einzelfallgerechtigkeit abstellende, faktenbezogene Betrachtungsweise der japanischen Praktiker entwickelte sich insbesondere unter dem Einfluss der Theorien von *Eugen Ehrlich* und der angloamerikanischen Rechtsdenker. Diese hatte u.a. *Izutaro Suehiro*, Zivilrechtler und Rechtssoziologe, bereits seit den 1920er-Jahren in die Methodendiskussion eingeführt. Das angloamerikanische Rechtsdenken übte bereits vor dem Zweiten Weltkrieg einen starken Einfluss insbesondere auf die Denkweise der japanischen Richter aus. Die Aussage, das angloamerikanische Recht habe in Japan erst ab der Nachkriegszeit eine hohe Bedeutung erlangt, ist deshalb unzutreffend.

5. Deutsche und japanische Strafrechtstheorien im Vergleich

a. Differenzen in der Versuchsproblematik

Im Folgenden werden zunächst die japanischen Strafrechtstheorien thematisiert. Die strafrechtliche Grundanschauung ist bei der Lösung der Versuchsproblematik am deutlichsten erkennbar. Insbesondere stellt der untaugliche Versuch einen wichtigen Prüfstein für die strafrechtliche Unrechtslehre dar. In diesem Problembereich weist die japanische Strafrechtsdogmatik eine deutlich objektivere Tendenz als die deutsche auf.[24] Obwohl die Versuchsvorschriften des geltenden japanischen StGB den untauglichen Versuch unerwähnt lassen, ist in Lehre und Rechtsprechung einstimmig anerkannt, dass dieser teilweise straflos ist. Das japanische Reichsgericht erklärte in einem Urteil aus dem Jahre 1917 den Tötungsversuch durch die Verabreichung von Schwefelpulver für straflos.[25] Auch der von der Beratungskommission im Justizministerium verfasste Reformentwurf von 1974[26] wollte die „ihrer Natur nach" untaugliche Versuchshandlung ausdrücklich straflos lassen (§ 25 des Entwurfs).[27]

Die in Japan lange überwiegend vertretene Position entwickelte sich aufgrund der Rezeption der deutschen Dogmatik – genauer gesagt, der sogenannten neueren objektiven Theorie, die von *Franz von Liszt* begründet wurde[28] und bis in die 1930er-Jahre hinein auch in Deutschland vorherrschend war.[29] Diese Auffassung orientiert sich an einer Ex-ante-Betrachtungsweise. Bei der Untauglichkeit des Tatmittels und des Objekts fragt sie danach, ob der Erfolgseintritt wegen der Tatumstände, die der Täter sich zum Zeitpunkt der Tat vorstellte, überhaupt möglich war. In dieser Hinsicht entspricht sie der heute in Deutschland herrschenden subjektiven oder gemischt subjektiv-objektiven Versuchstheorie. Dabei nimmt die japanische Lehre eine Einschränkung und somit ein Stück Objektivierung vor. Sie berücksichtigt unter den vom Täter irrigerweise vorgestellten Umständen nur diejenigen, von deren Vorliegen auch ein hypothetischer Durchschnittsmensch in der gleichen Tatsituation ausgegangen

---

[24] Vgl. auch hierzu *Takuma Sato,* Entwicklung der japanischen Versuchsdogmatik, GA 2017, S. 432 ff.

[25] Urteil des japanischen Reichsgerichts v. 10.9.1917, Keiroku, Bd. 23, S. 999.

[26] Entwurf zu einem Japanischen Strafgesetzbuch vom 29. Mai 1974, übers. v. *Haruo Nishihara*, Sammlung Außerdeutscher Strafgesetzbücher, Nr. 102.

[27] § 25 des Reformentwurfs von 1974 lautet: „Wenn eine Handlung ihrer Natur nach überhaupt unmöglich ist, den Erfolg herbeizuführen, so wird sie nicht wegen Versuchs bestraft."

[28] *Franz v. Liszt*, Lehrbuch des Deutschen Strafrechts, 21./22. Aufl. 1919, S. 199 f.

[29] Vgl. *Hans Joachim Hirsch*, Strafrechtliche Probleme, Band II, 2009, S. 245 ff., 285 ff.

wäre. Wer einen vermeintlich noch lebenden Menschen mit dem Messer zu erstechen trachtet, sei deshalb nur dann wegen Versuchs strafbar, wenn auch ein an die Stelle des Täters zu denkender Durchschnittsmensch das Opfer für lebend gehalten hätte. Interessanter ist aber die Tatsache, dass diese Theoriekonzeption inzwischen nicht mehr die herrschende Rechtslehre darstellt. Insbesondere nach den 1980er-Jahren wurde eindringlich auf die Schwächen dieser Rechtslehre hingewiesen. Als Alternative wird jetzt eine auf ein Ex-post-Gefahrurteil abstellende, noch weiter objektivierende Versuchstheorie vertreten, die den Bereich der Straflosigkeit weiter ausdehnen will.[30]

Ich möchte hier versuchen, die rechtskulturellen Hintergründe aufzuzeigen, die die allmähliche Verfestigung dieser objektiven Tendenz in der japanischen Versuchsdoktrin begünstigten. Es ist bemerkenswert, dass die subjektive Versuchs- sowie Teilnahmelehre, wie sie in Deutschland vertreten werden, in Japan kaum Anhänger gefunden haben, obwohl die japanische Dogmatik bis zu den 1970er-Jahren in einer Art Abhängigkeitsverhältnis zur deutschen Dogmatik stand. In Deutschland wurde die bereits vor dem Zweiten Weltkrieg mehrheitlich vertretene subjektive Versuchstheorie in der Nachkriegszeit beibehalten und zusätzlich durch das Vordringen der personalen Unrechtslehre bekräftigt. Im Gegensatz dazu nahm die japanische Strafrechtsdogmatik eine andere Entwicklung. In der Rechtslehre der Vorkriegszeit wurde die subjektive Versuchslehre auf Basis der spezialpräventiv orientierten sogenannten symptomatischen Verbrechensauffassung, die den Strafgrund in der Gefährlichkeit der Täterpersönlichkeit sah, stark vertreten. Sie wurde jedoch nie herrschende Meinung. Nach dem Krieg verlor diese subjektive Verbrechenslehre, die einseitig auf den Willen des Täters abstellte und – auch über den möglichen Gesetzeswortlaut hinaus – zur Vorverlagerung der Strafbarkeit tendierte, bald jegliche Bedeutung. Der Grund hierfür war die Unvereinbarkeit mit der rechtsstaatlichen Garantie der bürgerlichen Freiheit in der neuen japanischen Verfassung von 1946. Letztere war unter starker Einmischung der US-amerikanischen Besatzungsmacht verfasst worden. Somit wurde die objektive Verbrechenslehre zur herrschenden Lehre, die sowohl das Analogieverbot beinhaltet als auch die objektive Tatseite bei der strafrechtlichen Beurteilung in den Vordergrund rückt.

Aus heutiger Sicht ist es durchaus verständlich, dass man angesichts des zuvor übertriebenen Subjektivismus der symptomatischen Verbrechensauffassung vorerst formal-rechtsstaatliche Schranken gegen die Strafgewalt errichten wollte. Mit dem formalen Gesichtspunkt der Tatbestandsmäßigkeit und dem Erfordernis der im Tatbestandsteil des Strafgesetzes

[30] Vgl. *Ida* (o. Fn. 1), insbesondere S. 87 ff.; *Sato* (o. Fn. 24), S. 438 ff.

beschriebenen „Ausführungstat“[31] setzte sich bereits in den 1950er-Jahren die Einsicht durch, das Täterverhalten müsse eine objektive Gefährlichkeit in Bezug auf die Rechtsgutsverletzung aufweisen, um tatbestandsmäßig zu sein. Zu gleicher Zeit verloren die Theorien ihre Anhänger, die die objektiven Tateigenschaften ignorierten, wie die subjektive Versuchslehre und die subjektive Teilnahmelehre. In diesem Zusammenhang möchte ich noch kurz auf zwei Umstände hinweisen, die hinter dem Objektivismus in der japanischen Dogmatik stehen. Zum einen hatten sich die Japaner ab den 1870er-Jahren mit der französischen Strafrechtswissenschaft beschäftigt und unter diesem Einfluss ihr erstes modernes jaStGB von 1880 geschaffen, das sich durch seine liberalen und objektivistischen Züge auszeichnete. Diese Tradition entfaltete offenbar eine nachhaltige Wirkung, obwohl dieses jaStGB bald durch das geltende jaStGB von 1907 ersetzt und der Einfluss der deutschen Strafrechtswissenschaft immer stärker wurde. Zweitens wurde die objektive Tendenz der Dogmatik durch die linksliberale Strömung der Nachkriegszeit, die gegenüber jeglicher Erweiterung der Staatsgewalt kritisch gesinnt war, nochmals bekräftigt und unterstützt.[32]

Das bereits oben zum untauglichen Versuch Erwähnte gilt auch für die Frage, wie der strafbare Versuch von der straflosen Vorbereitungshandlung abzugrenzen ist. Den Einschnitt markiert der aus dem französischen Recht stammende, vornehmlich objektiv klingende Begriff vom „Anfang der Ausführung einer Straftat“ (§ 43 jaStGB). Der Versuch ist kein obligatorischer Strafmilderungsgrund, wie dies im früheren jaStGB von 1880 der Fall war, sondern ein fakultativer. Bei den meisten wichtigen Delikten ist eine Versuchsstrafbarkeit vorgesehen. Das japanische StGB ist allerdings einerseits im Vergleich zum deutschen StGB insofern zurückhaltender, als hier beispielsweise der Versuch der Sachbeschädigung, Unterschlagung

---

[31] Das geltende jaStGB von 1907 selbst gebraucht den Begriff der Ausführung an zwei entscheidenden Stellen: § 43 jaStGB, der den Versuch definiert, lautet: „Bei dem Täter, der die Ausführung einer Straftat begonnen, aber nicht vollendet hat, kann die Strafe gemildert werden; wenn der Täter aus eigenem Willen mit der Ausführung der Straftat aufhört, so tritt Strafmilderung ein oder es kann von Strafe abgesehen werden.“ § 60 jaStGB, der die Mittäterschaft definiert, lautet: „Wenn zwei oder mehrere Personen eine Straftat gemeinschaftlich ausführen, so sind sie Täter.“

[32] Es stellt sich die Frage, warum nicht in Deutschland nach dem Zweiten Weltkrieg eine parallele Entwicklung und somit eine Wende hin zur Objektivierung der Verbrechenslehre stattgefunden hat. Für einen ausländischen Beobachter scheint dies mit dem Umstand zusammenzuhängen, dass mit der Betonung der formalen Gesetzlichkeit gegen den Machtmissbrauch, wie er in der NS-Zeit zu beobachten war, wenig zu erreichen gewesen wäre. In Deutschland lenkte man in der Nachkriegszeit das Hauptaugenmerk nicht so sehr auf die formale Einschränkung der Staatsgewalt als vielmehr auf die Reflexion über die ethische Substanz des Rechts. Im Mittelpunkt des Interesses stand nicht die Einschränkung der Strafgewalt in formaler Hinsicht, sondern die Frage, was den materiellen Gehalt des strafrechtlichen Unrechts ausmacht.

und Urkundenfälschung nicht unter Strafe gestellt ist. Was die Teilnahmestrafbarkeit betrifft, so hat sich der Grundsatz, dass der Teilnehmer nur akzessorisch gegenüber dem Haupttäter zu bestrafen ist, in Lehre und Rechtsprechung durchgesetzt. Dieser Punkt ist somit nicht mehr Gegenstand der Diskussion.[33] Das jaStGB kennt zudem keine Vorschrift wie § 30 Abs. 1 dtStGB, die das auf die Anstiftung zu einem Verbrechen gerichtete Verhalten auch dann für strafbar erklärt, wenn keine Ausführung stattgefunden hat.[34] Andererseits sind nach dem japanischen StGB auch bloße Vorbereitungshandlungen bei bestimmten schweren Delikten unter Strafe gestellt, zum Beispiel bei der vorsätzlichen Brandstiftung, bei der Geldfälschung, bei der vorsätzlichen Tötung, bei der Entführung zum Zweck der Erlangung von Lösegeld und beim Raub. Der Begriff der Vorbereitungshandlung wird von Lehre und Judikatur weit gefasst. Vorbereitungshandlungen schließen sämtliche zur Ausführung dienende Handlungen mit ein, außer rein psychischen Vorgängen.[35] Diese wegen ihrer Konturenlosigkeit diskussionsbedürftige Vorbereitungsstrafbarkeit hat allerdings in der Praxis nur eine marginale Bedeutung.[36] Bei der Festlegung des Versuchsbeginns, das heißt des „Anfangs der Ausführung", stellen Lehre und Rechtsprechung darauf ab, ob ein Teil der tatbestandsmäßigen Handlung oder eine ihr direkt vorausgehende Handlung bereits begangen worden ist. Dabei ziehen sie als ergänzenden Maßstab die konkrete Gefährdung des tatbestandlich geschützten Gutes heran. So liegt beim Diebstahl und beim Raub noch kein Versuch vor, wenn der Täter zum Zwecke des Diebstahls oder des Raubs ein Haus oder eine Wohnung betreten hat. Der Versuchsbeginn kann beim Diebstahl erst bei der Handlung angenommen werden, die unmittelbar der Wegnahme der Sache vorausgeht, etwa beim Suchen nach kostbaren Gegenständen im Zimmer. Von einem Raub ist erst ab Beginn der Gewaltanwendung oder der Drohung auszugehen. Der japanische OGH mildert diesen strengen Maßstab zwar unter Berücksichtigung des Tatplans des Täters ab, hält aber am Mindesterfordernis eines der Tatbestandshandlung un-

[33] Die selbstständige Strafbarkeit der versuchten Anstiftung ist nur in einigen Sonderstrafgesetzen vorgesehen (zum Beispiel in §§ 38 ff. Gesetz zur Verhinderung subversiver Tätigkeiten). Über den Grad der Akzessorietät der Teilnahmestrafbarkeit gehen die Meinungen der japanischen Strafrechtler auseinander. Die Vorsatzakzessorietät der herrschenden Lehre bleibt umstritten.

[34] Auch eine allgemeine Vorschrift wie § 30 Abs. 2 dtStGB u. a. über die Verabredung eines Verbrechens ist in Japan unbekannt.

[35] Nach der Rechtsprechung ist auch deren mittäterschaftliche Begehung möglich. Die heute überwiegend vertretene Auffassung in der Rechtslehre hält sogar die Anstiftung und die Beihilfe zu einer Vorbereitungstat für strafbar.

[36] Die selbstständige Strafbarkeit der Vorbereitungshandlungen gewisser schwerer Straftaten hat offenbar das Bedürfnis zur Vorverlagerung des Versuchsbeginns zumindest teilweise aufgefangen, und zwar bei der vorsätzlichen Brandstiftung, bei der vorsätzlichen Tötung und beim Raub.

mittelbar vorausgehenden Aktes fest.[37] In der deutschen Lehre und Rechtsprechung wird der Versuchsbeginn zu einem noch früheren Zeitpunkt angenommen, und zwar wegen der die subjektiven Elemente betonenden Kriterien.[38]

b. Erfolgsorientiertheit des japanischen Strafrechts

Inwieweit diese objektiven Tendenzen der japanischen Strafrechtsdogmatik auf die allgemeine kulturelle Eigenart Japans zurückgeführt werden können, ist eine schwierige Frage. Die Kehrseite des Objektivismus des japanischen Strafrechts ist seine Erfolgsorientiertheit. Dem Eintritt eines schweren Schadens wird in Japan großes Gewicht beigemessen. Das Paradebeispiel dafür ist die Behandlung des erfolgsqualifizierten Delikts in der japanischen Praxis. Die Judikatur sieht hier heute noch – trotz der Kritik der Rechtslehre – eine Ausnahme vom Schuldprinzip für gegeben und hält ein Fahrlässigkeitserfordernis für entbehrlich. Ein Unmittelbarkeitszusammenhang zwischen dem Grunddelikt und der schweren Folge gilt erst recht als unnötig. Die übermäßige Härte, die dabei entstehen kann, wird mittels des prozessualen Opportunitätsprinzips korrigiert, das heißt, durch das staatsanwaltschaftliche Ermessen bei der Anklage. Diese Erfolgsorientiertheit macht sich auch an anderen Stellen in der japanischen Judikatur und der Rechtslehre bemerkbar. Beispielsweise erteilte die Rechtsprechung der Zurechnungseinschränkung, die die Rechtslehre forderte, unter dem Adäquanzgesichtspunkt eine Absage; dennoch findet diese objektive Tendenz neuerdings in der Rechtslehre immer mehr Anhänger. Auch bei der Irrtumsproblematik wird relativ großzügig Vorsatz angenommen. Im Falle einer *aberratio ictus* beispielsweise lassen die ständige Rechtsprechung und die überwiegend vertretene Lehrmeinung auf der Basis der sogenannten Gleichwertigkeitstheorie keinen Vorsatzausschluss zu. Eine klare Stellungnahme des OGH zur Behandlung eines unvermeidbaren Verbotsirrtums steht allerdings noch aus. In der Rechtslehre besteht heute Einigkeit darüber, dass das Schuldprinzip die Beachtung des Verbotsirrtums fordert und der

---

[37] Insbesondere Beschluss des OGH v. 22.3.2004, Keishū, Bd. 58, Nr. 3, S. 187.

[38] So wäre die japanische Praxis bei den folgenden Fallgestaltungen der BGH-Entscheidungen vermutlich zu anderen Ergebnissen gekommen: BGHSt 26, 201, wo in Bezug auf die Täter, die an einer Wohnungstür klingelten, um das Opfer sofort nach dem Öffnen der Tür zu überwältigen und zu berauben, ein Raubversuch angenommen wurde (Tankstellenfall). Ein weiterer Fall ist BGH NStZ 1987, 20, bei dem hinsichtlich des Täters, der das Opfer erschießen wollte und die Tür zum Wohnzimmer eintrat, in dem sich das Opfer befand, von einem Tötungsversuch ausgegangen wurde. In einem dritten Beispiel (BGH NStZ 2006, 331) wurde bei den Tätern, die eine Diskothek in Brand setzen wollten, aber von der Polizei festgenommen wurden, bevor sie Benzin verschüttet hatten, ein Brandstiftungsversuch angenommen.

unvermeidbare Verbotsirrtum die Straflosigkeit zur Folge haben muss, obwohl § 38 Abs. 3 jaStGB[39] eine bloß fakultative Strafmilderungsmöglichkeit für die Gesetzesunkenntnis vorsieht.

Insgesamt schufen Lehre und Rechtsprechung in Japan im Vergleich zur deutschen Strafrechtsdogmatik niedrigere Hürden für die objektive und subjektive Erfolgszurechnung. Ich möchte deshalb folgende Hypothese aufstellen: Die objektiveren Tendenzen in der japanischen Versuchslehre bilden das Pendant zur Erfolgsorientiertheit der japanischen Dogmatik, was eine geringere Strenge bei der Einschränkung der objektiven und subjektiven Zurechnung des eingetretenen schädigenden Erfolges bedeutet. Dass dieses erfolgsorientierte Denken auch in der japanischen Kultur tief verwurzelt ist, zeigte sich nicht zuletzt in dem nach der Jahrtausendwende auffallenden Bestreben, die Gesetzgebung zur Verschärfung des Strafrechts zu bewegen. Die Forderung, gegenüber Tätern mit härteren Strafen zu reagieren, die schwerwiegende Schäden an Rechtsgütern wie dem Leben hervorgerufen haben, ist heute in der Öffentlichkeit weit verbreitet. Hierauf werde ich im vierten Abschnitt näher eingehen. Wie allgemein bekannt ist, reagieren Japaner auf den Tod von Angehörigen überaus emotional. Deshalb kann sich auch die Anerkennung des Hirntods als allgemeines Todeskriterium in der medizinischen Praxis in Japan noch immer nicht durchsetzen.[40]

c. *Zwischen zwei Rechtskulturen*

In Japan wurde hinsichtlich des strafrechtlichen Grundlagenstreits vielfach auf den Unterschied zwischen der kontinentaleuropäischen und der angloamerikanischen Rechtskultur Bezug genommen. Als das Typische an der deutschen Rechtslehre erachtete man dabei die Anerkennung der strafrechtlichen Regeln als Verhaltensnormen mit Steuerungsfunktion (die sogenannte personale Unrechtslehre). Demgegenüber wurde die Ansicht, die die Rechtsregeln als nachträglich anzuwendende Entscheidungsnormen betrachtet, dem angloamerikanischen Rechtskreis zugewiesen.

[39] § 38 Abs. 3 jaStGB lautet: „Bei der Unkenntnis des Gesetzes ist der Wille, eine Straftat zu begehen, nicht ausgeschlossen; es kann jedoch nach den Umständen des Falles die Strafe gemildert werden."

[40] Vgl. *Makoto Ida*, Strafrechtliche Probleme der Todesbestimmung in Japan, in: Festschrift für Udo Jesionek, 2002, S. 339 ff.; *ders.*, Über den strafrechtlichen Schutz des Lebens in Japan, Festschrift für Kristian Kühl, 2014, S. 763 ff.; *Hirokazu Kawaguchi*, Beginn und Ende des strafrechtlichen Lebensschutzes in Japan, in: Jan C. Joerden u.a. (Hrsg.), Das vierte deutsch-japanisch-polnische Strafrechtskolloquium der Stipendiaten der Alexander von Humboldt-Stiftung, 2011, S. 160 ff.; *Yuri Yamanaka*, Warum ist die Organentnahme in Japan so schwierig? – Bemerkungen zum japanischen Organtransplantationsgesetz, in: Festschrift für Claus Roxin zum 80. Geburtstag, Bd. 2, 2011, S. 1623 ff.

Diese Gegenüberstellung sollte insbesondere dazu dienen, die in Deutschland herrschende, auf der Verhaltensnormtheorie basierende, personale Unrechtslehre zu relativieren und ihre Übertragbarkeit auf die japanische Gesellschaft anzuzweifeln. Hingegen sollte das objektivistische, erfolgsorientierte Denken der japanischen Dogmatik in der amerikanisierten Nachkriegszeit als zeitgemäß charakterisiert werden. Diese Gegenüberstellung ist zwar zu schematisch, aber dennoch nicht völlig nutzlos. Die Verhaltensnormtheorie harmoniert sehr gut mit dem rechtsstaatlichen Erfordernis der Überschaubarkeit und Transparenz der Rechtsquelle und der Voraussehbarkeit bzw. Berechenbarkeit der staatlichen Sanktionierung. Diese Grundansicht ist dem kontinentaleuropäischen Rechtsdenken inhärent. Demgegenüber ist das Konzept der Rechtsregeln als erst nachträglich anzuwendenden Entscheidungsnormen eigentümlich für das angloamerikanische Strafrechtsdenken und besitzt einen technokratischen Charakter.[41] Danach sind die Rechtsregeln als bloße Werkzeuge der Justizbeamten anzusehen. Die als nachträgliche Entscheidungsnormen konzipierten Rechtsregeln sind als Verhaltensmaßstäbe für die Bürger untauglich. Strafrechtliche Verhaltensnormen sind aber dort nicht nötig, wo eine starke Sozialkontrolle durch die Familie und durch die lokale Gemeinschaft in der Lage ist, ohne Zuhilfenahme staatlicher Organe Probleme abweichenden Verhaltens in der Gesellschaft befriedigend zu lösen. Dies ist in der japanischen Gesellschaft der Fall. Es wird außerdem darauf hingewiesen, dass hinter den objektivistischen und erfolgsorientierten Tendenzen des japanischen Strafrechts ein unterentwickelter Individualismus sowie ein niedriger Lebensstandard früherer Zeiten stehen.[42]

Die Zukunft der personalen Unrechtslehre in Japan sehe ich jedoch eher kritisch. Die Diskrepanz zwischen dem Normbruch und seiner Sanktionierung in der Praxis gefährden die empirische Grundlage der Verhaltensnormtheorie. Diese Tendenzen schreiten heute aber zunehmend fort. Bereits das Vorliegen eines Dunkelfeldes und einer Abhängigkeit der Normbekräftigung von der Ermessensausübung der Justizbeamten beraubt die Verhaltensnormtheorie ihrer Überzeugungskraft.[43] Insbesondere entfernt der

---

[41] *Franz Streng*, Strafrechtsexport als Strafrechtsimport – Zugleich rechtskulturvergleichende Hypothesen zu Deutschlang und Japan, in: Franz Streng/Gabriele Kett-Straub (Hrsg.), Strafrechtsvergleichung als Kulturvergleich, 2012, S. 1 ff.

[42] Nach dieser Auffassung handelt es sich hierbei um die Ursachen für ein gewisses Desinteresse aufseiten des Staates an einem intensiveren (vorverlagerten) strafrechtlichen Schutz der bürgerlichen Sicherheit einerseits und für lediglich schwache Forderungen des Individualrechtsgüterschutzes vonseiten der Bürger andererseits; vgl. die Nachweise bei *Ida* (o. Fn. 1), S. 38 f.

[43] Vgl. *Gunther Arzt/Ulrich Weber*, Strafrecht, Besonderer Teil, 2000, S. 11 ff.; *Gunther Arzt/Ulrich Weber/Bernd Heinrich/Eric Hilgendorf*, Strafrecht, Besonderer Teil, 2. Aufl. 2009, S. 12 ff.

Umstand, dass die Strafverfolgung wegen des Opportunitätsprinzips stark vom Ermessen des Staatsanwalts abhängt, die Verhaltensnormtheorie von der Realität. Man kann sogar so weit gehen und eine düstere Zukunft prophezeien: Je knapper in Japan die Ressourcen der Strafrechtspflege im Verhältnis zur Kriminalitätsentwicklung werden und je weniger und selektiver die Normbrüche strafrechtlich verfolgt werden können, desto stärker entwickelt sich die Tendenz hin zum „technokratischen" Strafrecht. Umso ausgeprägter wird somit das Konzept verwirklicht, das die Rechtsregeln als erst nachträglich zum Zug kommende Entscheidungsnormen auffasst. Diese Entwicklung stellt einer Abwendung von der deutschen Strafrechtsdogmatik hin zum angloamerikanischen Rechtsdenken dar.

IV. Kriminalpolitische Tendenzen in der Gegenwart

1. Die Jahrtausendwende als Wende der japanischen Kriminalpolitik

Das japanische Strafrecht der Nachkriegszeit war durch eine den staatlichen Strafen gegenüber zurückhaltende Grundeinstellung gekennzeichnet, die den Anwendungsbereich der Strafe so gering wie möglich halten wollte. Das *Ultima-ratio*-Prinzip wies eine praxisbezogene Überzeugungskraft auf, denn dieses entsprach der Gerichtspraxis, die auf eine noch intakte informelle Sozialkontrolle in der japanischen Gesellschaft baute und den staatlichen Strafen eine entsprechend bescheidenere Rolle zuwies. Die deshalb im Allgemeinen milde und tolerante Sanktionierung charakterisierte die japanische Strafrechtspraxis. Es wurde oft gepriesen, dass die sanfte japanische strafrechtliche Kontrolle die internationalen Strömungen der resozialisierungsorientierten Kriminalpolitik vorwegnahm und durch den Verzicht auf eine Übersanktionierung die Wiedereingliederung der Straftäter in die Gesellschaft förderte.[44]

Zudem spielt in der juristischen Praxis die Verfahrenseinstellung ohne Klageerhebung durch den Staatsanwalt heute noch eine große Rolle. Die Quote der Verfahrenseinstellungen ohne Klageerhebung im Jahre 2017 betrug 52,9 %, sofern man nur die Verstöße gegen das StGB berücksichtigt und dabei von den fahrlässigen Tötungen und Körperverletzungen im Straßenverkehr absieht.[45] Doch auch bei schwerwiegenden Straftaten

[44] Darauf hat *Koichi Miyazawa* wiederholt hingewiesen; vgl. hierzu *Makoto Ida*, Der Kriminologe und Strafrechtler Koichi Miyazawa – Sein Beitrag zur Entwicklung der japanischen Kriminalwissenschaften, Zeitschrift für Japanisches Recht, Nr. 32, 2011, 9, 14 f.

[45] *Research and Training Institute*, Ministry of Justice, White Paper On Crime 2018, S. 36.

kommt diese Verfahrenseinstellung in Betracht. So werden zum Beispiel jährlich etwa 4 % aller vorsätzlichen Tötungen trotz hinreichender Beweise nicht zur Anklage gebracht.[46] Unter der Gesamtzahl der rechtskräftig Verurteilten im Jahre 2017 ist der Anteil der zu Geldstrafen Verurteilten mit 82 % bei Weitem am höchsten.[47] Über 59 % der ausgesprochenen Freiheitsstrafen werden ausgesetzt.[48] Wenngleich dies bei der statistischen Betrachtung des Gesamtbildes nicht klar hervortritt, herrscht heute im Rahmen der Gesetzgebung und der Gerichtspraxis in Japan dennoch die Tendenz zu einem verstärkten Einsatz der Strafe.[49] Man neigt dazu, die staatliche Einmischung mittels des Strafrechts in einem immer früheren Stadium zuzulassen und damit den Strafbarkeitsbereich weiter nach vorne zu verlagern. Zudem wird auf Taten, die schwerwiegende Schäden an Rechtsgütern wie Leben, Gesundheit oder Freiheit hervorrufen, mit immer härteren Strafen reagiert. Dieser Trend zur Ausweitung und Verschärfung kennzeichnet das gegenwärtige japanische Strafrecht. Das jaStGB wurde in den letzten zehn Jahren fast jedes Jahr diesbezüglich reformiert. Die Paradigmen des japanischen Strafrechts der Nachkriegszeit drohen dadurch unterzugehen.

Zu einer auffallenden Aktivierung der früher stark zurückhaltenden Gesetzgebung führten insbesondere das Verlangen nach einem verstärkten Opferschutz und die Forderung nach der Internationalisierung des Strafrechts.[50] Somit standen die beiden Reformmomente des Opferschutzes und der Internationalisierung bei der intensiven Arbeit des Gesetzgebers in den letzten Jahren im Vordergrund. Fragt man aber nach den tieferen Hintergründen der neueren Entwicklungen im japanischen Strafrecht, so stößt man auf eine veränderte Gesellschaftsstruktur und ein verändertes Bürgerbewusstsein.[51]

---

[46] *Research and Training Institute*, Ministry of Justice, (o. Fn. 45), Materialteil.

[47] *Research and Training Institute*, Ministry of Justice, (o. Fn. 45), S. 37.

[48] *Research and Training Institute*, Ministry of Justice, (o. Fn. 45), S. 37.

[49] *Makoto Ida*, Der Ruf nach einem schärferen Strafrecht und die Strafrechtswissenschaft in Japan, in: Festschrift für Heinz Stöckel, 2010, S. 361 ff.; *ders.*, Neuere Entwicklungen im japanischen Strafrecht im Lichte gesellschaftlicher Veränderungen, in: Festschrift für Claus Roxin zum 80. Geburtstag, Bd. 2, 2011, S. 1609 ff.

[50] *Makoto Ida*, Was bringt die sog. Internationalisierung des Strafrechts? – Eine Problembetrachtung aus japanischer Perspektive in: Junichi Murakami/Hans-Peter Marutschke/Karl Riesenhuber (Hrsg.), Globalisierung und Recht, 2007, S. 219 ff.

[51] Ähnliche Entwicklungen lassen sich auch in anderen Ländern beobachten. Vieles davon, was *Hilgendorf* über die Lage des deutschen Strafrechts feststellt, gilt auch für das japanische Strafrecht; *Eric Hilgendorf*, Beobachtungen zur Entwicklung des deutschen Strafrechts 1975–2005, in: Eric Hilgendorf/Jürgen Weitzel (Hrsg.), Der Strafgedanke in seiner historischen Entwicklung, 2007, S. 191 ff.

2. *Neuere Tendenzen*

Eine für die heutige Gesetzgebung charakteristische Tendenz besteht darin, dass der Gesetzgeber mehr und mehr ein Verhalten unter Strafe stellt, dessen rechtsgutsbeeinträchtigender Charakter (noch) nicht klar ist. In Japan lässt sich zwar schon seit Längerem im Bereich des Verwaltungsstrafrechts, das außerhalb des StGB in Form von zahlreichen Sonderstrafgesetzen geregelt ist, eine Expansionstendenz beobachten. Aber in den letzten Jahren wird auch im Kriminalstrafrecht entweder das Eingreifen des Strafrechts in einem relativ frühen Stadium gefordert oder es wird sogar der Schutz abstrakter, schwer greifbarer Rechtsgüter angestrebt. Beispiele für eine solche vorgelagerte Strafbarkeit liefert etwa der Bereich des Wirtschaftsstrafrechts.[52] Durch das Strafrechtsänderungsgesetz von 2001 wurde das japanische StGB um neue Strafvorschriften ergänzt, die u.a. das unberechtigte Herstellen von Kreditkarten sowie dessen Vorbereitung unter Strafe stellen (§§ 163 Abs. 2 bis 163 Abs. 5 jaStGB). Dabei ist auch die unberechtigte Kenntnisnahme von Karteninformationen einschließlich des Versuchs verboten (§§ 163 Abs. 4, 163 Abs. 5 jaStGB). Ähnliche Beispiele finden sich bei der Bekämpfung der Cyber- und Netzwerkkriminalität. Mit dem Gesetz gegen den *unauthorized access* von 1999 sind das Sich-Verschaffen des Zugangs zu einem fremden Computersystem sowie dessen Fördern, etwa durch das Verraten des Passworts, unter Strafe gestellt.[53] Im Jahre 2011 wurden neue Strafvorschriften ins StGB eingefügt, nach denen u.a. das Herstellen, Anbieten und Aufbewahren von Computerviren strafbar ist (§§ 168 Abs. 2f. jaStGB). Eine parallele Entwicklung lässt sich auch auf den Gebieten der Bioethik und des Umweltschutzes sowie der Bekämpfung der organisierten Kriminalität beobachten.[54]

Als besonders wirksames Reformmoment erwies sich die stark ausgeprägte Neigung zur Strafverschärfung. Das japanische Justizwesen wurde in den 1990er-Jahren von den Medien und der Politik scharf kritisiert. Diese

---

[52] Einen Überblick über das japanische Wirtschaftsstrafrecht gibt *Makoto Ida*, Wirtschaftsstrafrecht, in: Harald Baum/Moritz Bälz (Hrsg.), Handbuch Japanisches Handels- und Wirtschaftsrecht, 2011, § 28.

[53] Vgl. *Makoto Ida*, Vorverlagerung der Strafbarkeit am Beispiel der Verfolgung von Cybercrime in Japan, in: Arndt Sinn (Hrsg.), Cybercrime im Rechtsvergleich, 2015, S. 189ff.

[54] So verbietet im bioethischen Bereich das Gesetz zur Regelung der Klontechnik beim Menschen aus dem Jahre 2000 das reproduktive Klonen sowie die Bildung von Chimären und Hybriden unter Verwendung von menschlichen Zellen. Beispielsweise ist für die Implantation eines geklonten Embryos in die Gebärmutter eines Menschen oder eines Tieres eine Zuchthausstrafe bis zu zehn Jahren vorgesehen. Eineiige Zwillinge sind zwar nichts anderes als von der Natur produzierte Klone. Maßt sich jedoch ein Mensch an, das Gleiche zu tun, so ist dies eine schwere Straftat, die die Würde des Menschen verletzt.

warfen dem Justizwesen vor, es berücksichtige nur die Rechte und Interessen der Straftäter, vernachlässige hingegen das durch die Bestrafung zu besänftigende Gefühl der Opfer und ihrer Hinterbliebenen. Diese kritischen Stimmen beeinflussten in der Folge die gerichtliche Strafzumessung und trugen somit zu einem erhöhten Strafniveau bei. Diese Tendenz wurde auch durch den Umstand beschleunigt, dass den Opfern und ihren Hinterbliebenen seit 2000 durch mehrere Reformgesetze immer mehr prozessuale Beteiligungsrechte zur Verfügung standen. Der Verschärfungstrend bei der Strafzumessung fand schließlich seinen Niederschlag in weitreichenden Reformen des StGB. Die wichtigste Reform stellt das Strafrechtsänderungsgesetz von 2004 dar. Der Gesetzgeber griff mit diesem Gesetz stark in die jeweiligen Strafrahmen des jaStGB ein. Die Obergrenze der zeitigen Freiheitsstrafe wurde von bisher 15 auf 20 Jahre heraufgesetzt, bei der Strafverschärfung wie bei der Realkonkurrenz von bisher 20 auf 30 Jahre (§§ 12 bis 14 jaStGB). Als Begründung für diese Reform nannte das Justizministerium den beträchtlichen Anstieg der Lebenserwartung der Japaner seit dem Inkrafttreten des geltenden jaStGB im Jahre 1908, sodass die Freiheitsstrafe ihr Gewicht und ihre Wirkung eingebüßt hätte und eine Anpassung durch eine generelle Erhöhung der Strafobergrenze nötig geworden sei.

Eine besondere Verschärfungstendenz der richterlichen Strafzumessung zeigte sich bei den Tötungsdelikten. Im Falle einer vorsätzlichen Tötung werden heutzutage tendenziell höhere Strafen verhängt. Auch die Todesstrafe kommt häufiger zur Anwendung. Während die Fälle, in denen ein Todesurteil in der ersten Instanz ausgesprochen wurde, bis Ende der 1990er-Jahre eine niedrige einstellige Zahl ausmachten, wurden nach dem Jahre 2000 pro Jahr bis zu 18 erstinstanzliche Verurteilungen zum Tode registriert.[55] Die Kritik an der „verbrecherfreundlichen" und „opferignoranten" Justiz ließ auch das Institut der Verfolgungsverjährung nicht unberührt. Die Delikte, die den Tod eines Menschen zur Folge haben und bei denen im Gesetz die Todesstrafe angedroht ist, unterliegen heute nicht mehr der Verfolgungsverjährung. Diese Regelung sieht das 2010 in Kraft getretene Straf- und Strafprozessrechtsänderungsgesetz vor, dessen Entwurf im Parlament nur knapp einen Monat lang beraten worden war. Nicht nur die vollendete vorsätzliche Tötung, sondern auch erfolgsqualifizierte Delikte wie Raub mit Todesfolge sollen von der Verfolgungsverjährung ausgenommen werden.[56]

Bemerkenswert ist, dass eine besondere Punitivität bei der fahrlässigen Tötung im Straßenverkehr zu verzeichnen ist. Das nicht besänftigte Ver-

---

[55] *Research and Training Institute*, Ministry of Justice, (o. Fn. 45), Materialteil.

[56] Die neuen Regelungen werden zudem rückwirkend auch für Taten Anwendung finden, die vor ihrem Inkrafttreten begangen wurden, es sei denn, die Verjährungsfrist ist bereits verstrichen.

lustgefühl der Hinterbliebenen des Opfers wurde bei diesen Deliktsarten ein entscheidender Strafzumessungsfaktor. Der Gesetzgeber nahm im Jahre 2001 diese Erhöhung des Strafzumessungsniveaus zum Anlass, eine neue Strafvorschrift ins StGB einzuführen, nach der der Täter bei (vorsätzlichem) verkehrsgefährdenden Fahren eines Kraftfahrzeugs – zum Beispiel unter starkem Alkoholeinfluss – zu einer Zuchthausstrafe bis zu 20 Jahren zu verurteilen ist, wenn dadurch der Tod eines Menschen – unvorsätzlich – verursacht wurde (§ 208 Abs. 2 jaStGB a. F.). Die hier entstandene Diskrepanz zwischen dem hohen Strafrahmen dieses Delikts und dem der fahrlässigen Tötung im Straßenverkehr versuchte der Gesetzgeber aufzulösen, indem er im Jahre 2007 die Freiheitsstrafe für letzteres Delikt von fünf auf sieben Jahren heraufsetzte (§ 211 Abs. 2 jaStGB a. F.).[57]

Aus alledem lässt sich vorerst konstatieren, dass in Japan zwei gegenläufige Momente parallel nebeneinander bestehen und zusammen die heutige Entwicklung des Strafrechts prägen: zum einen das erfolgsorientierte Vergeltungsprinzip und zum anderen die auf Prävention ausgerichtete Vorverlegung der Strafbarkeit.

In diesem Zusammenhang ist auch auf eine wichtige Reform bei der Behandlung von psychisch kranken Straftätern hinzuweisen. Im Sanktionenkatalog des geltenden jaStGB (§§ 9 bis 21 jaStGB) sind nur Strafen und keine Maßregeln der Besserung und Sicherung enthalten. Mehrmalige Versuche des Gesetzgebers, ein Maßregelsystem ins StGB einzuführen, waren auf Kritik bei vielen Juristen und Psychotherapeuten gestoßen und schließlich gescheitert. Psychisch kranke Straftäter, denen die Schuldfähigkeit fehlte, waren deshalb ausschließlich verwaltungsrechtlichen Maßnahmen unterworfen, für die das Gesundheitsministerium zuständig war. Anlässlich eines Falles aus dem Jahre 2001, in dem ein psychisch kranker Täter in eine Grundschule in Osaka eindrang und dort acht Schüler tötete, dreizehn Schüler und zwei Lehrer verletzte, wurden Stimmen laut, dass justizielle Maßnahmen gegen psychisch kranke Straftäter notwendig seien. Im Jahre 2003 wurde schließlich ein Sondergesetz[58] verabschiedet. Nach diesem darf für Personen, die in einem schuldunfähigen oder vermindert schuldfähigen Zustand eine gravierende rechtswidrige Tat wie vorsätzliche Tötung, Raub, Vergewaltigung, Körperverletzung, Brandstiftung u. a. begangen haben,

---

[57] Die beiden Vorschriften wurden im Jahre 2013 vom StGB ausgenommen und in ein neues Sondergesetz von 2013 aufgenommen.

[58] Es handelt sich um das Gesetz über die medizinische Behandlung und die Beobachtung von Personen, die in einem schuldunfähigen Zustand u. a. eine gravierende Straftat begangen haben, vom 16. Juli 2003. Zu diesem Sondergesetz vgl. *Yuri Yamanaka*, Das Gesetz zur Medizinischen Beobachtung. Eine neue Maßnahme gegenüber psychisch kranken Tätern in Japan, in: Jörg-Martin Jehle / Volker Lipp / Keiichi Yamanaka (Hrsg.), Rezeption und Reform im japanischen und deutschen Recht, 2008, S. 237 ff.

durch ein aus einem Richter und einem Psychiater zusammengesetztes Organ am Distriktgericht eine ärztliche Behandlung ambulanter oder stationärer Art angeordnet werden. Die hier vorgesehenen Zwangsbehandlungen sind dem Wesen nach Maßregeln der Besserung und Sicherung.

3. Hintergründe und Konsequenzen

Es ist naheliegend, dass die oben skizzierte Tendenz des verstärkten Gebrauchs von Strafe, die heute die Gesetzgebung und die Gerichtspraxis in Japan dominiert, ihren Hintergrund in einer Veränderung der Gesellschaftsstruktur und des Bürgerbewusstseins hat. Was die Vorverlagerung der Strafbarkeit betrifft, kann man dieser wohl nicht die grundsätzliche Berechtigung absprechen. Der Grund hierfür sind die drohenden Schäden für die Gesellschaft. Die hochkomplexe industrialisierte und technisierte Gesellschaft ist weitestgehend vom Vertrauen der Menschen untereinander und von an sich fragilen technischen Einrichtungen abhängig. Ein kleiner menschlicher oder technischer Fehler kann eine Katastrophe ungeahnten Ausmaßes zur Folge haben. Zudem sind Bedrohungen durch die Natur, angefangen von Erdbeben über die zerstörte Ozonschicht bis hin zu Pandemien, noch lange nicht unter menschlicher Kontrolle. Das Schadenspotenzial, das auf Naturkatastrophen wie auch auf dem Handeln Einzelner beruht, ist enorm gewachsen. Der Fortschrittsglaube, dass künftiges Geschehen voraussehbar und beherrschbar ist, prägte nicht nur den rapiden wirtschaftlichen Aufstieg Japans in der zweiten Hälfte des 20. Jahrhunderts[59], sondern wirkte sich auch entscheidend auf das Rechtssystem aus. Neuerdings haben diese Vorhersehbarkeit und Beherrschbarkeit jedoch stark an Überzeugungskraft eingebüßt. Für die Sicherheit der Menschen ist es zunehmend erforderlich, Ansätze einer Gefahr frühzeitig als solche zu identifizieren und möglichst einzudämmen.

Das Schädigungspotenzial des Individuums steigt mit dem Zusammenschluss von Personen. In einer Zeit der Globalisierung und Internationalisierung entfalten die an wirtschaftlichen Interessen orientierten organisierten Verbrecherverbände sowie zahlreiche verbrecherische politisch oder religiös motivierte Gruppierungen ihre illegalen Tätigkeiten grenzüberschreitend. Diesen Erscheinungen muss mittels des Strafrechts mit vereinten Kräften aller Länder entgegentreten werden. Ein Beispiel bildet das UNO-Übereinkommen gegen transnationale organisierte Kriminalität aus dem Jahr 2000,

[59] Dem Selbstverständnis der Japaner in der damaligen Zeit wurde durch den Titel des 1979 erschienenen Buches des amerikanischen Japanologen *Ezra Vogel*, Japan as Number One, trefflich Ausdruck verliehen.

die sog. Palermo-Konvention.[60] Diese UNO-Konvention fordert die Mitgliedstaaten auf, im Wege der Bekämpfung der Organisierten Kriminalität die Strafbarkeit weitgehend vorzuverlegen, d.h. Strafvorschriften bereitzuhalten, die die Beteiligung an einer kriminellen Organisation oder die Verabredung zur organisierten Ausführung schwerer Straftaten unter Strafe stellen. Während Deutschland bereits 2006 diese internationale Übereinkunft ratifiziert hatte, konnte Japan bis 2017 nicht zur Ratifizierung dieses Übereinkommens kommen, weil kein Konsens über das Bedürfnis nach diesen Strafvorschriften und ihre Verträglichkeit mit den herkömmlichen Prinzipien des japanischen Strafrechts erzielt worden ist. Im Juni 2017 ist das Gesetz zur Bekämpfung der organisierten Kriminalität von 1999[61] geändert worden und die neuen Strafvorschriften, die bereits die gemeinsame Planung der organisierten Ausführung einer bestimmten schweren Straftat unter Strafe stellen, sind eingeführt worden. Es wurde im Parlament ein sehr harter Kampf zwischen den Befürwortern dieser Vorverlagerung und ihren Gegnern geführt. Japan hat schließlich im Juli 2017 – als 188. Mitgliedstaat – die UNO-Konvention ratifiziert.

Das Schädigungspotenzial des Individuums ist nicht nur grenzüberschreitend, sondern auch generationenüberschreitend gestiegen. Wie sich exemplarisch im Bereich der Bioethik und des Umweltschutzes zeigt, wird eine Tat, deren Gefährlichkeit zum Begehungszeitpunkt noch nicht deutlich hervortritt, unter Strafe gestellt, weil durch solche Taten erst nach Generationen große Schäden entstehen können. Auch hier scheint das Phänomen der Vorverlegung der Strafbarkeit wegen der sachlichen Zusammenhänge fundiert zu sein.

Wenn man also die prinzipielle Berechtigung der Vorverlegungstendenz nicht leugnen kann, so ist für die Legitimierung eines Strafgesetzes die Kontrolle durch den Verhältnismäßigkeitsgrundsatz unentbehrlich.[62] Mit einer fortschreitenden Vorverlegungstendenz besteht jedoch nicht mehr unbedingt eine Übereinstimmung mit dem empirischen Wissen. Daher wird heute in Japan die direkte Konfrontation mit der Empirie auf unterschiedliche Weise zu umgehen versucht. Als beliebteste Umgehungsstrategie lassen sich

---

[60] Zu dieser Konvention: *Patrick* M. *Pintaske*, Das Palermo-Übereinkommen und sein Einfluss auf das deutsche Recht, 2014.

[61] Der japanische Gesetzgeber schuf im Jahre 1999 im Anschluss an die UNO-Konferenzen, die G8-Gipfeltreffen und die Empfehlungen der FATF (Financial Action Task Force) dieses Gesetz zur Bekämpfung der organisierten Kriminalität, das den Strafrahmen für die durch Verbände in organisierter Form ausgeführten Straftaten wie der vorsätzlichen Tötung, der Freiheitsberaubung, des Betruges, der Erpressung usw. erhöht und bei der Geldwäsche die Liste der Vortaten über die Drogenstraftaten hinaus auch auf allgemeine Straftaten erweitert hat.

[62] *Makoto Ida*, Sicherheit versus Freiheit in der heutigen staats- und strafrechtlichen Diskussion Japans, in: Festschrift für Imme Roxin, 2012, S. 743ff.

Bestrebungen bezeichnen, das zu schützende Rechtsgut dort anzusiedeln, wo empirische Überlegungen wenig Aussagekraft besitzen. Es gibt eine Tendenz der Idealisierung oder Abstrahierung von Rechtsgütern dieser Art, beispielsweise der Würde des Menschen im bioethischen Bereich und des Vertrauens in das Computersystem bei der Bekämpfung der Cyber- und Netzwerkkriminalität.

Was die Verschärfungstendenz angeht, so hat sich der Mechanismus der kriminalpolitischen Entscheidungsbildung durch den Staat inzwischen offensichtlich stark verändert. Die Bürger fordern die Berücksichtigung der Interessen der Verbrechensopfer und den strafrechtlichen Schutz der bürgerlichen Sicherheit – verstärkt durch die Massenmedien und ohne Filterung und Verarbeitung durch die Wissenschaft. Deshalb sehen sich die Staatsorgane genötigt, diesen Ansprüchen zu genügen. Somit wird die staatliche Willensbildung im Bereich der Kriminalpolitik von einem nicht mit Fachwissen ausgestatteten Personenkreis beherrscht. Die Fachleute verlieren zunehmend an Einfluss, weil sie für das Kriminalitätsproblem Gesichtspunkte darlegen, die für Laien schwer verständlich sind, aber keine klaren Aussagen treffen können, was von der Gesellschaft erwartet wird. Nicht nur in Sachen Kriminalität, sondern bei allen politisch relevanten Entscheidungen durch den Staat verstärken sich dadurch heute populistische Tendenzen. Besonders problematisch an dieser Entwicklung ist, dass damit übermäßig emotionale und irrationale Züge verbunden sind. Man interessiert sich nicht mehr für empirische Belege zur Strafwirkung und die Abwägung von Nutzen und Schaden. Wird die Kriminalitätsentwicklung in den letzten Jahren betrachtet, zeigt sich seit 2002 eine stark absteigende Tendenz. Die Zunahme der StGB-Delikte bis 2002 wurde insbesondere durch Diebstahl- und Sachbeschädigungsdelikte verursacht. Die schwersten Delikte weisen insgesamt stabile Zahlen auf. Bei der vorsätzlichen Tötung lässt sich in den letzten 65 Jahren eine kontinuierlich abnehmende Entwicklung feststellen. Im Jahre 2016 erreichte dieses Delikt den niedrigsten Stand seit dem Ende des Zweiten Weltkriegs, sowohl nach der Zahl der begangenen Taten als auch nach der Kriminalitätsrate.[63] Darüber hinaus werden in Japan immer mehr ältere und immer weniger jüngere Menschen sowohl Täter als auch Opfer eines Tötungsdeliktes. Trotz dieses Trends werden in der Öffentlichkeit noch schwerere Strafen für die vorsätzliche Tötung gefordert und die Staatsanwälte und Richter folgen diesen Verschärfungstendenzen.[64] Auch die fahrlässige Tötung ist ein weiteres Bei-

[63] *Research and Training Institute*, Ministry of Justice, (o. Fn. 45), S. 14, 22.

[64] Hierbei sollte berücksichtigt werden, dass in Japan einerseits die Zahl der Opfer einer vollendeten vorsätzlichen Tötung jährlich etwa knapp 300 beträgt – eine Zahl, die aus internationaler Sicht sehr niedrig ist – und andererseits in Japan über 20.000 Suizidfälle zu registrieren sind, was im Gegensatz zur vorsätzlichen Tötung wenig Beachtung findet;

spiel dafür, dass trotz einer stabilen oder sogar rückläufigen Kriminalität eine immer härtere Sanktionierung gefordert wird: Die Zahl der Opfer, die durch Verkehrsunfälle getötet wurden, nahm seit Anfang der 1990er-Jahre kontinuierlich ab.[65]

Als soziale Hintergründe für die neuen Strafverschärfungstendenzen in Japan lassen sich folgende nennen: der Einfluss der Kriminalitätsberichterstattung durch die Medien, die die gesamte Wirklichkeit der Kriminalität keineswegs exakt abbildet, jedoch trotzdem wirklichkeitsnah darstellt; das allgemeine Verschwinden des rationalistischen Gedankens, dass Prognosen hinsichtlich zukünftigen Geschehens und somit vorbeugende Maßnahmen möglich sind; populistische Tendenzen in der Politik; die Popularisierung der Strafrechtsprobleme und der damit einhergehende Verlust des Vertrauens in das juristische Fachwissen.

In einer Zeit, in der zwischen dem Bürgerbewusstsein und der Strafrechtswissenschaft eine so große Diskrepanz besteht, kommt der Aufgabe der Strafrechtswissenschaftler eine hohe Bedeutung zu, mit ihrem Fachwissen auf die Bürger einzuwirken und sie über wissenschaftliche Befunde aufzuklären. Bei dieser Aufklärung der Bürger stoßen die heutigen Strafrechtswissenschaftler aber auf vielfache Dilemmata, die ich hier nur stichwortartig formulieren kann. Erstens stellt sich die Frage, ob nicht die objektivistischen und erfolgsorientierten Tendenzen der japanischen Strafrechtsdogmatik die heutigen Strafverschärfungstendenzen fördern. Insbesondere harmoniert die mehrheitlich vertretene, allein am Erfolgsunwert orientierte Unrechtskonzeption im Grunde nur mit der zweckfreien Vergeltungstheorie. Sie ist denkbar ungeeignet klarzustellen, dass die Strafe als *öffentlich-rechtliches* Institut mit dem Rachebedürfnis der Opfer als einem privaten Interesse nichts zu tun hat. Zweitens mag hier auch das Phänomen der Individualisierung im Sinne der neueren soziologischen Debatte[66] eine Rolle spielen: Im heutigen Sozialleben wird der Kompetenz des Individuums ein höherer Stellenwert beigemessen. Das Wort Selbstbestimmung ist zu einer Art Zauberformel geworden, auf die viele Menschen sich immer und überall berufen. Das gilt auch für das abweichende Verhalten von Personen. Je mehr die Verantwortung des Individuums für die Straftat betont wird und die sozialen Faktoren, die ihr Entstehen begünstigen, in den Hintergrund treten, desto schwieriger kann dem Individuum Schuld beigemessen

vgl. hierzu *Makoto Ida*, Selbsttötung und Selbstbestimmung im Sterben. Eine Problemskizze aus japanischer Perspektive, in: Christian Schwarzenegger/Makoto Ida (Hrsg.), Autonomie am Lebensende – Kultur und Recht. Die aktuelle Diskussion in der Schweiz und in Japan, 2018, S. 1 ff.

[65] *Research and Training Institute*, Ministry of Justice, (o. Fn. 45), S. 132.

[66] Vgl. *Ulrich Beck*, Risikogesellschaft, 1986; Ulrich Beck/Elisabeth Beck-Gernsheim (Hrsg.), Riskante Freiheiten, 1994.

werden. Es stellt sich drittens die Frage, ob die Strafrechtswissenschaft der Nachkriegszeit selbst die heutige Tendenz zum verstärkten Gebrauch der Strafe aus utilitaristischer Sicht begünstigt oder verursacht hat, insbesondere die Vorverlegungs- und Expansionstendenz. Denn die Strafrechtswissenschaft befolgte eine utilitaristische bzw. zweckrationalistische Linie und bildete und pflegte – unabsichtlich – das Bild der Strafe als eines kostengünstigen Instruments, das jederzeit zum sozialen Güterschutzzweck mobilisiert werden kann.[67]

V. Zum gegenwärtigen Stand der japanischen Strafrechtswissenschaft

1. Einleitung

Das geltende japanische StGB enthält im dogmatischen Teil, das heißt, hinsichtlich der Lehre von der Straftat, nur wenige kurze Bestimmungen. Die Knappheit und Dürftigkeit der Bestimmungen im Allgemeinen Teil trugen dazu bei, dass die japanische Strafrechtswissenschaft bis heute die dogmatischen Lehren und Rechtsfiguren ausländischer Rechte, vor allem die des deutschen Rechts, in besonderem Maße berücksichtigen und schließlich auch übernehmen konnte. Anders ausgedrückt, besaß die japanische Strafrechtswissenschaft in diesem Zusammenhang eine Freiheit, die es ihr ermöglichte, eine eigene Dogmatik unter starker Berücksichtigung der deutschen zu entwickeln. Die Rechtsvergleichung wurde in Japan auf diese Weise zu einem Bestandteil der Strafrechtsdogmatik.

Letztere befindet sich heute jedoch im Umbruch.[68] Ansätze zu einer tiefgreifenden Änderung ihrer gesellschaftlichen Rahmenbedingungen waren bereits in den 1990er-Jahren bemerkbar. Wie die oben dargestellten Erläuterungen zeigen, sind nach der Jahrtausendwende neue Tendenzen in der Gesetzgebung und Rechtsprechung so deutlich hervorgetreten, dass man

[67] Die heutige Diskussionslage erscheint aus historischer Sicht eigenartig. Der linksliberale Zeitgeist, der in der Diskussion der Nachkriegsjahre herrschte, stand einem staatlichen Eingriff in die bürgerlichen Freiheiten im Interesse der Öffentlichkeit ganz grundsätzlich kritisch gegenüber. Heute sind demgegenüber auch im früheren linksliberalen Lager laute Stimmen vernehmbar, die insbesondere zum Schutz von sozial Schwachen wie Frauen und Kindern einer frühen polizeilichen Intervention, der Vorfeldkriminalisierung und der Strafverschärfung das Wort reden. In der Frage „Sicherheit oder Freiheit" verlaufen die Diskussionslinien inzwischen quer zu den überkommenen politischen Lagern links und rechts.

[68] Vgl. hierzu auch *Makoto Ida*, Zum heutigen Stand des japanischen Strafrechts und der japanischen Strafrechtswissenschaft, GA 2017, S. 67ff.; *ders.*, Zur Rezeption des deutschen Strafrechts in Japan, GA 2017, S. 419ff.

sogar von einem Paradigmenwechsel im Strafrecht sprechen könnte. Doch auch andere Gründe tragen zu dem derzeitigen Umbruch in der japanischen Strafrechtsdogmatik bei.

2. *Entwicklung der Dogmatik in der Nachkriegszeit*

a. Methodologische Grundlagen

Die Strafrechtswissenschaftler, die auf die japanische Dogmatik in der Nachkriegskriegszeit maßgeblichen Einfluss ausübten, waren u.a. *Shigemitsu Dando* und *Ryuichi Hirano*. Beide waren Ordinarien der juristischen Fakultät der staatlichen Universität zu Tokyo und prägten entscheidend die Strafrechts- und die Strafprozessrechtswissenschaft während der ersten 50 Jahre nach dem Zweiten Weltkrieg. Von den 1950er- bis 1970er-Jahren war die herrschende Auffassung gleichbedeutend mit der Lehre, die *Dando* in seinem Lehrbuch[69] entwickelt hatte. Diese kritisierte *Hirano* seit dem Ende der 1960er-Jahre. Seine Kritik prägte besonders die Wissenschaftler der jüngeren Generation.

Ausgangspunkt der japanischen Strafrechtswissenschaft der Nachkriegszeit war die neue japanische Verfassung von 1946. Als oberste Verfassungsprinzipien wurden die Volkssouveränität, der Verzicht auf Krieg und die Garantie der Menschenrechte genannt. Damit war eine Neuorientierung in der Strafrechtsdogmatik unumgänglich. Die subjektive Verbrechenslehre, die einseitig auf den Willen des Täters abstellte und zur Vorverlagerung der Strafbarkeit tendierte, verlor an Bedeutung. Herrschend wurde vielmehr die objektive Verbrechenslehre, die das Analogieverbot und die objektive Tatseite, insbesondere die verursachten Schäden, in den Vordergrund rückt.

In den ersten 15 Jahren nach dem Zweiten Weltkrieg war jedoch zunächst die Lehrmeinung *Dandos* prägend für die Rechtslehre. Er ging von einem grundsätzlich objektiven Standpunkt aus und baute ein Verbrechenssystem auf, das dem Tatbestandsbegriff, der mit dem Gesetzlichkeitsprinzip verbunden ist, dogmatisch die zentrale Stellung zuwies. Sein Hauptanliegen bestand darin, mit der dreigliedrigen Straftatsystematik rechtsstaatliche Schranken der Strafgewalt zu schaffen. Hierbei minimiert diese Systematik den Spielraum für die Werturteile des Rechtsanwenders wesentlich. *Dando* bezweckte also mithilfe des Gesetzlichkeitsprinzips und der Systematisierung der Verbrechensmerkmale die formale Einschränkung der Strafgewalt. Bei seiner Theorienbildung im Allgemeinen Teil verdankte

[69] Das Lehrbuch für AT wurde von *B.J. George* ins Englische übersetzt: *Shigemitsu Dando*, The Criminal Law of Japan: the General Part, übers. v. B.J. George, 1997.

er vieles der deutschen Doktrin, vor allem den Beiträgen von *Edmund Mezger* und *Hans Welzel*. Zusammenfassend lässt sich sagen, dass *Dando* ein überzeugendes Denkmodell einer liberal-rechtsstaatlichen Strafrechtsdogmatik im Rahmen der neuen japanischen Verfassung schuf.

Der Kritik durch *Hirano* lag dagegen die Ansicht zugrunde, dass Werturteile ein notwendiger Bestandteil der Strafrechtsfindung und an sich nichts Verwerfliches seien. Es gehe nicht darum, die Werturteile als Störfaktor auszuschließen, sondern sie auf ihren materiellen Inhalt hin zu analysieren. Die strafrechtlichen Werturteile beträfen die Fragen, ob die Strafe zum Schutz des betreffenden Rechtsguts erforderlich ist, welche Schäden die Bestrafung der Tat mit sich bringen wird und ob der zu erzielende Nutzen die vorauszusehenden Schäden überwiegt. Die Lehrmeinung *Hiranos* war methodisch vom Zeitgeist des Utilitarismus geprägt. Er verwarf den Streit um das richtige System und die richtige Systematisierung der Verbrechenselemente als steril. Bei der strafrechtlichen Beurteilung komme das entscheidende Gewicht nicht den systematischen Argumenten zu, die die Problemlösung begrifflich-deduktiv von einem vorher errichteten System ableiten wollen, sondern den materiellen und kriminalpolitischen Argumenten, die das Abwägen von Nutzen und Schaden der Bestrafung betreffen. *Hirano* berücksichtigte die Strafrechtsdiskussion im angloamerikanischen Rechtskreis und drängte die damalige Rechtslehre zu einem auf die Problemlösung abstellenden funktionalen Ansatz und damit zu einer „Entdeutschung". Er war allerdings auch mit der Diskussion in Deutschland vertraut und wusste, dass es dort durchaus eine parallele Entwicklung gab.

b. Relevante Streitfragen in der Nachkriegszeit

Im Folgenden werden die einzelnen Streitfragen betrachtet, über die in der japanischen Rechtslehre der Nachkriegszeit viel diskutiert wurde. Einen Schlüssel zum Verständnis der japanischen Strafrechtsdogmatik stellt der Begriff des Tatbestandes dar. In einer Zeit, in der das Gesetzlichkeitsprinzip in seiner rechtsstaatlichen Funktion wieder Anerkennung fand, wurde dem Tatbestand eine immer zentralere Stellung in der Verbrechenslehre zuteil.[70] Starken Einfluss darauf hatte die Tatbestandslehre *Dandos*. Er fasste den Tatbestand nicht nur als einen Unrechtstypus auf, sondern zugleich als einen Schuldtypus. Vorsatz und Fahrlässigkeit, die in ihren wesentlichen Eigenschaften Schuldmerkmale seien, sollten zum Tatbestand gehören und bereits in der ersten Deliktsstufe geprüft werden – das heißt, vor der Prüfung der Rechtfertigungsgründe. *Dando* versuchte, mithilfe des Tatbestands-

[70] Vgl. *Haruo Nishihara*, Die gegenwärtige Lage der japanischen Strafrechtswissenschaft, in: Festschrift für Hans-Heinrich Jescheck, 2. Halbband, 1985, S. 1232ff.

begriffs wichtige dogmatische Probleme zu einer konsequenten Lösung zu bringen, beispielsweise Fragen rund um Kausalität, unechte Unterlassungsdelikte, den Beginn des strafbaren Versuchs, den untauglichen Versuch, die Unterscheidung von Täterschaft und Teilnahme, die *actio libera in causa*, die Einheit und Mehrheit des Verbrechens usw. Dies bedeutete aber eine Überbewertung der dogmatischen Funktion des Tatbestandes. Denn der formale Gesichtspunkt der Tatbestandsmäßigkeit allein kann schwerlich eine sachgerechte Problemlösung garantieren. Allerdings entfalteten der formale Gesichtspunkt der Tatbestandsmäßigkeit und damit das Erfordernis der Ausführungstat eine entscheidende strafbegrenzende Funktion. In Japan wurde die Lehrmeinung, das Täterverhalten müsse der Beschreibung im Tatbestandsteil des Strafgesetzes entsprechen und als Ausführungstat eine objektive Gefährlichkeit in Bezug auf die Rechtsgutsverletzung aufweisen, um tatbestandsmäßig zu sein, bereits ab den 1950er-Jahren herrschend. Mit dem Erfordernis der Ausführungstat machte sich die herrschende Lehre in Bezug auf das Kausalitätsproblem nicht die Äquivalenz-, sondern die Adäquanztheorie zu eigen. Zugleich verloren die objektiven Tateigenschaften ignorierenden Theorien frühzeitig ihre Anhänger, wie die subjektive Versuchslehre und die subjektive Teilnahmelehre. Die Tatbestandslehre eliminierte also in Japan die auf den Täterwillen abstellenden subjektiven Lehrmeinungen aus der Strafrechtsdogmatik und trug so zu einer grundsätzlichen Objektivierung der Verbrechenslehre wesentlich bei.

Die sogenannte finale Handlungslehre rief auch in Japan heftige Debatten hervor.[71] Ihr methodisches Anliegen bestand darin, den Blick der Dogmatik auf die Strukturen der Phänomene zu lenken, an die die Rechtsregeln anknüpfen, und auf gegenständlichen Unterschieden basierende Theoriebildungen zu fördern. Die unterschiedlichen Regelungsgegenstände betrafen erstens Handlung und Unterlassung, zweitens vorsätzliches und fahrlässiges Verhalten und drittens Vorsatz und Unrechtsbewusstsein. Häufig wurde die Diskussion um die finale Handlungslehre in Japan auf philosophisch-spekulativer Ebene geführt. Sie hatte teilweise einen pedantischen Charakter und erweckte den Eindruck, man müsse sich zuerst mit *Nikolai Hartmann* befassen, bevor man die strafrechtliche Handlungslehre angehen könne. *Hirano* beschrieb diese Situation folgendermaßen:

> „Man weiß selbst nicht mehr, wozu man denn darüber redet."[72]

Außerdem hatte die hauptsächlich behandelte Frage, unter welchem Oberbegriff alle Formen des strafrechtlich relevanten Geschehens zusammen-

---

[71] Hierzu ausführlich *Makoto Ida*, Welzels Einfluss auf die ostasiatische Strafrechtsdogmatik, in: Wolfgang Frisch et al. (Hrsg.), Lebendiges und Totes in der Verbrechenslehre Hans Welzels, 2015, S. 203 ff.

[72] *Ryuichi Hirano*, Strafrecht, AT I, 1972, S. 105.

gefasst werden können, einschließlich der fahrlässigen Handlung und des Unterlassens, bloß architektonisch-ästhetischen Charakter. Sie übte keinerlei Einfluss auf die inhaltliche Gestaltung der Dogmatik aus und damit auch nicht auf die Lösung der praktischen Probleme. Zu späterer Zeit wurde schließlich der gesamte Streit um die Handlung im Strafrecht als vergeblich und sinnlos bezeichnet.

Demgegenüber bin ich jedoch der Meinung, dass die Fragen zu den Regelungsgegenständen der Strafrechtsnormen und ihre jeweilige Beschaffenheit für die Strafrechtswissenschaft relevant sind. Darauf werde ich in meiner abschließenden Betrachtung zurückkommen.

Die Diskussion über den Unrechtsbegriff, die aus der Debatte um die finale Handlungslehre als ein Nebenprodukt hervorging, erwies sich später als der wichtigste Streit der Nachkriegszeit, der auch heute noch die japanischen Strafrechtstheoretiker in zwei Lager spaltet.[73] Auf der einen Seite steht die Lehrmeinung, die in Japan missverständlicherweise als Handlungsunwertlehre bezeichnet wird. Nach dieser erschöpft sich das Unrecht nicht in der Rechtsgutsverletzung oder -gefährdung. Vielmehr will diese beim Unrechtsurteil neben dem Erfolgsunwert auch den Verhaltensunwert berücksichtigen, das heißt, die Komponente der Verhaltensnormwidrigkeit. Auf der anderen Seite vertritt die objektivistische Unrechtslehre, die in Japan als Erfolgsunwertlehre bezeichnet wird, die Position, das strafrechtliche Unrecht sei nur dann zu bejahen, wenn ein rechtsgutsverletzender oder -gefährdender Sachverhalt tatsächlich eingetreten ist.

Die Lehrmeinung, die die personalen Unrechtselemente wie Vorsatz und Fahrlässigkeit anerkennt, wurde bereits in den 1960er-Jahren vorherrschend. Daran übte *Hirano* jedoch ab den 1960er-Jahren Kritik, wodurch die personale Unrechtslehre langsam in die Defensive geriet. In der Folge kam es – jedenfalls bis heute – zu einer zahlenmäßigen Überlegenheit der Vertreter des Objektivismus. *Hiranos* Kritik lässt sich wie folgt zusammenfassen: Die personale Unrechtslehre sei mit der Gefahr der Vermischung von Strafrecht und Moral verbunden und dehne das Strafunrecht in unangemessener Weise aus, indem sie es vom Erfolgssachverhalt abkopple und die Unrechtsqualität der betreffenden Tat nur wegen ihrer sozialethischen Wertwidrigkeit annehme. Die personale Unrechtslehre ziehe außerdem mitunter vage und unbestimmte Kriterien heran und verwische unter stärkerer Berücksichtigung subjektiver Elemente die Unterscheidung von Unrecht und Schuld.

Aufsehen erregte in Japan vor allem die Kritik an der Vermischung von Strafrecht und Moral. Es ist nicht zu leugnen, dass Vertreter der personalen

[73] Zum Diskussionsstand in Japan ausführlich *Ida* (o. Fn. 1), insbesondere S. 66ff.; *Iijima* (o. Fn. 1).

Unrechtslehre in Japan häufig Argumente aus dem Bereich der Sozialethik verwendeten. Eine fehlende Unterscheidung von Recht und Moral ist allerdings keineswegs die notwendige Konsequenz jener Lehrmeinung.

In Bezug auf die Frage, wie wegen der personalen Unrechtslehre zwischen Unrecht und Schuld unterschieden werden soll, herrscht heute noch Unklarheit in Japan. Die Unterscheidung ist meines Erachtens in der Verschiedenheit der Beurteilungsgegenstände zu fundieren: Die Rechtswidrigkeit betrifft die Verhaltenssteuerung und die Schuld bezieht sich auf die Antriebssteuerung des Täters.

Allerdings sollte nicht der objektivistischen Unrechtslehre gefolgt werden, die heute mehrheitlich vertreten wird. Sie schließt Überlegungen zur Verhaltensnormwidrigkeit aus dem Unrechtsbegriff aus und beraubt ihn einer das Verhalten des Normadressaten steuernden Funktion und damit der „gestaltenden Kraft des Soziallebens".[74] Sie will das strafrechtliche Unrecht, das die staatliche Strafe überhaupt erst begründen soll, schon mit der bloßen Herbeiführung der Rechtsgutsverletzung oder -gefährdung annehmen und erweitert es über das erforderliche Maß hinaus. Straftheoretisch gesehen entspräche diese Lehrmeinung der reinen Vergeltungstheorie der Strafe.

Ein weiterer wichtiger Streit betraf Probleme der Willensfreiheit und des materiellen Schuldbegriffs.[75] Nach dem üblichen Verständnis nimmt man mit der Anerkennung des Schuldprinzips zugleich einen indeterministischen Standpunkt ein. Die bisher herrschende Schuldlehre berief sich auf den sogenannten relativen Indeterminismus als theoretische Basis. Dieser besagt, das menschliche Verhalten werde von Anlage und Umwelt stark beeinflusst, aber nicht vollständig determiniert und es sei dem Menschen möglich, innerhalb eines gewissen Handlungsspielraums aus freiem Willensentschluss selbstbestimmt eine mögliche Handlung auszuwählen. Ausnahmen bestünden jedoch, wenn der Mensch geisteskrank sei oder sich in einer außergewöhnlichen psychischen Zwangslage befinde. Dieses frei gewählte Verhalten begründe einen moralischen Vorwurf, der vom sozialethischen Standpunkt aus gegen den Täter erhoben werde. Auch diese Lehrmeinung fand den einflussreichsten Vertreter in *Dando*.

Diese Position wurde seit den 1960er-Jahren zum Gegenstand lebhafter Diskussion. Es war wiederum insbesondere *Hirano*, der sie kritisierte und versuchte, wegen des in der angelsächsischen Philosophie verbreiteten weichen Determinismus einen neuen Schuldbegriff aus utilitaristischer Sicht zu entwickeln. Seine Kritik an der herrschenden Schuldlehre richtete sich vor allem darauf, dass nach dieser die Kausalgesetzlichkeit und damit die Vorhersehbarkeit des Handelns die Freiheit und die Schuld aus-

---

[74] *Armin Kaufmann*, Strafrecht zwischen Sein und Wert, 1982, S. 287.
[75] Vgl. *Ida* (o. Fn. 1), S. 140ff.

schließen müssten. Entsprechend dem Standpunkt, der Täter könne anders handeln, besitzt beispielsweise der rückfällige Dieb, bei dem sich die Fähigkeit weitestgehend abgebaut hat, der Versuchung zur Begehung weiterer Straftaten zu widerstehen, einen engeren Handlungsspielraum und trägt deshalb eine geringere Schuld als derjenige, der zum ersten Mal und nur ausnahmsweise straffällig geworden ist. Je stärker die Tat von der kriminellen Einstellung des Täters herrührt, desto geringer müsste demnach die Schuld sein. *Hirano* meinte, die Kausalgesetzlichkeit des Handelns bedeute nicht gleich seine Unfreiheit. Das menschliche Handeln sei dann frei, wenn seine Ursachen nicht auf von außen determinierende Faktoren zurückzuführen sind und auch nicht auf die innerliche physiologische oder biologische Schicht, sondern auf die durch den Schuldvorwurf beeinflussbare Persönlichkeitsschicht. Kurz: der Mensch sei dann frei und verantwortlich, wenn er gemäß seinem Charakter, das heißt durch seinen Charakter determiniert, gehandelt hat.

Hirano entfachte seit Anfang der 1960er-Jahre mit seinem utilitaristischen Schuldverständnis eine lebhafte Diskussion, die bis heute keine befriedigende Lösung gefunden hat. Hierbei ging es um die Frage, ob die charakterologische Gesetzmäßigkeit der Willensentscheidung, das heißt, ihre Erklärbarkeit durch den Charakter des Täters, in eine Richtung wirkt, die die Freiheit des Menschen einschränkt. *Dando* bejahte und *Hirano* verneinte die Frage. Wenn zum Beispiel ein junger Dieb – nicht selbst verschuldet – in einem außerordentlich nachteiligen Milieu aufgewachsen ist und dadurch einen kriminellen Charakter entwickelt hat, wird dieser Umstand seine Schuld erhöhen oder mindern? Hinsichtlich der Antwort auf diese Frage unterscheiden sich *Dandos* und *Hiranos* Lehren.

3. Die japanische Strafrechtsdogmatik nach der Jahrtausendwende

Die japanische Strafrechtswissenschaft wurde in den 1990er-Jahren zu einer Reflexion über ihr Selbstverständnis veranlasst. Es erschien damals notwendig, das System der Juristenausbildung gründlich zu reformieren. In der Reformdiskussion wurde eindringlich auf die Praxisferne der universitären Rechtswissenschaftsausbildung hingewiesen. Ein krasses Missverhältnis bestehe zwischen der Produktion durch die Wissenschaft und der Konsumtion in der Praxis. Dies entspreche der praxisfremden Ausbildung an den juristischen Fakultäten. Als praktisches Beispiel hierfür kann die strafrechtliche Problematik der Kausalität oder der objektiven Erfolgszurechnung dienen. In der japanischen Lehre herrscht seit Anfang des 20. Jahrhunderts die von der deutschen Doktrin übernommene *Adäquanztheorie*. Sie besagt, bei einem inadäquaten Kausalverlauf sei die rechtliche Kausalität zu verneinen. Diese Theorie ist so konzipiert, dass mit einer einzigen Formel sämtliche Zurechnungsfälle zu behandeln und einer Lösung zuzuführen sind. Der OGH zögerte jedoch lange, diese Lehre zu übernehmen, und erteilte ihr schließlich in einer Entscheidung von 1990 eine deutliche Absage. Es ging hierbei um folgenden Sachverhalt: Der Täter schlug mehrere Male so stark auf den Kopf des Opfers ein, dass dieses eine tödliche Hirnblutung erlitt. Daraufhin ließ der Täter das Opfer auf einem Lagerplatz liegen. Einige Zeit später kam ein unbeteiligter Dritter vorbei und schlug einige Male mit einer Holzstange auf den Kopf des sich im Sterben befindenden Opfers ein, was möglicherweise dessen Tod durch die Hirnblutung beschleunigte.[76] Der OGH bejahte hier die rechtliche Kausalität und bestrafte den Täter wegen Körperverletzung mit Todesfolge. *De facto* ist hier der Kausalverlauf inadäquat, doch die Verneinung der Erfolgszurechnung ist offenbar fehl am Platz. Die japanischen Strafrechtler wurden durch diese Entscheidung zur Revision des eigenen Standpunkts gezwungen. Der OGH beurteilt seit dieser Entscheidung den jeweiligen Zurechnungsfall kasuistisch und liefert zu jedem Fall eine streng fallbezogene Begründung.

Die Strafrechtswissenschaft scheiterte hier, weil sie eine allumfassende Theorie aufstellen wollte, mit der es möglich sein sollte, sämtliche denkbaren Fälle zu behandeln und zu lösen. Diese Art von generalisierenden Theorien mag didaktisch nützlich sein, aber die japanische Praxis interessiert sich nicht dafür.

Bei der gründlichen Reform der Juristenausbildung, die im Jahre 2004 realisiert wurde, wurden die alten juristischen Fakultäten deutscher Art beibehalten und zusätzlich die *Law Schools* als *graduate schools* US-amerikanischer Art eingeführt, in denen intensiv die praxisbezogene Rechtswissenschaft erlernt werden soll. Da die meisten Kollegen, die heute in Forschung und Ausbildung tätig sind, von der juristischen Fakultät zur *Law School* wechselten und in Zusammenarbeit mit Praktikern auch die praxisorientierten Lehrveranstaltungen übernehmen, entfaltete diese Reform in der Tat die erwartete Wirkung. Das Verhältnis zwischen Lehre und Praxis hat sich in den letzten Jahren wesentlich verbessert.

Auf der anderen Seite brachte die Einführung des *Law-School*-Systems aber auch negative Folgen für die Rechtswissenschaft mit sich. Die Erfolgsquote der ersten Staatsprüfung beträgt jetzt rund 30 %, sodass sich die Studenten der *Law School* bei ihrem Studium und die Lehrkräfte in ihren Lehrveranstaltungen stark an der Examensrelevanz orientieren müssen. Dadurch wurden Grundlagenfächer wie die Kriminologie und die Rechtsvergleichung sowie die Grundlagenprobleme der Strafrechtswissenschaft

[76] Beschluss des OGH v. 20.11.1990, Keishū, Bd. 44, Nr. 8, S. 837.

in den Hintergrund gedrängt. Außerdem sind die Professoren der *Law School* durch ihre Lehrtätigkeiten so sehr beansprucht, dass sie zwar Urteilsbesprechungen schreiben können, aber keine Zeit mehr finden, sich mit grundlegenden Untersuchungen unter Berücksichtigung rechtsvergleichender Erkenntnisse zu befassen. Die Rechtsvergleichung, die in Japan traditionell von eminenter wissenschaftlicher Bedeutung war, hat inzwischen an Gewicht eingebüßt. Die heutigen juristischen Fakultäten überlassen die Vorlesungen im Strafrecht jüngeren Dozenten. Manche Universitäten sind aus finanziellen Gründen nicht einmal mehr in der Lage, einen rein kriminologischen Lehrstuhl zu besetzen.

Alles in allem hat die japanische Strafrechtswissenschaft in den letzten Jahren ihre Kritikfähigkeit gegenüber der Praxis eingebüßt. Gleichzeitig verringerte sich die Diskussionsbereitschaft für die strafrechtlich fundamentalen Probleme und Theorien, die mit praktischen Alltagsfragen wenig zu tun haben. Obwohl heute öffentliche Stellungnahmen von Experten zu strafrechtlichen Grundfragen und die entsprechende Aufklärung der Gesellschaft nötig wären, steht die japanische Strafrechtswissenschaft – bildlich gesprochen – mit leeren Händen da. Somit droht sie ihre Identität als Wissenschaft, die produktive Kooperation mit ausländischen Wissenschaftlern und den Einfluss auf die Gesetzgebung zu verlieren. Und es ist in dieser Lage fraglich, ob und wie lange sie den Respekt und das Vertrauen der Praktiker noch beibehalten kann.

4. Abschließende Betrachtung – Was ist Strafrechtsdogmatik?

Worin besteht die Identität der Strafrechtsdogmatik als Wissenschaft? Sie ist keine Gesetzeskunde, sondern eine interdisziplinäre Wissenschaft, die sich mit den Menschen und der Gesellschaft beschäftigt. Wenn man in ein dogmatisches Problem nur ein wenig tiefer eindringen will, überschreitet man bereits die Grenzen der bloßen juristischen Praxis. Will man zum Beispiel von der Sozialschädlichkeit einer Straftat eine mehr oder weniger genaue Kenntnis erlangen, muss man sich mit Soziologie, Gesellschaftstheorie oder Wirtschaftswissenschaften befassen. Macht man sich Gedanken über die Schuld des Straftäters, so muss man bei der Diskussion über die Willensfreiheit auch die Philosophie oder die naturwissenschaftliche Forschung berücksichtigen. Wollte man diese Fragen wegen ihres angeblichen Mangels an Ertragsfähigkeit für die Praxis aus dem universitären Lehrbetrieb oder sogar aus den Forschungsgegenständen verdrängen, dann würde die Strafrechtsdogmatik ihre Bezeichnung als Wissenschaft nicht mehr verdienen.

Das Gleiche gilt auch für den – im Allgemeinen als vergeblich bezeichneten – Streit um die sogenannte finale Handlungslehre. Deren bleibender wissenschaftlicher Verdienst ist die Lehre von der Verschiedenheit der Wirkungsweisen von Verhaltensnormen. Beispielsweise zeigen sich diese darin, ob es sich um eine Vorsatz- oder eine Fahrlässigkeitstat handelt. Die konkretere Fahrlässigkeitsnorm kann nur unter Heranziehung des jeweiligen Verhaltenskontexts formuliert werden. Darin besteht ein wesentlicher Unterschied zwischen Vorsatz- und Fahrlässigkeitsnormen. Das Schießen mit einem geladenen Gewehr ist normwidrig, wenn es in der Absicht erfolgt, die Person A zu verletzen. Ob es normwidrig ist, mit einem Gewehr zu spielen, in der irrigen Annahme, es sei nicht geladen, wobei durch den ausgelösten Schuss der anwesende A verletzt wird, hängt von den näheren Umständen der betreffenden Tatsituation ab. Die Fahrlässigkeitsnormen sind, im Gegensatz zu Vorsatznormen, kontext- bzw. situationsabhängig. Die dogmatischen Theoriebildungen sind also gerade auf diesen Strukturunterschied der einzelnen Phänomene zu gründen.

Ob diese Ansicht zutrifft oder nicht, ist eine zweitrangige Frage. Wichtig ist hier, dass Probleme wie die der Handlungslehre oder der Willensfreiheit wesentlich zur Strafrechtswissenschaft gehören. Die Heranziehung von human-, sozial- und naturwissenschaftlichen Kenntnissen ist ebenso wenig verzichtbar wie die rechtsvergleichende Betrachtung. Wie Letztere uns lehrt, bestehen im japanischen Recht universale und eigenständige Elemente untrennbar zusammen. Am Ende dieser Einführung sei mir eine persönliche Bemerkung erlaubt: Der dargestellte interdisziplinäre Charakter ist nirgendwo so ausgeprägt wie in der deutschen Strafrechtswissenschaft. Ich kann nur in dieser Wissenschaftskultur leben. Es wird mir immer am Herzen liegen, die japanischen Kollegen, Praktiker und Studenten von der Ergiebigkeit und Attraktivität der Strafrechtswissenschaft in diesem Sinne zu überzeugen.

Zum Begriff der „Adäquanz" beim adäquaten Kausalzusammenhang im Strafrecht

Makoto Ida

I. Das Problem

Die Lehre der adäquaten Kausalität (Adäquanztheorie) war in der strafrechtlichen Kausalitätslehre Japans seit jeher herrschende Meinung. Gegenwärtig zeigt sich jedoch eine Entwicklung, die ohne Weiteres als Krise der Adäquanztheorie bezeichnet werden kann. Kritiker vertreten die Meinung, das Beurteilungskriterium hinsichtlich des Kausalverlaufes als Bindeglied zwischen Tat und Erfolg, also das Beurteilungskriterium der „Adäquanz im engeren Sinne"[1], sei unklar und dessen Beurteilungsmethode sei nicht angemessen. Den Anstoß für diese Kritik gab die Entscheidung des Obersten Gerichtshofes (OGH) zum „U. S.-Soldaten-Fahrerflucht-Fall".[2] Diese Ent-

[1] *Karl Engisch*, Die Kausalität als Merkmal der strafrechtlichen Tatbestände, 1931, S. 61. *Engisch* meinte, die Adäquanz im weiteren Sinne sei ein Problem der „Tatbestandsmäßigkeit", die nicht nur bei vollendeten Delikten, sondern auch beim Versuch geprüft werden müsse; *Engisch*, op. cit., S. 58 ff. Wenn man aber davon ausgeht, dass auch bei einer versuchten Tat die Zurechnung des Gefährdungserfolgs problematisiert werden muss, können die Adäquanz im weiteren Sinne und die Gefährlichkeit als Versuchsvoraussetzung nicht gleichgesetzt werden. Zu diesem Punkt vgl. *Atsushi Yamaguchi*, Kausalitätslehre, in: Kuniji Shibahara u. a. (Hrsg.), Die moderne Entwicklung der Strafrechtstheorie, Bd. I, 1987, S. 56; *Saku Machino*, Entwicklung der Verbrechenslehre I, 1989, S. 229 ff. Darüber hinaus kann zwischen der Adäquanz im weiteren Sinne und der Tatbestandsmäßigkeit (= die Gefährlichkeit als eine Versuchsvoraussetzung) selbst eine minimale Abweichung entstehen. Denn hinsichtlich der Adäquanz im weiteren Sinne ist fraglich, ob die Tathandlung das Gefahrenpotenzial in sich trägt, einen gleichartigen Erfolg herbeizuführen wie den, der sich tatsächlich realisiert hat. Bei der Gefährlichkeit des vorsätzlichen Versuchsdelikts hingegen ist die Frage zu stellen, ob die Tathandlung die Gefahr beinhaltete, den Erfolg in der von dem Täter beabsichtigten Form herbeizuführen.

[2] OGH Beschluss v. 24.10.1967, Keishū, Bd. 21, Nr. 8, S. 1116. In diesem Fall hatte der Angeklagte durch seine unachtsame Fahrweise den V mit seinem Pkw gerammt, wodurch V auf das Dach des Pkws geschleudert wurde. Der Angeklagte fuhr weiter, ohne dass er oder der Beifahrer bemerkte, dass der V noch auf dem Dach lag. Der Beifahrer bemerkte den V während der Fahrt und zog ihn vom Dach. Das Opfer schlug auf der Straße auf und verstarb. Hier war unklar, ob die Verletzung, die zum Tod führte, durch den ursprünglichen Zusammenstoß verursacht worden war. Der OGH verneinte hier die strafrechtliche

scheidung rief schließlich eine eingehende Diskussion über die Adäquanz im engeren Sinne hervor.[3]

Überdies wird auch die Adäquanztheorie in ihrer ursprünglichen Form kritisiert. Zudem versuchen sich einige Autoren an Vorschlägen im Hinblick auf angemessenere Beurteilungskriterien. Hier finden sich bedeutende Positionen, die eine detaillierte Begutachtung verdienen.[4] Zusätzlich gilt es, die Entwicklung in Deutschland, der Geburtsstätte der Adäquanztheorie, näher zu betrachten. Dort hat die herrschende „Lehre von der objektiven Zurechnung"[5] die Adäquanztheorie abgelöst. Dies zeigt, dass in Deutschland im Gegensatz zu Japan versucht wird, gleichartige, aus der Sicht der Adäquanztheorie als problematisch geltende Fälle auf anderem Wege zu lösen. Somit ist ein präziser Vergleich der objektiven Zurechnungslehre mit der Adäquanztheorie erforderlich.

Der OGH musste außerdem einen Fall rechtlich beurteilen, der im Zusammenhang mit der Adäquanz im engeren Sinne höchst interessant ist.[6] Es handelt sich hier um einen Fall, bei dem das Opfer, nachdem es durch die Gewalthandlung des Täters letale Verletzungen erlitten hatte, durch einen unbekannten Dritten mit einem harten Gegenstand geschlagen wurde, wo-

Kausalität zwischen der Tat des Angeklagten und dem Todeserfolg mit folgender Begründung: „Der Umstand, dass ein Beifahrer vom Dach eines fahrenden Pkws das Opfer kopfüber herunterzieht und auf die asphaltierte Straße fallen lässt, ist nach allgemeiner Lebenserfahrung nicht vorhersehbar. Im vorliegenden Fall kann nicht geklärt werden, ob die Kopfverletzung aus dem ursprünglichen Zusammenstoß mit dem Pkw resultierte oder erst dadurch entstand, dass der Beifahrer das Opfer vom Dach des Pkws herunterzog und auf die Straße fallen ließ. Man kann hier nach allgemeiner Lebenserfahrung auf keinen Fall voraussagen, dass durch die oben erwähnte Fahrlässigkeitstat des Täters der eben erwähnte Todeserfolg des Opfers entstehen würde."

[3] Repräsentativ für die damalige kritische Diskussion sind u.a. *Yūji Inoue*, Lehre vom Handlungsunwert und vom Fahrlässigkeitsdelikt, 1973, S. 165 ff.; *Mitsuo Okano*, Die Theorie der strafrechtlichen Kausalität, 1977, S. 151 ff., 177 ff.

[4] Eine der umfassendsten und wichtigsten Untersuchungen bezüglich der Adäquanztheorie ist *Yōichi Hayashi*, Der adäquate Kausalzusammenhang im Strafrecht, Teil 1 bis Teil 4, Hōgaku Kyōkai Za'sshi Bd. 103, Nr. 7, 1986, bis Bd. 104, Nr. 1, 1987.

[5] Eine umfassende Monografie, die die Theoriensituation kritisch analysiert, ist *Wolfgang Frisch*, Tatbestandmäßiges Verhalten und Zurechnung des Erfolges, 1988; hier wird auch die deutsche Literatur detailliert aufgeführt. Als Darstellungen der objektiven Zurechnungslehre in japanischer Sprache vgl. *Seiji Saitō*, Über die sogenannte objektive Zurechnungslehre, Keisatsu Kenkyū Bd. 49, Nr. 8, 1978, S. 3 ff.; *Hiroshi Ueda*, Umstrukturierung der „Kausalitätslehre", Kyushū-Universität Hōgaku, Nr. 37, 1978, S. 88 ff. Als detaillierte, kritische Abhandlungen vgl. *Hayashi* (o. Fn. 4), Hōgaku Kyōkai Za'sshi Bd. 103, Nr. 11, S. 22 ff. *Keiichi Yamanaka* vertritt die Meinung, die japanischen Strafrechtswissenschaftler sollten sich von der Adäquanztheorie trennen und stattdessen die objektive Kausalitätslehre annehmen; vgl. *ders.*, Zur Konzeption des „Gefahrenverursachungszusammenhanges", Kansai-Universität Hōgaku Ron'shū, Bd. 43, Nr. 1 und 2 als gemeinsame Ausgabe, 1993, S. 397 ff.; *ders.*, Kritische Betrachtung der strafrechtlichen Adäquanztheorie, Kansai-Universität Hōgaku Ron'shū, Bd. 43, Nr. 4, 1993, S. 44 ff.

[6] OGH Beschluss v. 20.11.1990, Keishū 44, Nr. 8, S. 837.

durch sich der Todeszeitpunkt *ein wenig* vorverlagerte.[7] Hier fällte der dritte Senat des OGH folgende Leitentscheidung:

> „Wenn die für den Tod des Opfers ursächlichen Verletzungen schon durch die Gewalthandlung des Täters verursacht wurden, ist die Kausalität zwischen der Gewalthandlung des Täters und dem Tod des Opfers zu bejahen, auch wenn durch die spätere Tat eines Dritten der Todeszeitpunkt vorverlagert worden ist. Somit liegt im vorliegenden Fall eine Körperverletzung mit Todesfolge vor. Das Urteil der Vorinstanz ist zu bestätigen.“

In Anbetracht der Grundposition der bisherigen Rechtsprechung ist dieses Ergebnis selbstverständlich. Das Interessante an diesem Urteil ist vielmehr, dass meiner Meinung nach der dieser Entscheidung zugrunde liegende Sachverhalt den „toten Winkel“ der gebräuchlichen Adäquanztheorie aufzeigt und die Ungenauigkeit ihrer Beurteilungsstruktur deutlich macht.[8]

---

[7] Der Fall spielte sich im Detail wie folgt ab. Das Opfer wurde am 15. Januar 1981 etwa zwischen 20 und 21 Uhr in der Präfektur Mie in einem Arbeiterwohnheim durch den Angeklagten mit einer Waschschüssel und einem Ledergurt insbesondere in der Kopfgegend mehrfach geschlagen. Durch die Angst des Opfers erhöhte sich dessen Blutdruck, wodurch es zu einer Hirnblutung kam und das Opfer das Bewusstsein verlor. Daraufhin wurde das Opfer mit dem Auto zum Warenlager der Stadt Ōsaka transportiert, wo der Angeklagte es gegen 22:40 Uhr liegen ließ und sich schließlich vom Tatort entfernte. Das in Bauchlage befindliche Opfer wurde vor seinem Tod durch einen unbekannten Dritten mit einem harten Objekt mehrmals auf den Kopf geschlagen. Es verstarb am nächsten Tag in den frühen Morgenstunden wegen einer Hirnblutung. Letztere, die schließlich die Todesursache war, wurde bereits durch die erste Gewalteinwirkung des Angeklagten verursacht. Die spätere Gewalthandlung auf dem Lagerplatz durch einen unbekannten Dritten verstärkte die bereits entstandene Blutung in der linken Gehirnhälfte und verlagerte den Todeszeitpunkt nur etwas vor. Das Obergericht Ōsaka als Vorinstanz urteilte, durch die Tat des Angeklagten sei bereits eine Hirnblutung verursacht worden, die geeignet war, den Tod herbeizuführen, und man könne bejahen, dass nur wegen dieser Verletzung innerhalb einer kurzen Zeitspanne der Tod des Opfers eingetreten wäre. Somit sei es eindeutig, dass zwischen der Tat des Angeklagten und dem Tod des Opfers eine Kausalitätsbeziehung besteht. Daher ging das Obergericht von einer Körperverletzung mit Todesfolge aus. Zwischen dem Schlag auf dem Lagerplatz mit dem harten Objekt und dem Tod des Opfers hingegen wurde die Kausalitätsbeziehung verneint, da er mit der Todesursache selbst nichts zu tun habe.

[8] Einen Abriss meiner persönlichen Ansicht zu dieser Entscheidung bietet *Makoto Ida*, Die Kausalität in Fällen, in denen durch die Gewalttat eines Dritten der Todeszeitpunkt des Opfers vorverlagert wird, Hōgaku Kyōshitsu, Nr. 128, 1991, S. 90. Für weitere Erläuterungen zu diesem Urteil vgl. *Naoto Ōtani*, Fälle, in denen trotz Intervention einer Gewalthandlung eines Dritten die Kausalitätsbeziehung zwischen der anfänglichen Gewalttat und dem Tod bejaht wurde, Jurist, Nr. 974, 1991, S. 58 ff.; *ders.*, Fälle, in denen trotz Intervention einer Gewalthandlung eines Dritten die Kausalitätsbeziehung zwischen der anfänglichen Gewalttat und dem Tod bejaht wurde, Hōsō Jihō, Bd. 44, Nr. 4, 1992, S. 135 ff.; *Takehiko Sone*, Die Interventionshandlung eines Dritten und die Kausalität, Hōgaku Seminar, Nr. 437, 1991, S. 122; *Keiichi Yamanaka*, Die Kausalitätsbeziehung zwischen der Intervention der Gewalttat eines Dritten und der Körperverletzung mit Todesfolge, Erläuterungen zu wichtigen Entscheidungen im Jahr 1990, 1991, S. 142 ff.; *Kensuke Itō*, Fälle, in denen die Kausalität zwischen der anfänglichen Gewalttat und dem

Anlässlich dieses Beschlusses kritisierte ein Praktiker die in der Lehre vorherrschende Adäquanztheorie scharf, da wegen dieser Unklarheit die bisherige Gerichtspraxis die Adäquanztheorie nicht ausdrücklich heranzog.[9] Es wurde mit Nachdruck darauf hingewiesen, dieser Fall sei

> „geradezu ein Musterbeispiel dafür [...], dass eine Ausführung unter Hinzuziehung der Adäquanztheorie weder praktikabel noch wissenschaftlich überzeugend ist".[10]

Natürlich beabsichtige ich mit diesem Aufsatz nicht, alle Probleme zu lösen, die die Adäquanztheorie aufwirft. Er soll vielmehr dazu dienen, angesichts der oben geschilderten Problemsituation die vielschichtigen gegenüber der Adäquanztheorie aufgeworfenen Kritikpunkte zu durchleuchten. Weiterhin möchte ich die Beurteilungskriterien der Adäquanz im engeren Sinne analysieren, die bisher recht schwammig waren. Hier sollen insbesondere Situationen betrachtet werden, in denen die Tathandlung selbst bereits in hohem Maße gefährlich ist *und* der darauf folgende konkrete Kausalverlauf den Rahmen der Adäquanz sprengt. Darauf aufbauend soll eine Präzisierung der Beurteilungsstruktur angestrebt und ein Blick auf die zukünftig zu leistende Forschung geworfen werden.

II. Die generalisierende Betrachtungsweise innerhalb der Adäquanzbeurteilung

1. Als das Charakteristische der Adäquanztheorie gilt deren generalisierende Betrachtungsweise. In der Wissenschaft wurde die Adäquanztheorie gerade in diesem Punkt von den sogenannten „individualisierenden Theorien" (auch Lehre von der Ursächlichkeit genannt) unterschieden, die in Deutschland zu der Zeit stark vertreten wurden, als die Adäquanztheorie aufkam. Während die individualisierende Theorie hinsichtlich jedes einzelnen Falles den konkreten Beitragsgehalt der Tat für das Ergebnis betrachtet, prüft die Adäquanztheorie, ob zwischen Tat und Ergebnis ein Zusammenhang besteht, der generalisiert werden kann – das heißt, ob aufgrund einer derartigen Tat der Eintritt einer derartigen Folge vorhergesehen werden kann oder nicht. Folgt man den Kritikern, ist diese Verallgemeinerung der

---

Tod bejaht wird, obwohl durch die Intervention einer Gewalttat durch einen Dritten der Zeitpunkt des Todeserfolges etwas vorverlagert wurde, Hanrei Hyōron, Nr. 391, 1991, S. 60 (= Hanrei Jihō, Nr. 1388, S. 222); *Atsushi Yamaguchi*, Fälle, in denen trotz Intervention einer Gewalthandlung eines Dritten die Kausalitätsbeziehung zwischen der anfänglichen Gewalttat und dem Tod bejaht wurde, Keisatsu Kenkyū, Bd. 64, Nr. 1, 1993, S. 43 ff.

[9] *Ōtani*, (o. Fn. 8), S. 59.

[10] *Yamanaka* (o. Fn. 8), S. 142.

Schwachpunkt der bisher vertretenen Adäquanztheorie. Danach sei es mit dieser Beurteilungsmethode zwar möglich, die Gefährlichkeit einer Straftat abstrakt festzustellen, jedoch nicht, den realen Kausalverlauf individuell zu betrachten. Auch könne danach nicht die kausale Funktion der Tat bzw. das Ausmaß und der Zustand des kausalen Beitrags zur Erfolgsverursachung präzise analysiert werden.[11] Bereits Yuji Inoue[12] kritisierte diese Vorgehensweise im Rahmen der bisherigen Adäquanztheorie. Die Vorhersehbarkeit zum Zeitpunkt der Tatbegehung als Maßstab zu heranzuziehen, anhand dessen die Beurteilungsbasis festzusetzen und somit in Form einer Gefahrenbeurteilung der Tat die Frage nach der Adäquanz zu stellen, führe dazu, den konkreten Gang des Kausalverlaufes nach der Tat zu abstrahieren. Dadurch werde eine präzise Analyse des Kausalverlaufes an sich unmöglich. Unter den jüngsten Kritikern geht Keiichi Yamanaka sogar so weit zu behaupten, dass durch die Adäquanztheorie die Vorhersehbarkeit eines Interventionsumstandes nach der Tat, zum Beispiel die

> „Adäquanz oder Anomalität der Intervention einer Gewalttat durch einen Dritten an sich in den Vordergrund tritt und Umstände, wie die Schwere der Gewalttat, das Ausmaß des Einflusses der Intervention in den Kausalverlauf oder auch die Frage, ob diese Intervention durch das Verhalten des Angeklagten *veranlasst* worden war, gänzlich auf die Vorhersehbarkeit reduziert wird und somit an Bedeutung verliert“.[13]

Wenn diese Kritik bezüglich der Adäquanztheorie tatsächlich zuträfe, dann wäre diese Theorie wohl von Anfang an keiner Unterstützung würdig gewesen. Doch beseitigt die Adäquanztheorie wirklich die konkrete bzw. individualisierende Betrachtung?

2. Tatsächlich wurde die Adäquanztheorie als Lehre entwickelt, die in ihrem Kern die Beurteilung der Wahrscheinlichkeit bzw. objektiven Möglichkeit

---

[11] *Hayashi* (o. Fn. 4), Hōgaku Kyōkai Za'sshi, Bd. 103, Nr. 9, S. 147ff.; *ders.*, Bd. 104, Nr. 1, S. 96ff.; *Takehiko Sone*, Ausführung – Gefahr – Irrtum im Strafrecht, 1991, S. 43ff.; *Ōtani*, Jurist, Nr. 974 (o. Fn. 8), S. 59; *ders.*, Hōsō Jihō, Bd. 44, Nr. 4 (o. Fn. 8), S. 143ff. Auch *Günther Jakobs*, Strafrecht, Allgemeiner Teil, 2. Aufl. 1991, 7/34, S. 197f., vertritt die Ansicht, dass sich die konkrete bzw. individuelle Analyse und die allgemeine bzw. typisierende Wahrscheinlichkeitsbeurteilung der Kausalität widersprechen. Dagegen wenden sich mit Unverständnis *Theodor Lenckner*, in: Schönke/Schröder (Hrsg.), Strafgesetzbuch, Kommentar, 24. Aufl. 1998, vor §§ 13ff., Rn. 88; *Hans-Heinrich Jescheck*, Lehrbuch des Strafrechts, Allgemeiner Teil, 4. Aufl. 1988, S. 257, Fn. 37.

[12] *Inoue* (o. Fn. 3), S. 173ff., 184ff., 190, 227ff.; *ders.*, Kausalität und strafrechtliche Fahrlässigkeit, 1979, S. 25ff.; *ders.*, Umstände nach der Tat und die Adäquanztheorie, Hōsei Kenkyū Bd. 51, Nr. 1, 1985, S. 7ff. Dieser Kritik stimmen auch folgende Autoren zu: *Ken'ichi Nakayama*, Strafrecht, AT, 1982, S. 179ff.; *Keiichi Yamanaka*, Strafrechtliche Kausalität und Zurechnung, 1984, S. 230ff.; *Ken Naitō*, Strafrecht, AT, Bd. 1, 1983, S. 282ff.; *Sone* (o. Fn. 11), S. 43.

[13] *Yamanaka* (o. Fn. 8), S. 143; *ders.* (o. Fn. 12), S. 230ff., 312ff.

beinhaltet. Diese Beurteilungsmethode dient dazu, die Existenz bzw. Nichtexistenz einer Tatgefahr und deren Gefährlichkeitsgrad zu analysieren. Dies entspricht auch der Lehre der konkreten Gefährlichkeit im Hinblick auf die Problematik des untauglichen Versuchs. Somit lässt sich festhalten, dass die Adäquanztheorie geeignet ist, die Erfolgszurechnung in solchen Fällen zu verneinen, in denen die Tat selbst zwar weniger gefährlich war, der Erfolg jedoch trotzdem eintrat. Einige der bisherigen Vertreter der Adäquanztheorie wollen die Adäquanz beurteilen, indem die Gegebenheiten des konkreten Kausalverlaufes abstrahiert werden und überprüft wird, ob es bei der Begehung einer solchen Tat nach allgemeiner Lebenserfahrung üblich ist, dass es zu einem gleichartigen Erfolg kommt. Danach analysiert die Adäquanztheorie nicht den konkreten Kausalverlauf, sondern beurteilt lediglich abstrakt die allgemeine Gefahr der Tat.

So bejahte das Obergericht Tokyo im Berufungsurteil des „U.S.-Soldaten-Fahrerflucht-Falles" unter Anwendung einer solchen Beurteilungsmethode den Kausalitätszusammenhang wie folgt. Obwohl die Tat des Beifahrers, das Opfer mit Absicht herunterzuziehen, nur als zufälliger Interventionsumstand bewertet werden kann, „ist der Umstand, dass ein wie oben geschilderter Aufprall, verursacht durch die Kollision mit dem Pkw des Angeklagten, den Tod des Opfers herbeiführen wird, nach allgemeiner Lebenserfahrung als selbstverständlich vorhersehbar anzusehen".[14] Daher bestätigte das Obergericht Tokyo die Kausalität zwischen dem Zusammenstoß des Opfers mit dem vom Angeklagten geführten Pkw und dem Tod des Opfers. Unter den renommierten Befürwortern der Adäquanztheorie gibt es auch Stimmen, die eine Erfolgszurechnung in solchen Fällen als zulässig erachten, in denen derselbe Erfolg (zum Beispiel der Tod) mit großer Wahrscheinlichkeit eingetreten wäre, auch wenn ein Interventionsumstand ausgeblieben wäre.[15] Demnach wird die Situation der Erfolgsverwirklichung stark abstrahiert betrachtet und das adäquate Kausalitätsverhältnis angenommen, sofern die Tat für sich genommen das Gefahrenpotenzial besitzt, denselben Erfolg herbeizuführen.

Allerdings ist es unwahrscheinlich, dass dieses Verständnis der herrschenden Auffassung von der Adäquanztheorie entspricht. Denn ursprünglich wurde die Adäquanztheorie als Kritik gegenüber der Äquivalenztheorie

---

[14] Obergericht Tokyo Urteil v. 26.10.1966, Keishū 21, Nr. 8, S. 1126. *Shin'ichi Ebihara* spricht sich gegen diese Theorie aus, in: Erläuterungsband zu OGH-Entscheidungen im Strafrecht 1967, 1968, S. 286. *Mitsuo Okano*, als Unterstützer der Äquivalenztheorie, begutachtete die Auffassung des Obergerichts Tokyo hinsichtlich der Adäquanztheorie und kritisierte sie scharf, in: *Okano* (o. Fn. 3), S. 159 ff., 203 ff. Übrigens zeigen sich auch in einigen OGH-Entscheidungen Tendenzen, die Kausalität dann zu bejahen, wenn die Tat hochgradig gefährlich ist. Zu diesem Punkt vgl. *Machino* (o. Fn. 1), S. 245 ff.

[15] *Ryūichi Hirano*, Probleme der Verbrechenslehre, Bd. 1, AT, 1981, S. 42; siehe auch unten Fn. 49.

vertreten. Diese wiederum bejaht die Erfolgszurechnung selbst dann, wenn der konkrete Kausalverlauf ein ungewöhnlicher bzw. atypischer ist. Bereits *Robert von Hippel*[16] führte zur Methode der Adäquanzbeurteilung aus, *man müsse den tatsächlich geschehenen konkreten Kausalverlauf voraussetzen und diesen mit dem Kausalverlauf vergleichen, den man durch eine Prognose erlangt hat.* Das heißt, die Adäquanztheorie machte ursprünglich durchaus den konkreten Kausalverlauf eines Falles zum Gegenstand der Beurteilung. Sie prüfte bei Betrachtung des konkreten Tatverlaufes ex ante anhand bestimmter Tatsachen, ob der Erfolgseintritt nach allgemeiner Lebenserfahrung im Rahmen des Vorhersehbaren liegt.[17] Bei einer solchen Adäquanzbeurteilung wurde auch der Beitrag berücksichtigt, den der nach der Tat eingetretene Interventionsumstand für die Erfolgsverursachung leistete (zum Beispiel seinen Einfluss auf die Entstehung der Todesursache). Auf dieser Grundlage wurde beurteilt, ob eine solche Erfolgsverwirklichung bei einem derartigen Geschehensverlauf adäquat ist. Beispielsweise soll ein Fall betrachtet werden,

> „bei dem das Opfer von einem mit einer Geschwindigkeit von 80 km/h heranfahrenden (die zulässige Höchstgeschwindigkeit überschreitenden) Pkw angefahren, dabei schwer verletzt und anschließend ins Krankenhaus gebracht wird. Dort bricht ein Feuer aus und das Opfer verbrennt, da es nicht in der Lage war zu fliehen".[18]

Durchdenkt man diesen Fall ausgehend vom Tatbegehungszeitpunkt und legt dabei bestimmte Beurteilungsinformationen zugrunde, stellt sich die Frage, ob der gesamte Kausalverlauf der Tat nach allgemeiner Lebenserfahrung noch im Rahmen des Vorhersehbaren liegt. Hier würde die Adäquanz wohl verneint werden.[19] Wie *Gustav Radbruch* verdeutlichte,[20] der

---

[16] *Robert von Hippel*, Deutsches Strafrecht, Bd. 2, 1930, S. 147 f.; *ders.*, Lehrbuch des Strafrechts, 1932, S. 98.

[17] In diesem Punkt ist die Analyse von *Haruo Nishihara*, Der Interventionsumstand nach der Tat und die adäquate Kausalbeziehung, Kenshū, Nr. 400, 1981, S. 15 ff.; *ders.*, Strafrechtliche Kausalität – Eine Einleitung, Hōgaku Seminar, Nr. 322, 1981, S. 12 ff.; *ders.*, Strafrecht, AT, 1977, S. 101 ff. äußerst zutreffend. Auch *Minoru Nomura*, Strafrecht, AT, 1990, S. 130 stimmt *Nishihara* zu.

[18] *Yamanaka* (o. Fn. 12), S. 231; die anhand dieses Fallbeispiels erläuterte Adäquanzbeurteilung von *Yamanaka* entspricht meiner Ansicht nach nicht dem üblichen Verständnis der Adäquanztheorie.

[19] Auch wenn man diesem Verständnis folgt, darf in dem Fall, in dem ein Interventionsumstand eintrat, der verhinderte, dass sich der Erfolg realisierte, nicht sofort die Kausalität verneint werden. Dies gilt auch dann, wenn dieser Umstand ein seltener bzw. atypischer war. Ein Täter verletzt zum Beispiel im Wald mit Tötungsabsicht das Opfer A in der Bauchgegend und lässt es dort liegen. Im Normalfall würde A dort versterben. Doch da zufällig in der Nähe des Tatortes ein Hubschrauber abstürzt und somit Rettungskräfte eintreffen, wird A wie durch ein Wunder gefunden und ins Krankenhaus gebracht. Dort verstirbt A jedoch wegen des hohen Blutverlustes. Hier lässt sich nicht mit der Be-

bereits Anfang des 20. Jahrhunderts die Adäquanztheorie detailliert betrachtete, sei bei der Adäquanztheorie unklar, in welchem Ausmaß der Kausalverlauf bzw. der Erfolgszustand verallgemeinert bzw. abstrahiert werden muss, um danach dessen Normalität nach allgemeiner Lebenserfahrung zu beurteilen. Dennoch vertrat er die Meinung, eine Reduktion auf die Beurteilung der Gefährlichkeit der Tat durch eine Abstraktion des konkreten Kausalverlaufes entspreche nicht der Grundidee der Adäquanztheorie. Auch die von *Radbruch* zitierten Autoren verstanden die Adäquanztheorie nicht auf diese Weise. Meines Wissens fasste auch die deutsche Wissenschaft die Adäquanztheorie so auf, dass sie der Beurteilung der Adäquanz des zum Erfolg führenden konkreten Kausalverlaufes dient.[21] Aus meiner Sicht war und ist dies auch für die japanische Rechtswissenschaft eine selbstverständliche Annahme.[22]

Entsprechend den Ausführungen von *Radbruch* (die ich im Folgenden detailliert erläutern werde) ist es bei der Adäquanztheorie zweifellos unvermeidbar, den Kausalverlauf und die Erfolgsverwirklichungslage bis zu einem gewissen Grad zu abstrahieren. Doch diese „Abstraktion" besitzt lediglich die Funktion, die Adäquanz des Kausalverlaufes in solchen Fällen zu bejahen, ungeachtet dessen, ob ein Teil des konkreten Kausalverlaufes oder ein Teil der Erfolgsverwirklichung im Zeitpunkt der Tat nicht vorhersehbar war. Das bedeutet jedoch nicht, dass man von Anfang an den

---

gründung, der Hubschrauberabsturz und das zufällige Auffinden des A durch die Rettungskräfte seien nach allgemeiner Lebenserfahrung nicht vorhersehbar, die Adäquanz des Kausalverlaufes verneinen. Andererseits kann man diesen Umstand auch nicht abstrahieren und die Adäquanz sofort bejahen, nur weil die Tat an sich höchst gefährlich war. Meiner Meinung nach wird hier deutlich, dass die Adäquanzbeurteilung nichts anderes ist als eine Beurteilung der strafrechtlichen Erfolgszurechnung. Präziser ausgedrückt, dient die Vorhersehbarkeitsprüfung des konkreten Kausalverlaufes nur dazu, die Gewichtigkeit des Tatbeitrages für die Erfolgsverwirklichung aufzuzeigen.

[20] *Gustav Radbruch*, Die Lehre von der adäquaten Verursachung, 1902, S. 15ff. Vgl. auch *Fumiaki Uchida*, Die Lehre vom fahrlässigen Zusammenwirken, 1973, S. 118ff.

[21] Zum Beispiel *Engisch* (o. Fn. 1), S. 41ff., 60ff.; *Reinhart Maurach/Heinz Zipf*, Strafrecht, AT, Teilband 1, 8. Aufl. 1992, S. 250ff.; *Manfred Burgstaller*, Erfolgszurechnung bei nachträglichem Fehlverhalten eines Dritten oder des Verletzten selbst, Festschrift für Jescheck, erster Halbband, 1985, S. 361f.; *Jescheck* (o. Fn. 11), S. 257; *Claus Roxin*, Finalität und objektive Zurechnung, in: Gedächtnisschrift für Armin Kaufmann, 1989, S. 240ff. Vgl. auch *Uchida* (o. Fn. 20), S. 118ff.

[22] Außer der in der Fn. 17 angegebenen Literatur siehe auch z.B. *Tsugio Nakano*, Erläuterungen zum Fall 3, in: Ryūichi Hirano (Hrsg.), 35 Fragen zum Strafrecht zur eigenständigen Bearbeitung, 1965, S. 42ff.; *Hideo Fujiki*, Neuausgabe des strafrechtlichen Übungskurses, 1970, S. 21ff.; *Junji Abe*, Die Intervention einer Tat eines Dritten und die Kausalität, in: Ryūichi Hirano/Kōya Matsuo (Hrsg.), 100 ausgewählte strafrechtliche Entscheidungen I, AT, 2. Aufl. 1984, S. 46; *Fumiaki Uchida*, Strafrecht I, AT, 1986, S. 151; *Taira Fukuda/Hitoshi Ōtsuka*, Gespräch zum Strafrecht, AT I, 1986, S. 76ff. (Äußerung von *Ōtsuka*); *Shinji Saitō*, Das Handeln des Opfers und die Kausalität, in: Hirano u.a. (Hrsg.), 100 ausgewählte strafrechtliche Entscheidungen I, AT, 3. Aufl. 1991, S. 27. Vgl. auch *Machino* (o. Fn. 1), S. 173, 215ff., 239ff., 245ff.

konkreten Kausalverlauf abstrahiert und die individuelle, den Erfolg verursachende Kausalfunktion der Tat unberücksichtigt lässt. Vielmehr ist der Gegenstand der Adäquanzbeurteilung der durch einen Bedingungszusammenhang verbundene konkrete Kausalverlauf. Nachdem der reale Kausalverlauf in seinem unveränderten Zustand begutachtet wurde, wird mittels einer „objektiv nachträglichen Prognose" festgestellt, ob dieser Kausalverlauf nach allgemeiner Lebenserfahrung eine Verkettung von besonderen Umständen war.[23] Nur an dieser Stelle betrachtet die Adäquanztheorie die Tatgefahr abstrakt. Die oben angeführte Kritik, dass sie eine detaillierte Analyse unterlässt, im Hinblick darauf, welche konkrete kausale Funktion die Tat für die Erfolgsverursachung hatte, empfinde ich deshalb als unzutreffend.

III. Die Beurteilungsstruktur der „Adäquanz im engeren Sinne" und deren Problematik

1. Die Konkretisierung bzw. Abstraktion des Erfolges

1. Wie oben bereits erwähnt, diente die Adäquanztheorie ursprünglich vor allem dazu, die Erfolgszurechnung in solchen Fällen zu verneinen, in denen die Tatgefahr selbst zwar relativ gering war, doch wegen der Intervention eines unvorhersehbaren Ereignisses der Erfolg trotzdem (rein zufällig) eintrat. Dagegen war die Adäquanztheorie nur unzureichend präzise in solchen Fällen, in denen bereits die Tat selbst hochgradig gefährlich war und zusätzlich der darauf folgende konkrete Kausalverlauf den Rahmen der Adäquanz sprengte.[24] Tatsächlich gibt es unter den Fällen, in denen die Adäquanz im engeren Sinne problematisch ist, auch solche Konstellationen, in denen die Tat selbst nicht gefährlich ist. Dies beinhaltet beispielsweise auch Fälle, in denen die Gefahr der Erfolgsverursachung insofern nicht gegeben ist, als eine angemessene Behandlung durch einen Arzt gewährleistet ist, die unter normalen Umständen erwartet werden kann, oder auch Fälle, in denen keine Gefahr besteht, sofern sich das Opfer kein unachtsames Verhalten zuschulden kommen lässt. Die Adäquanztheorie ist auch in den Fällen nicht problemlos zu betrachten, in denen die Gefährlichkeit der Tat aufgrund eines Umstandes wegfällt, der Erfolg jedoch wegen eines nach allgemeiner Lebenserfahrung äußerst seltenen Kausalverlaufes zufällig eintritt.

---

[23] *von Hippel*, Deutsches Strafrecht (o. Fn. 16), S. 147f., 149; *ders.*, Lehrbuch des Strafrechts (o. Fn. 16), S. 98. Vgl. auch *Nishihara*, Interventionsumstand (o. Fn. 17), S. 15ff.; *ders.*, Strafrechtliche Kausalität (o. Fn. 17), S. 12ff.

[24] Eine oberflächliche Betrachtung dieses Problems findet sich in: *Makoto Ida*, Fallbesprechung, Hōgaku Kyōshitsu, Nr. 92, 1988, S. 122; *ders.* (o. Fn. 8), S. 90.

Bei derart gelagerten Fällen kann nicht von einer grundsätzlichen Unbestimmtheit der Beurteilungsmethode gesprochen werden. Hierfür ist es notwendig, die Beurteilungskriterien der Adäquanz bzw. Vorhersehbarkeit durch die Einführung von normativen bzw. materiellen Prinzipien zu konkretisieren, die ich später anführen werde. Im Folgenden möchte ich Nachforschungen im Hinblick darauf anstellen, welchen Einfluss die Inadäquanz bzw. Abnormität eines konkreten Kausalverlaufes auf die Beurteilung der Erfolgszurechnung für Konstellationen hat, in denen bereits die Tat selbst hochgradig gefährlich war und es auch ohne Intervention eines unvorhersehbaren Ereignisses zu demselben Erfolg gekommen wäre.

Zweifel an der engen Adäquanz entstehen, grob zusammengefasst, in Fällen, in denen nach der Tat das Verhalten einer Person (des Opfers oder eines Dritten) oder ein Naturereignis dazwischentritt. Kritisch sind in dieser Hinsicht auch Fälle, in denen der Kausalverlauf bis zum Erfolg nach allgemeiner Lebenserfahrung als atypisch eingestuft wird, und zwar da eine ausschlaggebende Tatsache zum Tatzeitpunkt schon vorhanden, aber noch nicht erkennbar war; somit war die konkrete Art und Weise der Erfolgsverursachung zum Tatzeitpunkt nicht vorhersehbar. Meiner Ansicht nach lassen sich all diese problematischen Fallkonstellationen in zwei Fallgruppen einteilen[25]:

(1) Auch wenn im Kausalverlauf ein unvorhersehbares Element enthalten ist, hat sich die hochgradige Tatgefahr unmittelbar im konkreten Erfolg verwirklicht.
(2) Auch wenn die Tat hochgradig gefährlich war, hat sie lediglich einen Beitrag zur konkreten Erfolgsverwirklichung geleistet.

Betrachtet man Fälle, in denen die Todesfolge durch eine Körperverletzung verursacht wurde, lassen sich die obigen zwei Varianten wie folgt veranschaulichen.

(1) Durch die Tat wurde eine todesursächliche Verletzung herbeigeführt – das heißt, der Erfolg wäre auf jeden Fall eingetreten, wenn der Kausalverlauf ungehindert vorangeschritten wäre. Doch durch ein unvorhersehbares Interventionsereignis wurde die tödliche Verletzung verschlimmert und der Todeszeitpunkt nach vorne verlagert.
(2) Die Tat selbst war zwar hochgradig gefährlich; demzufolge konnte davon ausgegangen werden, dass der Erfolg auf jeden Fall eintreten

[25] Vgl. auch die ähnlichen, aber mit dem hier Entwickelten nicht völlig identischen Fallgruppenbildungen durch: *Ōtani*, Jurist, Nr. 974 (o. Fn. 8), S. 59; *ders.*, in Hōsō Jihō, Bd. 44, Nr. 4 (o. Fn. 8), S. 142; *Takehiko Sone*, Adäquanztheorie und die Rechtsprechung des OGH, Kenshū, Nr. 549, 1994, S. 7ff.

würde, wäre der Kausalverlauf nicht unterbrochen worden. Aber bevor sich die Gefahr im Erfolg verwirklichen konnte, wurde dem Opfer durch ein zufällig eintretendes Interventionsereignis eine andere Verletzung zugefügt, die letztendlich den Tod herbeiführte.

Fallvariante (1) gibt den OGH-Beschluss vom 20.11.1990[26] wieder. Auch der OGH-Beschluss vom 24.10.1967[27] passt zu dieser Fallvariante, sofern man davon ausgeht, dass bereits der erste Zusammenstoß die Todesursache (eine Hirnblutung) verursachte. Hingegen ist eine Situation im Sinne der Fallvariante (2) gegeben, wenn der Täter dem A eine tödliche Verletzung zufügt, der A daraufhin während des Transports ins Krankenhaus in einen Verkehrsunfall verwickelt wird und deshalb verstirbt. Zudem ist diese Fallvariante verwirklicht, wenn der erste Täter X den A vom Dach eines Hochhauses stößt und ein zweiter Täter Y den A während seines Sturzes aus dem Fenster eines Hochhauses nebenan erschießt.[28] Natürlich sind auch Fälle denkbar, bei denen unklar ist, ob sie unter (1) oder (2) fallen. Beispielhaft dafür ist ein Fall, in dem der erste Täter X dem A mit Tötungsabsicht ein Gift verabreicht und ein zweiter Täter Y (unabhängig von X) wiederum mit Tötungsabsicht die Herausgabe der Spritze mit dem Gegengift verweigert, obwohl sich das Opfer in einer Situation befand, die ohne sofortige Verabreichung eines Gegengiftes mit Sicherheit zum Tode führt. Betrachtet man diesen Fall, so hat sich die spezifische Tatgefahr der Tat des X unmittelbar verwirklicht, wodurch es auf den ersten Blick so scheint, als sei es eine Fallvariante zu (1).[29] Geht man aber davon aus, dass bei ungestörtem Fortgang der Situation das Leben des A durch die Spritze mit dem Antiserum sicherlich gerettet worden wäre, lässt sich sagen, dass sich eine vom zweiten Täter übernommene und allein diesem zuzurechnende anderweitige Gefahr im Ergebnis verwirklicht hat. Wenn der zweite Täter Y der behandelnde Arzt gewesen wäre und die Spritze mit dem Antiserum absichtlich nicht verabreicht hätte, wäre die Fallvariante noch klarer.[30] Daher ist dieser Fall als eine Variante von (2) zu behandeln.

---

[26] Vgl. Fn. 6 und 7.

[27] Vgl. Fn. 2.

[28] *Hirano* (o. Fn. 15), S. 42.

[29] Vgl. zum Beispiel *Hans-Joachim Rudolphi*, Vorhersehbarkeit und Schutzzweck der Norm in der strafrechtlichen Fahrlässigkeitslehre, JuS 1969, S. 556; *ders.*, in: Systematischer Kommentar zum StGB, Bd. I, AT, 5. Aufl. 1992 (Stand: 16. Lieferung), Rn. 74 vor § 1. Hier wird bei derartigen Fällen vertreten, dass sich die Tatgefahr des ersten Täters X verwirklicht hat und somit die Erfolgszurechnung gegeben ist. Richtigerweise wird dies nicht als angemessen betrachtet von *Hayashi* (o. Fn. 4), Hōgaku Kyōkai Za'sshi Bd. 103, Nr. 11, S. 59; doch als Unterstützer von *Rudolphi*: *Frisch* (o. Fn. 5), S. 432 f.

[30] Vgl. *Harro Otto*, Kausaldiagnose und Erfolgszurechnung im Strafrecht, Festschrift für Reinhart Maurach, 1972, S. 99 ff.

2. Begreift man die Adäquanztheorie als eng und strikt und nimmt dementsprechend an, ein Kausalzusammenhang liege nur vor, wenn der konkrete Ablauf der kausalen Handlung und die konkrete Erfolgsverwirklichung im Zeitpunkt der Tat nach allgemeiner Lebenserfahrung vorhersehbar sind, nachdem man diese bis ins kleinste Detail durchdacht hat,[31] dann wird sowohl in den Fällen der Variante (1) als auch in denen der Variante (2) die Adäquanz verneint werden.[32] Dies ist jedoch nur der erste Lösungsweg nach der Adäquanztheorie.

Meiner Ansicht nach ist es nicht passend, den Kausalitätszusammenhang in den Fällen der Variante (1) zu verneinen.[33] Versteht man die Adäquanztheorie wie oben dargestellt, wäre es falsch, in einem Fall, bei dem das Opfer durch eine seltene Art von Bakterien auf dem Tatwerkzeug infiziert wurde und daran starb, die Kausalität mit der Begründung zu verneinen, eine solche bakterielle Infektion komme nur äußerst selten vor. In Fällen, in denen dem Opfer mit einem solchen verschmutzten Tatwerkzeug eine schwere Verletzung zugefügt wird, ist es nach allgemeiner Lebenserfahrung durchaus vorhersehbar, dass hierdurch irgendeine Art von gefährlichen Bakterien in den Körper gelangt und das Opfer daran stirbt. Hierbei kann man sich auch Konstellationen vorstellen, in denen die Adäquanz bejaht werden sollte.[34] Zu Fallvariante (1) ist ein noch extremeres Beispiel denkbar: Dem Opfer wurde eine Verletzung zugefügt, die auch bei einem normalen Menschen mit Sicherheit zum Tode geführt hätte. Da das Opfer jedoch an einer seltenen Krankheit litt, trat der Tod wegen eines vom Normalfall abweichenden pathologischen Vorganges früher ein als üblich. Hier wäre es aus Sicht der Adäquanztheorie falsch, die Kausalität zu verneinen.[35] Würde man hier die Kausalität ablehnen, wäre der strafrechtliche

[31] Aus rechtlicher Sicht ist es unvernünftig, den gesamten Kausalverlauf bzw. die Art und Weise der Erfolgsverwirklichung zu konkretisieren (zum Beispiel auch inklusive Haarschnitt des Opfers, Kleidung, Farbe der Schuhe) und diese daraufhin auf ihre Gewöhnlichkeit nach allgemeiner Lebenserfahrung hin zu überprüfen.

[32] *Nakano* befürwortet ausdrücklich die Ablehnung des adäquaten Kausalzusammenhanges in Fällen der Variante (1); vgl. *ders.* (o. Fn. 22), S. 42ff.

[33] *Machino* (o. Fn. 1), S. 238; *ders.*, Strafrecht, AT, Bd. 1, 1990, S. 164. Vgl. auch *Okano* (o. Fn. 3), S. 204.

[34] *Bernd Schünemann*, Moderne Tendenzen in der Dogmatik der Fahrlässigkeits- und Gefährdungsdelikte, JA 1975, S. 582.

[35] *Jakobs* (o. Fn. 11), 7/34, S. 198 u. 7/85, S. 231. Hinsichtlich der Fälle der sogenannten alternativen Kausalität wird die Meinung vertreten, es gebe Situationen, in denen durch die konkrete bzw. individuelle Auffassung der Art und Weise der Erfolgsverwirklichung ein Bedingungszusammenhang (das Verhältnis der Conditio sine qua non) anzunehmen ist; siehe zum Beispiel *Naitō* (o. Fn. 12), S. 255ff.; *Taira Fukuda*, Strafrecht, AT, Eine erweiterte Aufl. 1992, S. 98, Fn. 2; *Hitoshi Ōtsuka*, Strafrecht, AT, 2. Aufl. 1992, S. 171; *Masahide Maeda*, Strafrecht, AT, 2. Aufl. 1994, S. 225, Fn. 3; *Sone* (o. Fn. 11), S. 36, etc. Doch wenn man problematisiert, ob der Eintritt eines derartigen konkreten Erfolges nach allgemeiner Lebenserfahrung gewöhnlich ist, muss man wohl die adäquate Kausalitäts-

Schutz für Menschen mit seltenen Erkrankungen geringer als für gesunde Menschen. Wäre diese Lösung die richtige, hätte man keine andere Wahl, als bei der Prüfung der Adäquanz den Kausalverlauf zu abstrahieren und dessen Normalität nach allgemeiner Lebenserfahrung zu beurteilen, wobei der konkrete Interventionsumstand außer Acht gelassen wird.[36] Eine solche Vorgehensweise ist jedoch keinesfalls ungewöhnlich. Sogar bei der Vorhersehbarkeit, die eine Voraussetzung des Fahrlässigkeitsdeliktes ist, wird nicht verlangt, dass jedes Detail des konkreten Kausalverlaufes vorhersehbar ist. Vielmehr wird hier gerade die Notwendigkeit der Abstraktion betont. Jedoch bringt die Beurteilung, bis zu welchem Grad die Abstraktion akzeptabel ist, einige Unklarheiten mit sich.[37] Es ist aber denkbar, die Abstraktion in dem Maße zuzulassen, soweit die Todesursache noch als identisch angesehen werden kann, wie zum Beispiel in Fallvarianten zu (1). Dies ist der *zweite* Lösungsweg nach der Adäquanztheorie. Danach würde in Fall (1) die Adäquanz bejaht, in Fall (2) hingegen verneint werden.[38]

Fälle, in denen zwar offensichtlich die kausalen Wirkungen der Tat und die Nachwirkungen des Interventionsumstandes zusammenwirkten und

---

beziehung verneinen. Dies ist wahrscheinlich eine Schlussfolgerung, die nicht den Überlegungen der Wissenschaftler entspricht.

[36] Dieses Problem wurde bereits durch die Untersuchungen von *Radbruch* recht präzise wahrgenommen; *Radbruch* (o. Fn. 20), S. 15 ff. Vgl. auch *Schünemann* (o. Fn. 34), S. 582. Zur japanischen Lehre siehe die Angaben in Fn. 37. Hingegen macht *Nishihara*, in: Strafrechtliche Kausalität (o. Fn. 17), deutlich, dass „der tatsächliche Kausalverlauf zumindest in seinen wesentlichen Teilen Gegenstand der Adäquanzbeurteilung sein muss". *Maeda* behauptet in *ders.* (o. Fn. 35), S. 235 ff., das Vorliegen der Adäquanz im engeren Sinne werde durch die Kombination „(a) des der Tathandlung innewohnenden Grads der Wahrscheinlichkeit der Erfolgsverwirklichung (Adäquanz im weiteren Sinne), (b) des Grads der Abnormalität des Interventionsereignisses und (c) des Grads des Beitragsgehaltes des Interventionsereignisses zum Erfolg" beurteilt und „nicht allein aufgrund der Frage, ob der Interventionsumstand zum Tatzeitpunkt vorhersehbar war, beurteilt werden dürfe". *Maeda* ergänzt: Auch „wenn der Kausalverlauf derart ist, dass eine Durchschnittsperson diesen normalerweise nicht hätte voraussehen können, sind Situationen denkbar, in denen die Kausalbeziehung bejaht wird, wenn sich der wahrgenommene Erfolg verwirklicht hat". Als Kritik hierzu siehe *Yamanaka* (o. Fn. 5), S. 116.

[37] Vgl. *Inoue* (o. Fn. 3), S. 205 ff., S. 226; *Okano* (o. Fn. 3), S. 132 ff., 157 ff., 202 ff.; *ders.*, in: Hitoshi Ōtsuka u. a. (Hrsg.), Großer Strafrechtskommentar, Bd. 2, 1989, S. 113 ff.; *Hayashi* (o. Fn. 4), Hōgaku Kenkyū Za'sshi, Bd. 103, Nr. 7, S. 3, Nr. 9, S. 155.

[38] Im Ergebnis gleich: *Inoue*, Umstände nach der Tat und die Adäquanztheorie (o. Fn. 12), S. 14 ff., S. 29 ff., insbesondere S. 33 ff.; *Sone* (o. Fn. 25), S. 7 ff. Übrigens hätte man auch im Fall des OGH-Beschlusses vom 22.3.1978, Keishū, Bd. 32, Nr. 2, S. 381, die Kausalbeziehung zwischen der ersten Handlung und dem Todeserfolg bejahen können, wenn durch die erste (fahrlässige) Tathandlung die tödliche Verletzung verursacht worden wäre und die zweite (vorsätzliche) Handlung lediglich den Todeszeitpunkt vorverlagert hätte. Auch *Keiichi Yamanaka*, Die Intervention der Handlung des Täters und die Kausalbeziehung, in: Hirano u. a. (Hrsg.), (o. Fn. 22) S. 29, bejaht in solchem Fall die objektive Zurechnung, sieht jedoch den Grund hierfür in der Tatsache, dass die zweite Tathandlung vorhersehbar sei.

gemeinsam den Erfolg verursachten, jedoch unklar bleibt, ob allein durch die Tat des Täters der lebensgefährliche Prozess in Gang gesetzt wurde, das heißt, ob allein die erste Verletzung die Todesursache bildet, werden als Fallvarianten zu (2) behandelt. Die Kausalität wird in diesen Fällen wohl verneint werden, es sei denn, der *Interventionsumstand war vorhersehbar*.[39] Somit wird zum Beispiel in Fällen der sogenannten alternativen Kausalität zumindest die adäquate Kausalität verneint werden, außer wenn der Beweis gelingt, dass die Todesursache allein durch die betreffende Tat verursacht wurde.[40] Das gilt auch, falls man einer Ansicht folgt, die einen Bedingungszusammenhang bejaht (bzw. in Situationen, in denen durch die Konkretisierung der Modalität der Erfolgsverwirklichung ohne Weiteres der Bedingungszusammenhang bejaht werden kann).

Durch eine Anerkennung der Abstraktion zu einem gewissen Grad des Kausalverlaufes bzw. der Modalität der Erfolgsverursachung in der Form, wie sie oben geschildert wurde, erhält man jedoch keine eindeutige Beurteilungsgrundlage vom Standpunkt der Adäquanztheorie bezüglich des Ausmaßes der Abstraktion. Gerade bei solchen Aspekten zeigen sich die Schwachpunkte der bisherigen Adäquanztheorie. Das heißt, Kriterien wie die Adäquanz oder Normalität nach allgemeiner Lebenserfahrung oder Vorhersehbarkeit tragen in individuellen Fällen nicht dazu bei, die Grundlagen und die Grenzen der Erfolgszurechnung materiell bzw. normativ zu klären. Wie ich später ausführen werde, liegt gerade hier die grundsätzliche Ursache dafür, dass sich in Deutschland zur Überwindung der Schwachpunkte der Adäquanztheorie die Lehre von der objektiven Zurechnung als herrschende Lehre durchsetzte. Auch wenn man weiterhin die Adäquanztheorie unterstützt, müssen je nach Fallkonstellation die materiellen bzw. normativen Grundlagen der Erfolgszurechnung verdeutlicht werden, um sozusagen den Inhalt der Adäquanzbeurteilung vollkommen zu machen.

Hierzu folgendes Beispiel: In einer Situation, in der der Täter dem Opfer einen giftigen Kuchen gibt, dem Opfer der Kuchen aber im Hals stecken bleibt und es daran schließlich erstickt,[41] würde nach der Adäquanztheorie die Kausalität verneint werden, da der Kausalverlauf nicht adäquat und nach allgemeiner Lebenserfahrung außergewöhnlich ist. Fragt man jedoch nach dem *materiellen* bzw. *normativen* Grund für die Verneinung der Erfolgszurechnung, dann gibt es wohl nur eine korrekte Ansicht. Wie auch die Verfechter der objektiven Zurechnungslehre vertreten, muss man hier annehmen, dass sich die spezifische Gefahr der Tat nicht im Erfolg

[39] Vgl. auch *Machino* (o. Fn. 1), S. 241.

[40] Vgl. zu diesem Punkt die Erörterung von *Kazuo Yoshioka*, in: Zur alternativen Kausalität und dem Bedingungszusammenhang, Hōgaku Ronsō, Bd. 126, Nr. 4, 5 und 6, 1990, S. 167 ff.

[41] *Jakobs* (o. Fn. 11), 7/86, S. 231.

des Erstickens verwirklicht hat. Vielmehr hat sich im Erfolg nur eine im gesellschaftlichen Leben anerkannte Gefahr verwirklicht, das heißt, ein allgemeines Lebensrisiko, das dadurch entsteht, dass man innerhalb des gesellschaftlichen Umgangs zu verschiedenen Anlässen anderen Personen etwas zu essen anbietet. Somit kann keine Erfolgszurechnung begründet werden.[42]

Hier möchte ich im Rahmen der Beispiele, die zu den Fallvarianten (1) oder (2) zählen, den substanziellen Grund der Erfolgszurechnung untersuchen. Zunächst ist dazu Stellung zu beziehen, warum ein vollendetes Delikt härter bestraft wird als ein unvollendetes. Hier ist der Ausgangspunkt die Lehre von der Verhaltensnorm.[43] Unabhängig von dem Problem der Beurteilungsbasis wird das theoretische Fundament nur in der Lehre der Verhaltensnorm bzw. der personalen Unrechtslehre zu finden sein, sofern man es vom Standpunkt der Adäquanztheorie aus als angemessen akzeptiert, den Rahmen der Erfolgszurechnung innerhalb der Grenzen der Vorhersehbarkeit durch eine Durchschnittsperson zum Zeitpunkt der Tat festzusetzen.[44] Ich brauche nicht zu erwähnen, dass der Gegenstand einer Strafrechtsnorm allein das menschliche Verhalten ist. Der davon zu unterscheidende Erfolgseintritt bzw. dessen Nichteintritt an sich ist nicht Gegenstand dessen, was durch die Strafrechtsnorm verboten wird. Eine Norm untersagt wiederum auch nicht vorbehaltlos jegliches Tätigwerden mit einer vagen verbrecherischen Absicht. Sie versucht vielmehr, Verhaltensweisen zu verbieten, die das konkrete Gefahrenpotenzial der Verursachung einer strafrechtlich relevanten Folge beinhalten.[45] Wenn sich dann die Gefahr, die entweder vom Täter erkannt wurde oder von einem durchschnittlichen Menschen erkannt werden konnte, im Erfolg realisiert hat bzw. wenn sich durch die Verwirklichung des Erfolges die hochgradige Tatgefahr bestätigt hat,[46] dann wird die Tat nicht nur als normwidrig (= Handlungsunwert) eingestuft. Vielmehr wird ihr auch vom Gesichtspunkt der

---

[42] Vgl. *Lenckner* (o. Fn. 11), vor §§ 13 ff., Rn. 96.; *Rudolphi*, in: Systematischer Kommentar zum StGB (o. Fn. 29), vor § 1, Rn. 63; ausführlicher *Frisch* (o. Fn. 5), S. 386 ff.

[43] Als Beispiel einer Untersuchung zur Grundlage und zu den Grenzen der Erfolgszurechnung, basierend auf der Lehre von der Verhaltensnorm, siehe *Richard Honig*, Kausalität und objektive Zurechnung, in: Festgabe für Reinhard von Frank, 1930, S. 183 ff., insbesondere 187 f. Vgl. auch *Hans Welzel,* Kausalität und Handlung, 1931, in: ders., Abhandlungen zum Strafrecht und zur Rechtsphilosophie, 1975, S. 7 ff., insbesondere 19 ff.

[44] *Makoto Ida*, Erfolgs- und Handlungsunwert im Rechtswidrigkeitsurteil, Teil 2, Hōgaku Kenkyū, Bd. 63, Nr. 11, 1990, S. 72 (auch in: *ders.*, Der gegenwärtige Stand der Verbrechenslehre und die finale Handlungslehre, 1995, S. 154 ff.). Vgl. ferner *Schünemann* (o. Fn. 34), S. 582; *Jürgen Wolter*, Adäquanz- und Relevanztheorie, GA 1977, S. 257; *Udo Ebert/Kristian Kühl*, Kausalität und objektive Zurechnung, Jura 1979, S. 569 f.

[45] Vgl. zu diesem Punkt *Ida,* Erfolgs- und Handlungsunwert im Rechtswidrigkeitsurteil (o. Fn. 44), S. 63 und S. 80, Fn. 53 (auch in: *ders.,* Der gegenwärtige Stand der Verbrechenslehre und die finale Handlungslehre (o. Fn. 44), S. 137 ff.).

[46] Vgl. *Tsugio Nakano*, Strafrecht, AT, 3. Aufl. 1992, S. 110.

Strafwürdigkeit aus eine folgenschwere rechtliche Beurteilung (= Erfolgsunwert) angelastet, weil sie den Taterfolg verursacht hat.[47]

Das folgende Beispiel soll dies nochmals verdeutlichen. Fügt der Täter dem A mit Tötungsabsicht eine schwere Verletzung zu, verstirbt dieser jedoch wegen eines Verkehrsunfalls während des Krankentransports, dann kann der Tat des Täters nicht das Unrecht eines vollendeten Delikts angelastet werden. Andererseits kann ein Täter den Geschehensablauf nicht völlig beherrschen, sodass dies auch nicht Voraussetzung für die Bestrafung wegen eines vollendeten Delikts sein kann.[48] Ein vollendetes Delikt kann aber angenommen werden, sobald der Täter das Tatgeschehen aus der Hand gibt, den Erfolgseintritt sozusagen dem natürlichen Lauf der Dinge überlässt, und der Erfolg tatsächlich eintritt, sofern der Kausalverlauf im Großen und Ganzen im Bereich des Vorhersehbaren liegt. Hier wäre es übertrieben zu verlangen, dass bereits zum Tatzeitpunkt jedes Detail des Kausalverlaufes hätte vorhersehbar sein müssen. Auch wenn im Kausalverlauf ein unvorhersehbarer Aspekt vorhanden ist, kann dies nicht die sofortige Ablehnung der Erfolgszurechnung zur Folge haben. Doch wenn ein offensichtlich zufällig entstandener, inadäquater Zusammenhang zwischen Tat und Erfolg zu dem Grund der Bestrafung gemacht wird, dann bedeutet dies letztendlich eine Bestrafung allein wegen der Verhaltensnormwidrigkeit und der Entstehung der Gefahr. Der adäquate Kausalzusammenhang dient also gerade dazu, dies zu vermeiden. Das bedeutet, die Strafe wegen eines vollendeten Deliktes sollte auf die Fälle begrenzt werden, bei denen die tatsächliche Tatgefahr auch durch die Erfolgsverwirklichung bestätigt wird.

Folgt man diesem Gedankengang, hat eine derartige materielle bzw. normative Wertung eine ausschlaggebende Bedeutung für die Problemlösung. Meiner Meinung kann man in Fallvariante (1), in der die Tatgefahr durch die Erfolgsverwirklichung bestätigt wird, auch wenn einige Details der konkreten Erfolgsverwirklichung nicht vorhersehbar waren, doch sagen, dass die Tat zur Entstehung des tatsächlichen Erfolges in dem die Erfolgszurechnung ermöglichenden Maße wesentlich beigetragen hat.[49]

---

[47] Zu diesem Punkt vgl. *Makoto Ida*, Erfolgs- und Handlungsunwert im Rechtswidrigkeitsurteil, Teil 1, Hōgaku Kenkyū, Bd. 63, Nr. 10, 1990, S. 23 (auch in: *ders.*, Der gegenwärtige Stand der Verbrechenslehre und die finale Handlungslehre (o. Fn. 44), S. 137ff.). Ausführlicher *Makoto Ida*, Die heutige japanische Diskussion über das Strafrechtssystem, 1991, S. 80ff., insbesondere 85f.

[48] In diesem Punkt zutreffend: *Claus Roxin*, Bemerkungen zum Regreßverbot, in: Festschrift für Herbert Tröndle, 1989, S. 182.

[49] Dies ist der Versuch, die Voraussetzungen dafür aufzuzeigen, um die Zurechnung der Erfolgsrealisierung zu bejahen, *obwohl zum Tatzeitunkt der konkrete Kausalverlauf bis hin zur Erfolgsrealisierung nicht vorhersehbar war*. Es ist schwierig, die Beurteilungsmethode der Lehre der adäquaten Kausalität zu unterstützen, wenn man nicht die Vorgehensweise der Abstraktion des Erfolges (zumindest bis zu einem gewissen Grad) ak-

3. Doch unter den Befürwortern der Adäquanztheorie befinden sich auch solche, die noch weitergehen und überhaupt keine Grenze für die Abstraktion der Erfolgsverwirklichungsmodalität ziehen. Diese vertreten die Ansicht, die Kausalbeziehung könne immer dann bejaht werden, wenn ohne das Interventionsereignis derselbe Erfolg (beispielsweise der Tod) eingetreten wäre.[50] Dies ist der dritte Lösungsweg nach der Adäquanztheorie. Nach dieser Ansicht würde nicht nur bei Fällen nach (1), sondern auch bei Fällen nach (2) die adäquate Kausalitätsbeziehung bejaht werden. Dies träfe beispielsweise dann zu, wenn der Täter dem A eine lebensgefährliche Verletzung zufügte, A aber während des Krankenhaustransportes wegen eines Verkehrsunfalls versterben würde oder wenn der erste Täter X den A vom Dach eines Hochhauses stoßen und der zweite Täter Y den A während seines Sturzes aus dem Fenster des Nachbarhochhauses erschießen würde. Da die konkreten Todesumstände des Opfers als tatbestandlich irrelevant angesehen werden können, lässt sich nach dieser Theorie auch in diesem Umfang abstrahieren.[51] Im Rahmen der Adäquanztheorie existieren nämlich keine allgemeinen Richtlinien, inwieweit man den Kausalverlauf bzw. die Erfolgsverursachung zur Beurteilung von dessen Gewöhnlichkeit nach allgemeiner Lebenserfahrung abstrahiert. Es ist daher keinesfalls abwegig, als ein wesentliches Kriterium zu fordern, dass das Opfer einer nicht mehr zu kontrollierenden hohen Gefahr ausgesetzt wird. Diese Idee liegt wohl der in Deutschland im Rahmen von Fahrlässigkeitsdelikten vertretenen sogenannten Risikoerhöhungslehre[52] zugrunde.

Allerdings kann die Kritik[53] wohl kaum widerlegt werden, es sei bei den von den Autoren (insbesondere von *Hirano*) angeführten obigen Fallbei-

---

zeptiert. Gegenüber meiner Auffassung kritisch eingestellt: *Yamaguchi*, (o. Fn. 8), S. 51 ff. sowie *Yamanaka*, Kritische Betrachtung der strafrechtlichen Adäquanztheorie (o. Fn. 5), S. 109 ff.

[50] *Hirano* (o. Fn. 15), S. 42; *ders.*, Strafrecht, AT I, 1972, S. 146. Auch *Mikito Hayashi*, Gegenwärtige Aufgaben des Strafrechts, 1991, S. 60 ff., bejaht dieses Ergebnis. Vgl. ferner *Fujiki* (o. Fn. 22), S. 22 ff.; *Chiaki Kashiwagi*, Strafrecht, AT, 1982, S. 151, Fn. 10.

[51] Vgl. *Engisch* (o. Fn. 1), S. 54 f. Natürlich berücksichtigt *Engisch* im Rahmen der Adäquanz im engeren Sinne auch die konkrete Modalität der Erfolgsrealisierung; vgl. *Engisch* (o. Fn. 1), S. 60 ff.

[52] Vgl. zur Risikoerhöhungstheorie *Claus Roxin*, Strafrechtliche Grundlagenprobleme, 1973, S. 147 ff., insbesondere S. 168 ff. Als Überblick über die darauf folgende Diskussion vgl. *Schünemann* (o. Fn. 34), S. 582 ff., 647 ff.; *Ellen Schlüchter*, Grundfälle zur Lehre von der Kausalität, JuS 1977, S. 106 ff.; *Ebert/Kühl* (o. Fn. 44), S. 571 ff.; *Rudolphi*, in: Systematischer Kommentar zum StGB (o. Fn. 29), vor § 1, Rn. 65 ff.; *Jakobs* (o. Fn. 11), 7/98 ff., S. 235 ff.; *Frisch* (o. Fn. 5), S. 537 ff. In der japanischen Literatur v. a. detailliert *Yamanaka* (o. Fn. 12), S. 94 ff., 286 ff.; *Hayashi* (o. Fn. 4), Hōgaku Kyōkai Za'sshi, Bd. 103, Nr. 11, S. 29 ff.; *Kazuya Honma*, Die objektive Zurechnung des Erfolges bei Fahrlässigkeitsdelikten, Teil 2, Hōgaku Ronshū der Universität Hokkaido, Bd. 41, Nr. 1, 1990, S. 73 ff.

[53] Vgl. *Inoue*, Umstände nach der Tat und die Adäquanztheorie (o. Fn. 12), S. 14 ff.; *Hayashi* (o. Fn. 4), Hōgaku Kyōkai Za'sshi, Bd. 103, Nr. 9, S. 155; *ders.*, Die Kausalität in

spielen reine Mutmaßung, dass der gleiche Erfolg mit Sicherheit eingetreten wäre, und es werde lediglich auf der Grundlage der Verursachung einer Gefahr von einem Erfolgsdelikt ausgegangen. Folgt man dieser Theorie, bestünde wohl auch kein Grund, zwischen den obigen Fällen und solchen Fällen zu unterscheiden, bei denen der Kausalzusammenhang wegen eines Abbruchs verneint wird. Denn beiden Fällen ist gemein, dass der Erfolg auch eingetreten wäre, wenn das zufällige Interventionsereignis nicht dazwischengetreten wäre.[54] Meiner Ansicht nach kann daher die unbegrenzte Abstraktion des Ergebnisses nicht akzeptiert werden. In beiden Fällen, die von den Vertretern dieser Ansicht selbst angeführt werden, kann gerade nicht davon ausgegangen werden, dass sich die Tatgefahr im konkreten Erfolg verwirklicht hat.[55] Die Tat stellte lediglich eine Bedingung zur Erfolgsverursachung dar. Zudem war das Interventionsereignis nicht vorhersehbar. Überdies muss das vorsätzliche Handeln des Dritten ausschließlich diesem zugerechnet werden können.[56] Ferner liegt das Verhalten des Dritten außerhalb der Steuerbarkeit[57] bzw. Ausnutzungsmöglichkeit[58] seitens des Täters. Für die Strafbarkeit wegen einer vollendeten Tat reicht es also nicht aus, das Opfer einer hochgradigen Gefahr auszusetzen. Vielmehr muss die Tat in dem Maße zur Erfolgsverwirklichung beigetragen haben, dass eine Erfolgszurechnung gerechtfertigt werden kann. Demzufolge kann meiner Meinung nach in Situationen, in denen die Tat lediglich einen Beitrag zur Erfolgsverursachung geleistet hat, die Erfolgszurechnung zumindest so lange nicht akzeptiert werden, wie die *Vorhersehbarkeit des konkreten Interventionsereignisses und der konkreten Erfolgsentstehung fehlt.*

Fällen, bei denen eine fehlerhafte Behandlungsmethode auf Seiten des Opfers interveniert, Hōgaku Kyōshitsu, Nr. 97, 1988, S. 85; *Ida*, in: Hōgaku Kyōshitsu Nr. 92 (o. Fn. 24), S. 122; *Sone* (o. Fn. 11), S. 38, 52. Auch *Machino* spricht sich gegen die Lehre von *Hirano* aus; *Machino* (o. Fn. 1), S. 247.

[54] *Ida*, in: Hōgaku Kyōshitsu Nr. 92 (o. Fn. 24), S. 122.

[55] Vgl. die Fallbeispiele bei *Jakobs* (o. Fn. 41).

[56] Zwar zur Erfolgszurechnung im Rahmen von Fahrlässigkeitsdelikten, vgl. jedoch *Roxin* (o. Fn. 48), S. 186f.

[57] *Otto* (o. Fn. 30), S. 96ff.; *Ebert/Kühl* (o. Fn. 44), S. 569f.

[58] *Machino* (o. Fn. 33), S. 157ff., 165ff. Natürlich sind die Fälle, in denen die Vorsatztat eines Dritten nicht steuerbar ist, auf solche begrenzt, in denen keine besondere Situation vorliegt, die diese Tat vorhersehen lässt. In Situationen, in denen es möglich ist, vorauszusehen, dass die Vorsatztat eines Dritten wohl intervenieren wird, ist es klar, dass man diese dann auch zu genüge ausnutzen kann. Daher wird auch hier die Begrenzung der Beurteilungsbasis vorausgesetzt, und es handelt sich lediglich um einen Zirkelschluss, wenn man davon ausgeht, dass, da die Vorsatztat des Dritten für den Täter nicht steuerbar ist, ein solcher Umstand nicht zum Inhalt der Beurteilungsbasis wird; vgl. auch die folgenden Fn. 59.

2. *Probleme im Hinblick auf die Beurteilungsbasis*

Hinsichtlich des Kerngehalts der Adäquanztheorie, das heißt, inwieweit bestimmte Umstände als Grundlage der Adäquanzbeurteilung herangezogen werden können, stehen sich seit jeher die vermittelnde und die objektive Theorie gegenüber. Die vermittelnde Adäquanztheorie berücksichtigt nur solche Umstände, die zum Tatzeitpunkt für einen Durchschnittsmenschen erkennbar sind, sowie das Sonderwissen des einzelnen Täters. Kritisiert wird hier vor allem, sie widerspreche der ursprünglich objektiven Natur der Kausalitätsbeziehung, indem sie die Existenz der Kausalität von der subjektiven Erkenntnislage des Täters abhängig mache. Die objektive Adäquanztheorie legt dagegen sämtliche zum Tatzeitpunkt vorliegende Tatsachen zugrunde. Dagegen wird vorgebracht[59], diese Theorie bejahe die Erfolgszurechnung zu schnell, das heißt, in dem Maße, dass sie praktisch dasselbe Ergebnis wie die Äquivalenztheorie erzielt.[60] Natürlich will auch die objektive Adäquanztheorie die Erfolgszurechnung in Bezug auf die Vorsatz- bzw. Fahrlässigkeitsfrage auf einen angemessenen Rahmen beschränken. Daher kann dieser Meinungsstreit nur als rein systematische Auseinandersetzung angesehen werden, die mit einer substanziellen Problemlösung wenig zu tun hat.

---

[59] Auch meiner Ansicht nach würde sich der Umfang der Erfolgszurechnung ins Unendliche ausweiten, wenn man sämtliche Umstände, die zum Zeitpunkt der Tat vorliegen, berücksichtigen würde, wie nach der objektiven Adäquanztheorie. Selbst *Rümelin*, der die objektive Adäquanztheorie entwickelte, führt zum Beispiel Fälle an, in denen das verletzte Opfer während seines Transportes zum Arzt in einem Zug durch einen Unfall stirbt, bei dem eine Brücke einstürzt. Er gibt zu, dass hier die adäquate Kausalbeziehung bejaht werden muss, wenn bereits zum Zeitpunkt der Verletzungshandlung die Brücke marode war und wenn man sich für die objektive Adäquanztheorie entscheidet. *Max Rümelin*, Die Verwendung der Kausalbegriffe im Straf- und Zivilrecht, AcP Bd. 90, 1900, S. 299 ff. (Zu diesem Punkt vgl. *Hayashi* (o. Fn. 4), Hōgaku Kyōkai Za'sshi, Bd. 103, Nr. 9, S. 130). Siehe ferner die Kritik von *Yoshikatsu Naka*, Strafrecht, AT, 1980, S. 79. Vgl. auch das Fallbeispiel (b), besprochen in *Ida*, Hōgaku Kyōshitsu, Nr. 92 (o. Fn. 24), S. 122. Zur objektiven Adäquanztheorie ist bereits die Kritik von *Radbruch* umfassend. *Radbruch* (o. Fn. 20), S. 21 ff., 41 ff. Demgegenüber will *Machino* (o. Fn. 1), S. 231 ff., 246 ff.; *ders.* (o. Fn. 33), S. 158 ff., nur diejenigen Tatsachen zur Beurteilungsbasis zählen, die ein Durchschnittsmensch zur Erfolgsverwirklichung hätte ausnutzen können, wenn er sie erkannt hätte. Doch ist es fraglich, ob man hierdurch den Umfang der Erfolgszurechnung zutreffend eingrenzen kann. Zum Beispiel könnte man die Vorsatztat eines Dritten ausnutzen, die zeitnah zur Tat interveniert, wenn man weiß, dass diese auf jeden Fall eintreten wird. Wenn man aber aufgrund von *generalpräventiven* Überlegungen den Umfang der Erfolgszurechnung eingrenzen will, ist es vernünftiger, die Beurteilungsbasis allein auf solche Umstände zu begrenzen, die zum Tatzeitpunkt auch von einem Durchschnittsmenschen bewusst wahrgenommen werden konnten, und die speziellen Umstände, die dem Täter bewusst waren: das sogenannte Sonderwissen des Täters.

[60] Eine detaillierte Abhandlung zur Diskussionslage bezüglich der Probleme um die Beurteilungsbasis, siehe *Naitō* (o. Fn. 12), S. 268 ff.; *Hayashi* (o. Fn. 4), Hōgaku Kyōkai Za'sshi, Bd. 103, Nr. 9, S. 129 ff.; *Okano* (o. Fn. 3), S. 103 ff.

Daher bin ich der Meinung, dass dem Problem der Beurteilungsbasis bis heute eine zu große Bedeutung beigemessen wird. Das essenzielle Problem der Kausalität ist stattdessen das normative Problem.[61] Es bezieht sich auf die Frage, ob das tatsächliche Ergebnis strafrechtlich sozusagen als „Werk der Person" charakterisiert werden kann, also als ein der Tat zuordenbares Ergebnis. Man schreibt also das tatsächliche Ergebnis der Tat zu und prüft, ob diese „Verbindung von Tat und Ergebnis" als „Unrecht" zum Gegenstand des Strafvorwurfs gemacht werden kann. Gerade diese Frage ist bei der Prüfung relevant, ob die Tat als vollendet oder lediglich als versucht angesehen werden kann. Es handelt sich hier also um nichts anderes als ein Rechtswidrigkeitsurteil.[62] Wie oben bereits angeführt, kann in Grenzfällen keine Lösung gefunden werden, außer man zieht die materielle Beurteilung heran, ob es adäquat ist, die Tat als Vollendungsdelikt einzustufen.[63] Dieses Problem der Erfolgszurechnung ist aus systematischer Sicht ein Problem der Unrechtsbegründung und somit des Unrechtstatbestandes.

Die mangelnde Fruchtbarkeit der bisherigen Herangehensweise, die ihren Schwerpunkt auf den Umfang der Beurteilungsbasis legt, wird deutlich, wenn man sich Folgendes bewusst macht. Ich gehe davon aus, dass sich zukünftig die „Vorhersehbarkeit" als Zurechnungskriterium für die schwere Folge des erfolgsqualifizierten Delikts durchsetzt (vgl. § 22 des von der Beratungskommission im japanischen Justizministerium verfassten Reformentwurfs von 1974). Selbst wenn die Tat höchst gefährlich war und das Potenzial besaß, die schwere Folge zu verursachen, der Erfolg jedoch aufgrund einer Intervention eines unvorhersehbaren Ereignisses (zum Beispiel einer seltenen chronischen Krankheit des Opfers) eintrat, kann auch hier fraglich sein, ob bezüglich des Erfolges eine strafrechtliche Verantwortung bejaht werden kann. Wie die obigen Ausführungen verdeutlichen, kann die Erfolgszurechnung nicht allein deswegen verneint werden, weil ein Teil des konkreten Kausalverlaufes nicht vorhersehbar war. Dies gilt selbst dann, wenn die Tat an sich höchst gefährlich ist. Denn die Abstraktion der Modalität der Erfolgsverwirklichung muss bis zu einem gewissen Grad zulässig sein, ungeachtet dessen, ob man dies als Problem der Kausalität

[61] Vgl. zum Beispiel *Jescheck* (o. Fn. 11), S. 249 f.

[62] *Engisch* (o. Fn. 1), S. 52 ff., 58 ff., 61 ff., hat bereits richtigerweise die Adäquanz als Unrechtsfrage aufgefasst.

[63] Wenn man der Auffassung des Haupttextes folgt, kommt man nicht umhin einzusehen, dass sich die Beurteilung der Erfolgszurechnung und die Beurteilung der Sorgfaltspflichtverletzung innerhalb der Fahrlässigkeitsprüfung im Großen und Ganzen überlappen. Daher ist es nicht unmöglich, die tatbestandliche Beurteilung eines fahrlässigen Erfolgsdeliktes in eine Erfolgszurechnungsbeurteilung aufzulösen. Doch sind Fälle durchaus denkbar, in denen bei Vorhandensein eines adäquaten Kausalzusammenhanges im Rahmen der Fahrlässigkeitsprüfung die Sorgfaltswidrigkeit hinsichtlich des eingetretenen Erfolges verneint wird.

oder als Frage der Vorhersehbarkeit innerhalb der Fahrlässigkeitsprüfung betrachtet. Hierbei handelt es sich um eine aktuelle und praxisrelevante Fragestellung. Fordert man im Einklang mit der herrschenden Lehre beim erfolgsqualifizierten Delikt hinsichtlich der schweren Folge Fahrlässigkeit bzw. Vorhersehbarkeit, bedarf diese Frage schon heute einer Lösung.[64]

Des Weiteren kann dieses Problem auch bei Vorsatzstraftaten auftreten: Dem Opfer wird eine Verletzung zugefügt, die auch für einen Durchschnittsmenschen lebensgefährlich ist, die jedoch wegen einer seltenen Krankheit des Opfers bei diesem einen vom Normalfall abweichenden Prozess in Gang setzt, wodurch der Tod des Opfers früher als gewöhnlich eintritt. In diesen Fällen ist es nur ein Problem der systematischen Positionierung, ob man dieses Thema als Frage der strafrechtlichen Kausalität behandelt, wie die vermittelnde Adäquanztheorie, oder zunächst die Kausalität bejaht und dann fragt, ob eine subjektive (Rechtswidrigkeits- oder Schuld-)Voraussetzung existiert oder nicht, wie die objektive Adäquanztheorie. Wichtig in diesem Zusammenhang ist vielmehr die Frage, was der substanzielle Grund bzw. der Wertungsgesichtspunkt für eine Bejahung oder Verneinung der Erfolgszurechnung ist. Entscheidend ist, ob die speziellen Umstände aufseiten des Opfers auch für einen Durchschnittsmenschen unvorhersehbar waren. Ignoriert bzw. abstrahiert man diesen Umstand, müsste man problematisieren, ob trotzdem eine Zurechnung des eingetretenen Erfolges möglich ist. Nach den in diesem Aufsatz bereits aufgezeigten Maßstäben wird die Erfolgszurechnung wohl bejaht werden können, wenn dem Opfer eine derart lebensgefährliche Verletzung zugefügt wurde, die bei einem durchschnittlichen Opfer höchstwahrscheinlich zum Tode geführt hätte, wobei aber im konkreten Fall eine unvorhersehbare Krankheit des Opfers den Todeszeitpunkt lediglich vorverlegte. Auch in Fällen, in denen dem Opfer eine Verletzung zugefügt wurde, die bei einem gesunden Menschen nicht zum Tode geführt hätte, wird wohl die Erfolgszurechnung zu bejahen sein. Dies gilt beispielsweise bei Senioren, bei denen eine verdeckte Herzerkrankung bzw. eine Funktionsstörung aufgrund einer *solchen* Herzerkrankung nicht selten ist. Auch wenn die konkrete Krankheit äußerst selten war, muss hier die Verletzungshandlung als Anstoß für den Tod des Opfers gesehen werden, auch wenn der Tod letztendlich nur in Kombination mit der Herzerkrankung eintrat.[65] Natürlich sind übertriebene

---

[64] *Okano* (o. Fn. 3), S. 214, unterstützt zwar einerseits die Bedingungslehre, doch betont er, dass „auch in Fällen, bei denen wegen des Schuldprinzips die Fahrlässigkeit für notwendig betrachtet wird, die Frage bleibt, in welcher Form das Vorliegen der Fahrlässigkeit beurteilt werden soll, mit anderen Worten, inwieweit der Erfolg abstrahiert werden kann". In seinem Buch lassen sich hierzu jedoch keine detaillierten Ausführungen finden.

[65] Vgl. zu diesem Punkt auch *Inoue*, Kausalität und strafrechtliche Fahrlässigkeit (o. Fn. 12), S. 30.

Abstraktionen und hypothetische Entscheidungen zu vermeiden. Doch wird man nicht leugnen können, dass diese *bis zu einem gewissen Grad* erlaubt sein müssen. In einem solchen Fall müssen zunächst die Tatgefahr der begangenen Handlung sowie die Vorhersehbarkeit einer *derartigen* Krankheit bzw. Behinderung geprüft werden und erst danach kann über die Richtigkeit der Erfolgszurechnung entschieden werden, indem materiell beurteilt wird, ob eine Bestrafung wegen einer vollendeten Tat gerechtfertigt ist.

3. Die Notwendigkeit der Vorhersehbarkeit zum Zeitpunkt der Tatbegehung

Einige Autoren, die die Umstrukturierung bzw. Abkehr von der bisherigen Beurteilungsstruktur der Adäquanztheorie anstreben, fordern, die tatsächliche Kausalfunktion der Tathandlung zu analysieren, die zur Erfolgsverwirklichung führte. Weiterhin soll Beurteilungskriterium des Kausalverlaufes sein, ob diese Kausalfunktion der Tat bis zum Erfolg reicht und die Interventionssituation lediglich zur Vergrößerung, Unterstützung bzw. Förderung der Gefahr der ursprünglichen Tat führt oder ob der Interventionsumstand die Kausalfunktion der ursprünglichen Tat überragt und damit eine eigene Gefahr realisiert.[66]

Ein solcher Maßstab entspricht dem obigen Ergebnis für den Fall zu (1), das heißt, für die Fälle, bei denen die Tatgefahr als unmittelbar im Ergebnis verwirklicht anzusehen ist. Problematisch ist jedoch die Lösung für Fälle zu (2). Nach Meinung der Befürworter dieser Ansicht wird auch in einem Fall, in dem beispielsweise ein Handwerker ohne Bauerlaubnis ein feuerschutztechnisch unsicheres Haus errichtet und die Bewohner schließlich ums Leben kommen, weil ein Dritter das Haus in Brand setzte, die Kausalität zwischen der Tat des Handwerkers und der Todesfolge bejaht.[67] Folgt man dem oben dargestellten Maßstab, dann wird auch im anschließend geschilderten Fall, der dem Urteil des japanischen Reichsgerichts vom 25. Oktober 1930 zugrunde lag, die Erfolgszurechnung bestätigt. Ein Opfer, das durch die Gewalttat des Täters schwere Verletzungen erlitten hatte, wurde von einem Dritten vorsätzlich in einen Fluss geworfen. Wegen der zuvor erlittenen Verletzungen waren die Reflexe des Opfers ge-

[66] *Hayashi* (o. Fn. 4), Hōgaku Kyōkai Za'sshi, Bd. 104, Nr. 1, S. 73ff., 96ff.; *ders.*, Die Intervention einer Tat eines Dritten und die Kausalität, in: Hirano u. a. (Hrsg.), (o. Fn. 22), S. 32ff. Auch *Sone* (o. Fn. 11), S. 43ff.; *ders.* (o. Fn. 8), S. 122; *ders.* (o. Fn. 25), S. 7, kommen dem sehr nah.

[67] Vgl. *Hayashi* (o. Fn. 4), Hōgaku Kyōkai Za'sshi, Bd. 103, Nr. 9, S. 124, Fn. 76.

hemmt und es ertrank schließlich.[68] Hier ist nicht erkennbar, dass die Tat des Dritten die Kausalfunktion der ursprünglichen Tat des Täters überragte und sich schließlich eine eigene Gefahr realisierte. Doch geht man vom Standpunkt dieses Aufsatzes aus, dann hat in diesem Fall die Tat lediglich eine Bedingung in Bezug auf den konkreten Erfolg. Meiner Ansicht nach ist es in einer solchen Konstellation unangemessen, die Vorhersehbarkeit des konkreten Kausalverlaufes als Kriterium abzulehnen und somit die Erfolgszurechnung zu bejahen.[69]

Dasselbe gilt, wenn man hier den Maßstab des *allgemeinen Lebensrisikos* heranzieht.[70] Einige Autoren sind der Auffassung, dass

> „der Schwerpunkt der Kausalitätsbeurteilung bei der Frage behandelt werden kann, ob die Gefahr der Erfolgsverwirklichung eine spezielle Gefahr ist, die durch die Tat des Täters vergrößert oder verkleinert wird und deren Auswirkung auch bis zum Taterfolg fortwirkt, oder ob sie lediglich eine Gefahr darstellt, die keine Vergrößerung oder Verringerung mit sich bringt, sondern als allgemeines Lebensrisiko vielmehr den obigen Effekt absorbiert".[71]

Daher wird die Erfolgszurechnung nur bejaht, wenn das Opfer durch die Tat einer speziellen Gefahr ausgesetzt wird, die sich nicht auf das allgemeine Lebensrisiko beschränkt. Dagegen wird sie verneint, wenn auch ein allgemeines Lebensrisiko vorhanden ist, das für sich genommen den Erfolg verursachen kann. Doch selbst wenn man dieser Auffassung folgt, wird in Fällen, in denen die Interventionshandlung für sich genommen nicht den Erfolg herbeiführen kann, trotzdem der Kausalzusammenhang bejaht, sofern die ursprüngliche Tat einen tatsächlichen Einfluss auf das Ergebnis hat. Somit wird die Erfolgszurechnung allein wegen der Gefährlichkeit der Tat bejaht, ohne dass der konkrete Kausalverlauf vorhersehbar ist. Das bedeutet, die adäquate Kausalitätsbeziehung wird auch dann bestätigt, wenn beispielsweise das Opfer wegen einer Beinverletzung gelähmt wird, Jahre später in einen Brand gerät, aufgrund dieser Lähmung nicht fliehen kann und deshalb verbrennt. An diesem Ergebnis ändert sich auch nichts, wenn das Feuer durch einen unbekannten Dritten vorsätzlich verursacht wird.[72] Doch dieses Ergebnis kann keinesfalls angemessen sein.[73]

---

[68] Das Reichsgerichtsurteil v. 25.10.1930, Keishū, Bd. 9, S. 761, hat in diesem Fall die Kausalitätsbeziehung bejaht.

[69] Ansichten, die richtigerweise bezüglich der Reichsgerichtsentscheidung davon ausgehen, dass die Kausalität verneint werden sollte, vertreten *Tadashi Uematsu*, Strafrecht, AT, Bd. 1, 1974, S. 159; *Nishihara*, Strafrechtliche Kausalität (o. Fn. 17), S. 7; *Machino* (o. Fn. 33), S. 167.

[70] Vgl. *Hayashi* (o. Fn. 4), Hōgaku Kyōkai Za'sshi, Bd. 104, Nr. 1, S. 100 ff.

[71] *Hayashi* (o. Fn. 4), Hōgaku Kyōkai Za'sshi, Bd. 104, Nr. 1, S. 105.

[72] Vgl. auch *Sone* (o. Fn. 11), S. 43 ff.

[73] *Rudolphi*, Vorhersehbarkeit und Schutzzweck der Norm in der strafrechtlichen Fahrlässigkeitslehre (o. Fn. 29), S. 555, zieht in solchen Fällen als Beurteilungsmaßstab für die

Die obigen Beurteilungsmaßstäbe, ob der Interventionsumstand die Gefahr der ursprünglichen Tat lediglich vergrößert, unterstützt bzw. gefördert hat, und ob er den Kausalprozess der ursprünglichen Tat überragt und sich somit eine über das allgemeine Lebensrisiko hinausgehende Gefahr realisiert hat, sind letztendlich problematisch, wenn die Beurteilungsstruktur der Adäquanztheorie und deren materielles bzw. normatives Prinzip für obsolet erklärt würden. Bei diesem Prinzip handelt es sich um eine Ex-ante-Beurteilung[74] dahingehend, ob der Kausalverlauf nach allgemeiner Lebenserfahrung als allgemein vorhersehbar angesehen werden kann. Anders ausgedrückt, sollte der zurzeit stark vertretene Grundgedanke, der sich in den obigen Beurteilungsmaßstäben wiederfindet, allenfalls als ein Werkzeug innerhalb der Beurteilungsstruktur der Adäquanztheorie dienen, um die Einschätzung der Erfolgszurechnung zu präzisieren.[75]

IV. Die Adäquanztheorie und die Lehre von der objektiven Zurechnung

Dass die Adäquanz des Kausalzusammenhanges kein Problem der Bestimmung eines natürlichen bzw. wertefreien Sachverhaltes ist, sondern eines der strafrechtlichen Bewertung, war bereits den Vertretern der ursprünglichen Adäquanztheorie bewusst. Dieser Ansatz wurde vor allem von den Anhängern der Relevanztheorie[76] vertreten. Doch der Erfolg der Lehre von der objektiven Zurechnung in Deutschland lässt sich nicht nur damit erklären, dass diese Lehre die Probleme, die von der Adäquanztheorie seit jeher als Probleme der Kausalität behandelt wurden, normativ als Probleme der Zurechnung betrachtet.[77]

Laut *Roxin*, der hinsichtlich der Durchsetzung der objektiven Zurechnungslehre den wichtigsten Beitrag leistete, half diese Lehre, den Inhalt der

---

Erfolgszurechnung heran, ob dem Opfer ein Vorwurf gemacht werden kann. Doch ich bin der Auffassung, dass es sich hierbei nicht um eine begründete Differenzierung handelt. Zutreffend verneint wird die Erfolgszurechnung auch in Fällen, in denen dem Opfer kein Vorwurf gemacht werden kann, in: *Claus Roxin*, Zum Schutzzweck der Norm bei fahrlässigen Delikten, in: Festschrift für Wilhelm Gallas, 1973, S. 255 f. Später revidierte auch *Rudolphi* seine Ansicht. *Rudolphi*, in: Systematischer Kommentar zum StGB (o. Fn. 29), vor § 1, Rn. 77.

[74] Vgl. zu diesem Punkt *Yamaguchi* (o. Fn. 1), S. 61.

[75] Vgl. hierzu auch die Analyse von *Jun Shiomi*, Die Intervention einer Fahrlässigkeitshandlung eines Dritten und die Adäquanz des Kausalverlaufes, Hōgaku Kyōshitsu, Nr. 157, 1993, S. 94 ff.

[76] Zur Relevanztheorie vor allem detailliert *Okano* (o. Fn. 3), S. 75 ff.

[77] Der als Entwickler der heutigen objektiven Zurechnungslehre geltende *Honig* (o. Fn. 43), S. 174 ff., unterstreicht diesen Punkt.

Adäquanztheorie wesentlich logischer und präziser zu definieren. Überdies trieb diese Lehre die Adäquanztheorie in hohem Maße voran, indem sie die Beurteilungskriterien der Erfolgszurechnung durch verschiedene individuelle Prinzipien ergänzte.[78] Zwischen der Adäquanztheorie und der heutigen Lehre der objektiven Zurechnung bestehen tatsächlich viele Gemeinsamkeiten, aber auch Überschneidungen. So wird zum Beispiel die Erfolgszurechnung nach der objektiven Zurechnungslehre nur in solchen Fällen bejaht, in denen das Täterverhalten eine konkrete Gefahr geschaffen hat, die sich im Erfolg realisiert hat.[79] Doch genau das ist der elementaren Beurteilungsstruktur[80] der Adäquanztheorie gleich, die einst als Adäquanz im weiteren und im engeren Sinne materiell analysiert wurde. Zudem beziehen viele Vertreter der aktuellen objektiven Zurechnungslehre die Adäquanzbeurteilung in die Erfolgszurechnungsbeurteilung mit ein.[81] *Schünemann* zum Beispiel forderte für die Erfolgszurechnung bei Fahrlässigkeitsdelikten folgende vier Prüfungspunkte: 1. tatsächlicher Zusammenhang (= Bedingungszusammenhang), 2. Adäquanzzusammenhang, 3. Gefahrzusammenhang, 4. Schutzzweckzusammenhang.[82] *Burgstaller* wiederum nannte den Umstand, dass die Tat die Gefahr der Erfolgsverursachung enthält und der Kausalverlauf adäquat ist, Adäquanzzusammenhang und machte diesen gemeinsam mit dem Gefahren(-verwirklichungs-)zusammenhang zum Inhalt der Erfolgszurechnungsbeurteilung.[83] Betrachtet man all dies genauer, dann lag der Adäquanztheorie die Idee zugrunde, ein zum Zeitpunkt der Tat allgemein unvorhersehbares Ergebnis einer Tat nicht zuzuschreiben

[78] Sowohl *Roxin* (o. Fn. 21), S. 241 f., als auch *Jescheck* (o. Fn. 11), S. 247; *Maurach/Zipf* (o. Fn. 21), S. 252; *Frisch* (o. Fn. 5), S. 17 ff. beinhalten ähnliche Erörterungen.

[79] Zum Beispiel *Roxin* (o. Fn. 21), S. 241 f.; ferner *Jescheck* (o. Fn. 11), S. 257 f.; *Otto* (o. Fn. 30), S. 101, 105; *Lenckner* (o. Fn. 11), vor §§ 13 ff., Rn. 92 ff.; *Rudolphi*, in: Systematischer Kommentar zum StGB (o. Fn. 29), vor § 1, Rn. 57 ff.; *Jakobs* (o. Fn. 11), S. 200 ff., 222 ff.; *Eduard Dreher/Herbert Tröndle*, Strafgesetzbuch und Nebengesetze, 45. Aufl. 1991, Rn. 17 vor § 13. Detailliert, *Frisch* (o. Fn. 5); in der japanischen Literatur vor allem *Hayashi* (o. Fn. 4), Hōgaku Kyōkai Za'sshi, Bd. 103, Nr. 11, S. 24 ff. Ein Fürsprecher in Japan ist *Yamanaka* (o. Fn. 12), S. 291 ff.

[80] Derjenige, der die Adäquanz in die Verursachung der Gefahr (Adäquanz im weiteren Sinne) und in die Realisierung der Gefahr (Adäquanz im engeren Sinne) aufgeteilt und substanziell untersucht hat, ist natürlich *Engisch* (o. Fn. 1), S. 41 ff. Vgl. auch *Jescheck* (o. Fn. 11), S. 256. In Japan vor allem *Inoue* (o. Fn. 3), S. 148 ff., 155 ff., 185 ff., 224 ff.; *Machino* (o. Fn. 1), S. 105 ff., 210 ff.; *Yoshikatsu Naka*, Überlegungen zum dolus generalis, Festschrift zum 70. Geburtstag von Prof. Dando, Bd. 2, 1984, S. 184 ff.; *Sone*, Strafrecht, AT, Neue Aufl., 1993, S. 75 ff.; *ders.* (o. Fn. 11), S. 37 ff., 52 ff., 68 ff.; *Maeda* (o. Fn. 35), S. 233 ff.

[81] Neben den in Fn. 82, 83 genannten Vertretern *Wolter* (o. Fn. 44), S. 261 f., 264 ff.; *Maurach/Zipf* (o. Fn. 21), S. 250, 252, 256; *Jescheck* (o. Fn. 11), S. 256 ff.; *Rudolphi*, in: Systematischer Kommentar zum StGB (o. Fn. 29), vor § 1, Rn. 55, 57; *Frisch* (o. Fn. 5), S. 18, Fn. 52, etc.

[82] *Schünemann* (o. Fn. 34), S. 578 ff.

[83] *Burgstaller* (o. Fn. 21), S. 360 ff.

(anders gesagt, ein Ergebnis, das eine Person objektiv nicht zum Ziel haben kann)[84]. Einer solch fundamentalen Idee kann auch heute nur zugestimmt werden. Für diese Idee spricht zudem, dass diese auch als Teil der objektiven Zurechnungslehre angesehen wird.

Die jüngsten Ansichten, die derzeit in Japan vertreten werden, sind meiner Meinung nach nicht unterstützungswürdig, wie bereits oben ausgeführt, da sie sogar einen Erfolg, der wegen unvorhersehbarer Umstände eingetreten ist, zurechnen und somit die Beurteilungsstruktur der Adäquanz zerstören. Problematisch ist nur, dass der Maßstab für die Adäquanz selbst äußerst schwammig bleibt. Es stellt sich zum Beispiel die Frage, ab welchem Grad der allgemeinen Wahrscheinlichkeit man von einer Adäquanz ausgehen kann.[85] Allgemein ist nicht klar, ob es möglich ist, die Adäquanz allein durch wertungsfreie Maßstäbe zu bestimmen, wie die tatsächliche Wahrscheinlichkeit bzw. die Normalität der allgemeinen Lebenserfahrung, wo doch hier eigentlich der Umfang und die Grenze der strafrechtlichen Unrechtsbeurteilung in Zweifel gezogen werden.[86] Weiterhin ist fraglich, ob nicht durch die Beschränkung der Erfolgszurechnung auf den Maßstab der Vorhersehbarkeit Fälle eintreten können, bei denen die Erfolgszurechnung zu weit gerät. Vielmehr sollte man sich bemühen, die Erfolgszurechnung nicht erst am absoluten Limit der menschlichen Möglichkeit bzw. des menschlichen Potenzials abzulehnen, sondern den äußeren Rahmen der Erfolgszurechnung bereits im normativen Territorium zu setzen.[87] Im Hinblick auf diese Überlegung wurde gefordert, die Maßstäbe der Adäquanz noch weiter zu präzisieren und über die Vorhersehbarkeit hinaus den Rahmen der Erfolgs-

---

[84] *Wolter* (o. Fn. 44), S. 272 mit weiteren Nachweisen.

[85] Auch dieses Problem wurde von *Radbruch* (o. Fn. 20), S. 12ff., präzise aufgeworfen. Vgl. ferner *Engisch* (o. Fn. 1), S. 44, 45f.; *Armin Kaufmann*, Das fahrlässige Delikt (1964), in: ders., Strafrechtsdogmatik zwischen Sein und Wert, 1982, S. 142; *Hans Walder*, Die Kausalität im Strafrecht, SchwZStr 93, 1977, S. 145ff.; *Wolter* (o. Fn. 44), S. 261. Zu einer detaillierten Untersuchung des Begriffsinhalts der Adäquanz *Hayashi* (o. Fn. 4), Hōgaku Kyōkai Za'sshi, Bd. 103, Nr. 9, S. 134ff.

[86] Vgl. zum Beispiel *Armin Kaufmann* (o. Fn. 85), S. 143; *Rudolphi*, Vorhersehbarkeit und Schutzzweck der Norm in der strafrechtlichen Fahrlässigkeitslehre (o. Fn. 29), S. 551f.; *ders.*, in: Systematischer Kommentar zum StGB (o. Fn. 29), vor § 1, Rn. 44; *Lenckner* (o. Fn. 11), vor §§ 13ff., Rn. 88; *Jakobs* (o. Fn. 11), 7/34, S. 198 u. 7/35, S. 200; *Wolter* (o. Fn. 44), S. 261.

[87] Die Fallbeispiele, die *Roxin* (o. Fn. 52), S. 126ff., insbesondere 127f., 133ff.; *ders.* (o. Fn. 73), S. 243ff., behandelt, werden als Fälle angeführt, bei denen aus normativen bzw. substanziellen Gründen keine Erfolgszurechnung erfolgt, obwohl die Adäquanz des Erfolgseintrittes bzw. deren Vorhersehbarkeit nicht verneint werden kann. Ferner erläutert *Makoto Ida,* Memorandum zu den Grenzen der Erfolgszurechnung bei Delikten mit besonders schwerer Folge, Hōgaku Kenkyū, Bd. 60, Nr. 2, 1987, S. 250ff., zu den erfolgsqualifizierten Delikten, dass es Situationen gibt, in denen zwar die Vorhersehbarkeit der besonders schweren Folge bejaht werden kann, doch die Erfolgszurechnung verneint werden muss, und verdeutlicht hierzu dessen Grund und Beurteilungsmaßstäbe.

zurechnung einzugrenzen. Dafür war, wie schon die Analyse in diesem Aufsatz aufgezeigt hat, die Herleitung des normativen bzw. substanziellen Grundes notwendig, um für jede individuelle Fallvariante die Erfolgszurechnung zu rechtfertigen. Aus diesem Grund vereinigte sich in Deutschland die objektive Zurechnungslehre mit der topischen (= von dem Fall ausgehend problemorientierten) Betrachtungsweise[88] und gewann somit an Einfluss.[89] Ein weiterer Grund für diesen Einfluss ist, dass die objektive Zurechnungslehre die maßgebliche normative Grundlage des Erfordernisses der Vorhersehbarkeit klarstellte. Dabei diente der Vertrauensgrundsatz bei der Fahrlässigkeitsprüfung, der einst auf die Präzisierung der Beurteilungsmethode der Vorhersehbarkeit abgezielt hatte, als Modell für die individuellen Prinzipien, die den Inhalt der objektiven Zurechnungslehre ausmachen. Doch unter den vielfältigen Fallbeispielen, die in Bezug auf die objektive Zurechnungslehre diskutiert werden, finden sich auch solche, die aus systematischer Sicht ursprünglich mit der Kausalitätslehre nichts zu tun hatten und bei denen es nicht notwendig erscheint, eine Lösung in der neuen Kategorie der objektiven Zurechnung zu finden. Es ist daher nicht verwunderlich, dass manche Autoren die Notwendigkeit anzweifeln, eine neue und zudem vage Kategorie einzuführen, anstatt die Beurteilungsmaßstäbe des bisherigen Systems zu präzisieren.[90] Nichtsdestotrotz ist ein solcher Mangel an Systematik gerade hinsichtlich des Strebens, den materiellen bzw. axiologischen Grund der Erfolgszurechnung aufzuklären, sehr förderlich.

---

[88] Vgl. zur Bedeutung und den Grenzen des strafrechtlichen Problemdenkens *Makoto Ida*, in: Hōgaku Kyōshitsu, Nr. 102, 1989, S. 83, sowie *Ida* (o. Fn. 47), S. 53 ff. Ferner als kritische Untersuchung *Tetsuo Seki*, Zur sogenannten funktionalistischen Strafrechtswissenschaft, Teil 2, Kokushi'kan Hōgaku, Nr. 23, 1991, S. 88 ff.

[89] Als weiterer Grund lässt sich die Selbstkritik bezüglich der Tendenz zur übermäßigen Subjektivierung der Theorienstruktur nennen. Die bisherige herrschende Lehre in Deutschland vertrat im folgenden konstruierten Fallbeispiel die Ansicht, die subjektive Tatbestandsvoraussetzung des Vorsatzes sei nicht vorhanden: Der Täter empfiehlt einer anderen Person eine Auslandsreise, in der Hoffnung, dass das Flugzeug abstürzt und derjenige durch diesen Unfall sterben wird. In diesem Fall stürzt das Flugzeug tatsächlich ab und das Opfer verstirbt. Vgl. *Hans Joachim Hirsch*, Die Entwicklung der Strafrechtsdogmatik nach Welzel, übers. v. Fukuda/Ida, Teil 1, Jurist, Nr. 934, 1989, S. 121, sowie die dort genannten Autoren. Hingegen wäre nach der objektiven Zurechnungslehre bereits der objektive Tatbestand nicht erfüllt, da keine (unerlaubte) Gefahr verursacht wurde. Wie man hier sieht, besitzt die objektive Zurechnungslehre die Tendenz, das Entstehen einer Straftat zu verhindern, nicht erst auf der subjektiven Ebene, sondern bereits auf der objektiven Ebene. Zu diesem Punkt vgl. *Roxin* (o. Fn. 21), S. 237 ff., ferner auch *Ida* (o. Fn. 47), S. 89, Fn. 374.

[90] Vgl. *Joachim Hirsch*, Der „unmittelbare“ Zusammenhang zwischen Grunddelikt und schwerer Folge beim erfolgsqualifizierten Delikt, in: Festschrift für Dietrich Oehler, 1985, S. 128, Fn. 55; *ders.* (o. Fn. 89), S. 120 ff. Auch die ablehnende Beurteilung bezüglich der objektiven Zurechnungslehre durch *Hayashi* (o. Fn. 4), Hōgaku Kyōkai Za'sshi, Bd. 103, Nr. 11, S. 22 ff., betont unter anderem diesen Punkt.

V. Schluss

Dieser Aufsatz stellt einen Versuch dar, die Adäquanztheorie aus ihrer Krise herauszuführen. Wie ich detailliert aufgezeigt habe, hinterlässt diese Theorie hinsichtlich der Beurteilung der Adäquanz im engeren Sinne Unklarheiten, obwohl die Kritik unzutreffend ist, die Adäquanztheorie abstrahiere von Anfang an den konkreten Kausalverlauf und vernachlässige den Kausalverlauf der Tat, der zur Erfolgsverursachung führt.

Um die Beurteilungsmaßstäbe der Adäquanz im engeren Sinne weiter zu präzisieren, muss man sich meiner Meinung nach bewusst machen, dass die Erfolgszurechnung eine Frage der normativen Beurteilung (das heißt der Rechtswidrigkeitsbeurteilung) ist. Es führt also kein Weg an der Verdeutlichung des substanziellen bzw. axiologischen Grundes der Erfolgszurechnung für typisierte Fälle vorbei.[91] Vor allem in diesem Punkt lässt sich die Mangelhaftigkeit der Adäquanztheorie erkennen. Zur Beseitigung dieser Mängel kann aus meiner Sicht die deutsche Lehre der objektiven Zurechnung inhaltlich einiges beitragen. Dieser Aufsatz ist ein Versuch, basierend auf diesen Grundgedanken die Beurteilungsmaßstäbe der Adäquanz zu konkretisieren. Dies sollte vor allem anhand typischer Fallbeispiele verdeutlicht werden, bei denen noch einige Bereiche unklar waren. Es ging hierbei um Situationen, in denen die Tathandlung selbst höchst gefährlich ist und zusätzlich der darauf folgende Kausalverlauf den Rahmen der Adäquanz sprengt.

Um die Richtigkeit des grundlegenden Gedankens und der Methode dieses Aufsatzes zu bezeugen, muss natürlich aufgezeigt werden, dass für die Lösung von einzelnen konkreten (typisierten) Fällen, die mit der Erfolgszurechnung in Verbindung gebracht werden, die obige Herangehensweise effektiv ist. Das Schicksal der strafrechtlichen Adäquanztheorie wird wohl davon abhängen, ob der Wissenschaft in Zukunft dieser Beweis gelingen wird.

Nachtrag:

Der Beschluss des OGH vom 17.12.1992[92] hat in einem Fall die Kausalität bejaht, in dem zwischen der Fahrlässigkeitshandlung des Angeklagten und dem Taterfolg – dem Tod des Opfers – unangemessene Handlungen eines Dritten und des Opfers intervenierten. In diesem Fall befand sich der Angeklagte, ein ausgebildeter und geprüfter Tauchlehrer, mit drei Hilfslehrern und sechs Tauchschülern, unter denen sich auch die späteren Opfer befanden, im Rahmen des Tauchunterrichts beim

---

[91] In diesem Punkt vertrete ich grundsätzlich dieselbe Ansicht wie *Machino* (o. Fn. 1), S. 160, 217 ff., 254 ff.

[92] Keishū, Bd. 46, Nr. 9, S. 683.

Nachttauchen im Meer, wobei die Sicht unter Wasser sehr schlecht war. Während des Unterrichts schwamm der Angeklagte ohne Rücksicht auf die sich hinter ihm befindenden Personen voraus und verlor alle Schüler und einen Hilfslehrer aus den Augen. Der zurückgebliebene Hilfslehrer schwamm daraufhin, um den Angeklagten zu suchen, entgegen den durch den Angeklagten erteilten Anweisungen mit den Schülern weiter ins offene Meer. Obwohl er bemerkte, dass der Restsauerstoff in den mitgeführten Sauerstoffflaschen zur Neige ging, wies er die Schüler an, nachdem er mit ihnen zunächst an die Wasseroberfläche zurückgekehrt war, mit ihm unter Wasser bis ans Ufer zu schwimmen. Die Opfer, die dieser Anweisung folgten, ertranken dabei, da ihnen der Sauerstoff auf dem Weg zum Ufer ausging.

Der OGH bestätigte zwar das vorinstanzliche Urteil, in dem der Angeklagte wegen fahrlässiger Tötung verurteilt worden war, doch fügte er folgende Bemerkung hinzu:

> „Das Verhalten des Angeklagten an sich, dass er sich während des Unterrichtes beim Nachttauchen, ohne die Bewegungen seiner Schüler zu beachten, unbedacht von ihnen entfernte und sie schließlich aus den Augen verlor, trug die Gefahr in sich, dass die Opfer, die ohne konkrete Anweisungen durch einen Lehrer nicht in der Lage waren, in dieser Situation angemessen zu reagieren, letztendlich im Wasser ihren Sauerstoff aufbrauchten und daraufhin nicht richtig reagieren konnten, sodass der Erfolg des Todes nahelag. Es kann zwar nicht geleugnet werden, dass sowohl die Hilfslehrer als auch die Opfer selbst unangemessen gehandelt haben, nachdem der Angeklagte sie aus den Augen verloren hatte. Doch wurde dieses unangemessene Verhalten gerade durch das obige Verhalten des Angeklagten verursacht und so ist die Kausalitätsbeziehung zwischen dem Verhalten des Angeklagten und dem Tod der Opfer dennoch zu bejahen.“

Wie hier zu erkennen ist, wird in Fällen, in denen während des Verlaufes bis zum Erfolgseintritt die Fahrlässigkeitshandlung eines Dritten interveniert, die Adäquanz der Kausalbeziehung nach dem üblichen Verständnis bejaht. Dies gilt jedoch nicht bei so schwerwiegender Fahrlässigkeit, dass sie nach allgemeiner Lebenserfahrung nicht vorhergesehen werden konnte. Dieser Beschluss grenzt die Voraussetzungen weiter ein als die Bedingungslehre (für die es bereits ausreicht, wenn das Verhalten irgendeine Bedingung für die Erfolgsverwirklichung darstellt), doch bejaht er die Kausalität nicht nach den Beurteilungskriterien der Adäquanztheorie. In der Lehre gewinnt die Auffassung immer mehr an Einfluss, die sich daran orientiert, ob sich die Gefahr, die der Tat innewohnt, im Taterfolg realisiert hat. Einer anderen Ansicht nach wird der Erfolg einer Tat zugerechnet, wenn die Tatgefahr sich im Erfolg realisiert hat und der Interventionsumstand lediglich die Tatgefahr vergrößert bzw. beschleunigt hat. Die Erfolgszurechnung sei dagegen zu verneinen, wenn der Interventionsumstand die Kausalfunktion der ursprünglichen Tat überlagert und selbst eine Gefahr schafft.

Der vorliegende Beschluss bejahte mit folgender Begründung die Kausalität. Erstens trüge das Verhalten des Angeklagten selbst die Gefahr in sich, den Erfolg herbeizuführen.[93] Zweitens wurde das Interventionsverhalten durch das Verhalten des

[93] Wegen dieses Umstandes wurde auch im OGH-Beschluss vom 11.5.1988, Keishū Bd. 42, Nr. 5, S. 807, die Kausalität bejaht. In diesem Fall intervenierte ein Verhalten des Opfers.

Angeklagten ‚verursacht'. Doch wenn man davon ausgeht, dass das Verhalten eine eigenständige Gefahr geschaffen hat und die Interventionshandlung keine eigenständige Gefahrenquelle darstellte, hat der OGH somit einen ähnlichen Ausdruck wie die in jüngster Zeit stark vertretene Ansicht gebraucht.[94]

Da die Rechtsprechung noch nie die Kausalität in Fällen verneint hat, in denen eine Fahrlässigkeitshandlung eines Dritten dazwischentrat, ist dieser Beschluss lediglich eine weitere Entscheidung auf der Liste vorausgegangener Entscheidungen. Doch gilt es zu beachten, dass der OGH hier die Voraussetzungen in Bezug auf die Bedingungstheorie eingrenzte und ein von der gewöhnlichen Adäquanztheorie abweichendes Beurteilungsschema anwandte. Dies fördert eine grundlegende Revision der Adäquanztheorie, die Überprüfung der Unterschiede zwischen dieser und den derzeit vorherrschenden anderen Lehren oder zumindest die Klarstellung bzw. Konkretisierung der Beurteilungsmaßstäbe, um sie für die Anwendung in der Praxis tauglich zu machen, ungeachtet, ob man diese Adäquanz oder Realisierung der Gefahr nennt.[95]

---

[94] *Shiomi* (o. Fn. 75), S. 94.

[95] Vgl. zu diesem Urteil *Hiroshi Ueda*, Die Kausalität zwischen dem nachlässigen Verhalten des Lehrers während eines Nachttauchganges und dem Tod der Schüler durch Ertrinken der Schüler, in: Erläuterungen zu wichtigen Entscheidungen im Jahr 1993, 1994, S. 166ff.; *Hiromichi Inoue*, Ein Fall, bei dem Schüler eines Nachttauchganges während des Unterrichts wegen eines Unfalls verstarben und, obwohl unangemessene Verhaltensweisen der Schüler und der Hilfslehrer intervenierten, die Kausalität zwischen dem Verhalten des Lehrers und dem Tod der Schüler bejaht wurde, Hōsō Jihō, Bd. 46, Nr. 11, 1994, S. 188ff.; *Makoto Ida*, Die Kausalität in Fällen, bei denen zwischen der Fahrlässigkeitshandlung und dem Todeserfolg noch ein unangemessenes Verhalten eines Dritten interveniert, Hōgaku Kyōshitsu, Nr. 162, Extraband – Hanrei Select 1993, 1994, S. 32, jeweils mit weiteren Nachweisen.

Intervention des Opfers in den Tathergang sowie eine Betrachtung der Kausalität

Atsushi Yamaguchi

I. Einführung

Eines der nach wie vor meistdiskutierten Themen der Strafrechtswissenschaft ist die Kausalität. Zu Beginn der Debatte standen sich die Bedingungstheorie und die Lehre der adäquaten Kausalität gegenüber. Erstere misst die strafrechtliche Kausalität lediglich an dem Grundsatz des Bedingungszusammenhangs „ohne Handlung keine Wirkung". Die Adäquanztheorie grenzt hingegen dieses Bedingungsverhältnis durch das Konzept bzw. den Maßstab der tatbestandsadäquaten Bedingung zusätzlich ein. Sie wurde schließlich herrschende Lehre. Das Augenmerk der Auseinandersetzung richtete sich im Laufe der Zeit auf den Kern der Adäquanztheorie, nämlich auf die Beurteilungskriterien dieser adäquaten Bedingung selbst. Hier entwickelte sich einerseits die objektive Adäquanztheorie, die die Adäquanz anhand objektiver Kriterien feststellt, und andererseits die eklektizistische Adäquanztheorie. Letztere nutzt die Tatsachen als Basis, die für einen gewöhnlichen Menschen erkennbar sind, und fügt das Wissen des Täters ergänzend hinzu, um danach die Adäquanz zu beurteilen. Die Diskussion führte schließlich so weit, dass selbst das System der Beurteilung nach adäquaten Kriterien an sich hinterfragt wurde, was wiederum zur Bildung des weiten und engen Adäquanzbegriffes führte. Der weite Begriff bezieht sich auf die Adäquanz des Tatergebnisses, wohingegen der enge Begriff die Adäquanz des Kausalverlaufes selbst thematisiert. Die Debatte über die wesentlichen Elemente der Adäquanztheorie hat also bereits einen langen Weg der Entwicklung und Vertiefung hinter sich. Im weiteren Diskussionsverlauf wurden zunehmend Stimmen laut, die die Adäquanz als völlig unzureichendes und ungeeignetes Beurteilungs- oder Eingrenzungskriterium des Kausalverhältnisses verurteilten. Andere Wissenschaftler forderten sogar einen Richtungswechsel der Kausalitätsdebatte hin zur objektiven Zurechnungslehre. Diese Entwicklung ist ein Zeugnis dafür, dass die Diskussion über die Kausalität mittlerweile eine neue Ebene erreicht hat.

Die Rechtsprechung legte ihren Urteilen einst stets die Bedingungstheorie zugrunde. Zwar erregte im Jahre 1967 der Beschluss des Obersten Gerichtshofes (OGH) zum „U.-S.-Soldaten-Fahrerflucht-Fall“[1] großes Aufsehen, da hier adäquat kausale Maßstäbe herangezogen wurden. Zudem wurde trotz der Existenz eines Bedingungszusammenhanges zwischen Tat und Erfolg die Kausalität verneint. Ungeachtet dessen schien die Rechtsprechung im Folgenden diesen Trend nicht fortzuführen.[2] Eine Wende ist ab der zweiten Hälfte der 1980er-Jahre erkennbar. Nacheinander ergingen mehrere Urteile in bemerkenswerten Fällen, die die Beurteilung der Kausalität zum Inhalt hatten. In diesen Urteilen bekannte sich die Rechtsprechung zwar nicht explizit zu einer bestimmten Lehrmeinung, auf der sie ihre Entscheidungsgründe aufbaute; trotzdem sind ihnen wichtige Urteilskriterien hinsichtlich der einzelnen Fälle zu entnehmen. Diesen Urteilen ist große Bedeutung beizumessen, da sie den Anstoß für viele Wissenschaftler gaben, den Stellenwert und die Eignung einer Beurteilung der Kausalität zu hinterfragen, die auf dem Kriterium der Adäquanz basiert.[3] Dies wird auch als *Krise der Adäquanzlehre* bezeichnet. Doch diese Zweifel dienten wiederum als Ansporn zur erneuten Überprüfung der bisherigen Debatte. Darin kann also ein wichtiger Beitrag zur Weiterentwicklung und Vertiefung der Diskussion über die Kausalität gesehen werden.

In einem Gerichtsurteil muss für einen konkreten Fall eine angemessene Lösung gefunden werden. Es braucht keine favorisierte Lehrmeinung dargestellt zu werden. Daher ist es selbstverständlich, dass die Urteilsbegründung keine Theorie ausdrücklich nennt. Betrachtet man jedoch die Gesamtheit der Entscheidungen des Obersten Gerichtshofes in der zweiten Hälfte der 1980er-Jahre, wird dessen Beurteilungsrahmen im Hinblick auf die Kausalität dennoch deutlich erkennbar. Es ist von großer Bedeutsamkeit, diesen klar herauszuarbeiten und kritisch zu durchleuchten.

In diesem Aufsatz möchte ich zunächst zwei Entscheidungen des OGH präsentieren, die die Kausalität in Fällen überprüften, in denen nach der Handlung des Täters das Opfer interveniert und erst danach der tatbestandliche Erfolg eintritt. Im Anschluss werde ich versuchen, diese beiden Entscheidungen in die Reihe der jüngst ergangenen Gerichtsurteile zum Thema Kausalität einzuordnen. Dabei ist es wichtig, zunächst die gerichtliche Prüfungssystematik der Kausalitätsbeurteilung darzustellen, um schließlich darauf basierend die Bedeutung der beiden Entscheidungen einzuschätzen.

---

[1] OGH Beschluss v. 24.10.1967, Keishū 21, Nr. 8, S. 1116.

[2] OGH Urteil v. 17.6.1971, Keishū 25, Nr. 4, S. 567: Der OGH setzte in diesem Fall, in dem die Krankheit des Opfers den Erfolg beeinflusste, die Linie der Bedingungstheorie aus seinem Urteil v. 31.3.1950, Keishū 4, Nr. 3, S. 469 fort.

[3] Vgl. *Naoto Ōtani*, Ein Fall, in dem trotz Intervention einer Gewalthandlung eines Dritten die Kausalitätsbeziehung zwischen der anfänglichen Gewalttat und dem Tod bejaht wurde, in: Erläuterungsband zu OGH Entscheidungen im Strafrecht 1990, S. 241 ff.

II. Beispiele aus der neueren Rechtsprechung des OGH

1. Beschluss des OGH vom 16. Juli 2003

Dieser Beschluss ist abgedruckt in: OGH Beschluss v. 16.7.2003, Keishū 57, Nr. 7, S. 950.[4]

(1) Sachverhalt
Zunächst wurde das Opfer nachts auf einem Kinderspielplatz durch die vier Angeklagten mit zwei weiteren Tätern mittäterschaftlich angegriffen. Nach brutaler Gewalteinwirkung auf das Opfer über einen Zeitraum von etwas mehr als zwei Stunden brachten die Täter das Opfer in eine Wohnung, in der sie im Wohnzimmer weitere 45 Minuten in gleicher Weise auf das Opfer einwirkten. Dem Opfer gelang es schließlich, nur mit Socken bekleidet, aus der Wohnung zu fliehen. Panisch vor Angst, weitere Angriffe durch die Täter erleiden zu müssen, rannte das Opfer etwa zehn Minuten später auf die von der Wohnung etwa 800 Meter entfernte Autobahn, um die Verfolger abzuschütteln. Hier wurde es von einem heranrasenden Auto erfasst und von weiteren Autos mehrmals überfahren. Das Opfer erlag noch am Tatort seinen Verletzungen.

Die erste Instanz verurteilte die Täter nur wegen Körperverletzung, da

> „der Unfall auf der Autobahn nicht als Folge der Täterhandlungen des ersten und zweiten Tatkomplexes vorhergesehen werden konnte. Somit kann keinesfalls angenommen werden, dass sich die Gefahr der Tat, in veränderter Gestalt, im Erfolg verwirklicht hat. Eine Kausalität zwischen den Gewalthandlungen der Täter und dem Tod des Opfers, so wie es der Staatsanwalt darstellt, ist nicht gegeben.“[5]

Dagegen verurteilte die Berufungsinstanz die Täter wegen Körperverletzung mit Todesfolge, da

> „der Fall so beurteilt werden muss, dass das Opfer das Betreten der Autobahn als den sichersten Weg einschätzte, um den Tätern zu entkommen. Und, [...], da eine solche Entscheidung aus der Sicht eines durchschnittlichen Menschen in der Situation des Opfers nicht als völlig abwegig angesehen werden kann, ist es an-

[4] Als Urteilsanmerkungen sind etwa zu nennen: *Masataka Yamaguchi*, Ein Fall, in dem die Kausalität zwischen der Gewalttat und dem Tod, welcher durch einen Verkehrsunfall verursacht wurde, der sich auf der Flucht ereignet hatte, bejaht wurde, Erläuterungsband zu OGH-Entscheidungen im Strafrecht 2003, S. 407ff.; *Shin'ya Fukamachi*, Ein Fall, in dem die Kausalität zwischen der Gewalttat und dem Tod, der durch einen Verkehrsunfall, welcher sich auf der Flucht ereignet hatte, bejaht wurde, Hōgaku Kyōshitsu, Nr. 281, 2004, S. 148ff.; *Takahiko Sone*, Der Verkehrsunfall während der Flucht des Opfers und die Kausalität, Erläuterungen zu wichtigen Entscheidungen im Jahr 2003, 2004, S. 156ff.

[5] Gericht der Stadt Matsumoto, Bezirk Nagano, Urteil v. 10.4.2002.

> gemessen, hier von einer Situation auszugehen, die auch für die Täter durchaus vorhersehbar war.“[6]

Das Gericht bejahte also die Kausalitätsbeziehung zwischen den Gewalttaten der Täter und dem Tod des Opfers.

(2) Entscheidung des OGH
Im Revisionsverfahren bestätigte der Oberste Gerichtshof die Entscheidung der Berufungsinstanz.

> „Zweifellos ist das Verhalten des Opfers, auf die Autobahn zu laufen, als äußerst gefährlich einzustufen. Doch ist das Gericht der Überzeugung, dass das Opfer nach der mehrstündigen Gewalteinwirkung durch seine Angst vor den Tätern gesteuert wurde und somit seine Entscheidung während der Flucht rein intuitiver Natur war. Insbesondere ist die Behauptung nicht haltbar, dass dieser Entschluss zum Zweck des Entkommens vollkommen unnatürlich oder inadäquat war. Folglich ist zu urteilen, dass der Tod des Opfers in der Gewalttat der Verurteilten seinen Ursprung nahm. Auf Grundlage dieser Überlegungen ist der Berufungsinstanz zuzustimmen, dass die Gewalttaten der Täter kausal für den Tod des Opfers waren.“

2. Beschluss des OGH vom 17. Februar 2004

Dieser Beschluss ist abgedruckt in: Keishū 58, Nr. 2, S. 169.[7]

(1) Sachverhalt
Der Täter zerschlug nachts in einem Kneipenviertel eine Bierflasche auf dem Kopf des Opfers, gab diesem mit anderen Personen in Mittäterschaft Fußtritte und wirkte auch auf andere Weise gewalttätig auf das Opfer ein. Ein Mittäter stach das Opfer mit einer Scherbe der zerbrochenen Bierflasche unter anderem in den Nacken. Die schweren Verletzungen, insbesondere an den Halsvenen, führten zu einem starken Blutverlust. Das Opfer wurde

---

[6] Obergericht Tokyo Urteil v. 14.11.2002.

[7] Als Urteilsanmerkungen sind etwa zu nennen: *Iwao Maeda*, Ein Fall, in dem die Kausalität zwischen Gewalttat und Tod bejaht wurde, obwohl das Opfer während der Behandlung der durch die Gewalttat entstandenen Verletzungen nicht den Anweisungen des Arztes folgte und somit der Behandlungserfolg nicht gefördert wurde, Erläuterungsband zu OGH-Entscheidungen im Strafrecht 2004, S. 128 ff.; *Kōdai Ōtani*, Ein Fall, in dem die Kausalität zwischen Gewalttat und Tod bejaht wurde, obwohl das Opfer während der Behandlung der durch die Gewalttat entstandenen Verletzungen nicht den Anweisungen des Arztes folgte und somit der Behandlungserfolg nicht gefördert wurde, Kenshū, Nr. 674, 2004, S. 15 ff.; *Sōichiro Shimada*, Ein Fall, in dem die Kausalität zwischen Gewalttat und Tod bejaht wurde, obwohl das Opfer während der Behandlung der durch die Gewalttat entstandenen Verletzungen nicht den Anweisungen des Arztes folgte und somit der Behandlungserfolg nicht gefördert wurde, Jurist, Nr. 1310, 2006, S. 171 ff.

gleich darauf von einem Bekannten ins Krankenhaus gebracht, wo es bis in die Morgenstunden notoperiert wurde. Nach der Operation stabilisierte sich seine Lage. Nach der Prognose des betreuenden Arztes sollte die Heilungsdauer im Falle eines reibungslosen Verlaufs drei Wochen betragen. Doch bereits am selben Tag verschlechterte sich die Lage und das Opfer wurde in ein anderes Krankenhaus verlegt. Fünf Tage später erlag es schließlich seinen Verletzungen. In der öffentlichen Sitzung des Berufungsverfahrens trug der Angeklagte folgenden Zwischenfall im Krankenhaus vor. Kurz vor der oben geschilderten Verschlechterung des gesundheitlichen Zustandes habe das Opfer randaliert und alle Schläuche der medizinischen Geräte von seinem Körper entfernt, da es gegen den Rat der Ärzte das Krankenhaus verlassen wollte. Der Angeklagte habe erfahren, dass gerade dieses Opferverhalten die Ursache für die Verschlechterung des körperlichen Zustandes und letztendlich für den Tod des Opfers gewesen sei.

Die erste Instanz verurteilte den Täter wegen Körperverletzung mit Todesfolge.[8] Auch die Berufungsinstanz sah die Kausalität zwischen den Verletzungen und dem Tod des Opfers als offensichtlich gegeben und bestätigte das Urteil der Erstinstanz:

> „Der Verteidiger vertritt die Meinung, dass die Ursache für den Tod allein im Verhalten des Opfers liege und somit die Kausalität zu verneinen sei. Seiner Ansicht nach wurde der Tod gerade durch das Randalieren und das Herausziehen der Schläuche verursacht. Doch ist es unstreitig, dass die ursprünglichen Verletzungen selbst die wesentliche Ursache für den Tod darstellen. Der Umstand, dass das Opfer den Anweisungen des Arztes nicht folgte und die Bettruhe nicht einhielt, ist kein Fall des atypischen Kausalverlaufes, sondern liegt durchaus im Bereich des Vorhersehbaren. Demnach kann die Kausalität nicht verneint werden."[9]

(2) Entscheidung des OGH
Der OGH bestätigte ebenfalls das Urteil der Erstinstanz.

> „Durch die Aufzeichnungen kann nicht widerlegt werden, dass das Opfer möglicherweise die Chancen eines Behandlungserfolgs reduzierte, indem es den Anweisungen des Arztes nicht Folge leistete und die Bettruhe nicht einhielt. [...] Laut Sachverhalt waren die durch die Täter beigebrachten Verletzungen derart gravierend, dass sie bereits für sich genommen zum Tode führen konnten. Auch wenn man berücksichtigt, dass durch das Dazwischentreten des Opfers der Behandlungseffekt nicht verstärkt wurde, da das Opfer, wie oben bereits festgestellt, den Anweisungen des Arztes nicht folgte und die Bettruhe nicht einhielt, kann die Kausalität zwischen der Körperverletzungshandlung der Täter und dem Tod des Opfers nicht verneint werden. Die Verurteilung wegen Körperverletzung mit Todesfolge wird hiermit bestätigt."

---

[8] Distriktgericht Osaka Urteil v. 22.10.2002.
[9] Obergericht Osaka Urteil v. 10.7.2003.

3. Die Bedeutung der Intervention des Opfers

In den beiden oben geschilderten Entscheidungen wurde die Kausalität zwischen den Gewalthandlungen der Täter und dem Tod des Opfers bejaht. Zwar handelt es sich hier um Fälle, in denen ein Bedingungszusammenhang zwischen der Gewalthandlung der Täter und dem Tod des Opfers unproblematisch besteht. Jedoch beschränkt sich der OGH nicht nur auf die Feststellung eines Bedingungsverhältnisses, sondern er überprüft darüber hinaus die Bedeutung des Opferverhaltens und baut hierauf seine Kausalitätsprüfung auf. Somit folgt der OGH offensichtlich nicht der Bedingungstheorie. Im Beschluss des OGH vom 16. Juli 2003 (nachfolgend: Beschluss von 2003) war die unmittelbare Ursache für den Tod des Opfers unstreitig die Verletzung durch den Zusammenstoß mit bzw. das Überfahrenwerden durch die heranrasenden Autos auf der Autobahn. Das Kernproblem ist hier aber, inwiefern das gefährliche Verhalten des Opfers infolge seiner Flucht vor den Tätern Einfluss auf den Kausalverlauf hatte, der zwischen der Gewalthandlung durch die Täter und dem Tod des Opfers bestand. Im Beschluss des OGH vom 17. Februar 2004 (nachfolgend: Beschluss von 2004) wurden die durch die Täter beigebrachten Verletzungen als physische Ursache für den Tod des Opfers angesehen. Das Verhalten des Opfers vereitelte (möglicherweise) mehr oder weniger nur den Behandlungserfolg des Arztes. Fraglich ist auch hier, welche Bedeutung dem Opferverhalten für die Beurteilung der Kausalität beizumessen ist.

III. Die Beurteilung der Kausalität in der Rechtsprechung

1. Die Beurteilung der Kausalität in vergleichbaren Fällen

Folgende Urteile, in denen ein eigenverantwortliches Dazwischentreten des Opfers eine zentrale Rolle spielt, sind besonders signifikant, da sie dem Fall ähneln, der im Beschluss von 2003 behandelt wird. Es handelt sich um Entscheidungen zu Sachverhalten, in denen die Körperverletzungs- bzw. Todesfolge durch einen Sturz o. Ä. des Opfers auf seiner Flucht vor den Tätern verursacht wurde.

Zu Zeiten des Reichsgerichts ereignete sich ein Fall, bei dem das Opfer, nachdem ihm der Täter Brandverletzungen zugefügt hatte, aus Angst vor weiteren Angriffen ins Wasser sprang und darauf an Herzversagen starb. Hier wurde die Kausalität zwischen der Handlung des Täters und dem Tod des Opfers bejaht.[10] In einem weiteren Fall, den der OGH behandelte, war

[10] Reichsgericht (RG) Urteil v. 9.9.1927, Keishū 6, S. 343.

das Opfer zunächst durch einen Mittäter vergewaltigt worden. Aus Angst, auch durch den Haupttäter sexuell missbraucht zu werden, floh das Opfer, stürzte und zog sich dabei Verletzungen zu. Der OGH bejahte hier die Kausalität zwischen der sexuellen Misshandlung und der Verletzung.[11] Abschließend soll folgender Fall erwähnt werden, bei dem das Gewaltopfer auf der Flucht vor den Tätern in einen Teich sprang, hierbei mit dem Kopf an einen hervorstehen Felsen schlug und an den daraus resultierenden Verletzungen verstarb. Auch hier wurde die Kausalität zwischen der Gewalteinwirkung und dem Tod bestätigt.[12]

All diesen Fällen ist gemeinsam, dass der Taterfolg zwar erst durch den Sturz o. Ä. des Opfers auf der Flucht vor den Tätern verursacht wurde, das Gericht aber dennoch die Kausalität zwischen der Handlung der Täter und dem Taterfolg bejahte. Dieses Ergebnis ist jedoch selbstverständlich[13] und bedarf keiner weiteren Diskussion. Vergleicht man diese Urteile allerdings mit dem Beschluss von 2003, ergibt sich ein wesentlicher Unterschied. Denn das Verhalten des Opfers in dem Fall, auf den sich der Beschluss von 2003 bezieht, war im Gegensatz zu den eben genannten Fällen höchst gefährlich. Dem Opfer war diese Gefahr auch bewusst und trotzdem entschied es sich für diesen Fluchtweg.

Im Kontext eigenverantwortlichen Dazwischentretens des Opfers in den Kausalverlauf möchte ich zwei weitere bedeutende Entscheidungen darstellen:

1. Fall (Physiotherapeuten-Fall): Das Opfer bestellte einen Physiotherapeuten zur Diagnose und Behandlung zu sich nach Hause. Trotz einer Erkältung des Opfers stimmte der Therapeut der Behandlung zu. Im Folgenden erteilte er dem Opfer falsche Anweisungen und erteilte ihm dieselben Anweisungen wiederholt bei weiteren Visiten, obwohl sich der Zustand des Opfers zusehends verschlechterte. Da das Opfer die Instruktionen des Therapeuten genau befolgte, verschlechterte sich sein körperlicher Zustand fortwährend, bis es schließlich starb. Hier urteilte das Gericht:

> „Das Verhalten des Täters selbst barg die Gefahr, die Verschlechterung des körperlichen Zustands des Opfers hervorzurufen und schließlich auch dessen Tod zu verursachen. Zwar ist dem Opfer auch ein Fehlverhalten anzulasten, da es sich keinem Arzt anvertraute und trotz Verschlechterung des körperlichen Wohlbefindens wiederholt den Täter aufsuchte. Dennoch ist die Kausalität zwischen der Täterhandlung und dem Tod des Opfers zu bejahen.“[14]

---

[11] OGH Beschluss v. 22.9.1971, Keishū 25, Nr. 6, S. 769.

[12] OGH Beschluss v. 6.7.1984, Keishū 38, Nr. 8, S. 2793

[13] Dies folgt aus der Tatsache, dass durch die Gewalttat eine Flucht für das Opfer unumgänglich war und ein Sturz während der verzweifelten Flucht durchaus im Bereich des Vorhersehbaren liegt.

[14] OGH Beschluss v. 11.5.1988, Keishū 42, Nr. 5, S. 807.

2. Fall: Ein Tauchlehrer (Täter) entfernte sich während eines nächtlichen Tauchlehrganges unüberlegt von seinen Schülern und verlor diese aus den Augen. Durch ungeschicktes Verhalten des Opfers und des Tauchlehrerassistenten ertrank das Opfer. Zu diesem Fall erörterte der OGH:

> „Das Verhalten des Täters, sich während eines nächtlichen Tauchganges fahrlässig von seinen Schülern zu entfernen, mit der Folge, dass er sie aus den Augen verlor, trug das Gefahrenpotenzial in sich, dass das Opfer ohne Anweisungen des Lehrers nicht in der Lage war, sich situationsadäquat zu verhalten. Es bestand auch die Gefahr, dass das Opfer nicht imstande war, sich selbst zu helfen, nachdem sein Sauerstoff aufgebraucht war. Somit trug das Verhalten des Täters die Gefahr in sich, dass das Opfer infolgedessen ertrinken könnte. Zwar ist nicht zu leugnen, dass das Verhalten des Opfers und des Assistenten in der Situation unangemessen war, doch deren Fehlverhalten wurde gerade durch das Fehlverhalten des Täters hervorgerufen. Somit war das Täterverhalten für den Tod des Opfers kausal."[15]

Bei diesen beiden Entscheidungen ist Folgendes besonders bedeutsam: Es wird (teils explizit, teils aus dem Kontext heraus) darauf hingewiesen, dass die Tat des Täters selbst die Gefahr der Erfolgsverwirklichung in sich trug und dass das (fehlerhafte bzw. unangemessene) Verhalten des Opfers gerade durch die Täterhandlung hervorgerufen wurde.

2. *Die Verwirklichung der Tatgefahr*

Wie schon zu Beginn erwähnt wurde, ist die Kausalität ein viel diskutiertes Thema. Die Rechtsprechung favorisiert in ihren Urteilen keine bestimmte Lehrmeinung, wie etwa die Lehre der adäquaten Kausalität. Auch der OGH gibt keinen allgemeinen Vorschlag, wie bei konkreter Anwendung einer Theorie individuelle Falllösungen zu finden sind. Gleichwohl lässt sich durch die jüngsten Entscheidungen, die die Kausalität betreffen, ein ungefährer Beurteilungsrahmen herauslesen. Konkret bedeutet das: In Fällen, in denen sich die Gefahr der Tat im Taterfolg realisiert, ist die Kausalität zwischen der Tathandlung und dem Taterfolg zu bejahen.[16] Zwar basieren wohl sowohl der Physiotherapeuten-Fall als auch der Nachttaucher-Fall auf diesem Beurteilungsschema. Noch deutlicher wird dies aber im folgenden OGH-Urteil zum sogenannten Ōsaka-Südhafen-Fall. Dem OGH stellte sich der Sachverhalt wie folgt dar: Am ersten Tatort verursachte der Täter

---

[15] OGH Beschluss v. 17.12.1992, Keishū 46, Nr. 9, S. 683.

[16] Legt man diesen Beurteilungsrahmen zugrunde, wird wohl auch in einem Fall, in dem eine versteckte Krankheit des Opfers auf die Herbeiführung des Erfolges einen definitiven Einfluss hatte, die Kausalität nicht verneint. Dies gilt ebenfalls, wenn dieser Umstand nicht erkannt werden konnte; vgl. OGH Beschluss v. 5.7.1974, Keishū 28, Nr. 5, S. 194; OGH Urteil v. 17.6.1971 (o. Fn. 2) etc.

beim Opfer durch Gewalteinwirkung eine Hirnblutung, infolge derer das Opfer das Bewusstsein verlor. Der Täter transportierte das Opfer an den zweiten Tatort (Lagerplatz des Hafens von Ōsaka), wo es schließlich seinen Verletzungen erlag. Vor Eintritt des Todes schlug dem Opfer jedoch eine andere Person mit einem harten Gegenstand auf den Kopf, wodurch der Todeszeitpunkt möglicherweise vorverlagert wurde. In diesem Fall urteilte der OGH:

> „Auch wenn der Tod durch die spätere Tat eines Dritten beschleunigt wird, ist die Kausalität zwischen der Tat des Täters und dem Taterfolg zu bejahen, wenn die Verletzungshandlung durch den Täter bereits derart schwerwiegend war, dass sie auch allein zum Tode geführt hätte.“[17]

Hier wurde gerade nicht der Grad der Vorhersehbarkeit bzw. Wahrscheinlichkeit eines (mutmaßlich vorsätzlichen) Einschreitens eines Dritten problematisiert, das unter Anwendung des *In-dubio*-Prinzips zugunsten des Täters angenommen wurde.[18] Es wurde vielmehr die Ansicht vertreten, zwischen der Täterhandlung und dem Taterfolg bestehe Kausalität, da sich die Gefahr der Gewalteinwirkung am ersten Tatort (mit der Folge der tödlichen Verletzungen) in dem Tod des Opfers realisierte, der sich am zweiten Tatort ereignete. Das Dazwischentreten des Dritten soll auf dieses Ergebnis keine Auswirkungen haben, da es lediglich den Eintritt des Todes beschleunigte.

Wie mit diesen Entscheidungen des OGH verdeutlicht wurde, ist für die Beurteilung der Kausalität eben nicht die „Vorhersehbarkeit aufgrund allgemeiner Lebenserfahrung“[19] der zusammenhängenden Kausalitätskette „Täterhandlung → Intervention durch einen Dritten → Taterfolg“ ausschlaggebend.[20] Spielt für die Kausalitätsbeurteilung die Vorhersehbarkeit des Dazwischentretens eines Dritten keine Rolle, drängt sich jedoch die grundsätzliche Frage auf, inwiefern die Beurteilung der Adäquanz nach Kriterien der Vorhersehbarkeit überhaupt noch brauchbar bzw. angemessen ist.[21] Vereinzelte Vertreter der Lehre lehnten daher das Urteil des OGH zum Ōsaka-Südhafen-Fall ab.[22] Doch die Mehrheit stimmte nicht nur im Ergebnis dem Gericht zu. Die Befürworter der Adäquanzlehre strebten

---

[17] OGH Beschluss v. 20.11.1990, Keishū 44, Nr. 8, S. 837.

[18] Es wird angenommen, dass die Vorhersehbarkeit eines vorsätzlichen Handelns durch einen Dritten grundsätzlich verneint wird, es sei denn, besondere Umstände liegen vor.

[19] OGH Beschluss v. 24.10.1967 (o. Fn. 1).

[20] Vgl. *Yōichi Hayashi*, Bezüglich jüngster Rechtsprechungstheorien, Keihō Zasshi, Bd. 37, 1998, Nr. 3, S. 56ff.; *ders.*, Die strafrechtliche Kausalitätslehre, 2000.

[21] Vgl. *Ōtani* (o. Fn. 3).

[22] Vgl. *Seiji Saitō*, Eigene Ansicht über die sog. „Krise der Adäquanzlehre“, Hōgaku Shimpō, Bd. 103, 1997, Nr. 2–3, S. 755ff.; *Kentaro Kobayashi*, Kausalität und die objektive Zurechnung, 2003, S. 103ff. etc.

sogar eine Umstrukturierung der Theorie an, um sie diesem Ergebnis anzupassen.[23]

In Fällen wie dem Ōsaka-Südhafen-Fall wurde dem Opfer bereits durch die Handlung des Täters eine Verletzung zugefügt, die für den später eintretenden Tod ursächlich war. Dabei kann eine Intervention, die keine Modifikation der Todesursache bewirkt, sondern lediglich den Todeszeitpunkt vorverlagert, nicht zur Verneinung dieser Tatsache führen, da „die Gefahr der (ursprünglichen) Tat sich im Erfolg realisiert hat".[24]

Die Aktion des Dritten hat zur Herbeiführung des tatsächlichen Tatergebnisses kaum beigetragen und sich auch nicht auf die Gefahrenverwirklichung der Haupttat ausgewirkt. Daher spielt die Vorhersehbarkeit der Intervention ebenfalls keine Rolle. Meiner Ansicht nach liegt die Bedeutung des Beschlusses zum Ōsaka-Südhafen-Fall in der Aussage, dass für die Beurteilung der Kausalität nicht allein der Umstand irgendeiner Drittintervention wesentlich ist, sondern nur solche Drittinterventionen zu berücksichtigen sind, die aus dem Blickwinkel des Beitragsgehalts für den Erfolg wesentlich sind. Folglich lässt sich nicht sagen, allein da man das Ergebnis dieser Entscheidung unterstützt, spiele die Vorhersehbarkeit des Interventionsumstandes für die Beurteilung der Kausalität überhaupt keine Rolle. Auch wenn man die Kausalität als die Gefahrenrealisierung der Tat begreift, gibt es durchaus Fälle, in denen die Vorhersehbarkeit der Drittintervention untersucht werden muss, wie ich im Folgenden aufzeigen werde.

Anders als bei der Entscheidung zum Ōsaka-Südhafen-Fall verwirklicht sich die schwerwiegende Gefahr der Tat nicht direkt im Erfolg, wenn die unmittelbare Ursache für den Erfolgseintritt in der Drittintervention nach der eigentlichen Täterhandlung liegt. Die Tatgefahr resultiert in einer solchen Situation also gerade aus der Intervention, durch die der Tat-

---

[23] *Makoto Ida*, Zum Begriff der „Adäquanz" beim adäquaten Kausalzusammenhang im Strafrecht, in: ders., Der aktuelle Stand der Strafrechtsdiskussion und die finale Handlungslehre, 1995, S. 79ff. (= *Ida*, in diesem Band, S. 43ff.); *Takahiko Sone*, Die adäquate Kausalität und die Rechtsprechung des OGH, Kenshū Nr. 549, 1994, S. 3ff.; *ders.*, Der Aufbau der adäquaten Kausalität und ihr Prüfungsverfahren, Shihō Kenshūsho Ronshū Nr. 99, 1997, S. 1ff.; *ders.*, Vom Standpunkt der Adäquanzlehre aus, Keihō Zasshi, Bd. 37, Nr. 3, S. 88ff. etc. Hierdurch erfuhr die Adäquanzlehre eine theoretische Vertiefung. Ein Autor, der hier die Grenze und das Scheitern der Adäquanztheorie sah und einen Richtungswechsel hin zur objektiven Zurechnungslehre forderte, ist *Keiichi Yamanaka*, Aus der Sicht der objektiven Zurechnungslehre, Keihō Zasshi, Bd. 37, Nr. 3, S. 71ff., außerdem vgl. *ders.*, Die Lehre von der objektiven Zurechnung im Strafrecht, 1997.

[24] Eine Wissenschaftlerin, die dem Aspekt der Todesursache eine große Bedeutung beimisst, ist *Kanako Takayama*, Die Todesursache und die Kausalität, Seijō Hōgaku, Bd. 63, 2000, S. 171ff. Meiner Ansicht nach ist es jedoch zweifelhaft, ob diese Ansicht als die „einzig wahre" dargestellt werden sollte, auch wenn die Identität der Todesursache für die Beurteilung der Verwirklichung der Gefahr eine wichtige Rolle spielt.

erfolg unmittelbar herbeigeführt wird. Hier ist die Vorhersehbarkeit des Interventionsereignisses für die Feststellung der Kausalität unerlässlich, da die Wahrscheinlichkeit des Dazwischentretens einer gefährlichen (zur Erfolgsverwirklichung beitragenden) Handlung den Inhalt der Tatgefahr bestimmt. Man kann behaupten, die Gefahr verwirkliche sich durch den tatsächlichen Eintritt des prognostizierten Interventionsereignisses im Taterfolg. In dem Fall, bei dem das Opfer Verletzungen durch einen Sturz während der Flucht erlitt, wurde die Flucht durch die Gewalthandlung des Täters erzwungen. Weil es im Rahmen des Möglichen liegt, dass jemand während einer panischen Flucht versehentlich stürzt, sind in diesem Fall die Gefahr der Tat und deren Realisierung selbstverständlich zu bejahen. Auch im Nachttaucher-Fall, in dem der Täter sich vom Opfer entfernte und dieses aus den Augen verlor, war die Wahrscheinlichkeit bzw. Vorhersehbarkeit sehr hoch, dass das Verhalten des Täters ein der Situation unangemessenes Verhalten des Opfers – eines unerfahrenen Tauchschülers – hervorrufen würde. Folglich darf der Täter seine Schüler nicht aus den Augen verlieren. Da dies jedoch geschah, wurde das (vorhersehbare) Fehlverhalten des Schülers initiiert. Im Ergebnis verstarb das Opfer; somit ist ohne Weiteres die Verwirklichung der Tatgefahr zu bejahen. Charakteristisch für den Physiotherapeuten-Fall ist, dass den Anweisungen des Täters eine Gefährlichkeit innewohnte, weil das Opfer dadurch zur Gehorsamkeit gedrängt wurde – und die Instruktionen tatsächlich befolgte. Da der Täter das Opfer auch nach der Verschlechterung von dessen körperlichem Zustand behandelte und ihm dieselben Anweisungen wiederholt erteilte, hielt sich das Opfer strikt an diese. Daher ist es richtig anzunehmen, dass die Gefahr der Tat sich inhaltsgleich verwirklicht hat.

Wie deutlich wird, bejaht die Rechtsprechung die Kausalität, wenn die Gefahr der Täterhandlung sich im Taterfolg verwirklicht.[25] Da der Kausalverlauf von der Handlung des Täters zum Erfolg als Verlauf der Gefahrenverwirklichung verstanden werden kann, ist die Position der Recht-

[25] Im Fall des OGH-Beschlusses v. 19.10.2004, Keishū 58, Nr. 7, S. 645, hatte der Täter auf der Autobahn sein eigenes Auto und ein von einem Dritten gesteuertes Auto zum Stehen gebracht. Nachdem der Täter weggefahren war, rasten von hinten kommende Autos in den Wagen des Ausgebremsten. Mehrere Insassen wurden schwer oder sogar tödlich verletzt. Hier bejahte der OGH die Kausalität zwischen dem Anhalten des Autos durch den Täter und der Unfallfolge, weil die Handlung des Täters eine große Gefahr innehat und die Interventionsumstände durch den Täter hervorgerufen wurden. Auch hier lässt sich sagen, dass dieselben Beurteilungskriterien herangezogen werden. Zur Erläuterung dieses Beschlusses u.a. *Satoshi Ueda*, Ein Fall, in dem der Täter auf der Fahrbahn einer Autobahn sein eigenes Auto und ein von einem Dritten gefahrenes Auto zum Stehen gebracht hat und nach Wegfahren des eigenen Autos von hinten kommende weitere Autos in den Drittwagen rasten und Tote und Verletzte verursachten, Erläuterungsband zu OGH-Entscheidungen im Strafrecht 2004, S. 454ff.

sprechung eine richtige und unterstützenswerte Ansicht. Auch aus Sicht der Adäquanztheorie kann dieses Ergebnis befürwortet werden, da auch der Adäquanz der Gedanke der Gefahrenverwirklichung zugrunde gelegt werden kann. Fasst man die Adäquanztheorie aber derart auf, ist es wichtig zu erkennen, dass für die Beurteilung der Adäquanz bestimmten Faktoren keine eigenständige Bedeutung zukommt, sondern diese lediglich – unumstritten wichtige – Kriterien im Falle einer Beurteilung der Gefahrenverwirklichung darstellen. Zu diesen Faktoren gehören das Interventionsereignis, die Gewöhnlichkeit des Kausalverlaufes und die Vorhersehbarkeit.

IV. Würdigung der Entscheidungen des OGH und Ausblick

Auf der Grundlage dieser Rechtsprechungen möchte ich hier die Bedeutung der Beschlüsse von 2003 und 2004 untersuchen. Wie bereits erwähnt, war im Fall des Beschlusses von 2003 die Ursache für die Verletzungen, die schließlich die unmittelbare Ursache für den Erfolgseintritt waren, der Umstand, dass das Opfer die Autobahn betrat. Um den Kausalzusammenhang zwischen der Gewalttat der Täter und dem Tod des Opfers herzustellen (also um zu bejahen, dass die Gefahr der Tat sich im Erfolg verwirklicht hat), ist Folgendes notwendig: Die Vorhersehbarkeit muss bejaht werden, dass bei dem Opfer, um den Gewalteinwirkungen durch die Täter zu entfliehen, ein solches Verhalten hervorgerufen werden könnte, durch das das Opfer sterben könnte. Wenn beispielsweise das Opfer trotz der Existenz eines anderen angemessenen und sicheren Fluchtweges bewusst die gefährlichste Variante wählt und infolgedessen stirbt, dann wird man der ursprünglichen Gewalttat in der Regel das Risiko bzw. die Gefahr der Todesverursachung absprechen, und zwar wegen dieses höchst gefährlichen Opferverhaltens. Dies gilt auch, wenn die Gewalttat die Flucht unumgänglich gemacht hat. Im Normalfall wird hier also wohl die Kausalität zwischen Gewalttat und Tod verneint und der Tod des Opfers als von dessen autonomem Verhalten selbst verursacht angesehen werden. Im Gegensatz hierzu ist im Fall des Beschlusses von 2003 bedeutsam, dass das Opfer infolge der langwierigen, intensiven und hartnäckigen Gewalteinwirkung extreme Angst verspürte und infolgedessen während der Flucht intuitiv ein gefährliches Verhalten wählte. In diesem Fall lässt sich die Wahrscheinlichkeit bejahen, dass das Opfer durch einen spontanen Entschluss eine äußerst gefährliche Handlung vornehmen würde, denn es wurde durch die Gewalttat der Täter zur Flucht gedrängt. Das Opfer war in einen Zustand getrieben worden, in dem keine objektive Beurteilung mehr möglich war. Folgt man dieser Ansicht, dann kann der Tod durch das Überfahrenwerden auf der Autobahn als die Verwirklichung dieser Gefahr angesehen werden. Nach dem Urteil des OGH hat das Verhalten des Opfers und somit auch dessen Tod seinen Ursprung gerade in der Gewalttat der Täter, da es nicht vollkommen unnatürlich bzw. inadäquat war. Die Lage wäre also anders zu beurteilen, wenn das Verhalten des Opfers vollkommen unnatürlich bzw. inadäquat gewesen wäre. Solange also eine Gewalttat begangen wurde, die eine Flucht unumgänglich macht, dann hat sich die Gefahr der Gewalttat – das Verhalten des Opfers während seiner Flucht – in dessen Tod verwirklicht. Die Kausalität ist also zu bejahen.

Im Fall des Beschlusses von 2004 ist es wichtig zu erkennen, dass die tatsächliche Ursache für den Tod des Opfers durch die Gewalttat des Täters hervorgerufen wurde. Wie oben bereits erläutert, wird in Fällen wie dem Ōsaka-Südhafen-Fall, in denen die Gewalthandlung des Täters eine Verletzung verursacht, die schließlich Todesursache ist, die Kausalität zwischen Gewalttat und Tod bejaht. Dies gilt auch, wenn eine weitere Gewalteinwirkung durch einen Dritten den Todeszeitpunkt vorverlagert. Im Fall des Beschlusses von 2004 lässt sich die Lage derart beurteilen, dass es sich bei den Verletzungen, die durch die Täter jeweils zugefügt wurden, um solche Verletzungen handelte, die bereits für sich genommen den Erfolg des Todes herbeiführen konnten. Das Verhalten des Opfers hat lediglich den Eintritt des Todes nicht verhindert. Die Gefahr der Tat hat sich also unaufhaltsam im Erfolg verwirklicht. Ist der Interventionsumstand eine aktive (die Erfolgsverwirklichung beschleunigende) Gewalttat, so ist die Verwirklichung der (ursprünglichen) Tatgefahr dennoch zu bejahen, wenn der Interventionsumstand nur unwesentlich zur Herbeiführung des Erfolges beigetragen hat. Wenn dies zutrifft, ist die Realisierung der Tatgefahr im Ergebnis selbstverständlich auch dort zu bejahen, wo ein dazwischentretender Umstand den Effekt einer Handlung konterkariert, die die Realisierung der Tatgefahr hätte verhindern oder aufhalten sollen.[26] In der Lehre gibt es zwar auch Meinungen, die dieses Ergebnis anzweifeln,[27] doch meiner Ansicht nach kann dieses Ergebnis vom Standpunkt der Verwirklichung der Tatgefahr aus nicht zurückgewiesen werden.[28] Denn wenn der Kausalzusammenhang (die Verwirklichung der Gefahr) bei einer Interventionshandlung nicht verneint wird, deren tatsächliche Beitragswirkung sehr gering ist, dann darf bei einer Unterlassungshandlung, die keinerlei tatsächliche Beitragswirkung

[26] Der OGH problematisiert im Beschluss von 2004 im Gegensatz zum vorinstanzlichen Urteil nicht, ob das Verhalten des Opfers „im Allgemeinen vorhersehbar" war. Das ist angesichts der Beurteilungsstruktur des OGH gut verständlich, die sich etwa in seiner Entscheidung zum Ōsaka-Südhafen-Fall gezeigt hat.

[27] Vgl. *Hitoshi Saeki*, Die Lehre von der Kausalität, in: Atsushi Yamaguchi/Makoto Ida/Hitoshi Saeki, An vorderster Front der Strafrechtsdogmatik, 2001, S. 19.

[28] Vgl. *Maeda* (o. Fn. 7), S. 150.

hat, die Kausalität (die Verwirklichung der Gefahr) ebenfalls nicht verneint werden. Nur ein Fall kann in diesem Zusammenhang problematisch sein. Hierbei handelt es sich um einen Fall, bei dem die von den Tätern verursachten Verletzungen bei angemessener Behandlung durch einen Arzt mit Sicherheit nicht zum Tode führen (das heißt, in Fällen, in denen durch eine ärztliche Behandlung die Gefahr des Todes ausgeschlossen ist). Dabei entsteht die Gefahr des Todes erst dadurch, dass die ärztliche Behandlung verhindert oder verweigert wird. Um hier die Kausalität zwischen Täterhandlung und Tod des Opfers zu bejahen, muss besonders eingehend geprüft werden, ob die Wahrscheinlichkeit, dass das Opfer keinen Arzt aufsucht, durch die ursprüngliche Tat initiiert wurde. Ist dem nicht so, muss die Kausalität zwischen der ursprünglichen Gewalttat und dem Tod hier wohl verneint werden.

Vorsatzlehre – Teil 1

Hitoshi Saeki

I. Einleitung

In diesem ersten Teil der Aufsatzreihe zur Vorsatzlehre möchte ich mich mit dem Eventualvorsatz beschäftigen. Bevor ich mit den Ausführungen im Hauptteil beginne, möchte ich Sie bitten, sich folgenden Fall durchzulesen.

Ein junger Magier X war wegen Mordes angeklagt, da er während einer Bühnenvorstellung seine Frau mit einem Messer tötete, indem er ihre Halsschlagader durchtrennte. X hatte das Leben mit seiner Frau schon seit einiger Zeit als belastend empfunden. Der Grund hierfür war seine Eifersucht, da seine Frau bereits vor der Eheschließung eine Beziehung mit einem anderen Mann geführt hatte. X wünschte sich deshalb den Tod seiner Frau. Am Abend vor der Tat befand sich X wegen eines Streits mit seiner Frau in einer aufgebrachten Gemütslage. Er fragte sich, ob es nicht doch besser sei, seine Frau endlich umzubringen und die drohenden Folgen hinzunehmen, als weiterhin ein solch unglückliches Leben zu führen. Zwar waren diese Gedanken am nächsten Morgen verflogen, doch in dem Moment, als er auf der Bühne seiner Frau mit einem Messer in der Hand gegenübertrat, spürte X die Gefahr. Seine emotionale Empfindung in diesem Moment schilderte er später gegenüber dem Richter wie folgt:

> „Ich dachte mir, dass ich mich bestmöglich konzentrieren muss. Meine aufkommende Aufregung und angespannten Nerven musste ich, so gut es ging, unter Kontrolle bringen. Doch der Überdruss, der sich tief in mein Herz gefressen hatte, erlaubte es mir nicht, mich zu beruhigen. In diesem Moment hatte ich den Glauben an meine Fähigkeiten verloren. Als das Messer meine Hand verließ, empfand ich ein zähes, beklemmendes Gefühl. Ich konnte nicht mehr genau voraussagen, welche Stelle das Messer treffen würde. Bei jedem Wurf empfand ich Erleichterung. Immer wieder redete ich mir ein, mich beruhigen zu müssen. Doch dies führte nur dazu, dass ich zu viel nachdachte und somit die Lockerheit in den Armen einbüßte. Ich warf ein Messer an die linke Seite des Halses. Als ich mit dem nächsten Wurf an die rechte Seite zielte, machte meine Frau plötzlich einen seltsamen Gesichtsausdruck. Wahrscheinlich verspürte sie intuitiv große Angst. Ob sie wohl geahnt hatte, dass das Messer ihren Hals treffen würde? Das kann ich nicht sagen. Ich spürte nur, dass sich ihr überängstlicher Ausdruck mit derselben

Intensität in meinem Herzen widerspiegelte. Ich verspürte Schwindel. Intuitiv, ohne direktes Ziel, warf ich das Messer."

Nach der Tat beschlich den X der Verdacht, dass er seine Frau womöglich mit Absicht getötet habe, doch gab er im Weiteren vor, nur fahrlässig gehandelt zu haben. Nach einer Weile war ihm selbst nicht mehr klar, ob er nur fahrlässig oder absichtlich gehandelt hatte. Nachdem der X den Raum verlassen hatte, griff der Richter unverzüglich zum Stift und notierte: „Das Urteil lautet …"

Wenn Sie der Richter wären, wie hätten Sie entschieden? Dieser Fall ist dem Roman „Das Verbrechen des Han" von *Naoya Shiga* entnommen. Die Aussage von X wurde wörtlich zitiert. Da es nicht die Absicht des Autors war, eine realitätsnahe Gerichtsverhandlung darzustellen[1], ist dies natürlich nur als Gedankenexperiment zu betrachten. Dennoch möchte ich Sie dazu auffordern, sich vor und nach der Lektüre dieses Aufsatzes Gedanken über die Strafbarkeit des X zu machen.

II. Lehren zum Eventualvorsatz

Der Vorsatz kann unterteilt werden in die Absicht (Wollen), *dolus determinatus*, und den Eventualvorsatz, *dolus eventualis*.[2] Das japanische Strafrecht normiert zwar nur einen Typus der Vorsatztat[3], doch wird stark

[1] Der Autor beschreibt den X *(Han)* und den Richter abstrakt und verfolgt somit nicht das Ziel, eine realitätsnahe Gerichtsverhandlung wiederzugeben. Das Urteil des Richters im Roman lautet „Freispruch", doch dies ist lediglich eine künstlerische Bewertung auf Grundlage der Empfindungen des Autors. *Naoya Shiga* erläuterte in seinem Roman „In Kinosaki", „ich schrieb, dass er *(Han)* seine Frau umbringt". Daher blieb Hans Handlung im Roman zwar ungestraft, doch der Autor ging möglicherweise davon aus, dass in der Realität eine Bestrafung erfolgen würde. Natürlich ist es nicht sicher, ob der Autor den Begriff „töten" bewusst in dem Sinne einer vorsätzlichen Tötung gebraucht. Doch *Han* tätigt in dem Roman „Das Verbrechen des Han" die Aussage: „Ich ging davon aus, dass ich sie schließlich doch umgebracht habe", und er bejaht die Frage des Richters, ob seine Aussage bedeute, er habe diese Handlung mit Vorsatz begangen. Deshalb nehme ich an, dass der Autor den Begriff „töten" bewusst benutzt hat.

[2] In Japan werden die Absicht (Wollen) und der direkte Vorsatz oft unter demselben Begriff des *dolus determinatus* gefasst. Die Unterscheidung zwischen dem direkten und dem Eventualvorsatz wird als wichtiges Element zur Beurteilung der Lage des Angeklagten angesehen. Das OLG Tokyo (Urteil v. 11.04.1967, Hanrei Times, Nr. 210, S. 218), entschied, dass die Fehleinschätzung der ersten Instanz, es handle sich nur um einen Eventualvorsatz, zur Aufhebung des Urteils führe, weil in diesem Fall ein direkter Tötungsvorsatz angenommen werden könne (Gegen diese Ansicht vgl. OLG Sapporo Urteil v. 17.12.1963, Kōkeishū, Bd. 16, Nr. 9, S. 809).

[3] Das frühere StGB von 1880 normierte: „Wer entsprechend einem Plan einen Menschen tötet, ist des Mordes schuldig und wird mit der Todesstrafe bestraft" (§ 292) und „Wer vorsätzlich einen Menschen tötet, ist der vorsätzlichen Tötung schuldig und wird mit

vertreten, für die Vermögensschädigungsabsicht bei Untreue (§ 247 jaStGB) und für die Absicht, eine Person einer strafrechtlichen Maßnahme oder einer Disziplinarmaßnahme zu unterwerfen, sei bei einer falschen Anschuldigung (§ 172 jaStGB) ein Wollen bzw. eine unbedingte Vorstellung des Erfolges notwendig.[4]

Hinsichtlich des Wesens des Vorsatzes stehen sich bekanntlich die Vorstellungstheorie und die Willenstheorie gegenüber. Zur Abgrenzung des Eventualvorsatzes von der bewussten Fahrlässigkeit wird nach der Vorstellungstheorie die Wahrscheinlichkeitstheorie und nach der Willenstheorie die Einwilligungstheorie vertreten. Ferner existiert auch die Motivtheorie, die versucht, zwischen diesen beiden Ansichten zu vermitteln. Zudem wird vertreten, dass zwischen der Vorstellungs- und der Willenstheorie kein wesentlicher Unterschied bestehe. Zum Beispiel merkt *Naitō* bezüglich des Streits zwischen der Vorstellungs- und der Willenstheorie Folgendes an:

> „Vorsatz ist, als Bewusstsein über den Verbrechenstatbestand, die subjektive Reflexion dieses Tatbestandes. Doch bleibt es nicht bei einem bloßen Bewusstsein über diesen Verbrechenstatbestand, sondern es handelt sich dabei auch um den Willen (Entschluss), den Tatbestand zu verwirklichen. Wenn einem der Verbrechenstatbestand nicht bewusst ist, dann kann man auch nicht den Entschluss fassen, dieses Verbrechen zu verwirklichen. Doch allein das Bewusstsein über den Verbrechenstatbestand führt nicht automatisch zur Verwirklichung des Verbrechens. Daher sind für den Vorsatz sowohl das wissentliche Element als auch das willentliche Element des Entschlusses notwendig. Wird aber die Straftat im Bewusstsein des Verbrechensumstands durchgeführt, dann liegt der Wille, den Verbrechenstatbestand zu erfüllen (der Entschluss), natürlich vor. […] In diesem Sinne besteht zwischen der Vorstellungstheorie und der Willenstheorie, die sich um die Existenz des willentlichen Elements streiten, das die Grundlage des Vorsatzes bildet, kein wesentlicher Unterschied.“[5]

Naitōs Aussage, auch die Vorstellungstheorie berücksichtige das willentliche Element, ist vollkommen richtig. Wie *Naitō* bereits selbst festgestellt hat, ist jedoch das willentliche Element, das von der Vorstellungstheorie vorausgesetzt wird, lediglich ein Handlungswille. Dieser ist immer dann anzuerkennen, wenn trotz des Bewusstseins über den Verbrechenstatbestand zur Tat geschritten wird. Die Vorstellungstheorie problematisiert also, ob allein durch das Vorliegen eines solchen Handlungswillens der Wille (Entschluss) zur Verwirklichung eines Verbrechens bejaht werden

---

lebenslanger Freiheitsstrafe bestraft“ (§ 294). Es unterschied somit zwischen Mord und vorsätzlicher Tötung. Auch heute noch ist der Umstand, ob die Tat geplant wurde, aus Sicht des Strafgerichts zur Beurteilung der Situation des Angeklagten äußerst wichtig. Vor allem bei Fällen, bei denen die Verhängung der Todesstrafe möglich ist, spielt der Umstand eine große Rolle.

[4] Vgl. zum Beispiel *Shigemitsu Dandō*, Strafrecht, BT, 3. Aufl. 1990, S. 111, 656; *Minoru Ōya*, Strafrecht, BT, 2000, S. 326, 609, etc.

[5] *Ken Naitō*, Strafrecht, AT, Bd. 3, Heft 1, 1991, S. 894.

kann oder ob ein zusätzliches Element „α" benötigt wird. Daher kann wohl nicht abschließend gesagt werden, zwischen beiden Lehren existiere kein wesentlicher Unterschied. Allerdings bestehen möglicherweise hinsichtlich dieser Lehren und somit auch hinsichtlich der Wahrscheinlichkeits- und der Einwilligungstheorie im (praktischen) Ergebnis keine wesentlichen Unterschiede, abgesehen von oberflächlichen Abweichungen. Dies möchte ich im Folgenden genauer erörtern.[6]

1. Wahrscheinlichkeitstheorie

Die Wahrscheinlichkeitstheorie basiert auf der Vorstellungstheorie. Sie grenzt den Eventualvorsatz von der bewussten Fahrlässigkeit danach ab, ob der Täter mit dem Bewusstsein handelte, dass die Verwirklichung des Verbrechenstatbestandes wahrscheinlich ist, oder nicht. Es ist zwar keinesfalls geklärt, wie hoch die Wahrscheinlichkeit sein muss, um diese bejahen zu können. Da die Wahrscheinlichkeitstheorie aber konträr zur Einwilligungstheorie vertreten wird, ist wohl eine relativ hohe, die simple Möglichkeit übersteigende Wahrscheinlichkeit zu verlangen.

Hinsichtlich der Vorstellungstheorie, die die Grundlage für die Wahrscheinlichkeitstheorie bildet, wird zwar kritisiert, sie missachte die willentlichen Elemente bzw. man könne allein die Tatsache, sich über etwas bewusst zu sein, nicht bemängeln. Doch diese Kritik basiert auf einem Missverständnis. Das wird insbesondere durch die Aussage *Makinos*, des bekanntesten Vertreters der Vorstellungstheorie, deutlich:

> „Das Wesen der Vorstellungstheorie ist, die Entstehung der verbrecherischen Absicht dann anzuerkennen, wenn jemandem eine bestimmte Tatsache bewusst war und dennoch der Entschluss gefasst wurde, zur Tat zu schreiten. Unter den normativen Begriff der verbrecherischen Absicht ist also die Einheit aus Bewusstsein und Willensentschluss zu fassen."[7]

Hinsichtlich der Wahrscheinlichkeitstheorie wird zudem häufig kritisiert, die Unterscheidung zwischen der simplen Möglichkeit und der Wahrscheinlichkeit trete nicht deutlich genug hervor. Doch da die herrschende Meinung auch hinsichtlich des Versuchsbeginns den Zeitpunkt, an dem zur Tatverwirklichung angesetzt wurde, nach der Existenz einer reellen Gefahr der Erfolgsverwirklichung beurteilt, besteht wohl zwischen einer solchen Beurteilung und einer Wahrscheinlichkeitsbeurteilung kein wesentlicher Unterschied.[8]

---

[6] Näheres zur Kritik gegenüber den jeweiligen Theorien schreibt ausführlich *Naitō* (o. Fn. 5), S. 1083 ff.

[7] *Eiichi Makino*, Strafrecht, AT, 1948, S. 303.

[8] Nach *Saitōs* Ansicht ist die „Wahrscheinlichkeit" der Grad der Möglichkeit, dass aus

Ferner wird auch kritisiert, dass

> „der Unterschied zwischen Vorsatz und Fahrlässigkeit kein Unterschied der Quantität, sondern einer der Qualität sein sollte".[9]

Der quantitative Unterschied ist zunächst nur Gegenstand des Bewusstseins. Der Unterschied zwischen Vorsatz und Fahrlässigkeit wird aber danach beurteilt, ob ein Bewusstsein über die Verwirklichung des Verbrechenstatbestandes existiert oder nicht. Daher wird man wohl auch hier einen qualitativen Unterschied annehmen müssen. Überhaupt werden vermutlich auch die Kritiker in Fällen, in denen nur das Bewusstsein über eine äußerst geringe Möglichkeit besteht, den Vorsatz verneinen. (Hiermit sind Fälle gemeint, bei denen sich zwar das Ergebnis entsprechend dem Bewusstsein verwirklicht, doch aus rechtlicher Sicht die Kausalität verneint wird.) Daher ist anzuerkennen, dass das Vorhandensein eines Vorsatzes vom Grad der erkannten Möglichkeit abhängt.

Gegen die Vorstellungstheorie wird auch der folgende Kritikpunkt angeführt. War dem Täter zwar die Wahrscheinlichkeit des Erfolgseintritts bewusst, geht er aber trotzdem nicht von einem Erfolg aus, beispielsweise auf die eigenen Fähigkeiten vertrauend, und schreitet somit zur Tat, könne der Vorsatz nicht bejaht werden. Doch auch diese Kritik basiert lediglich auf einem Missverständnis. Denn selbst wenn das Bewusstsein über die Wahrscheinlichkeit die Gedanken des Täters gestreift hätten, liegt ein solches Bewusstsein letztendlich nicht vor, sofern der Täter im Zeitpunkt des Ansetzens zur Tat davon überzeugt war, dass der Erfolg nicht eintreten werde. Gegenüber der Vorstellungs- und der Wahrscheinlichkeitstheorie werden immer wieder auf solchen Irrtümern basierende Einwände geäußert. Um dies zu vermeiden, muss man sich bewusst machen, dass der Vorsatz, der bei vollendeten oder versuchten Delikten problematisch ist, letztlich nichts anderes ist als das Bewusstsein *zum Zeitpunkt der Tatbegehung*.

Gegen die Wahrscheinlichkeitstheorie wird zudem Folgendes vorgebracht. In einem Fall, in dem ein Arzt zwar die geringen Erfolgschancen erkennt, aber trotzdem auf diese geringe Chance vertraut und eine OP durchführt, werde der Vorsatz nach der Wahrscheinlichkeitstheorie bejaht, nach der Einwilligungstheorie jedoch verneint; hier sei die Schlussfolgerung, den Vorsatz zu bejahen, „unzweifelhaft äußerst unzutreffend".[10]

---

der Sicht einer normalen Rechtsempfindung mit Sicherheit von der Tat Abstand genommen wird: Der Prüfungsmaßstab werde relativ deutlich, wenn danach unterschieden wird, ob auch dieses Bewusstsein vorlag oder nicht. *Shinji Saitō*, Strafrecht, AT, 5. Aufl. 2003, S. 107.

[9] Vgl. *Ryūichi Hirano*, Strafrecht, AT I, 1972, S. 187.

[10] *Taira Fukuda*, Strafrecht, 4. Aufl. 2004, S. 113, Fn. 2.

Der Arzt hat sich in diesem Fall nicht strafbar gemacht, da der ärztliche Heileingriff gerechtfertigt ist. Die Frage nach der Existenz eines Vorsatzes ist somit nicht entscheidend. Außerdem ist fraglich, ob nach der Einwilligungstheorie der Vorsatz überhaupt verneint werden kann. Zwar wünscht sich ein Arzt, der eine OP durchführt, deren Erfolgschancen relativ gering sind, normalerweise den Erfolg der OP. Doch wird ihm bewusst sein, dass die OP auch schiefgehen und der Patient sterben kann. (Es gibt vermutlich nur sehr wenige Ärzte, die zwar über die geringen Erfolgschancen Bescheid wissen, die jedoch derart von sich selbst überzeugt sind, dass sie davon ausgehen, auf keinen Fall zu versagen.) Wenn dies zutrifft, ist wohl auch aus der Sicht der Einwilligungstheorie der (tatbestandsmäßige) Vorsatz zu bejahen.[11]

Die bedeutendste Kritik, die gegenüber der Wahrscheinlichkeitslehre angeführt wird, bemängelt Folgendes. In Fällen, in denen die Möglichkeit der Erfolgsverursachung gering ist, der Erfolg aber beabsichtigt wurde, sei der Vorsatz zu bejahen. Zum Beispiel sollte in einem Fall, in dem der Täter eine weit entfernte Person erschießen will, mit äußerster Konzentration auf diese Person zielt und einen Schuss abgibt, der Vorsatz bejaht werden, auch wenn die Wahrscheinlichkeit, dass der Schuss das Opfer trifft, relativ gering ist. Hierzu sagt *Maeda*, ein Befürworter der Wahrscheinlichkeitstheorie, das Folgende:

> „[W]enn jemand auf eine andere Person in dem Bewusstsein schießt, dass eine gewisse Möglichkeit (zur Erfolgsverwirklichung) besteht, so ist ein Tötungsvorsatz zu bejahen […].“

Das heißt, der Begriff der Wahrscheinlichkeit ist unpassend.[12] Würde der Vorsatz auch bejaht werden, wenn die vom Täter erkannte Möglichkeit äußerst gering ist, wäre die Bezeichnung der einzige Unterschied zur Vorstellungstheorie und das Wesen der Wahrscheinlichkeitstheorie würde verloren gehen. *Maeda* sieht den Grund für die Richtigkeit der Wahrscheinlichkeitstheorie darin, dass

> „es nicht angemessen ist, einen Vorsatz zu bejahen, wenn die Möglichkeit der Erfolgsverwirklichung äußerst gering ist und der Täter davon ausgeht, dass der Erfolg niemals eintreten werde, er sich jedoch erhofft, dass er eintritt“.[13]

---

[11] Beispielswiese ist der Eventualvorsatz zu bejahen, wenn der Täter mit dem Ziel, einen Versicherungsbetrug zu begehen, ein Haus anzündet und erkennt, dass die Bewohner das Feuer zu spät bemerken und dadurch mit hoher Wahrscheinlichkeit sterben werden, auch wenn der Täter sich wünscht, dass sie unbeschadet davonkommen, oder er sich selbst bemüht, ihnen zu helfen.

[12] *Minoru Ōya/Masahide Maeda*, Strafrecht im Gespräch, AT, 1999, S. 136 (Aussage von *Maeda*).

[13] *Ōya/Maeda* (o. Fn. 12), S. 132 (Aussage von *Maeda*).

Doch ist anzumerken: Geht der Täter erst gar nicht davon aus, dass der Erfolg eintreten kann, dann vergegenwärtigt er sich erst gar nicht die Möglichkeit des Erfolgseintritts. Selbst wenn er sich den Erfolgseintritt wünscht, ist auch nach der Willenstheorie ein solches Wollen reines Wunschdenken und der Vorsatz ist klar zu verneinen. Die Willenstheorie ist keine Lehre, die den Vorsatz bejaht, wenn lediglich ein Wille vorhanden ist. Sie fordert vielmehr zusätzlich zum Deliktsbewusstsein einen Willen des Täters.

Beabsichtigt der Täter den Erfolgseintritt, ist sich aber der geringen Möglichkeit des Erfolgseintritts bewusst (aber noch in dem Rahmen, dass eine Ausführungshandlung bejaht werden kann), bejaht die Rechtslehre übereinstimmend den Vorsatz, einschließlich der Ansicht von *Maeda*. Dieser versucht, das Ergebnis aufgrund des Bewusstseinsgrades des Täters zu erklären, wodurch er jedoch den ursprünglichen Inhalt der Wahrscheinlichkeitslehre verkennt. Die Wahrscheinlichkeitstheorie bietet bei einem Versuch, dies zu vermeiden, jedoch nur den Maßstab zur Unterscheidung von Eventualvorsatz und bewusster Fahrlässigkeit. Daher liegen die Fälle, in denen ein Wollen vorhanden ist, außerhalb der Reichweite der Wahrscheinlichkeitstheorie.[14] (Die Wahrscheinlichkeitstheorie war wohl auch ursprünglich in dieser Weise zu verstehen.) Folgt man diesem Verständnis, dann spaltet sich der Maßstab, mit dessen Hilfe der Vorsatz bejaht wird, in den Fall, bei dem eine Absicht existiert, und in den, bei dem eine solche Absicht nicht existiert. Doch wie später deutlich wird, beschränkt sich dieses Problem nicht auf die Wahrscheinlichkeitstheorie.

2. *Einwilligungstheorie*

Die Einwilligungstheorie basiert auf der Willenstheorie.[15] Sie unterscheidet in Situationen, in denen der Täter die Möglichkeit der Tatbestandsverwirklichung erkannt hat, den Eventualvorsatz und die bewusste Fahrlässigkeit danach, ob in die Tatbestandsverwirklichung eingewilligt wurde oder nicht. Basierend auf der Willenstheorie sind zwar auch Ansichten denkbar, die den

---

[14] Vgl. *Saitō* (o. Fn. 8), S. 107. Auch *Maeda* bejaht die Mitberücksichtigung von willentlichen Elementen, wie der Absicht oder der Einwilligung; vgl. *Masahide Maeda*, Strafrecht, AT, 3. Aufl. 1998, S. 285.

[15] Unter den Tatbestandsmerkmalen gibt es solche, bei denen zwar diesbezüglich gefragt werden kann, ob sie erkannt bzw. vorhergesehen wurden, es jedoch nicht darauf ankommt, ob sie gewollt waren. Beispielsweise kann nicht gewollt werden, dass das Objekt ein gestohlener Gegenstand ist oder dass das Opfer einer sexuellen Straftat unter 13 Jahre alt ist; vgl. *Makoto Ida*, Den Vorsatz betreffende allgemeine Probleme, Gendai Keijihō, Nr. 5, 1999, S. 104, 105. Im Gegensatz dazu kann es gewollt sein, Diebesgut zu erwerben oder mit einem unter 13-jährigen Mädchen sexuellen Kontakt zu haben. Daher kann hierin keine grundlegende Kritik bezüglich der Willenstheorie gesehen werden.

Vorsatz auf Fälle begrenzen, in denen entweder die Erfolgsverursachung geplant war oder dem Täter bewusst war, dass der Erfolg mit Sicherheit eintritt; doch in Japan werden diese Ansichten nicht vertreten.

Die Aussage der Einwilligungstheorie wäre relativ klar, wenn sie den Vorsatz auf Fälle einschränken würde, in denen der Täter denkt, der Eintritt eines Erfolges sei in Ordnung, also Fälle, in denen er die Erfolgsverursachung aktiv billigt („aktive Einwilligung“). Doch die meisten Vertreter der Einwilligungstheorie sind der Auffassung, diese Meinung sei zu eng gefasst, und bejahen den Vorsatz auch in Fällen, in denen gegen den Erfolgseintritt „wohl nichts zu machen sei“ bzw. „man sich diesen nicht zu Herzen nimmt“, also ein passives innerliches Verhalten vorliegt („passive Einwilligung“).

Als Kritik gegenüber der Einwilligungstheorie wird zunächst vorgebracht, die Einwilligung sei ein stimmungsgesteuertes, emotionales Element und habe somit nichts mit dem Willen zu tun; sie könne daher nicht zum Inhalt des Vorsatzes gemacht werden. Da die Vertreter der Einwilligungstheorie auch anerkennen, dass die Einwilligung ein emotionales Element ist, liegt das Problem darin, ob ein solches Element zur Unterscheidung von Vorsatz und Fahrlässigkeit herangezogen werden kann. Die Einwilligungstheorie besagt, die Schuld sei ein Vorwurf hinsichtlich der Täterpersönlichkeit und durch die Existenz des emotionalen Elements verändere sich der Grad des Vorwurfes. Versteht man den Vorsatz als Element der Schuld, ist dies durchaus denkbar. Versteht man den Vorsatz hingegen als ein Unrechtselement, ist diese Vorgehensweise problematisch.[16]

Der zweite Kritikpunkt in Bezug auf die Einwilligungstheorie ist, dass es sehr schwierig sei, eine solch schwammige psychologische Lage wie die der Einwilligung nachzuweisen. Vor allem die passive Einwilligung wird kritisiert. Es wird moniert, falls man sich zu stark auf den psychologischen Inhalt konzentriere – zumal dort kaum eine psychologische Substanz vorhanden sei – werde der Vorsatz, unabhängig von der Möglichkeit der Erfolgsverursachung bzw. des Bewusstseinsgrades des Täters, nur anerkannt, weil der Charakter des Täters verwerflich sei.[17] Doch meiner Meinung nach darf die Einwilligungstheorie, die die Möglichkeit der Erfolgsverursachung und das Bewusstsein dieser Möglichkeit als unabdingbare Bedingung des Vorsatzes voraussetzt und darüber hinaus das willentliche (emotionale) Ele-

[16] *Ida* ist der Auffassung, die Einwilligungstheorie sei untrennbar von der Ansicht, die den Vorsatz als *dolus malus* auffasst (Vorsatzverständnis der strengen Vorsatztheorie). Er führt ferner aus, die Einwilligungstheorie gerate mit der Positionierung des Vorsatzes als Unrechtselement in Konflikt, indem sie den Vorsatz mit einem schlechten Gemüt bzw. einer verwerflichen psychischen Lage gleichsetze; *Ida* (o. Fn. 15), S. 105.

[17] Vgl. *Hirano* (o. Fn. 9), S. 182 ff.; *Atsushi Yamaguchi*, Strafrecht, AT, 2. Aufl. 2007, S. 199.

ment der Einwilligung fordert, nicht dahingehend kritisiert werden, dass man sie falsch anwenden und diese Voraussetzungen ignorieren könne. Vielmehr ist es Inhalt der Lehre, selbst zu problematisieren und zu fragen, ob in der psychischen Lage der passiven Einwilligung überhaupt noch ein realer Sachverhalt beinhaltet ist. *Fukuda*, einer der repräsentativsten Vertreter der Einwilligungstheorie, meint:

> „der Eventualvorsatz ist anzunehmen, wenn in die Möglichkeit der Erfolgsverursachung eingewilligt wurde. Die bewusste Fahrlässigkeit ist in allen anderen Fällen zu bejahen, in denen dies nicht der Fall ist. Also dann, wenn der Täter seine eigenen Fähigkeiten bzw. sein eigenes Glück überschätzt und die Erfolgsverursachung verneint."[18]

Verneint man aber die Erfolgsverursachung, dürfte auch nach der Vorstellungstheorie der Vorsatz nicht bejaht werden.[19] Würde man die passive Einwilligung immer annehmen, wenn der Täter zwar die Möglichkeit der Erfolgsverursachung erkannt hat und trotzdem zur Tat geschritten ist, ohne die Erfolgsverursachung zu verneinen, dann würde dies bedeuten, in einer passiven Einwilligung sei keine psychische Substanz vorhanden.

Diese Unklarheit ist auch der Auffassung der Rechtsprechung zur Einwilligungstheorie zu entnehmen. In der Leitentscheidung zum Eventualvorsatz wurde Folgendes festgestellt:

> „Eine Hehlerei liegt zwar vor, wenn man weiß, dass es sich um Diebesgut handelt, dieses aber trotzdem ankauft. Doch zur Annahme eines Vorsatzes ist es nicht unbedingt notwendig, dass der Täter sicher weiß, dass es sich bei der Sache, die er ankauft, um Diebesgut handelt. Es reiche vielmehr aus, dass er das Bewusstsein hatte, es könne sich möglicherweise um Diebesgut handeln, und es trotzdem wagte, die Sache anzukaufen (sozusagen Eventualvorsatz)."[20]

Die Vertreter der Einwilligungstheorie sehen in dem Wort „wagen" die Existenz einer Einwilligung und nehmen auf der Basis dieses Urteils an, auch die Rechtsprechung vertrete die Einwilligungstheorie.[21] Doch wie schon *Hirano* feststellte, ist es kaum möglich, sich über die Tatumstände im Klaren zu sein und zur Handlung anzusetzen, ohne sie zu wagen.[22]

---

[18] *Fukuda* (o. Fn. 10), S. 112f.

[19] Falls *Fukuda* die Auffassung vertritt, es sei das Wesen der Vorstellungstheorie (Wahrscheinlichkeitstheorie), den Vorsatz zu bejahen, wenn der Täter überhaupt – wenn auch nur einmal – die Möglichkeit (Wahrscheinlichkeit) der Erfolgsverursachung erkennt, so dürfte dieses Verständnis nicht richtig sein.

[20] OGH Urteil v. 16.3.1948, Keishū, Bd. 2, Nr. 3, S. 227.

[21] Vgl. zum Beispiel *Shigemitsu Dandō*, Strafrecht, AT, 3. Aufl. 2000, S. 296, Anm. 11; *Yoshihiro Hidaka*, Der Eventualvorsatz, in: Kuniji Shibahara/Noriyuki Nishida/Atsushi Yamaguchi (Hrsg.), 100 ausgewählte strafrechtliche Entscheidungen I, AT, 5. Aufl. 2003, S. 79.

[22] Vgl. *Hirano* (o. Fn. 9), S. 186.

Das Wagen ist keine psychische Lage, die im Inneren des Täters existiert, sondern lediglich ein Merkmal, das der Richter bei seiner Bewertung, der Täter habe trotz Erkennens der Tatumstände zur Tat angesetzt, heranziehen kann.[23] Überhaupt bewertet dieses Urteil den betreffenden Sachverhalt so, dass schon allein wegen der Umstände, wie der Qualität der Ware, der Warenmenge, der Eigenschaften und des Verhaltens des Verkäufers etc., die Vermutung entsteht, es könne sich um Diebesgut handeln. Eine Hehlerei wurde vorliegend bejaht, da trotz dieser Vermutung die Ware angekauft wurde. Ein Beweis, dass der Ankauf auch gewagt werde, sei dagegen nicht mehr nötig.

Letztendlich versuchen die Vertreter der Einwilligungstheorie immer, eine Einwilligung festzustellen, wenn sie der Ansicht sind, der Vorsatz sei zu bejahen. Hierdurch verliert die Theorie an Bedeutung. Sofern die Befürworter der Einwilligungstheorie das Element der emotionalen Persönlichkeitseinstellung als unabdingbar erachten, um den Vorsatz zu bejahen, sollten sie die aktive Einwilligung fordern. Dies hätte jedoch zur Folge, dass der Vorsatz nur noch in wenigen Fällen bejaht werden könnte.

Sollte eine psychische Lage der passiven Einwilligung tatsächlich existieren, dann lehnt der Täter hierbei die Möglichkeit der Erfolgsverursachung nicht ab. In diesem Sinne ist die passive Einwilligung ein Merkmal des Vorsatzes. Doch daraus lässt sich wohl nicht schließen, dass das Vorliegen der passiven Einwilligung eine unabdingbare Voraussetzung für die Bejahung des Vorsatzes ist.

3. Motivtheorie

Die Motivtheorie sieht das Wesen des Vorsatzes in dem Umstand, dass der Täter sich der Tatumstände bewusst war und die Handlung trotzdem nicht aufgab, sondern vielmehr zu ihr ansetzte. Innerhalb dieser Theorie gibt es auch eine Ansicht, die den Vorsatz in solchen Fällen bejaht, in denen das Bewusstsein der Erfolgsverursachung das Motiv für die Handlung war.[24] Fasst man diese Aussage wörtlich auf, nämlich dass das Bewusstsein der Erfolgsverursachung den Antrieb zum Handeln darstellt, dann kann der Vorsatz nur bejaht werden, wenn der Täter ausschließlich deshalb zur Handlung ansetzt, weil er von dem Erfolgseintritt ausgeht. Dies entspricht jedoch gerade der Aussage der Willenstheorie. Da die Motivtheorie keine derartigen übermäßigen Forderungen stellt, versteht man unter dem Motiv der Handlung also nur, dass im Bewusstsein der Erfolgsverwirklichung zur

[23] Vgl. *Takaaki Matsumiya*, Strafrecht, AT, 3. Aufl. 2004, S. 171.
[24] Vgl. *Ōya* (o. Fn. 4), S. 180.

Tat angesetzt wurde. Wenn dem so ist, dann führt der Ausdruck Motiv der Handlung schnell zu Missverständnissen. Besser wäre dies wie folgt auszudrücken: Es wurde nicht zum Anlass genommen, von der Tat Abstand zu nehmen, sondern vielmehr zu handeln.

Es wird zwar vertreten, erstere Ausdrucksweise führe zur Vorstellungstheorie und letztere zur Willenstheorie.[25] Der von der Willenstheorie geforderte Wille ist aber keiner, der den Handlungswillen übersteigt, und somit sind auch in diesem Punkt keine Unterschiede gegeben.

Das Motiv im Sinne der Motivtheorie ist nichts, was in der Psyche des Täters existiert. Vielmehr lässt sich der Vorsatz des Täters auf dieser Grundlage allein deshalb bejahen, weil er trotz des Bewusstseins, dass der Erfolg sich wahrscheinlich verwirklichen würde, zur Tat schritt. Damit unterscheidet sich die Lehre kaum von der Vorstellungstheorie. Dies wird auch durch *Makinos* Aussage deutlich, bei der Vorstellungstheorie werde die verbrecherische Absicht angenommen, weil der Täter eine bestimmte Tatsache erkennt und trotzdem beschließt, eine Tat zu begehen. Man kann also festhalten, dass die Motivtheorie die Vorstellungstheorie aus der Sicht des Schuldvorwurfes neu definiert.

Hirano ist hingegen der Auffassung, falls Absicht vorliege, sei die Verwirklichung des Erfolges das Hauptmotiv der Tat. Daher könnten erst durch die Motivlehre die Absicht und der Eventualvorsatz unter ein und denselben Vorsatzbegriff subsumiert werden.[26] Doch eine solche Subsumtion ist rein oberflächlich. Das Motiv im Falle des Wollens existiert in der Psyche des Täters, wohingegen das Motiv des Eventualvorsatzes gerade nicht in der Psyche des Täters vorhanden ist. Aus Sicht der Motivtheorie ist allein die Tatsache, dass dem Täter die Möglichkeit der Erfolgsverursachung bewusst war und er trotzdem zur Tat angesetzt hat, der Maßstab für den Vorsatz. Die Absicht wird also nur deshalb unter den Vorsatz subsumiert, weil diese Voraussetzung bei ihr vorliegt.

Weiter behauptet *Hirano*, falls der Täter die Möglichkeit der Erfolgsverursachung erkenne, müsse er sich letztlich auch gefragt haben, ob die Verwirklichung des Erfolges wahrscheinlich ist oder nicht. Je nachdem, wie diese Beurteilung ausgeht, könne man entscheiden, ob Vorsatz oder Fahrlässigkeit vorliege. Auch *Machino* behauptet – offensichtlich demselben Gedankengang folgend –, der Vorsatz müsse verneint werden, wenn der Täter zu dem Ergebnis gekommen ist, dass der Erfolg tatsächlich nicht eintreten werde.[27] Allerdings wird der Täter, der die Möglichkeit eines Erfolgseintritts zumindest erkannt hat, nicht immer im Tatzeitpunkt beurteilen, ob die Tat

[25] Vgl. *Ōya* (o. Fn. 4), S. 180.
[26] Vgl. *Hirano* (o. Fn. 9), S. 188.
[27] Vgl. *Saku Machino*, Strafrecht, AT I, 2. Aufl. 1995, S. 201.

tatsächlich eintreten werde oder nicht. Vielmehr existieren hinsichtlich der psychischen Lage des Täters auch Situationen, in denen er nicht weiß, ob der Erfolg eintreten werde, ihm dies aber gleichgültig ist, oder er sich keine Gedanken zum Thema des Erfolgseintritts macht.[28] Es ist zwar richtig, dass der Vorsatz nicht bejaht werden kann, wenn der Täter glaubt, der Erfolg könne nicht eintreten. Doch lässt sich keinesfalls sagen, der Vorsatz liege nur dann vor, wenn der Täter der Ansicht ist, der Erfolg werde auf jeden Fall eintreten.

4. Die Lehre vom Verwirklichungswillen

Zudem wird die Ansicht vertreten, der Vorsatz müsse als Wille zur Verwirklichung aufgefasst werden. Somit sei die Frage, ob der Tatumstand als Ganzes zum Gegenstand der willentlichen Verwirklichung gemacht wurde, einheitlicher Maßstab des Vorsatzes. Diese Auffassung wird zwar hauptsächlich von denjenigen vertreten, die den Vorsatz als Unrechtselement ansehen.[29] Doch auch bei Vertretern der Ansicht, die den Vorsatz als Schuldelement auffassen, findet sich die oben dargestellte Auffassung wieder. Beispielsweise ist *Naitō* der Ansicht, Eventualvorsatz und bewusste Fahrlässigkeit seien danach voneinander abzugrenzen, ob zwischen dem Bewusstsein der Möglichkeit der Erfolgsverwirklichung und dem Entschluss, zur Tat zu schreiten, eine Verbindung existiert.[30] Auch *Yamaguchi* behauptet,

> „es ist angemessen, den Umstand als Maßstab zu setzen, dass die Tatbestandsverwirklichung in das Bewusstsein oder den Willensverlauf des Täters integriert und der Tatwille trotzdem verwirklicht wurde".[31]

Zudem nimmt auch *Yamanaka* den Vorsatz in solchen Fällen an, in denen der Wille zur Verwirklichung einer Rechtsgutsverletzungshandlung entstanden ist. Diese Ansicht wird von ihm als Lehre von der Bildung des Verwirklichungswillens bezeichnet.[32]

---

[28] Möglicherweise haben *Hirano* und *Machino*, die Personen mit hervorragendem Urteils- und Entscheidungsvermögen sind, noch keine Erfahrungen mit Situationen gemacht, in denen weder die eine noch die andere psychische Lage vorlag, doch für mich ist eine solche emotionale Lage sehr vertraut.

[29] *Ida* ist der Auffassung, die Benennung der Motivlehre sei problematisch, da es bei der Prüfung der Rechtswidrigkeit nur darauf ankomme, ob die Verhaltensnormwidrigkeit durch ein willentliches Verhalten vorliegt und dort nach dem Motiv gar nicht gefragt werde; *Ida* (o. Fn. 15), S. 106.

[30] *Naitō* (o. Fn. 5), S. 1091.

[31] *Yamaguchi* (o. Fn. 17), S. 199.

[32] *Keiichi Yamanaka*, Strafrecht, AT I, 2. Aufl. 2008, S. 317.

Indem diese Ansichten den Verwirklichungswillen problematisieren, stellen sie heraus, dass der Vorsatz eine Frage des Täterwillens zum Zeitpunkt des Ansetzens zur Tat ist. Wie darüber hinaus deutlich wird, meint die Motivtheorie in Wirklichkeit nicht das Motiv des Täters im Sinne des allgemeinen Sprachgebrauchs; die Bezeichnung „Motivtheorie" ist also verfehlt. Vielmehr ist fraglich, ob die Integration der Tatbestandsverwirklichung in den Verwirklichungswillen tatsächlich zielführend ist. Selbst wenn man feststellt, dass sie in den Verwirklichungswillen integriert wurde, bleibt unklar, welche psychologische Beziehung zwischen dem Bewusstsein der Möglichkeit der Erfolgsverwirklichung und dem Handlungswillen besteht – abgesehen von Fällen der Absicht. Gibt es eine solche Beziehung, dann interpretieren die Wissenschaftler in die Fälle, bei denen ihrer Meinung nach Vorsatz vorliegen muss, lediglich das Element des integrierten Verwirklichungswillens hinein. Dies soll durch die folgenden Ausführungen verdeutlicht werden.

III. Einige Überlegungen

1. Bisherige Erkenntnisse

Betrachtet man die Diskussion über den Eventualvorsatz, dann drängt sich das Gefühl auf, dass begründete und unbegründete Einwände stets wiederholt werden. Um eine unnötige Debatte zu vermeiden, sollte man sich deshalb zunächst folgende Punkte klarmachen:

1) Sowohl die Vorstellungs- als auch die Wahrscheinlichkeitstheorie setzen einen Tatwillen voraus,[33] wohingegen die Willens- und die Einwilligungstheorie lediglich das Erkennen der Möglichkeit des Taterfolges erfordern.

2) Der Vorsatz, dessen Vorliegen hinsichtlich eines vollendeten bzw. versuchten Deliktes geprüft wird, ist lediglich das Bewusstsein zum Zeitpunkt der Tat. Jegliches Bewusstsein der Erfolgsverursachung vor diesem Zeitpunkt ist irrelevant.[34]

3) Wenn der Täter nur von einer äußerst geringen Wahrscheinlichkeit der Erfolgsverursachung ausgeht, kann nach keiner Ansicht der Vorsatz

[33] Doch der Tatwille, den die Vorstellungstheorie und die Wahrscheinlichkeitstheorie fordern, ist kein Element des Vorsatzes, sondern der Tat; vgl. *Kanako Takayama*, Vorsatz und Unrechtsbewusstsein, 1999, S. 151 ff.

[34] Natürlich kann dieses als Vorsatz eines Vorbereitungsdeliktes problematisch werden und auch als Indiz für das Bewusstsein zum Tatzeitpunkt dienen.

bejaht werden.[35] In solchen Fällen wird, falls auch objektiv nur eine äußerst geringe Möglichkeit besteht, schon vor dem Vorsatz die Täterschaft (oder die Kausalitätsbeziehung zum Erfolg) verneint.

4) Hat der Täter die Absicht (den Willen) zur Erfolgsverwirklichung, dann kommen alle Ansichten zu demselben Ergebnis, nämlich dass der Vorsatz bejaht wird.

2. *Weiterhin ungelöste Probleme*

Wie anhand der obigen Feststellungen deutlich wird, sind nur noch wenige Probleme vorhanden. In der folgenden Skizze werden vertikal die Elemente der Kenntnis und horizontal die Elemente des Willens aufgeführt. Fälle, in denen der Vorsatz bejaht wird, werden mit O gekennzeichnet und Fälle, in denen der Vorsatz verneint wird, mit X. Die Negation des Willenselements bezeichnet die Fälle, in denen die Erfolgsverwirklichung nicht erwünscht ist. Wie schon oben bei 3) erwähnt, werden Fälle, in denen der Täter weiß, dass die Möglichkeit äußerst gering ist, unabhängig von dem Grad des Willens immer mit X gekennzeichnet. Die Absicht wird in solchen Fällen als reiner Wunschtraum bezeichnet. Wie oben in 4) erwähnt, ist in allen anderen Fällen, in denen eine Absicht vorliegt, der Vorsatz zu bejahen. Weiterhin besteht unabhängig vom Grad des Willenselements immer ein Vorsatz, wenn der Täter weiß, dass die Erfolgsverwirklichung sicher eintreten wird *(dolus determinatus)*. Problematisch ist das Ergebnis nach der Einwilligungstheorie. Meiner Meinung nach müssen auch die Vertreter dieser Theorie eine „passive Einwilligung" bejahen, wenn der Täter erkennt, dass die Erfolgsverwirklichung sicher eintreten wird, und trotzdem zur Tat schreitet. Auch wenn sich der Täter den Erfolg nicht herbeigewünscht hat, ist ein solcher Wille als bloßes Wunschdenken zu betrachten. Hakt man, wie hier, alle unproblematischen Fälle ab, dann bleiben nur noch die Fälle übrig, die mit Buchstaben gekennzeichnet sind.

---

[35] Nach der herrschenden Lehre, die den Begriff der Ausführungshandlung akzeptiert, wird der Vorsatz verneint, da die Kenntnis der Tatbestandshandlung fehlt. Aus der Sicht derer, die den Begriff der Ausführungshandlung ablehnen, wird der Vorsatz verneint, da die Kenntnis des adäquaten Kausalverlaufs fehlt. Akzeptiert man, dass aus der Sicht des erlaubten Risikos die Tatbestandshandlung verneint wird, dann wird auch in Fällen, in denen sich der Täter einer solche Situation bewusst ist, der Vorsatz verneint werden müssen.

Kenntnisgrad

sicher	O	O	O	O
wahrscheinlich	a	O	O	O
möglich	b	c	d	O
äußerst unwahrscheinlich	X	X	X	X
	verneint	passive Einwilligung	aktive Einwilligung	Absicht

Willentliches Element

Abb. 1: Einfluss der Kenntnis und des Willens auf die Vorsatzbestimmung.
Quelle: Eigene Darstellung.

Betrachten wir zunächst das Kästchen a. Fraglich ist, ob aus Sicht der Einwilligungstheorie der Vorsatz bejaht werden kann. Wahrscheinlich ist dies der Fall. Hier wurde die Möglichkeit der Erfolgsverursachung erkannt und dennoch zur Tat geschritten. Deshalb ist wohl eine „passive Einwilligung" anzunehmen, vergleichbar mit Fällen der sicheren Erkenntnis.

Nun bleiben die Fälle übrig, in denen lediglich die Möglichkeit, die eine Ebene unter der Wahrscheinlichkeit liegt, erkannt wurde und keine Absicht vorhanden ist (b, c, d). Aus Sicht der Wahrscheinlichkeitstheorie wird in allen drei Fällen der Vorsatz verneint. Die Einwilligungstheorie hingegen verneint bei b und bejaht bei c und d den Vorsatz. Dabei bietet sich die Einwilligung als psychologischer Umstand de facto nur hier als Abgrenzungskriterium an. Die Motivtheorie und die Lehre vom Verwirklichungswillen wiederum scheinen in allen Fällen den Vorsatz zu bejahen.

Doch so einfach, wie es auf den ersten Blick wirkt, ist es nicht. Denn hier kann der Vorsatz durchaus auch verneint werden. *Ida* ist beispielsweise der Ansicht, man könne bei der Wahrnehmung einer geringen Möglichkeit nicht von Vorsatz sprechen, solange nicht absichtlich die Verwirklichung dieses Umstandes verfolgt wird.[36] Auch *Naitō* vertritt die Auffassung, bei fehlender Absicht solle das Vorliegen eines Eventualvorsatzes nicht angenommen werden, da die Möglichkeit der Erfolgsverwirklichung nicht als realistisch eingeschätzt wird und diese Wahrnehmung der Möglichkeit mit

[36] *Ida* (o. Fn. 15), S. 105 f.

dem Handlungsentschluss in keinem Zusammenhang steht.[37] Nach diesen Ansichten wird in den Fällen b, c und d der Vorsatz verneint. Im Gegensatz dazu ist *Hirano* geneigt, den Vorsatz in einem etwas weiteren Umfang anzunehmen. Er ist der Meinung, dass

> „in Fällen der aktiven Einwilligung, vergleichbar mit den Fällen, in denen Absicht vorliegt, der Vorsatz bejaht werden kann. Hingegen kann in Fällen der passiven Einwilligung der Vorsatz nicht allein aufgrund der Möglichkeit der Erfolgsverursachung und der passiven Einwilligung bejaht werden."[38]

Demnach wird bei b und c der Vorsatz verneint und nur bei d der Vorsatz bejaht.[39]

Ansichten, bei denen Wahrnehmungs- und Willenselemente korrelieren und danach der Vorsatz beurteilt wird, können faszinierend sein und dem gesunden Menschenverstand entsprechen. Doch ist fraglich, ob sie tatsächlich eine theoretische Grundlage bieten. Von dem Verwirklichungswillen ausgehende Meinungen behaupten, das bloße Bewusstsein der Möglichkeit des Erfolges werde bei Fehlen einer Absicht nicht in den Verwirklichungswillen einbezogen. Der Täter entschließt sich aber trotz der Wahrnehmung dieser Möglichkeit, zur Tat anzusetzen. Daher halte ich es für kaum vertretbar, dass sich durch die Veränderung des Erkenntnisgrades (Gewissheit, Wahrscheinlichkeit oder bloße Möglichkeit) der Umstand ändern soll, ob diese Wahrnehmung in den Verwirklichungswillen einbezogen wird. *Naitō* ist zwar der Ansicht, der Täter glaube in Fällen fehlender Absicht nicht an die reale Möglichkeit des Erfolgseintritts. Nachdem der Täter sich aber die Möglichkeit des Erfolgseintritts vergegenwärtigt und dennoch weitergehandelt hat, wird man nicht sagen können, er habe diese Möglichkeit als nicht real eingestuft. Dies gilt vor allem dann, wenn beim Täter eine aktive Einwilligung vorliegt.

Gegen *Hiranos* Ansicht lässt sich zudem anführen, dass es widersprüchlich ist, den Vorsatz nach dem Vorliegen einer aktiven Einwilligung zu beurteilen. Der Autor selbst kritisiert an der Einwilligungstheorie, es sei nicht angemessen, den Vorsatz wegen eines emotionalen Elements wie der Einwilligung zu beurteilen.[40] Doch gehe ich davon aus, dass auch die Kritiker der Einwilligungstheorie in Fällen, in denen der Täter in die Tatverwirklichung aktiv einwilligt, einen wesentlich schwerwiegenderen Schuld-

---

[37] *Naitō* (o. Fn. 5), S. 1091.

[38] *Hirano* (o. Fn. 9), S. 188.

[39] Auch *Maeda* korreliert Wahrnehmungs- und Willenselemente, um das Vorliegen eines Vorsatzes zu prüfen, doch wird nicht ganz klar, wie er die Fälle c und d beurteilt; vgl. *Maeda* (o. Fn. 14), S. 285.

[40] *Machino* äußerte die scharfe Kritik, dies sei lediglich die kumulative Anwendung von falschen Ergebnissen der Einwilligungs- und der Wahrscheinlichkeitstheorie; *Machino* (o. Fn. 27), S. 200.

vorwurf annehmen, als wenn er dies nicht tut. Wenn dem so ist, dann muss meiner Meinung nach in Betracht gezogen werden, Vorsatz und Fahrlässigkeit danach voneinander abzugrenzen, ob eine aktive Einwilligung vorliegt oder nicht.

Eine Tat, bei der keine Schuld vorliegt (Schuldprinzip), kann nicht bestraft werden. Doch hinsichtlich der Frage, in welche Kategorien man Handlungen unterteilt, bei denen der Schuldvorwurf möglich ist, liegt bis zu einem gewissen Grad im Ermessen des Gesetzgebers.[41] Hierbei ist vieles denkbar, wie die Zweiteilung in Vorsatz und Fahrlässigkeit nach der heutigen Regelung oder eine Begrenzung des Vorsatzes auf die Absicht, wodurch man mit dem direkten und dem Eventualvorsatz neben der Fahrlässigkeit zu einer Dreiteilung kommt. Der Eventualvorsatz und die bewusste Fahrlässigkeit können auch zusammengefasst und zu einer Zwischenkategorie geformt werden. Bei der Verwirklichung dieser Ansichten kommt es jedoch auf die politische Durchsetzbarkeit an. Wenn man der hier vertretenen Meinung folgt, dass die Grenze des Vorsatzes bis zu einem gewissen Grad eine Frage der Beurteilung ist, dann ist es wohl auch durch Interpretation der jetzigen Gesetzeslage möglich, die Reichweite des Vorsatzes zu bestimmen, indem man Wahrnehmungs- und Willenselemente kombiniert. Wenn man den Vorsatz als Schuldelement versteht, lässt sich somit in Fällen, in denen der Täter eine bloße Möglichkeit des Erfolgseintritts erkennt, verlangen, dass ein aktiver Wille bzw. ein aktives Verhalten zur Verwirklichung des Erfolges zutage tritt, um eine aktive persönliche Einstellung des Täters zu bejahen, die für die Bejahung der Vorsatzschuld notwendig ist.

Letztlich gibt es bei der theoretischen Möglichkeit zwei verschiedene Lösungsansätze. Bei der ersten Variante ist stets Vorsatz anzunehmen, wenn die Möglichkeit des Erfolgseintritts erkannt und dennoch zur Tat angesetzt wurde. Zweitens gibt es die Variante, bei der im Fall einer bloßen Möglichkeit des Erfolgseintritts ein aktiver Wille bzw. eine aktive Einstellung bezüglich der Erfolgsverwirklichung notwendig sind. Hierbei besteht das Problem, ob man diese auf Fälle reduzieren sollte, in denen Absicht vorliegt, oder auch Fälle der aktiven Einwilligung mit aufnehmen oder sogar die passive Einwilligung erfassen sollte. Dieses Problem lässt sich nicht theoretisch lösen. Vergleicht man die Ergebnisse miteinander, führt die erste Variante zwar zu eindeutigeren Resultaten. Doch meiner Meinung nach wird der Vorsatz zu oft bejaht. Ich tendiere zur zweiten Auffassung, die den Vorsatz auch in Fällen der aktiven Einwilligung annimmt.[42]

---

[41] Bei einer gesetzgeberischen Normierung eines Deliktstatbestandes der „Tötung eines Menschen“, der nicht zwischen Vorsatz und Fahrlässigkeit unterscheidet, wäre der Rahmen der gesetzlich vorgeschriebenen Bestrafung zu weit und aus Sicht des Grundsatzes *nulla poena sine lege* äußerst problematisch.

[42] In dieser Situation wird die persönliche Einstellung des Täters lediglich dann

Eine Ansicht thematisiert bei der Vorsatzprüfung die Erfolgsvermeidungsmaßnahmen des Täters und scheint damit den Vorsatz zu objektivieren. So ist zum Beispiel *Ida* der Meinung, dass

> „für den Fall, dass der Grad der Möglichkeit recht hoch ist, das heißt, die Wahrscheinlichkeit (= ein Grad der Möglichkeit, bei der die Annahme des Nichteintritts des Erfolges unvernünftig wäre) erkannt wurde, der Vorsatz bejaht werden muss. Denn wenn keine Verhinderungsmaßnahmen getroffen wurden, so ist davon auszugehen, dass der Erfolgseintritt in den Verwirklichungswillen einbezogen worden ist.“[43]

Weiter ergeben sich dieselben Zweifel der Objektivierung, wenn *Yamanaka* darauf hinweist, dass,

> „falls der Täter zwar erkannt hat, dass der Erfolgseintritt sehr wahrscheinlich ist, doch darauf vertraute, dass er durch seine Fähigkeit, seine Handlung zu beherrschen, den Erfolg vermeiden könne, dann liegt hier kein Entschluss zur Bildung eines Verwirklichungswillens zur Rechtsgutsverletzung vor. Dieses *Selbstvertrauen* ist kein bloßes *Wunschdenken*, sondern ein tatsächlich verkörperter Vermeidungswille“,[44]

sofern Letzterer de facto verkörpert sein sollte und somit der Vermeidungswille des Täters in Form einer tatsächlichen Vermeidungsmaßnahe vorliegen müsste. In der Tat werden viele Autoren der Ansicht sein, es handle sich nur um Wunschdenken, falls man innerlich auf das Ausbleiben des Erfolges hofft, aber tatsächlich keine Vermeidungsmaßnahmen trifft. Dies solle aber nicht bedeuten, dass das Bewusstsein der Erfolgsverursachung nicht vorliegt. Doch dies ist lediglich ein Problem des Vorsatzbeweises anhand von Indizien und es ist nicht angemessen – als Frage des materiellen Strafrechts –, den Vorsatz von vornherein zu objektivieren.[45] Vermutlich war es auch nicht die Intention beider Autoren, den Begriff des Vorsatzes selbst zu objektivieren.

3. Ergänzungen

Abschließend möchte ich anhand einiger Rechtsprechungsbeispiele einige Punkte ergänzen. Wie oben bereits mehrfach aufgezeigt, wird in der Praxis der Vorsatz oft objektiv beurteilt, abgesehen von Fällen, in denen eindeutig

---

problematisiert, wenn sie im Rahmen der Tat in Erscheinung tritt. Die innere Einstellung selbst wird nicht zum Gegenstand des Schuldvorwurfs.

[43] *Ida* (o. Fn. 15), S. 106.

[44] *Yamanaka* (o. Fn. 32), S. 317.

[45] Vgl. *Hirano* (o. Fn. 9), S. 186. Nicht nur die Setzung der objektiven Verhinderungsmaßnahme birgt Probleme, sondern auch der Verhinderungswille als Maßstab; vgl. dazu *Takayama* (o. Fn. 33), S. 146ff.

eine Absicht vorliegt.[46] Wurde beispielsweise mit einer gefährlichen Waffe ein lebenswichtiger Körperteil verletzt, dann bejahte die Rechtsprechung den Mordvorsatz, unabhängig von der Aussage des Angeklagten, soweit keine weiteren besonderen Umstände vorlagen. Natürlich liegt hier das Problem weniger in der Theorie des Vorsatzes als in der Tatsachenfeststellung. Doch lässt sich wohl sagen, dass diese Handhabung in der Praxis mit der Ansicht kohärent ist, die den Vorsatz bejaht, wenn die Wahrscheinlichkeit des Erfolgseintritts wahrgenommen und trotzdem zur Tat angesetzt wurde. (In diesem Fall bejahen wohl alle Theorien den Vorsatz.)

Natürlich muss zum Zeitpunkt der Tat ein tatsächlicher Gemütszustand existieren, um den Vorsatz bejahen zu können. In einem Urteil wurde entschieden:

> „Der Deliktsverwirklichungs- bzw. der Tötungswille bei einem Tötungsdelikt muss keinesfalls deutlich an die Oberfläche des Täterbewusstseins treten. Es gibt auch Fälle, in denen sich der Tötungswille in den tieferen Ebenen des Bewusstseins befindet. Wenn nun deshalb der Täter im Zeitpunkt der Tat hingerissen wird, einem lebenswichtigen Teil des menschlichen Körpers eine schwerwiegende Verletzung zuzufügen, dann muss, auch wenn der Tötungswille nicht an die Oberfläche des Täterbewusstseins getreten ist, der Tötungswille hinsichtlich des Tötungsdelikts bejaht werden. In einem Fall, in dem der Täter außer sich vor Wut mit einem Japanschwert in den Hals oder mit einem Filettiermesser in die Brust des Opfers sticht und diesem hierdurch eine schwerwiegende Verletzung zufügt, an der das Opfer verstirbt, ist das Vorliegen eines Tötungsdeliktes zu bejahen. Dies gilt unabhängig davon, ob der Täter nach der Tat wieder zu sich kommt und die Tat bereut, indem er einsieht, dass es nicht sein Wille war zu töten, soweit keine seelische Störung vorliegt, da die Reue lediglich eine Frage der Bewusstseinsoberfläche ist und der Tötungswille noch im Unterbewusstsein existiert."[47]

Heutzutage widerspricht kaum jemand mehr, wenn man die Bejahung des unterbewussten Vorsatzes als unzutreffend ansieht.[48] Ich denke, in dem Fall, der dem Urteil zugrunde liegt, kann der Vorsatz auch ohne Hinzuziehung des unterbewussten Vorsatzes bejaht werden.

Auch wenn man bei der Beurteilung des Vorsatzes die persönliche Einstellung in Form der aktiven Einwilligung hinzuzieht, geht es lediglich um die Thematisierung dieser inneren Einstellung, die in der Tathandlung zu-

---

[46] Vgl. zur Feststellung des Vorsatzes durch die Gerichtsentscheidungen *Mitsuru Kobayashi/Toshimaro Kōjō*, Tatsachenfeststellung im Strafprozess, Bd. 1, 1992, S. 1ff.; *Munenobu Hirakawa*, Vorsatz, in: Haruo Nishihara u.a. (Hrsg.), Studien zur Rechtsprechung im Strafrecht 3, 1980, S. 75ff. usw.

[47] OLG Takamatsu Urteil v. 16.10.1956 in: Saiban Tokuhō, Bd. 3, Nr. 20, S. 984.

[48] Eine Gruppe von Richtern, die sich *Keiji Jitsumu Kenkyū'kai Ōsaka* nennt, veröffentlichte ihre Forschungsergebnisse. Nach *Takeo Kawamura*, Empirische Untersuchung zur Tatbestandsfeststellung – Feststellung des Tötungsvorsatzes, in: Hanrei Times, Nr. 227, 1969, S. 9, Fn. 6, befürwortet kein an der Untersuchung teilnehmender Richter aktiv die Lehre des unterbewussten Vorsatzes. Vgl. auch *Hirakawa* (o. Fn. 46), S. 92ff.

tage tritt, die der Täter unternimmt, obwohl er die Möglichkeit des Erfolgseintritts erkennt. Man darf also nicht allein aufgrund dieser unüberlegten persönlichen Einstellung den Eventualvorsatz annehmen. Vielmehr ist dazu die Kenntnis der Tatbestandsverwirklichung zum Zeitpunkt der Tat unbedingt notwendig. In einem Fall, in dem der Verursacher eines Autounfalls das auf der Motorhaube befindliche Opfer herunterwarf, um zu fliehen, verneinte das Gericht wie folgt den Eventualvorsatz der Tötung:

> „Nachdem der Täter das Opfer wahrgenommen hatte, bedurfte es nur einer äußerst geringen Zeitspanne von etwa drei bis vier Sekunden, bis der Täter die Maßnahme einer Notbremsung durchführte. Bei einer derartigen Situation ist es äußerst fraglich, ob der Täter die Zeit hatte, in einer blitzschnellen Handlung den oben genannten Tatwillen zu bilden."[49]

Weiterhin muss dem Täter die konkrete Möglichkeit des Erfolgseintritts bewusst sein, um den Vorsatz bejahen zu können. Betrachten wir folgenden Fall[50]: Der Angeklagte führte in stark alkoholisiertem Zustand ein Auto und verursachte dabei einen Unfall, indem er das Auto des A touchierte. Der A wies den Angeklagten darauf hin, dass er betrunken nicht weiterfahren sollte. Doch trotz dieser Warnung setzte der Angeklagte seine Fahrt fort. Nach etwa 20 Minuten fuhr er frontal gegen ein stehendes Auto und verursachte Verletzungen bei dem Fahrer dieses Wagens. Hier entschied das Obergericht Sendai entgegen der ersten Instanz, die ein Körperverletzungsdelikt (§ 204 jaStGB) bejahte:

> „Der Vorsatz im Sinne des Strafrechts ist ein konkretes Bewusstsein (Voraussicht) hinsichtlich der Tatbestandsverwirklichung. Das heißt, dass allein aus dem Umstand, dass der Angeklagte die Fahrt fortsetzte, obwohl ihm bewusst war, dass die Gefahr besteht, dass er irgendwo einen weiteren Unfall verursachen könnte, nicht geschlossen werden kann, dass ein Vorsatz zur Gewaltanwendung, welcher zur Entstehung eines Körperverletzungsdeliktes notwendig ist, vorlag. Schließlich nahm er die angefahrene Person nicht wahr und erkannte somit die Gefahr der Unfallverursachung nur abstrakt ohne die konkreten Umstände. Man könnte erst einen Eventualvorsatz zur Gewaltanwendung bejahen, wenn der Angeklagte danach, falls er tatsächlich das Auto wahrnimmt, in dem das Opfer sitzt, trotz Erkennens der Gefahr des Zusammenstoßes in diese Gefahr einwilligt und weiterfährt."

Somit bejahte das Obergericht Sendai die Bemühungen, den Zusammenstoß zu verhindern, und verneinte den Vorsatz zur Gewalttat.

Im Gegensatz dazu existiert ein Fall, bei dem der Angeklagte sich stark betrank und daraufhin ohne Führerschein und, aufgrund eines Defektes der Scheinwerfer, ohne Licht bei Nacht auf einer Straße fuhr, auf der sich

[49] Distriktgericht Tokyo Urteil v. 24.12.1965, Hanrei Jihō, Nr. 440, S. 57.
[50] Obergericht Sendai Urteil v. 7.6.1963, Kōkeishū, Bd. 16, Nr. 5, S. 395.

viele Menschen auf dem Heimweg von einem Stadtfest befanden. Der Täter fuhr in die Menge hinein, tötete drei Personen und verletzte sechs weitere. Hier wurde im Urteil der Eventualvorsatz zur Gewalttat bejaht und die Vollendung des Körperverletzungsdelikts (§ 204 jaStGB) und der Körperverletzung mit Todesfolge (§ 205 jaStGB) angenommen.[51] Meiner Ansicht nach ist dies ist ein Fall, bei dem der Täter die konkrete Wahrscheinlichkeit des Erfolgseintritts erkannt hatte. Dieses Urteil wird zwar dahingehend kritisiert, dass

> „der Vorsatz nur aufgrund eines ‚Verhaltens', das unter Einfluss des Alkohols gegenüber dem Tathergang gleichgültig eingestellt ist, vorschnell bejaht wurde".[52]

Doch betrachtet man den konkreten Fall, so ist diese Kritik wohl nicht berechtigt.

IV. Schluss

Takayama vertritt die Ansicht, der Vorsatz sei eine Frage der Reflexion des Umstandes, dass es sich um ein Verbrechen handelt, im Rahmen der subjektiven Tatumstände. Das heißt, es sei wie eine Abbildung bzw. ein Bild der Psyche des Täters. Die Autorin stellt die Unterscheidung zwischen Vorsatz und Fahrlässigkeit gut verständlich wie folgt dar.[53] Erstens existiere kein Vorsatz, wenn dem Täter der Verbrechensumstand nicht in den Sinn kommt, da somit auch kein Bild entstehe (unbewusste Fahrlässigkeit). Taucht der Verbrechensumstand zwar kurz im Kopf des Täters auf, wird jedoch sofort wieder ausgelöscht, habe der Täter anstelle des Bildes des Tatumstandes selbst ein Bild erzeugt, das kein Verbrechen darstelle. Auch hier fehle der Vorsatz (bewusste Fahrlässigkeit). Wenn dem Täter jedoch der Verbrechensumstand in den Sinn kommt und dieser trotz der Ungewissheit des Ausganges zur Tat schreitet, so existiere im Kopf des Täters sowohl das Bild des Verbrechensumstandes als auch das Bild, dass kein Verbrechen gegeben sei. Somit liege auch Vorsatz vor (Eventualvorsatz). Auch wenn dem Täter der Verbrechensumstand in den Sinn kommt und allein dieses Bild im Kopf des Täters vorhanden ist, liege Vorsatz vor (direkter Vorsatz).

Die Erklärung von *Takayama* resultiert aus der Ansicht, man könne den Vorsatz bejahen, wenn der Täter die Tat begeht, obwohl ihm die Möglichkeit des Erfolgseintritts bewusst ist. Erklärt man die Auffassung, die die Wahrnehmungs- und Willenselemente korrelativ behandelt, gemäß dem

---

[51] Obergericht Hiroshima Urteil v. 25.8.1961, Kōkeishū, Bd. 14, Nr. 5, S. 333.
[52] *Hirano* (o. Fn. 9), S. 185.
[53] Vgl. *Takayama* (o. Fn. 33), S. 148 f.

Vergleich von *Takayama*, dann wurde in Fällen, in denen der Täter nur eine geringe Möglichkeit des Verbrechensumstandes wahrnimmt, zwar ein Bild des Verbrechensumstandes erzeugt, doch dieses Bild besteht lediglich aus schwachen Farben und reicht für eine Bejahung des Vorsatzes nicht aus. Mit zunehmendem Umfang der wahrgenommenen Möglichkeit bzw. durch das Hinzutreten des willentlichen Elements werden die Farben des Bildes stärker, und sobald eine gewisse Stärke des Bildes erreicht ist, kann der Vorsatz bejaht werden.

Nun, zu welchem Ergebnis sind Sie in Bezug auf den Anfangsfall gekommen?

Vorsatzlehre – Teil 2

Hitoshi Saeki

I. Einleitung

Im zweiten Teil der Reihe zur Vorsatzlehre behandele ich den Irrtum über konkrete Tatumstände. Diesbezüglich, vor allem hinsichtlich des Umgangs mit der *aberratio ictus*, existieren relativ viele Abhandlungen, so dass man fast behaupten könnte, dieses Thema sei bereits ausdiskutiert. Auch ich habe zu diesem Problemfeld schon einige Gedanken geäußert[1] und kann daher dem derzeitigen Stand der Debatte kaum etwas Neues hinzufügen. Im Folgenden werde ich mich deshalb zunächst theoretischen Fragestellungen widmen und anschließend die Hintergründe untersuchen, warum die Lehre von der sogenannten (abstrakten) tatbestandlichen Entsprechung (= Gleichwertigkeitstheorie) in der japanischen Praxis Anwendung findet.

II. Behandlung der *aberratio ictus*

1. Die Bedeutung der Lehre von der konkreten Entsprechung

Wie zunächst verdeutlicht werden soll, verlangt die *Lehre von der konkreten Entsprechung* (= Konkretisierungstheorie) nicht, dass die Vorstellung des Täters und der tatsächlich eingetretene Erfolg konkret übereinstimmen. Würde man dies annehmen, müsste der Vorsatz in großem Umfang verneint werden, da die Vorstellung des Täters und der tatsächlich eingetretene Erfolg stets in irgendeiner Weise differieren. Eine derartige Ansicht wurde bislang jedoch noch nicht vertreten. Im Gegensatz dazu bejaht die Lehre von der konkreten Entsprechung den Vorsatz in einer typischen Fallkonstellation des *error in persona vel objecto*, bei dem der Täter X den A für den B hält und Ersteren schließlich tötet. Denn die Lehre von der kon-

---

[1] Vgl. *Hitoshi Saeki*, Die Lehre von Vorsatz und Irrtum, in: Atsushi Yamaguchi / Makoto Ida / Hitoshi Saeki (Hrsg.), An vorderster Front der Strafrechtsdogmatik, 2001, S. 97 ff.

kreten Entsprechung nimmt den betreffenden Tatbestand zum Maßstab und unterscheidet dabei zwischen wichtigen und unwichtigen Irrtümern. Hinsichtlich der Tatbestandsmerkmale eines Tötungsdeliktes wird es beispielsweise gerade nicht als wichtig erachtet, wer „diese Person" ist, soweit das Bewusstsein vorhanden ist, dass man „diese Person" tötet. Sowohl die Lehre von der konkreten Entsprechung als auch die Lehre von der tatbestandlichen Entsprechung beurteilen das Vorliegen des Vorsatzes anhand des jeweiligen Tatbestandes. Es handelt sich somit auf den ersten Blick bei beiden im Grunde um die Lehre von der tatbestandlichen Entsprechung. Der Unterschied zwischen diesen beiden Lehren liegt jedoch darin, dass letztere Ansicht das Tatbestandsmerkmal des Tötungsdeliktes in einer abstrakten Form auffasst, nämlich als die Tötung *irgendeines Menschen*, und erstere Ansicht dieses Element konkret als die Tötung *dieses Menschen* interpretiert. Auch die Lehre von der konkreten Entsprechung stimmt mit der Lehre von der tatbestandlichen Entsprechung überein. Somit fehlt den Kritikern jegliche Grundlage, wenn sie behaupten, es sei nicht konsequent, dass die Lehre von der konkreten Entsprechung im Falle eines *error in persona* den Vorsatz bejahe. Auch der Einwand, es sei nicht folgerichtig, wenn die Vertreter dieser Lehre bezüglich der Irrtümer, die zwei verschiedene Tatbestände betreffen, die tatbestandliche Entsprechung zum Maßstab nehmen, ist grundlos.

Auch *Hirano* ist der Auffassung, dass die Lehre von der konkreten Entsprechung mit der Lehre von der tatbestandlichen Entsprechung übereinstimmt, und fordert, die Lehre von der konkreten Entsprechung solle als die Lehre von der *konkreten tatbestandlichen* Entsprechung bezeichnet werden und die bisherige Lehre von der tatbestandlichen Entsprechung als die Lehre von der *abstrakten tatbestandlichen* Entsprechung.[2] Zwar handelt es sich hierbei nur um Begrifflichkeiten, jedoch wiederholen sich bis heute kritische Stimmen, die auf Missverständnissen basieren. Daher sollte dem Vorschlag *Hiranos* Folge geleistet werden. Meiner Meinung nach würde allein durch eine solche Änderung der Begrifflichkeiten die Diskussion wesentlich verständlicher werden.

2. Probleme der Lehre von der abstrakten tatbestandlichen Entsprechung

Nach der Lehre von der abstrakten tatbestandlichen Entsprechung (= Gleichwertigkeitstheorie) könnte der Vorsatz bejaht werden, wenn der wahrgenommene Tatumstand und der eingetretene Erfolg innerhalb derselben

[2] *Ryuichi Hirano*, Strafrecht, AT I, 1972, S. 175.

Tatbestandsvoraussetzungen abstrakt übereinstimmen, da die Tatbestandsmerkmale abstrakt bzw. stereotypisch normiert sind. Man könnte aber auch – als substanziellere Begründung – anführen, dem Täter sei der tatbestandsmäßige Sachverhalt, der eine Vorsatzschuld begründet, dann bewusst, wenn er einen Umstand wahrgenommen hat, der dieselbe tatbestandliche Wertung enthalten würde. Beide Aussagen sind jedoch wenig überzeugend.

Zunächst liegt der Grund dafür, dass die Tatbestandsvoraussetzungen abstrakt bzw. stereotyp gehalten sind, darin, dass ein Verbrechen gesetzlich normiert werden muss. Dennoch müssen die konkret angewandten Tatbestandsmerkmale selbst nicht abstrakt sein. Die Vorschrift des Tötungsdeliktes (§ 199 jaStGB) spricht davon, „(wer) einen Menschen tötet". Daraus folgt jedoch nicht, dass die in der Praxis angewandte Tatbestandsvoraussetzung des Tötungsdeliktes abstrakt lautet, „wer überhaupt irgendeinen Menschen tötet". Das zeigt sich zum Beispiel in einem Fall, bei dem durch eine einzige Handlung zwei Personen, A und B, getötet werden. Hier liegt nicht nur ein Tötungsdelikt im Sinne von „irgendeinen Menschen tötet" vor, sondern zwei Tötungsdelikte, nämlich die Tötung des A und die des B. Behandelt man den Tod des Individuums A und den des Individuums B als wichtige Umstände für die Tatbestandsvoraussetzungen des Tötungsdeliktes, so entspricht dies dem theoretischen Gehalt der Lehre von der tatbestandlichen Entsprechung, die die Tatbestandsvoraussetzungen als Maßstab heranzieht. Somit muss auch hinsichtlich des Vorsatzes der Tod des A und des B individuell behandelt werden. Der Vorsatz ist also hinsichtlich jedes einzelnen Tötungsdeliktes einzeln zu thematisieren. *Yamaguchi* sagt dazu Folgendes:

> „[D]ie Lehre von der abstrakten tatbestandlichen Entsprechung, die die tatbestandliche Bewertung und die Beurteilung des für den Vorsatz wichtigen Erkenntnisumstandes nicht miteinander in Verbindung bringt, kann nicht als die Lehre von der tatbestandlichen Entsprechung angesehen werden."[3]

Ferner ist meiner Auffassung nach die zweite Aussage, die Kenntnis des abstrakten tatbestandlichen Umstandes reiche zur Vorsatzschuld aus, als Begründung für die Lehre von der abstrakten tatbestandlichen Entsprechung ungenügend. Würde man nämlich problematisieren, ob dem Täter überhaupt ein tatbestandsmäßiger Sachverhalt bewusst ist, der eine Vorsatzschuld begründen würde, dann wäre es konsequenter, dass man den

[3] Vgl. etwa *Atsushi Yamaguchi*, Problemuntersuchung im Strafrecht, AT, 1998, S. 119. Der gleiche Hinweis findet sich bei *Yasutaka Senda*, Irrtum über die konkreten Tatsachen, Waseda Hōgaku'kaishi, Bd. 48, 1998, S. 70 ff.; *Takaaki Matsumiya*, Strafrecht, AT, 3. Aufl. 2004, S. 186; *Makoto Ida*, Struktur und theoretische Grundlagen der Strafrechtsdogmatik, 2005, S. 88; vgl. ferner *Chōshin Nagai*, Der Begriff des Vorsatzes und die Irrtumslehre, 1998, S. 239 ff.

Rahmen eines Tatbestandes überschreitet und zur Lehre von der abstrakten Entsprechung gelangt, die über die Grenze des Tatbestandes hinaus den Vorsatz annimmt, wenn der Irrtum zwei verschiedene Tatbestände betrifft. Denn wäre allein entscheidend, ob dem Täter überhaupt ein tatbestandsmäßiger Sachverhalt bewusst ist, müsste auch immer dann eine Vorsatzschuld angenommen werden, wenn der Täter tatsächlich den Willen besitzt, eine Straftat zu begehen. Auch die Vertreter der Lehre von der abstrakten tatbestandlichen Entsprechung ziehen keine derartigen Schlussfolgerungen, da sie davon ausgehen, dass dem Täter ein konkret tatbestandsmäßiger Sachverhalt bewusst sein muss. Macht man auf diese Weise die konkreten Tatbestandsvoraussetzungen zum Maßstab der Vorsatzschuld, so kann, wie bereits erwähnt, die Lehre von der abstrakten tatbestandlichen Entsprechung nicht unterstützt werden.[4]

3. Unterscheidung zwischen dem error in persona und der aberratio ictus

Kritik an der Lehre von der konkreten tatbestandlichen Entsprechung (= Konkretisierungstheorie) wird vor allem im Hinblick auf eine fehlende klare Unterscheidung zwischen dem *error in persona* und der *aberratio ictus* geübt. Zwar liefert die Schwierigkeit der Unterscheidung noch lange keine Rechtfertigung für eine Bejahung des Vorsatzes in allen Fällen. Aber sie verdeutlicht das wichtige Problem, dass bei der Nennung „dieser Person" im Rahmen der Lehre von der konkreten tatbestandlichen Entsprechung nicht ganz klar ist, nach welchen Maßstäben „diese Person" bestimmt wird.[5]

Stellen Sie sich bitte folgenden Fall des *error in persona* vor: X möchte den A töten. Dafür hat er sich eine Schusswaffe besorgt. Mit dieser begibt er sich zum Arbeitsplatz des A. Er schießt auf eine Person, von der er ausgeht, dass es A ist. Tatsächlich war diese Person jedoch B. Hier existiert im Vorbereitungsstadium nur der Wille des X, den A zu töten. Eine strafbare Vorbereitung zur vorsätzlichen Tötung (§ 201 jaStGB) bezüglich des A ist somit vollendet, jedoch nicht hinsichtlich der tatsächlich getöteten Person B. In dem Zeitpunkt, in dem der X die vor sich stehende Person als Objekt des Totschlags bewusst wahrnimmt, wird die Situation derart beurteilt, dass er „diese Person" töten will. Die Vorstellung des Täters, dies sei A, ist für den Tötungsvorsatz (§ 199 jaStGB) kein gewichtiger Umstand mehr. Hiermit beginnt die strafbare Tötungsvorbereitung bezüglich des B und zugleich wird die Tötungsvorbereitung hinsichtlich des A beendet. Wird zur Tat

---

[4] Vgl. *Yamaguchi* (o. Fn. 3), S. 117 ff.
[5] Vgl. näher *Saeki* (o. Fn. 1), S. 113 ff.

angesetzt, dann wird bezüglich des B ein versuchter Totschlag verwirklicht. Sobald der Erfolg des Todes des B eintritt, liegt schließlich ein vollendeter Totschlag vor. *Yamaguchi* kommt in den Fällen des *error in persona* zu dem Ergebnis, bezüglich des B liege ein vollendeter Totschlag vor *und* bezüglich des A ein versuchter Totschlag.[6] Da sich der Vorsatz in Form „dieses Menschen" jedoch bereits konkretisiert hat, muss man hier wohl davon ausgehen, dass bezüglich des Totschlags des A kein Vorsatz mehr gegeben ist.[7] Auch wenn in diesem Fall zusätzlich eine *aberratio ictus* eingetreten wäre und die Kugel, die auf B abgeschossen wurde, aus Versehen den danebenstehenden A getroffen hätte und A dadurch verstorben wäre, so wäre auch hier bezüglich des A kein vollendeter Totschlag gegeben.

Der nächste Fall soll nun die Abgrenzung des *error in persona* von der soeben angesprochenen *aberratio ictus* problematisieren: Der Täter will den A umbringen und manipuliert dafür den Motor des Autos des A so, dass dieser beim Anlassen explodiert. Doch es steigt nicht A, sondern dessen Frau in das Auto ein und verstirbt wegen der Explosion.

Innerhalb der Lehre von der konkreten tatbestandlichen Entsprechung überwiegt die Auffassung, der Vorsatz habe sich auf die Person konkretisiert, die das Auto anlässt, und somit liege ein *error in persona* vor.[8] Es lässt sich jedoch kaum die Kritik[9] widerlegen, mit dieser Argumentation könne auch bei einem typischen Fall der *aberratio ictus* auf Basis der Konkretisierung der Person, die von der Kugel wohl getroffen wird, ein *error in persona* angenommen werden. Aber auch *Yamanaka* ordnet den Autoexplosionsfall dem *error in persona* zu, da der Täter

> „eine Tat begeht, bei der zwar der Täter selbst das zukünftige Verhalten der Zielperson oder eines Dritten nicht beherrschen kann, aber seine tatsächliche Tathandlung an sich genauso abläuft wie vorhergesehen".[10]

Mir ist unverständlich, wie man so argumentieren kann.[11] Meiner Ansicht nach lässt sich dieser Fall nur als *aberratio ictus* auffassen und im Rahmen dessen muss, da der Eventualvorsatz bejaht werden kann, der Vorsatz bejaht werden.

Nichtsdestotrotz ist bei der Lehre von der konkreten tatbestandlichen Entsprechung nur relevant, ob ein tatbestandlich wichtiger Umstand vorliegt. Eine Unterscheidung nach *error in persona* oder *aberratio ictus* ist an

[6] Vgl. *Atsushi Yamaguchi*, Strafrecht, AT, 2. Aufl. 2007, S. 210, Fn. 17.

[7] Vgl. *Kazushige Asada*, Strafrecht, AT, 2005, S. 310, Fn. 22.

[8] Vgl. *Yamaguchi* (o. Fn. 6), S. 210.

[9] Vgl. *Makoto Ida*, Über die Beachtlichkeit der Objektindividualisierung bei der Erfolgszurechnung zum Vorsatz, Keihō Za'sshi, Bd. 27, Nr. 3, 1986, S. 585.

[10] *Keiichi Yamanaka*, Strafrecht, AT I, 1999, S. 315.

[11] Vgl. *Asada* (o. Fn. 7), S. 314, Fn. 35.

sich nicht von Bedeutung. Wenn beispielsweise der X mit Körperverletzungsvorsatz (§ 204 jaStGB) mit einer Pistole auf das linke Bein des A zielt und einen Schuss abfeuert, der jedoch fehlgeht, das rechte Bein des A trifft und ihn dort verletzt, kann hier zwar eine *aberratio ictus* gesehen werden. Da aber die Stelle der Verletzung für die tatbestandliche Bewertung des Körperverletzungsdeliktes keine relevante Tatsache ist (wenn sowohl das linke als auch das rechte Bein verletzt werden, liegt ebenfalls nur eine Körperverletzung vor), kann auch aus Sicht der Lehre von der konkreten tatbestandlichen Entsprechung ein Körperverletzungsvorsatz bejaht werden. Ebenso ist bei anderen Delikten für den betreffenden Tatbestand die Eigenart des Objektes nicht relevant. Auch in Fällen, in denen ein anderes als das geplante Objekt verletzt wird und objektiv nur ein Tatbestand erfüllt wird, wird dies so sein.[12] Wenn beispielsweise der Täter eine Vase, die der A in seiner rechten Hand hält, zerstören möchte, aber aus Versehen den Blumentopf, den A in der linken Hand hält, trifft und zerstört, liegt nur eine Sachbeschädigung (§ 261 jaStGB) vor. Dies gilt, selbst wenn sowohl die Vase als auch der Blumentopf zerstört werden. (Es wird vorausgesetzt, dass sowohl die Vase als auch der Blumentopf dem A gehören.) Der Vorsatz hinsichtlich der Zerstörung des Blumentopfes kann also bejaht werden. Nimmt man weiter für den Tatbestand der Wohnungsbrandstiftung (§ 108 jaStGB) an, dass es irrelevant ist, ob A oder B diese bewohnen, so wird der Vorsatz nicht ausgeschlossen, unabhängig davon, ob in der Wohnung des A oder in der Wohnung des B Feuer gelegt und diese dadurch zerstört wird.[13]

Im Gegensatz zu diesem Verständnis innerhalb der Lehre von der konkreten tatbestandlichen Entsprechung vertreten Befürworter dieser Ansicht auch, bei *Vorliegen verschiedener Objekte* sei stets eine *aberratio ictus* gegeben und somit werde in den oben geschilderten Fällen keine Sachbeschädigung oder Brandstiftung verwirklicht.[14] Bei dieser Ansicht bleibt

[12] Vgl. *Takehiko Sone*, Strafrecht, AT, 3. Aufl. 2000, S. 208. Die Ansicht, die im Rahmen der Identität des Rechtsgutssubjekts eine Übereinstimmung bejaht, wird u.a. vertreten von *Noriyuki Nishida*, Zum Irrtum des Mittäters, in: Festschrift für Dando zum 70. Geburtstag, Bd. 3, 1984, S. 99ff.; *Ken Naitō*, Strafrecht, AT, Bd. 3, Heft 1, 1991, S. 942ff.; *Shōzō Horiuchi*, Strafrecht, AT, 2. Aufl. 2004, S. 108. Diese Ansicht gelangt zu demselben Ergebnis wie meine Auffassung, die ich im obigen Text erläutert habe, doch besteht keine Garantie dafür, dass das Attribut, auf das der betreffende Tatbestand abzielt, und das Rechtsgutssubjekt notwendigerweise übereinstimmen.

[13] *Chiaki Kashiwagi*, Strafrecht, AT, 1982, S. 234, Fn. 17, meint, wenn der Täter plant, das Haus des A anzuzünden, er jedoch das in der Nähe befindliche Haus des B anzündet, würde jeder selbstverständlich die vorsätzliche Brandstiftung zum Nachteil des B bejahen und niemand würde gesondert erwähnen, dies sei ein Ergebnis der Konkretisierungstheorie. Natürlich wird das Vorliegen des Vorsatzes problematisch, wenn der Täter ein unbewohntes Gebäude anzünden wollte (§ 109 Abs. 1 jaStGB), aber ein bewohntes anzündet (§ 108 jaStGB), da hier der Irrtum verschiedene Tatbestände betrifft.

[14] Vgl. *Saku Machino*, Strafrecht, AT I, 2. Aufl. 1995, S. 243; *Asada* (o. Fn. 7), S. 313.

jedoch unklar, warum durch das Objekt der Umfang des Vorsatzes bestimmt werden sollte. Unter den Vertretern der Lehre von der konkreten tatbestandlichen Entsprechung wird diese Ansicht teilweise untermauert, indem die Ausrichtung des Vorsatzes problematisiert wird.[15] Nach dieser Ansicht wird wohl auch in Fällen der Vorsatz abgelehnt werden, in denen auf das linke Bein gezielt, aber das rechte Bein getroffen wird. Manche Stimmen heben hervor, die Körperverletzungsvorschrift laute, „wer einen menschlichen Körper verletzt" (§ 204 jaStGB), es sei also nicht wichtig, welcher Bereich des Körpers verletzt werde.[16] Doch ergibt sich aus dem Gesetzeswortlaut nicht, dass hinsichtlich des Begriffs Körper nicht nach Körperbereichen differenziert wird, zumal man hinsichtlich des Begriffs Mensch zwischen A und B unterscheidet. Auch in der Praxis ergibt es meiner Meinung nach keinen Sinn, wenn zum Beispiel ein vom Hauptzug abgetrennter Wagen ein anderes Objekt darstellen sollte und somit die Existenz des Vorsatzes individuell beurteilt wird, als wenn der Wagen mit dem Hauptzug verbunden wird und schließlich der Vorsatz einheitlich beurteilt wird.

4. Zwischenlösung (modifizierte Konkretisierungstheorie)

Ida ist auch der Auffassung, die Lehre von der abstrakten tatbestandlichen Entsprechung sei theoretisch nicht haltbar. Er beurteilt allerdings das Vorhandensein des Vorsatzes zum Zeitpunkt der Tathandlung. Ob ein vorsätzliches vollendetes Delikt bejaht werden könne, ist seiner Meinung nach eine Frage der subjektiven Zurechnung des Erfolges zum Vorsatz. *Ida* bezeichnet seine Lehre als *modifizierte Konkretisierungstheorie*. Eine solche Ansicht ist wohl für jemanden wie *Ida*, der die personale Unrechtslehre (= Handlungsunwertlehre) vertritt, die auf der finalen Handlungslehre basiert, konsequent.[17] Doch muss berücksichtigt werden, dass der Vorsatz die Wahrnehmung der eingetretenen Tatbestandsverwirklichung ist. Deshalb halte ich es für schwer vertretbar, sich mit einem Vorsatz, der vom Erfolg abgetrennt ist, zufrieden zu geben.[18] Spaltet man, wie *Ida*, die

---

[15] Vgl. *Saku Machino*, Vorsatzlehre und Irrtumslehre, Keihō Za'sshi, Bd. 26, Nr. 2, 1984, S. 178. Zu der Ansicht, die auch bei einem Irrtum über die Position der Körperverletzung den Vorsatz verneint, vgl. *Rikizō Kuzuhara*, Unterscheidung zwischen dem Fehlgehen der Tat und dem error in (persona vel) objecto, 2. Teil, Kandai Hōgaku Ronshū, Bd. 36, 1986, Nr. 2, S 140.

[16] *Asada* (o. Fn 7), S. 313.

[17] *Yamaguchi* (o. Fn. 3), S. 128, kritisiert die Ansicht von *Ida* schon von ihren Voraussetzungen her als problematisch, da sie die Theorie vom Handlungsunwert zugrunde legt (die der monistischen Handlungsunwertlehre sehr nahekommt).

[18] Vgl. als Kritik zu *Idas* Ansicht *Yasutaka Senda*, Zu neuen Lösungswegen bzgl. Irrtümern über die konkreten Tatsachen, Waseda Hōgaku, Bd. 78, Nr. 3, 2003, S. 68ff.

Beziehung zwischen Vorsatz und Erfolg auf, lässt sich der Maßstab für die subjektive Zurechnung beliebig festlegen. So wäre es möglich, das Vorliegen eines Vorsatzes auf Grundlage des vom Täter wahrgenommenen Umstandes zu beurteilen, wie *Ida* es tut,[19] aber ebenso ließe sich wegen der Vorhersehbarkeit die subjektive Zurechnung in weitem Umfang bejahen. Nimmt man hingegen die Wahrnehmung des Täters zum Maßstab, kann man zu dem gleichen Ergebnis gelangen wie die Lehre von der konkreten tatbestandlichen Entsprechung.

III. Zur sogenannten Anzahl der Vorsätze

Das sogenannte Problem der Anzahl der Vorsätze wurde von *Hirano* als Kritik an der Lehre von der abstrakten tatbestandlichen Entsprechung (= Gleichwertigkeitstheorie) vorgebracht. Im Fall der *aberratio ictus*, bei dem der Täter mit der Absicht, den A zu töten, einen Schuss abfeuert, dadurch aber den B tötet, will diese Gleichwertigkeitstheorie die Verwirklichung zweier Delikte annehmen, nämlich eines vollendeten Totschlags bezüglich des B und eines versuchten Totschlags bezüglich des A. Problematisch ist, dass der Tötungsvorsatz den Willen darstellt, *eine* Person zu töten. *Hirano* ist daher der Meinung, es sei falsch, die Verwirklichung zweier Delikte anzunehmen, obwohl nur *ein* Vorsatz vorliege.[20]

Innerhalb der Lehre von der abstrakten tatbestandlichen Entsprechung werden als Reaktion auf diese Kritik verschiedene *Theorien des Deliktes mit nur einem Vorsatz* vertreten.[21] Die Gleichwertigkeitstheorie geht jedoch davon aus, dass man den Vorsatz bejahen könne, sofern die Objekte tatbestandlich gleichwertig sind. Es existiert danach prinzipiell keine Grundlage dafür, die Entstehung des Vorsatzes allein auf eines dieser Objekte zu begrenzen. Versucht man dennoch eine Eingrenzung, dann wird man sich der Kritik nicht entziehen können, dass der hierfür gewählte Maßstab willkürlich ist.[22]

---

[19] Vgl. zu Ansichten, die im Ergebnis der Ansicht von *Ida* ähnlich sind, *Satoshi Suzuki*, Zur aberratio ictus, Kanazawa Hōgaku, Bd. 37, Nr. 1, 1995, S. 135; *Kensuke Itō*, Überlegungen zum Inhalt des Vorsatzes und zur Zurechnungsgrenze des Erfolges, in: Festschrift für Ryuichi Hirano zum 70. Geburtstag, Bd. 1, 1990, S. 281 ff.; *ders.*, Erneute Erörterung zum Inhalt des Vorsatzes, in: Festschrift für Kōya Matsuo zum 70. Geburtstag, Bd. 1, 1998, S. 258 ff. Meine eigene Beurteilung zu diesen Ansichten findet sich in *Saeki* (o. Fn. 1), S. 111 ff.

[20] Vgl. *Hirano* (o. Fn. 2), S 176.

[21] Hierzu ausführlich *Makoto Ida*, Tatbestandsirrtum, in: Junji Abe u. a. (Hrsg.), Grundlegende Probleme des Strafrechts, Bd. 2, 1994, S. 237.

[22] Vgl. *Ida* (o. Fn. 21), S. 236.

Das Problem der Anzahl der Vorsätze ergibt sich auch, wenn man der Lehre von der konkreten tatbestandlichen Entsprechung folgt.[23] Nach der Konkretisierungstheorie existiert kein Maßstab dafür, eines dieser Objekte bevorzugt zu behandeln, wenn der Erfolg bei mehreren Objekten eintritt, die vom Vorsatz erfasst werden können. Es ist z.B. ein Fall denkbar, bei dem der X auf A und B, die hintereinanderstehen, einen Schuss in dem Glauben abfeuert, die Kugel werde wohl einen der beiden treffen und dadurch werde *einer* der beiden sterben. X ist überzeugt, dass die Kugel nicht beide gleichzeitig treffen wird (Fall des Alternativvorsatzes). Aus Sicht der konsequent angewandten Gleichwertigkeitstheorie, die in Japan im Allgemeinen als Theorie des Deliktes mit mehreren Vorsätzen bezeichnet wird, wird in dem Zeitpunkt, in dem der Täter den Schuss in Richtung des A und des B abfeuert, ein versuchter Totschlag bezüglich des A und ein versuchter Totschlag hinsichtlich des B verwirklicht. Wenn der Schuss den A trifft und dieser stirbt, dann liegt ein vollendeter Totschlag bezüglich des A und ein versuchter Totschlag bezüglich des B vor. Durchdringt die Kugel den Körper des A und trifft auch den B, woraufhin beide sterben, dann existiert normalerweise auch ein Kausalzusammenhang und es werden ein vollendeter Totschlag bezüglich des A und ein vollendeter Totschlag bezüglich des B verwirklicht.

Was die Anzahl der Vorsätze betrifft, so gibt es neben der strikten Theorie des Deliktes mit einem Vorsatz, die nicht einmal die Koexistenz von vollendetem und versuchtem Totschlag akzeptiert, die eher *mildere Theorie des Deliktes mit einem Vorsatz*. Diese erkennt die Koexistenz mit einem versuchten Totschlag an (versuchter Totschlag mit versuchtem Totschlag oder versuchter Totschlag mit vollendetem Totschlag), lehnt aber die Koexistenz von *zwei vollendeten* Totschlägen ab.[24] Fraglich ist jedoch, wie nach diesen Ansichten in Fällen des alternativen Vorsatzes vorzugehen ist, wenn beide Opfer sterben. Hierzu wird vertreten, im Falle des Todes beider Opfer werde ein vollendeter Totschlag und ein versuchter Totschlag verwirklicht.[25] Diese Auffassung widerspricht jedoch dem gesunden Menschenverstand. Zudem bleibt hierbei ungeklärt, welcher der beiden Totschläge das vollendete Delikt ist. Letztendlich genügt es wohl, dass der Staatsanwalt eine der Taten nach seinem Belieben als vollendeten Totschlag anklagt bzw. beide als Anklagegrund aufführt und der Richter nach seinem Ermessen

---

[23] Vgl. *Makoto Ida*, Probleme der Beachtlichkeit der Objektindividualisierung bei der Erfolgszurechnung zum Vorsatz, Hogaku Kenkyu (Keio-Universität), Bd. 58, Nr. 10, 1984, S. 72 ff.; *Suzuki* (o. Fn. 19), S. 104 ff.

[24] Vgl. *Yutaka Masuda*, Dogmatische Probleme um den alternativen Vorsatz und den kumulativen Vorsatz, in: Stand und Entwicklung der Strafrechtswissenschaft, Festschrift für Seiji Saitō zum 70. Geburtstag, 2003, S. 164 ff.; *Yamaguchi* (o. Fn. 6), S. 211.

[25] Vgl. *Masuda* (o. Fn. 24), S. 165.

eine der Taten als vollendeten Totschlag aburteilt.[26] Entweder sind beide als einheitliches Delikt zu behandeln[27] oder sie stehen im Verhältnis der Alternativität. Es ist also nur ein Totschlag, entweder bezüglich des A oder bezüglich des B, zu bejahen.[28] Doch frage ich mich, ob es tatsächlich angemessen ist, nur einen vollendeten Totschlag anzunehmen, wenn A und B sterben und dem Täter die Möglichkeit beider Erfolge bewusst war.

Hirano kritisiert die Theorie des Deliktes mit nur einem Vorsatz, die eine Variante der Lehre von der abstrakten tatbestandlichen Entsprechung darstellt, weil seiner Meinung nach die Anzahl der vorliegenden Delikte jeweils einzeln für jeden tatbestandlichen Umstand beurteilt werden muss, unabhängig und fernab von anderen Deliktsumständen.[29] Dieser Ansicht sollte man zumindest hinsichtlich der Tatbestandmäßigkeitsbeurteilung, die den Vorsatz beinhaltet, folgen. Man sollte deshalb auf die Frage über die Verwirklichung eines vollendeten Totschlags bezüglich des A antworten können, ganz unabhängig davon, wie auf die Frage über die Verwirklichung eines vollendeten Totschlags bezüglich des B geantwortet wird. Da dies auch umgekehrt für B gilt, muss man im Ergebnis annehmen, dass jeweils ein vollendeter Totschlag zum Nachteil des A und ein vollendeter Totschlag zum Nachteil des B vorliegt. Hinsichtlich der Behauptung, es sei unfair, zwei Totschläge anzunehmen, wenn doch nur der Wille zur Tötung *eines einzigen Menschen* vorhanden war, muss man festhalten, dass diese Behauptung erst aufgestellt werden kann, wenn man den Totschlag gegen A *und* den Totschlag gegen B zusammen betrachtet.

Nach all diesen Überlegungen ist wohl die *Theorie des Deliktes mit mehrfachen Vorsätzen*, die die Verwirklichung von mehreren Delikten annimmt und diese daraufhin als Tateinheit behandelt, der richtige Weg.[30]

---

[26] Vgl. *Yasutaka Senda*, Die sogenannte Anzahl der Vorsätze beim Irrtum über die konkreten Tatsachen, Teil 2, Waseda Hōken Ronshū, Nr. 84, 1997, S. 106 ff.

[27] Vgl. *Mikito Hayashi*, Strafrecht, AT, 2. Aufl. 2008, S. 257.

[28] Vgl. zu den Möglichkeiten einer solchen alternativen Tatsachenfeststellung *Makoto Mitsui*, Bestimmte oder unbestimmte Tatsachenfeststellung, Teil 1 und 2, Kenshū, Nr. 531, 1992, S. 3 ff. und Nr. 534, 1992, S. 3 ff.

[29] Vgl. *Ryūichi Hirano*, Probleme der Verbrechenslehre, Bd. 1, AT, 1981, S. 74.

[30] Ich möchte, um sicherzugehen, Folgendes hinzufügen. Die Theorie des Deliktes mit mehreren Vorsätzen, die auf der Konkretisierungstheorie basiert, bejaht die Vorsatztat nur entsprechend der Anzahl der von dem Täter erkannten Tatumstände. Sie unterscheidet sich somit grundlegend von der Theorie des Deliktes mit mehreren Vorsätzen, die auf der abstrakten tatbestandlichen Entsprechung basiert, die die Kenntnis eines einzigen Tatumstandes für mehrere Vorsatztaten verwendet. Daher kann auf die Frage, ob es auf Basis der Theorie des Deliktes mit mehreren Vorsätzen im Rahmen der Konkretisierungstheorie möglich sei, mehrere Vorsatzdelikte zu bejahen, obwohl nur der Wille vorlag, einen einzigen Menschen zu töten, auch geantwortet werden, dass es nicht möglich sei. Denn in Fällen, in denen sowohl der Wille vorliegt, A zu töten, als auch der Wille, B zu töten, ist der Wille gegeben, zwei Menschen zu töten. Falls hier der Täter denkt, dass wohl nur einer sterben wird, so ist dies nach der Lehre von der konkreten tatbestandlichen Ent-

IV. Zu den Voraussetzungen der Lehre von der abstrakten tatbestandlichen Entsprechung

Meiner Ansicht nach entbehrt die Lehre von der abstrakten tatbestandlichen Entsprechung (= Gleichwertigkeitstheorie) einer ausreichenden theoretischen Grundlage. Trotzdem entspricht sie der Position der Judikatur und wird auch in der Rechtslehre überwiegend vertreten, da ihr Ergebnis als dem gesunden Menschenverstand entsprechend angesehen wird. Daher möchte ich im Folgenden die Voraussetzungen beleuchten, die diese Ansicht erst plausibel machen können. Das bedeutet de facto zu erörtern, in welchen Fällen bei der Anwendung dieser Lehre der Vorsatz bejaht und auf welche Art er behandelt wird.[31] Was die Untersuchung von Gerichtsentscheidungen betrifft, so ist nicht nur die Erörterung des zugrunde gelegten theoretischen Standpunktes notwendig, sondern auch die Verdeutlichung des tatsächlichen Anwendungsbereichs, um das „gelebte" Recht *(law in action)* zu erkennen.

1. Verhältnis zum Eventualvorsatz

Früher wurde oft die Ansicht vertreten, fast alle Fälle, in denen die Rechtsprechung mit der Gleichwertigkeitstheorie den Vorsatz bejahte, würden im Bereich des Eventualvorsatzes liegen.[32] Wenn dem so wäre, würde dies bedeuten, dass die Irrtumslehre als Ersatz für die Annahme des Eventualvorsatzes genutzt wird. Doch möchte ich hierzu auf ein Grundsatzurteil des OGH verweisen. Der Täter beschloss,

> „dem Polizisten A dessen Pistole zu rauben. Um seinem Ziel näher zu kommen, verfolgte er ihn. Als er auf dem Gehweg in 1–4–7 Shinjuku-ku, Nishi Shinjuku, Stadt Tokyo ankam, wo sich zufällig niemand sonst aufhielt, wurde dem Täter bewusst, dass er den Polizisten eventuell sogar töten könnte. Er billigte diese Tatsache und näherte sich dem Polizisten mit einer zu einer Handschusspistole umgebauten, für den Hausbau gebräuchlichen, mit einem Nagel geladenen Nagelpistole von hinten bis auf etwa einen Meter. Er zielte auf den rechten Schulterbereich des Polizisten, schlug mit einem Hammer auf das Ende des Zündstiftes der Schusswaffe in seiner rechten Hand und feuerte so den Nagel ab. Der Polizist erlitt einen Durchschuss in der rechten Brusthälfte, doch dem Täter gelang

sprechung kein gewichtiger Irrtum, vergleichbar mit dem Fall, in dem der Täter die Person B für den A hielt.

[31] Als ausführliche Erörterung der diesbezüglichen Gerichtsentscheidungen ist zu nennen: *Kazuo Sasaki*, Rechtssprechungstheorien zur aberratio ictus, Senshū Daigaku Hōgaku Kenkyū'sho Kiyō 23, in: Probleme der Strafrechtswissenschaft V, 1998, S. 135 ff.

[32] Vgl. *Kunio Shōji*, Die Lehre von der tatbestandlichen Entsprechung, in: Probleme des Strafrechts, Bd. 3, 1963, S. 115, Fn. 5.

> es nicht, diesem dessen Schusswaffe zu rauben. Ferner traf der Nagel, der bereits den Körper des Polizisten durchschlagen hatte, den Rücken eines zufällig in etwa 30 Metern Entfernung auf der anderen Straßenseite vorbeikommenden Passanten B, der hierdurch einen Bauchdurchschuss erlitt."[33]

Der OGH bejahte in diesem Fall neben dem versuchten (Raub-)Mord bezüglich des A einen versuchten (Raub-)Mord hinsichtlich des B. Die Vorinstanz[34] hatte hingegen entschieden, bei dem Angeklagten könne bezüglich des B kein Eventualvorsatz zur Tötung und auch kein Eventualvorsatz zur Gewaltanwendung angenommen werden. Doch der OGH geht davon aus,[35] dass die Rechtsprechung über die Fälle hinaus, in denen der Eventualvorsatz bejaht wird, die Lehre von der abstrakten tatbestandlichen Entsprechung anwendet.[36]

2. *Zurechnungsbegrenzung durch Vorhersehbarkeit*

Die Lehre von der abstrakten tatbestandlichen Entsprechung wird in den meisten Fällen in Kombination mit der sogenannten vermittelnden Adäquanztheorie vertreten. Im Gegensatz dazu befürworten die meisten Anhänger der objektiven Adäquanztheorie die Lehre von der konkreten tatbestandlichen Entsprechung. Bei der vermittelnden Adäquanztheorie wird der adäquate Kausalzusammenhang verneint, wenn der Erfolg bei einem Objekt eintritt, das weder für den Täter noch für eine Durchschnittsperson vorhersehbar war. Wenn beispielsweise in einem Zimmer ein Schuss aus einer Pistole abgegeben wird, die Kugel jedoch durch ein Objekt abgeleitet wird, die Zimmerdecke durchschlägt und zufällig einen darüber befindlichen Dieb tödlich trifft, dann wird nach dieser Lehrmeinung der Kausalzusammenhang hinsichtlich der Todesfolge verneint, bevor überhaupt Irrtumsprobleme erörtert werden. Ein vollendeter Totschlag ist also nicht verwirklicht. Vor diesem Hintergrund findet die Lehre von der abstrakten tatbestandlichen Entsprechung Unterstützer.

Abgesehen davon, dass die Rechtsprechung der vermittelnden Adäquanztheorie nicht folgt, gewinnt man auch bei dieser Lehrmeinung in manchen

---

[33] OGH Urteil v. 28.7.1978, Keishū, Bd. 32, Nr. 5, S. 1068.

[34] Obergericht Tokyo Urteil v. 8.3.1977, Kōkeishū, Bd. 30, Nr. 1, S. 150.

[35] *Masuda* (o. Fn. 24), S. 154ff., behauptet zwar, auch in diesem Fall könne der Eventualvorsatz bejaht werden, doch würde dies meiner Ansicht nach den Bereich, in dem der Eventualvorsatz bejaht wird, zu weit fassen.

[36] Vgl. als neuere Gerichtsentscheidung, die den Eventualvorsatz ablehnt und einen Vorsatz trotz der *aberratio ictus* bejaht: Obergericht Tokyo Urteil v. 6.6.1994, Kōkeishū, Bd. 47, Nr. 2, S. 252. Vgl. auch *Hideo Makuta*, Einführung in den AT des Strafrechts anhand von praktischen Fällen, 1998, S. 185. Der Autor warnt davor, dass die Irrtumslehre zur Nachlässigkeit bei der Beweisführung über den Eventualvorsatz führt.

Fällen den Eindruck, dass der Umfang, in dessen Rahmen eine Vorsatztat angenommen wird, zu weit ist. Denn der Kausalzusammenhang wird bereits dann bejaht, wenn die Präsenz des Objektes allgemein vorhersehbar ist, auch wenn sie es für den Täter selbst nicht war.[37] Hier könnte man deshalb noch einen Schritt weitergehen und die Annahme des Vorsatzes nur in dem Umfang bejahen, in dem der Täter selbst den Erfolgseintritt vorhersehen konnte. Meiner Auffassung nach folgt die Praxis in der Tat diesem Maßstab. In der vorinstanzlichen Entscheidung zu dem 1978 vom OGH entschiedenen Fall hieß es zum Beispiel:

> „Auch wenn die Verletzung des B, wie der Rechtsanwalt behauptet, eine für den Angeklagten völlig unvorhersehbare Folge war, so ist, wie bereits oben festgestellt, hinsichtlich der Erfolgsverwirklichung die Fahrlässigkeit des Angeklagten zu bejahen und auch objektiv gesehen ist davon auszugehen, dass der Unfall durchaus vorhersehbar war. Daher besteht kein Hindernis, Irrtumsfragen zu erörtern."[38]

In der Revisionsbegründung wurde kritisiert, zunächst zum Nachteil des B dem Täter nur Fahrlässigkeit hinsichtlich der Verletzungsfolge zur Last gelegt wurde und schließlich ein versuchter Raubmord, der ein Vorsatzdelikt ist, bejaht wurde, ohne weitere Gründe dafür aufzuführen. Auch der OGH kritisierte die nicht ausreichende Begründung. Doch das vorinstanzliche Gericht war wohl der Ansicht, es werde gerade nicht gegen das Schuldprinzip verstoßen, wenn man den „Vorsatz" im Rahmen der Vorhersehbarkeit bejaht.[39] Meiner Ansicht nach gibt es unter den japanischen Gerichtsentscheidungen keine Fälle, bei denen trotz einer *aberratio ictus* der Vorsatz bejaht, aber die Vorhersehbarkeit durch den Täter hinsichtlich des Erfolgseintrittes verneint wird.

3. Unterscheidung nach „Gegnern und Verbündeten"

2002 wurde in Bezug auf die tatbestandliche Entsprechung ein höchst interessantes Urteil erlassen. Im Fall des Urteils des Obergerichts Ōsaka[40] fuhr der Angeklagte mit Gewaltanwendungsvorsatz sein Auto rückwärts in die Nähe einer gegnerischen Gruppe, um seinem Bruder zu helfen, der von den Mitgliedern dieser Gruppe verprügelt wurde. Er fuhr dabei jedoch aus Versehen seinen Bruder an, der hierdurch verstarb. In diesem Fall entschied das Gericht, bei der Gewaltanwendung gegen die Gruppenmitglieder

---

[37] Vgl. zum Beispiel *Ida* (o. Fn. 3), S. 88; *ders.*, (o. Fn. 21), S. 241.

[38] Vgl. oben Obergericht Tokyo, Urteil v. 8.3.1977.

[39] Wenn dem so ist, dann sollte zumindest hinsichtlich der Fahrlässigkeit nicht die Lehre von der abstrakten tatbestandlichen Entsprechung angewandt werden.

[40] Obergericht Ōsaka v. 4.9.2002 Hanrei Times, Nr. 1114, S. 293.

liege Notwehr vor und daher werde die Rechtswidrigkeit verneint. Bei der Körperverletzung mit Todesfolge gegen den Bruder handle es sich um eine Art Putativnotwehr, sodass die Vorsatzschuld verneint werden müsse. Der Angeklagte wurde somit freigesprochen. Hierbei wies das Gericht auch auf die Irrtumslehre hin und meinte, aus Sicht der tatbestandlichen Wertung seien der Bruder und das Mitglied der gegnerischen Gruppe als Menschen rechtlich gesehen nicht gleichwertig und somit fehle es an einer Grundlage, die Entsprechung des Vorsatzes anzunehmen. Es ist zwar fraglich, ob die Entscheidungsgründe hinsichtlich des Irrtums aus theoretischer Sicht richtig waren, doch aus der Perspektive dieses Aufsatzes ist es vor allem interessant, dass das Urteil die Prämisse unerwartet klar darstellt, die Lehre von der abstrakten tatbestandlichen Entsprechung sei mit dem gesunden Menschenverstand vereinbar. *Yamaguchi* schrieb bezüglich dieses Urteils, man könne das Fehlen der rechtlichen Gleichwertigkeit auch mit der Lehre von der abstrakten tatbestandlichen Entsprechung erklären, wenn man die Begründung des Notwehrrechts in einem Rechtsgutsmangel sehe.[41] Mag dies auch theoretisch richtig sein, so ist mit dieser Erklärung für den Fall, dass die Gewaltanwendung gegen den Feind einen Notwehrexzess darstellt, auch die Annahme des Vorsatzes bezüglich der Tat gegen den Bruder möglich. Ich interpretiere die Ausführungen des Obergerichts Ōsaka vielmehr dahingehend, dass es mit dem gesunden Menschenverstand unvereinbar sei, hinsichtlich des Verbündeten des Täters eine Vorsatztat anzunehmen. Wäre nämlich beispielsweise bei dem obigen Fall des OGH-Urteils zum versuchten Raubmord an dem Polizisten ein Mittäter vorhanden gewesen und der vom Angeklagten abgefeuerte Nagel hätte den Mittäter getroffen und verletzt, so würde es kaum dem gesunden Menschenverstand entsprechen, diesem gegenüber einen versuchten Raubmord anzunehmen.[42]

---

[41] Vgl. *Atsushi Yamaguchi*, Randprobleme der Notwehr, Hōgaku Kyōshitsu, Nr. 298, 2005, S. 101 ff.

[42] In der Rechtslehre wird hinsichtlich des Raubes mit Todesfolge (§ 240 jaStGB) überwiegend die Ansicht vertreten, zwischen dem Grunddelikt und der Todesfolge müsse eine enge Beziehung bestehen. Nach dieser Ansicht sind Fälle, in denen sich die Mittäter eines Raubes während der Tatausführung voneinander trennen und einer daraufhin infolge einer Schlägerei den Tod seines Komplizen verursacht, nicht durch den Tatbestand des Raubes mit Todesfolge erfasst; vgl. zum Beispiel *Minoru Ōya*, Strafrecht, BT, 2. Aufl. 2000, S. 243. Die Einschränkung des § 240 jaStGB wird hinsichtlich der Art und Weise der Tathandlung vorgenommen. Es wäre denkbar, eine solche Einschränkung bezüglich des Erfolges vorzunehmen. Dann würden die Fälle, bei denen wegen einer *aberratio ictus* durch eine Raubhandlung etc. der Tod des Mittäters herbeigeführt wurde, überhaupt aus dem Delikt des Raubes mit Todesfolge ausgeschlossen. Meiner Meinung nach ist es durchaus vertretbar, dass die Vorschrift hinsichtlich des Todes des Mittäters keine Anwendung finden soll, weil sie den Schutz der Opfer des Raubes bzw. derjenigen bezweckt, die die Räuber festnehmen wollen. Wenn also ein Mittäter getötet wird, dann kann folglich kein Raub mit Todesfolge bejaht werden.

4. Berücksichtigung bei der Strafzumessung

Für die Übereinstimmung der Lehre von der abstrakten tatbestandlichen Entsprechung mit dem gesunden Menschenverstand spricht weiterhin, dass man davon ausgeht, der Vorsatz, der wegen eines Irrtums bejaht wurde, unterscheide sich von einem normalen Vorsatz und dies müsse im Rahmen der Strafzumessung berücksichtigt werden.[43] Zwar entsteht der Eindruck, nach der Lehre von der abstrakten tatbestandlichen Entsprechung müsse dieser Vorsatz auch bei der Strafzumessung gleich dem normalen Vorsatz behandelt werden, doch wird dies gemeinhin nicht vertreten. Man könnte sogar sagen, dass der Vorsatz, der wegen eines Irrtums bejaht wird, zwischen dem Vorsatz und der Fahrlässigkeit eingestuft wird, wobei er näher bei der Fahrlässigkeit liegen soll. Meiner Ansicht nach entspricht dies auch der Ansicht der Richter.[44]

Das folgende Berufungsgerichtsurteil zeigt dies deutlich.[45] Die beiden Angeklagten gehörten der kriminellen Vereinigung der Gruppe G, Familie H, an. Sie fassten den Plan, den A, der der Führer der Gruppe I war, zu töten. Bei einer Trauerfeier feuerten sie aus kurzer Entfernung insgesamt vier Schüsse in Richtung des A ab, wobei eine Kugel den A am Kopf traf und ihn tötete. Weitere Kugeln trafen den B, den Präsidenten der Gruppe I, wodurch auch er starb, und den C, den Vizepräsidenten der Gruppe I, der hierdurch verletzt wurde. Das Gericht der ersten Instanz nahm eine *aberratio ictus* an und bejahte einen vollendeten Totschlag zum Nachteil des A, einen vollendeten Totschlag des B und einen versuchten Totschlag des C. Einer der beiden Angeklagten wurde zu einer lebenslänglichen Freiheitsstrafe und der andere zu einer Zuchthausstrafe von 20 Jahren verurteilt. Bei der Beurteilung der Strafzumessung gab das Gericht den Hinweis, dass

> „zwar (die Todes- und Körperverletzungsfolgen bei B und C) grundsätzlich im Rahmen der Wahrnehmung der Angeklagten lagen. Aber es besteht Raum, den vorliegenden Fall von jenem Fall, in dem der Täter den A als A und den B als B wahrnimmt und plant, jeden dieser beiden zu töten, abweichend zu bewerten."

---

[43] Demzufolge ist es dem urteilenden Gericht nicht gestattet, ohne Weiteres einen Eventualvorsatz zu bejahen, wenn der Staatsanwalt aufgrund der Anwendung der Irrtumslehre einen versuchten Totschlag angeklagt hat. Das Gericht muss während der Verhandlung vom Staatsanwalt eine Erklärung verlangen und Maßnahmen ergreifen, um die Streitpunkte, ob eine Kenntnis bzw. Billigung der Tatumstände vorlag, hervortreten zu lassen. Einen Eventualvorsatz anzunehmen, ohne diese Maßnahmen durchzuführen, bedeutet einen Verfahrensverstoß (vgl. das oben vorgestellte Urteil des Obergericht Tokyo v. 6.6. 1994).

[44] *Nakano* scheint die Schuld gegenüber dem nicht geplanten Objekt dem Wesen nach als Fahrlässigkeitshaftung anzusehen; vgl. *Tsugio Nakano*, Aberratio ictus und die Anzahl der Vorsätze, in: Festschrift für Shigemitsu Dandō zum 70. Geburtstag, Bd. 2, 1984, S. 216ff.

[45] Obergericht Tokyo, Urteil v. 25.12.2002, Hanrei Times, Nr. 1168, S. 306.

Daraufhin legte der Staatsanwalt Berufung ein und führte einen Fehler in der Strafzumessung an: Der vorliegende Fall müsse so beurteilt werden, als wenn die Täter jeweils einen Totschlag geplant hätten. Doch das Berufungsgericht wies die Berufung mit folgender Begründung zurück:

> „Bei diesem Fall liegt ein Schießfehler *(aberratio ictus)* vor. Auf Basis der sog. Theorie des Deliktes mit mehreren Vorsätzen können also zwei Tötungsdelikte und ein versuchter Totschlag bejaht werden. Hinsichtlich des B und C kann jeweils die Verwirklichung eines Totschlags bzw. eines versuchten Totschlags erst aufgrund der *aberratio ictus* als gegeben angesehen. Nach Meinung des Gerichtes kann den Tätern dieser Delikte die jeweilige Vorsatzschuld nicht angelastet werden, die den Deliktsbezeichnungen entspricht. Die Täter ließen sich, wie oben erwähnt, trotz der adäquaten Möglichkeit, dass eine Kugel die umherstehenden Trauergäste treffen könnte, nicht davon abhalten und schritten zur Tathandlung, den A zu töten. Dieser Umstand ist bei der Strafzumessung zu berücksichtigen. Es wäre nicht gerecht, wenn dieser Fall im Hinblick auf die Strafzumessung so behandelt würde, als wenn die Täter tatsächlich den Plan gefasst hätten, den B und den C umbringen wollten."

5. *Zusammenfassung*

Ich habe einige Voraussetzungen, die die Lehre von der abstrakten tatbestandlichen Entsprechung (= Gleichwertigkeitstheiorie) mit dem gesunden Menschenverstand vereinbar machen, aufzuzeigen versucht, ohne Anspruch auf Vollständigkeit zu erheben. Auch wenn die Rechtsprechung dieser Lehre folgt, bin ich der Auffassung, dass hier verschiedene Probleme existieren (und versteckt sind). Daher ist es in der Praxis wichtig, nicht blind auf diese Lehrmeinung zu vertrauen, sondern selbst über die Angemessenheit des Ergebnisses nachzudenken.

Auch wenn die Lehre von der abstrakten tatbestandlichen Entsprechung nicht auf einer ausreichenden theoretischen Grundlage beruht, so ist sie dahingehend anzupassen, dass sie zumindest mit dem gesunden Menschenverstand übereinstimmt.[46] Natürlich wäre es wünschenswert, sämtliche Gerichtsentscheidungen als kohärent zu erklären. In diesem Punkt scheint mir die Lehre von *Ida* eine beachtenswerte Ansicht zu sein, die geeignet ist, ausgehend von der Rechtsprechung ihre Reichweite einzugrenzen.

[46] Aus Sicht des Autors kann die Lehre von der abstrakten tatbestandlichen Entsprechung, auch wenn sie entsprechend korrigiert würde, keine aus theoretischer Sicht richtige Lehre werden.

Vorsatzlehre – Teil 3

Hitoshi Saeki

I. Einleitung

Im dritten Teil meines Aufsatzes zur Vorsatzlehre werden der Irrtum über die Kausalität und der Irrtum über die sogenannten abstrakten Tatsachen behandelt.

II. Irrtum über die Kausalität

1. Kenntnis des Kausalverlaufes

Die Lehre von der tatbestandlichen Entsprechung beurteilt die Relevanz eines Irrtums vom Tatbestand aus. Demnach ist es für die Bejahung des Vorsatzes bei einem Erfolgsdelikt erforderlich, dass der Täter einerseits eine Tat begeht, der die Gefahr einer Ausführungstat innewohnt. Andererseits muss ihm bewusst sein, dass infolge eines adäquaten Kausalverlaufes der Erfolg eintreten wird. Der tatsächlich eingetretene Kausalverlauf muss ihm jedoch nicht bewusst sein,[1] denn für den Tatbestand eines Erfolgsdeliktes hat es keine Relevanz, welcher genaue Kausalverlauf vorliegt, solange dessen Verlauf adäquat ist.[2] Vergleichbar ist dies mit der Irrelevanz für den Vorsatz des Täters, ob es sich um A oder B handelt, solange ihm bewusst ist, dass er diesen Menschen tötet.

---

[1] Dies hat nichts mit dem Streit zwischen der Konkretisierungs- und der Gleichwertigkeitstheorie zu tun.

[2] Vgl. etwa *Saku Machino*, Strafrecht, AT I, 2. Aufl. 1995, S. 245; *Keichi Yamanaka*, Strafrecht, AT I, 2. Aufl. 2008, S. 352 ff.; *Mikito Hayashi*, Strafrecht, AT, 2. Aufl. 2000, S. 257; *Takuto Yasuda*, Irrtumslehre, 1. Teil, Hōgaku Kyōshitsu, Nr. 273, 2003, S. 73 f.; *Shōzō Horiuchi*, Strafrecht, AT, 2. Aufl. 2004, S. 113; *Atsushi Yamaguchi*, Strafrecht, AT, 2. Aufl. 2007, S. 212. Es ist jedoch übertrieben, wenn weitere Autoren schreiben, die Kenntnis des Kausalzusammenhangs sei als überflüssig anzusehen, wie *Masahide Maeda*, Strafrecht, AT, 3. Aufl. 1998, S. 324 und *Minoru Ōya*, Strafrecht, AT, 2. Aufl. 2000, S. 198.

Gegen die Ausführungen zum Kausalverlauf wenden seit jeher zahlreiche Vertreter der Lehre von der tatbestandlichen Entsprechung ein, der tatsächliche Kausalverlauf sei gerade auch Gegenstand des Vorsatzes. Der diesbezügliche Vorsatz kann also nicht verneint werden, wenn sich der Irrtum des Täters im Rahmen des adäquaten Kausalzusammenhangs bewegt.[3]

Aus theoretischer Sicht gibt es vom Standpunkt der Lehre von der tatbestandlichen Entsprechung aus jedoch keinen Grund, eine Kenntnis des Täters über den konkreten Kausalverlauf zu fordern. Auch in praktischer Hinsicht ist Kritik angebracht, denn bei der Adäquatheit des Kausalzusammenhang würde für die Irrtumsfragen letztlich nichts übrigbleiben.[4] Dazu sollen folgende Konstellationen näher betrachtet werden:

Zuerst ist festzustellen, dass in Fällen, in denen der tatsächlich eingetretene Kausalverlauf nicht adäquat ist (vgl. untere Grafik Fälle *(1)* und *(7)*), bereits die Kausalität selbst verneint wird. Da hier aus objektiver Sicht ein Versuch vorliegt, kann der Vorsatz bezüglich des Vollendungserfolges nie einen Irrtum über den Kausalverlauf darstellen. Es ergibt also wenig Sinn, dies zu thematisieren.

Zweitens existiert in Fällen, in denen sich der Täter einen anormalen Kausalverlauf vorgestellt hat, kein Vorsatz. (Dies betrifft die Fälle, in denen er sich nur *(1)* und *(7)* vorgestellt hat, vgl. untere Grafik.). Ein Irrtum in Bezug auf den Kausalverlauf ist somit irrelevant. Hier liegt weder ein vorsätzliches Vollendungs- noch ein Versuchsdelikt vor.

Drittens ist der Irrtum über den Kausalverlauf nur von Bedeutung, wenn der tatsächlich eingetretene Kausalverlauf und der vom Täter bewusst wahrgenommene Kausalverlauf adäquat sind. Hier muss sich die Abweichung zwischen diesen beiden jedoch in einem adäquaten Rahmen befinden. Wie sich der Grafik entnehmen lässt, umfasst die Kombination aus dem tatsächlichen Kausalverlauf und dem vom Täter wahrgenommenen Kausalverlauf jede Möglichkeit zwischen *(2)* und *(6)*, die sich somit alle innerhalb des Rahmens der adäquaten Kausalität befinden. Es kann nicht sein, dass die Kombination von *(2) und (6)* den Rahmen der adäquaten Kausalität überschreitet, weil die Abweichung von diesen beiden sehr groß ist. (Dies ist selbstverständlich, da sich beide im Rahmen der adäquaten Kausalität befinden.)

---

[3] Vgl. u. a. *Shigemitsu Dandō*, Strafrecht, AT, 3. Aufl. 1990, S. 298; *Hiroshi Kawabata*, Strafrecht, AT, 1995, S. 239; *Hitoshi Ōtsuka*, Strafrecht, AT, 3. Aufl. 1997, S. 209; *Osamu Sakuma*, Strafrecht, AT, 2009, S. 137; *Taira Fukuda*, Strafrecht, AT, 5. Aufl. 2011, S. 117f.

[4] Vgl. *Saku Machino*, Die Lehre von der Kausalität, in: Ken'ichi Nakayama u. a. (Hrsg.), Probleme des modernen Strafrechts, Bd. 1, 1977, S. 341; *Keiichi Yamanaka*, Zur Vorhersehbarkeit des Kausalverlaufes bei den Fahrlässigkeitsdelikten, 1. Teil, Kansai Daigaku Hōgaku Ron'shū, Bd. 29, 1979, Nr. 1, S. 57ff.

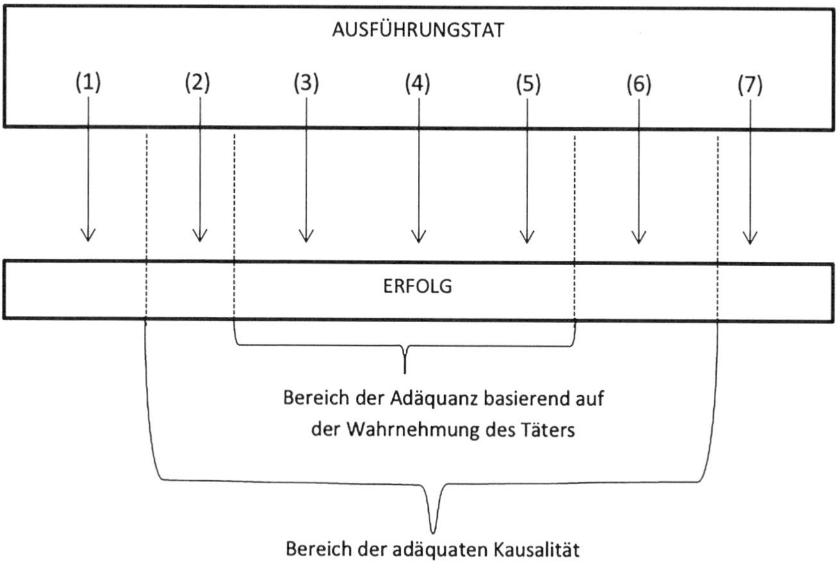

Abb. 2: Fälle zum Kausalverlauf. Quelle: Eigene Darstellung.

Wie die obigen Ausführungen zeigen, ergibt es keinen Sinn, die Abweichung zwischen dem tatsächlichen Kausalverlauf und dem vom Täter wahrgenommenen Kausalverlauf nach denselben Maßstäben zu beurteilen.[5] Daher häufen sich in letzter Zeit die Ansichten, die den Irrtum über die Kausalität an anderen Maßstäben messen als die tatsächliche Beurteilung der Kausalität. Eine besonders häufig vertretene Auffassung bewertet anhand der Kenntnis des Täters, ob der Erfolgseintritt adäquat war oder nicht.[6] Diese Ansicht verneint auch bei der Kombination von *(2) und (6)* die Ver-

[5] Hingegen wurde in Deutschland innerhalb der Kausalitätslehren die Bedingungstheorie als herrschende Lehre vertreten. Daher war es sinnvoll, mittels des Vorsatzes den Rahmen der Zurechnung zu begrenzen (abgesehen von deren theoretischer Richtigkeit), wenn es um den Irrtum über den Kausalzusammenhang ging. Bekanntlich wurde hieran kritisiert, dass man somit „die schon an der Haustür abgelehnte Adäquanztheorie wieder zur Hintertür hereinzieht". *Machino* (o. Fn. 4), S. 346, Fn. 11, ist der Ansicht, die bisherige herrschende Meinung in Japan versuche, denjenigen, den man bereits durch die Vordertür empfangen hat, nochmals durch die Hintertür hereinzuziehen.

[6] Vgl. etwa *Makoto Ida*, Probleme der Beachtlichkeit der Objektindividualisierung bei der Erfolgszurechnung zum Vorsatz, 3. Teil, Hōgaku Kenkyū (Keio-Universität), Bd. 58, Nr. 11, 1985, S. 78 ff.; *ders.*, Struktur und theoretische Grundlagen der Strafrechtsdogmatik, 2005, S. 93; *Ken Naitō*, Strafrecht, AT, Bd. 3-I, 1986, S. 956; *Takehiko Sone*, Strafrecht, AT, 3. Aufl. 2000, S. 205; *Takaaki Matsumiya*, Strafrecht, AT, 3. Aufl. 2004, S. 188; *Kazushige Asada*, Strafrecht, AT, 2007, S. 316. Vgl. ferner eine Ansicht, die von einem eigenständigen Standpunkt aus den Irrtum über die Kausalität thematisiert: *Satoshi*

wirklichung einer vollendeten Vorsatztat. Beispielsweise will der X den A töten. Hierfür möchte er die Schulter des A verletzen, doch A weicht diesem Angriff aus und wird nur am Arm verletzt. Der A leidet allerdings an einer Blutkrankheit, wodurch er so viel Blut verliert, dass er an seinen Verletzungen stirbt. Als weiteres Beispiel in diesem Zusammenhang ist ein Fall zu nennen, bei dem der A versucht, vor dem X zu fliehen, dabei von einer Klippe stürzt und schließlich verstirbt. In beiden Fällen wird jeweils die Kausalität bejaht.[7] Solange der X jedoch nicht weiß, dass der A an der Bluterkrankheit leidet oder dass eine Klippe existiert, kann nach dieser Auffassung hinsichtlich der Todesfolge kein Vorsatz bejaht werden. Der Erfolg sei vom Vorsatz des Täters nicht erfasst; es werde daher nur ein versuchter Totschlag verwirklicht.

Fraglich ist jedoch, warum der Erfolg nur zugerechnet werden kann, wenn sein Eintritt unter Zugrundelegung des Wissens des Täters vorhersehbar ist. Verlangt man für die Bejahung des Vorsatzes hinsichtlich der Erfolgsverwirklichung, dass sich die vom Täter bewusst wahrgenommene Gefahr im Erfolg verwirklicht hat, dann müsste man von dem Täter nicht nur das Wissen über die Bluterkrankheit des Opfers oder die Existenz der Klippe fordern. Vielmehr ist dann beim Täter auch das tatsächliche Bewusstsein der Möglichkeit notwendig, dass das Opfer wegen eines erheblichen Blutverlustes, bedingt durch seine Krankheit, oder eines Absturzes von der Klippe sterben wird. Meiner Meinung nach führt diese Ansicht letztlich zu dem gleichen Ergebnis wie die Anwendung der subjektiven Adäquanztheorie. Zudem ist bei dieser Ansicht der Zurechnungsumfang zu eng gefasst.[8]

2. *Zu späte Verwirklichung des Tatbestandes*

Das japanische Reichsgericht urteilte über einen Fall, bei dem der Angeklagte das Opfer erwürgte (erste Tathandlung) und es für tot hielt. Daraufhin brachte er das Opfer an den Strand, um die Tat zu verdecken, und ließ es dort liegen (zweite Tathandlung). Tatsächlich lebte das Opfer zu diesem Zeitpunkt noch, erstickte jedoch später, da es Sand einatmete. Hier entschied das Reichsgericht wie folgt:

Suzuki, Zum Irrtum über die Kausalität, Hongō Hōsei Kiyō Nr. 1, 1993, S. 189ff.; *ders.*, Zur aberratio ictus, Kanazawa Hōgaku, Bd. 37, 1995, Nr. 1, S. 135ff.

[7] Gemäß der objektiven Adäquanztheorie wird der Kausalzusammenhang bejaht, ebenso von der vermittelnden Adäquanztheorie, unabhängig von der Kenntnis des Täters, wenn die Bluterkrankheit des Opfers oder die Existenz der Klippe aus der Sicht eines Durchschnittsmenschen erkennbar war.

[8] Vgl. *Yoshihiko Nakamori*, Irrtumslehre, 1. Teil, Hōgaku Kyōshitsu, Nr. 106, 1989, S. 27f.

„Ohne die mit Tötungsabsicht versuchte Tat hätte die zur Verdeckung begangene Tat, das Opfer auf dem Sand liegen zu lassen, natürlich nicht stattgefunden. Vergleicht man dies mit dem allgemeinen durchschnittlichen gesellschaftlichen Verständnis, so ist die einzig richtige Antwort, dass zwischen der Tat des Angeklagten mit Tötungsabsicht und dem Tod des Opfers eine Kausalität anzunehmen ist. Auch die auf einem Irrtum basierende Handlung des Täters, die vermeintliche Leiche entsorgen zu wollen, unterbricht diese Kausalität nicht. Somit hat der Täter einen vollendeten Totschlag nach § 199 jaStGB verwirklicht. In diesem Fall ist ein Nebeneinanderstehen von versuchtem Totschlag und fahrlässiger Tötung nicht anzunehmen."[9]

Auch in der Rechtslehre entspricht es der herrschenden Auffassung, hier von einer vollendeten Tötung auszugehen. Doch es wird auch vertreten, die erste von der zweiten Tathandlung zu trennen und eine Realkonkurrenz von versuchtem Totschlag und fahrlässiger Tötung anzunehmen.[10]

Dieser Fall wird im Allgemeinen als *dolus generalis* subsumiert. Diese Bezeichnung ist jedoch unzutreffend, denn es ist eindeutig, dass der Täter zum Zeitpunkt der zweiten Tathandlung keinen Tötungsvorsatz mehr hatte. Nennt man die Fallgestaltung, die als Nächstes behandelt wird, einen „zu früh verwirklichten Tatbestand", dann ließe sich die soeben beschriebene Fallgestaltung als einen Fall der „zu späten Verwirklichung des Tatbestandes" einordnen.

Denkt man über diesen Fall nach, dann ist zunächst zu fragen, ob zwischen der ersten Tathandlung und dem Enderfolg ein Kausalzusammenhang bejaht werden kann. Die Autoren, die die erste und die zweite Tathandlung getrennt voneinander betrachten, werden wohl die Kausalität verneinen. Doch man muss sich folgende Punkte bewusst machen: *Erstens* ist die Tatsache, dass der Mörder versucht, das Opfer an einem anderen Ort zu entsorgen, nicht ungewöhnlich. *Zweitens* kann die Kausalität im Allgemeinen auch dann nicht verneint werden, wenn zwischen die Tat und den Erfolg eine Fahrlässigkeitshandlung tritt. *Drittens* liegen die erste und die zweite Tathandlung zeitlich nah beieinander. *Viertens* führte die Bewusstlosigkeit des Opfers letztendlich zum Erfolg, da es Sand einatmete und daran erstickte. Berücksichtigt man all diese Punkte, dann wird die Kausalität zwischen der ersten Tathandlung und dem Enderfolg gerade nicht durch die Intervention der zweiten Tathandlung des Täters unterbrochen.[11]

---

[9] Reichsgericht Urteil v. 30.4.1924, Keishū, Bd. 2, S. 378.

[10] Vgl. u.a. *Ken'ichi Nakayama*, Strafrecht, AT, 1982, S. 364; *Minoru Nomura*, Strafrecht, AT, 1990, S. 199; *Tatsuo Kagawa*, Strafrecht, AT, 3. Aufl. 1995, S. 264; *Shinji Saitō*, Strafrecht, AT, 5. Aufl. 2003, S. 142, der meint, dass dort keine Tateinheit, sondern Tatmehrheit vorliege, es aber nicht erlaubt sei, schwerer als ein vollendetes Delikt zu bestrafen; *Asada* (o. Fn. 6), S. 318f., der meint, je nach Lage sollten zusammenhängende Handlungen (§ 54 Abs. 1 jaStGB) in Tateinheit angenommen werden.

[11] Es ist keine notwendige Bedingung, dass bereits zum Zeitpunkt der ersten Tathandlung die zweite Tathandlung geplant war; vgl. *Yamaguchi* (o. Fn. 2), S. 214. Natürlich

Wird der Kausalzusammenhang zwischen der ersten Tathandlung und dem Enderfolg bejaht, dann bedarf noch das Irrtumsproblem bezüglich der Kausalität einer Lösung. Doch nach der in diesem Aufsatz vertretenen Ansicht kann übereinstimmend mit der Rechtsprechung die Verwirklichung eines vollendeten Tötungsdeliktes bejaht werden, da der Vorsatz gegeben ist.[12]

3. *Zu frühe Verwirklichung des Tatbestandes*

Man spricht von einer zu frühen Verwirklichung des Tatbestandes, wenn sich der Tatbestand früher verwirklicht als vom Täter vorhergesehen. Beispielhaft dafür ist ein Fall, bei dem eine Frau die Tötung ihres Ehemannes zum Frühstück plant. Hierfür gibt sie Gift in ein Glas Milch und stellt dieses am Abend vorher in den Kühlschrank. Der Ehemann trinkt jedoch bereits nachts die vergiftete Milch und verstirbt. Ein weiteres Beispiel stellt ein Fall dar, bei dem der Täter eine fremde Vase aus dem Haus tragen und sie dort zerstören möchte. Während seines Weges nach draußen fällt er jedoch hin und die Vase geht zu Bruch. In diesen Konstellationen ist es fraglich, ob die Verwirklichung eines vollendeten Deliktes bejaht werden kann. In der Lehre stehen sich diesbezüglich die herrschende Ansicht[13] und die Mindermeinung[14] gegenüber. Erstere bejaht die Verwirklichung eines vollendeten Deliktes, wenn der Erfolg eintritt, nachdem der Täter zur Ausführungs-

---

kann nicht immer die Kausalität bejaht werden, nur weil in dem bisher vom Gericht entschiedenen Fall die Kausalität bejaht wurde; vgl. *Yamanaka* (o. Fn. 2), S. 356f.

[12] Unter den Autoren, die den Irrtum über die Kausalität thematisieren, vertreten einige, dass in Fällen, in denen der Täter von Anfang an die zweite Tathandlung geplant hatte, eine vollendete Tötung vorliege, weil man sagen könne, die Gefahr der ersten Tathandlung habe sich im Ergebnis verwirklicht, inklusive der Umstände, die der Täter erkannt hatte. Ist dem nicht so, dann werde der Vorsatz hinsichtlich des Vollendungserfolges verhindert und es liege ein versuchter Totschlag und eine fahrlässige Tötung in Tatmehrheit vor; vgl. *Ida*, Probleme der Beachtlichkeit der Objektindividualisierung (o. Fn. 6), S. 79; *Naitō* (o. Fn. 6), S. 963.

[13] Vgl. u.a. *Maeda* (o. Fn. 2), S. 326; *Takuma Satō*, Zur zu frühen Verwirklichung des Tatbestandes, Hōgaku Seijigaku Ronkyū, Nr. 63, 2004, S. 225ff.; *Kēichi Yamanaka*, Die sogenannte zu frühe Verwirklichung des Tatbestandes und die Zurechnung des Erfolges, in: Festschrift für Hiroshi Itakura zum 70. Geburtstag, 2004, S. 97ff.; *Takuto Yasuda*, in: Erläuterungen zu wichtigen Entscheidungen im Jahr 2004, Jurist, Nr. 1291, 2005, S. 157.

[14] Vgl. u.a. *Saku Machino*, Kausalität und Irrtumslehre, Hokkai Gakuen Daigaku Hōgaku Kenkyū, Bd. 29, Nr. 1, 1993, S. 229ff.; *Yutaka Masuda*, Intentionale Vorsatzzurechnung und die Diskrepanz des Kausalverlaufes, Hōritsu Ronsō, Bd. 70, Nr. 5=6, 1998, S. 98ff.; *Motoi Miyagawa*, Zum bedingten Vorsatz, Teil 2, Hōgaku, Bd. 63, Nr. 4, 1999, S. 39ff.; *Hayashi* (o. Fn. 2), S. 225; *Shūji Nishimura*, Zur zu frühen Erfolgsverwirklichung, Toyama'dai Keizai Ronshū, Bd. 46, Nr. 3, 2001, S. 115ff.; *Tetsuya Ishii*, Zur sog. zu frühen Verwirklichung des Tatbestandes, Nara Hōgaku'kai Za'sshi, Bd. 15, Nr. 1=2, 2002, S. 34ff.

handlung angesetzt hat. Die Mindermeinung wiederum vertritt, ein Vorsatz müsse bezüglich der Erfolgsvollendung verneint werden, solange der Täter nicht alle Handlungen durchgeführt hat, die er für die Verwirklichung der Erfolgsvollendung für nötig erachtet.

Aus Sicht der herrschenden Meinung ist eine Tat vollendet, sofern in dem Zeitpunkt, in dem der Täter die Milch in den Kühlschrank stellt oder versucht, die Vase nach draußen zu befördern, ein Beginn der Ausführungshandlung (§ 43 jaStGB) gesehen werden kann. Handelt es sich jedoch um keinen solchen Beginn, so sind dies lediglich Vorbereitungshandlungen. Im Milch-Fall läge dann eine Vorbereitung zur Tötung in Tateinheit mit einer fahrlässigen Tötung vor, bei dem Vasen-Fall wäre hingegen keine Strafbarkeit gegeben.

Betrachtet man Urteilsbeispiele der unteren Instanzen, stößt man auf einen Fall, bei dem der Täter mit Brandstiftungsvorsatz Benzin ausgoss, doch bevor er es selbst anzünden konnte, entzündete sich das Benzin durch eine andere Ursache und das Gebäude brannte hierdurch aus. Hier wurde im Zeitpunkt des Ausgießens des Benzins der Beginn der Ausführung angenommen und auf Verwirklichung einer vollendeten Brandstiftung entschieden.[15] Ferner entschied der OGH einen Fall mit gleich gelagerter Problematik. Hier lockten die drei Angeklagten das Opfer A in ein Auto und betäubten dieses mit Chloroform (erste Tathandlung). Danach fuhren sie zum etwa zwei Kilometer entfernten Hafen, wo sie den A samt Auto im Meer versenkten und ihn hierdurch töteten (zweite Tathandlung). Möglicherweise war das Opfer jedoch schon durch die erste Tathandlung verstorben, die Angeklagten hatten dies jedoch nicht wahrgenommen. Hier urteilte der OGH wie folgt:

> „Fest steht, dass die erste Tathandlung notwendig war, um die zweite Tathandlung sicher und vereinfacht durchführen zu können. Fest steht weiterhin, dass für den Fall, dass die erste Tathandlung erfolgreich war, keine besonderen Umstände vorlagen, die den darauffolgenden Mordplan in der weiteren Ausführung behindert hätten. Unterstreicht man, dass die erste und die zweite Tathandlung zeitlich und örtlich eng beieinander lagen, so ist klar, dass die erste Tathandlung eine enge Beziehung zur zweiten Tathandlung aufweist. Das wiederum führt dazu, dass bereits in dem Zeitpunkt, in dem die drei Täter die erste Tathandlung begingen, die objektive Gefahr vorlag, dass sie zur Tötung des Opfers führen würde. Somit ist es angemessen, davon auszugehen, dass bereits in diesem Zeitpunkt zur Ausführungshandlung der Tötung angesetzt wurde. Die drei Täter haben zu der zusammenhängenden Tötungshandlung, nämlich den A mit dem Chloroform

---

[15] Ein Fall, bei dem sich das auf dem Dachboden befindliche Brikett bzw. das Feuer eines Ofens mit Benzin entzündete (Distriktgericht Shizuoka Urteil v. 1.9.1964 Kakeishū, Bd. 6, Nr. 9=10, S. 1005; Distriktgericht Hiroshima Urteil v. 3.4.1974, Hanrei Times, Nr. 316, S. 289); Ein Fall, bei dem sich ein Feuer entzündete, als eine Zigarette angezündet wurde (Distriktgericht Yokohama Urteil v. 20.7.1983, Hanrei Jiho, Nr. 1108, S. 138).

> bewusstlos zu machen und ihn dann samt Auto im Meer zu versenken, angesetzt und haben ihr Ziel auch erreicht. Es fehlt deshalb nicht allein an einem Tötungsvorsatz, nur weil, anders als durch die drei Täter wahrgenommen, das Opfer nicht erst nach der zweiten Tathandlung, sondern möglicherweise bereits nach der ersten Tathandlung verstarb. Alle drei Täter haben sich somit der vollendeten Tötung in Mittäterschaft strafbar gemacht."[16]

Wie dieser Fall verdeutlicht, folgt auch die Rechtsprechung der herrschenden Ansicht in der juristischen Lehre. Bei der Behandlung dieses Problems ist vor allem darauf zu achten, dass die Verwirklichung eines vollendeten Deliktes nicht schon deshalb in Frage gestellt wird, weil der Erfolg früher eingetreten ist als vom Täter vorhergesehen. Plant der Täter zwar, dem Opfer ein Gift einzuflößen, wodurch das Opfer zunächst eine Nacht leiden und erst danach sterben soll, verstirbt das Opfer jedoch sofort, wird wohl keiner bestreiten, dass die Tat vollendet ist. Dasselbe gilt, wenn die Wirkung der Tathandlung schneller eintritt als gedacht. Der Täter installierte zwar mit Tötungsabsicht eine Zeitbombe, doch da er die Zeit falsch eingestellt hatte, explodierte die Bombe bereits früher als geplant und das Opfer verstarb. Auch hier wird wohl keiner einen vollendeten Totschlag verneinen.

Im Gegensatz dazu ist es problematisch, wenn der Tatbestand sich bereits verwirklicht hat, bevor der Täter davon ausgeht, alles Nötige für die Tatbestandsverwirklichung unternommen zu haben. Hier ist nicht die Frühzeitigkeit das Problem, sondern vielmehr, dass noch nicht alle Handlungsschritte beendet waren. Die Lehrmeinung, die in solchen Fällen die Verwirklichung eines vollendeten Deliktes verneint, begründet dies damit, es sei angesichts der Motivierungsmöglichkeit durch die Strafrechtsnormen notwendig, dass dem Täter diejenige Gefahr bewusst ist, die letztendlich zur Verwirklichung des Vollendungserfolges führte.[17] Auch nach der Lehre vom Regressverbot kann in Fällen, in denen sich der Täter für die Erfolgsverwirklichung die Vorsatztat für später aufgehoben hatte, ein vollendetes Vorsatzdelikt nicht bejaht werden, da dem Täter der adäquate Kausalverlauf nicht bewusst war.[18]

Der Mensch ist jedoch nicht in der Lage, seine eigenen Handlungen vollständig zu kontrollieren. Deshalb ist es meiner Meinung nach übertrieben, für eine Vollendung zu fordern, der Täter hätte den Kausalverlauf bis ins letzte Detail kontrollieren müssen.[19] Nimmt ein Terrorist die Steuerungsanlage einer installierten Bombe mit dem Ziel in die Hand, eine Vielzahl von Menschen umzubringen, und geht davon aus, er müsse zunächst den

---

[16] OGH Beschluss v. 22.3.2004, Keishū Bd. 58, Nr. 3, S. 187.
[17] Vgl. *Ishii* (o. Fn. 14), S. 34ff.
[18] Vgl. *Atsushi Yamaguchi*, Strafrecht, 1. Aufl. 2005, S. 194.
[19] Vgl. *Satō* (o. Fn. 13), S. 247ff.

Knopf A und daraufhin den Knopf B betätigen, obwohl bereits die Betätigung des Knopfes A ausreicht, um die Bombe zur Explosion zu bringen, lässt sich wohl kaum die Verwirklichung eines vollendeten Tötungsdeliktes verneinen, nachdem er den Knopf A gedrückt hat und dabei die Opfer durch die Explosion verstorben sind. Im Gegensatz dazu sollte man kein vollendetes Tötungsdelikt annehmen, wenn der Täter eine Bombe baut, um seine Familie zu töten, und aus Versehen die Explosion auslöst, bei der die Familie ums Leben kommt, weil für die Bejahung eines Vorsatzes zum Zeitpunkt der Ausführungstat (§ 43 jaStGB) notwendigerweise das Bewusstsein vorhanden sein muss, gerade eine Ausführungstat zu begehen.[20]

Als Grundlage für die herrschende Ansicht führt *Yasuda* an, zwischen der Vorbereitungshandlung, die nur ausnahmsweise im Besonderen Teil normiert ist, und dem Versuch, der häufig zum Gegenstand der Bestrafung gemacht wird und seine allgemeine Bestimmung im Allgemeinen Teil findet, bestehe strafrechtlich gesehen ein enormer Unterschied. Daher fordert er, dass der Beginn der Tatausführung, das in diesem Sinne ausschlaggebende Stadium, mit dem Willen überschritten wird, den Tatbestand zu verwirklichen.[21]

Doch auch wenn man das Ergebnis der herrschenden Meinung befürwortet, sollte dafür meiner Ansicht nach nicht *Yasudas* Begründung herangezogen werden. Fälle, in denen die zu frühe Verwirklichung des Tatbestandes problematisch ist, sind nicht auf das vollendete Delikt durch einen Alleintäter begrenzt, sondern erstrecken sich auch auf Konstellationen der Vorbereitungsdelikte und der Mittäterschaft. Folgende Beispiele sind hierzu anzuführen:

a) Der Täter stellt ein tödliches Gift her, das er für einen Mord benutzen möchte. Er nimmt jedoch an, zur Herstellung dieses Giftes müsse noch eine weitere Zutat hinzugefügt werden. Tatsächlich hat das Gift aber bereits ohne diese Zutat eine tödliche Wirkung.
b) Der Anstifter geht davon aus, dass es einer langwierigen Überzeugungsarbeit bedürfe, um mit seiner Anstiftungshandlung erfolgreich zu sein. Doch der Angestiftete beschließt schon nach der ersten Anstiftungshandlung die Durchführung der Straftat und begeht diese noch am selben Tag.
c) Jemand bittet einen anderen, ihm seine Pistole zu leihen. Der Gebetene überreicht dem Bittenden die Pistole, die er in seiner Hand hält. Da

[20] Nach der Ansicht, die zwischen der Ausführungstat und dem Beginn der Ausführung unterscheidet, wird die Lage zwar zum Zeitpunkt der Ausführungstat beurteilt. Doch da die herrschende Meinung in der Rechtslehre im Zeitpunkt der Ausführungstat den Beginn der Ausführung sieht, sind die Ansichten im Ergebnis gleich.

[21] *Yasuda* (o. Fn. 13), S. 158.

er keine Munition mehr besitzt, verspricht er, diese am nächsten Tag nachzuliefern. Der Ausleiher besorgt sich allerdings bereits anderweitig Munition und begeht noch am selben Tag ein Tötungsdelikt.

In diesen Konstellationen kann nicht dieselbe Begründung angeführt werden wie in dem Fall, bei dem es um den Anfang der Ausführung geht. Trotzdem kann meiner Auffassung nach nicht jegliche Vorsatzschuld bezüglich der Tatbestandsverwirklichung verneint werden.[22] Zumindest hinsichtlich der Anstiftung und der Beihilfe sollte Vollendung bejaht werden.[23]

Letztendlich bin ich der Ansicht, dass eine Vorsatztat verwirklicht wird, wenn die letzte Tathandlung und die Tathandlung im Vorbereitungsstadium eng miteinander verknüpft sind und in einem direkten Zusammenhang stehen, da hierdurch zum Zeitpunkt der Vorbereitungshandlung das Bewusstsein über eine fortlaufende Tat bejaht werden kann.[24] Im Falle einer vollendeten Alleintat ist dies der Beginn der Ausführung (Ausführungstat).

III. Der „Irrtum über die abstrakten Tatsachen"

1. Die Lehre von der tatbestandlichen Entsprechung und die Lehre von der abstrakten Entsprechung

Beziehen sich die Fehlvorstellung des Täters und das wirklich Geschehene jeweils auf zwei verschiedene Tatbestände, spricht man von einem *Irrtum über die abstrakten Tatsachen*. In Bezug auf den Umgang mit diesem Irrtum stehen sich die *Lehre von der deliktstypischen Entsprechung* und die *Lehre von der abstrakten Entsprechung*[25] gegenüber. Letztere Auffassung findet heutzutage jedoch kaum noch Unterstützer. Denn diese bejaht ohne Weiteres die Strafbarkeit, sobald der Täter nur mit dem Willen, irgendeine Straftat ausüben zu wollen, eine Straftat verwirklicht. Bedenklich ist hier

---

[22] In diesen Fällen wird wohl der Umstand, dass der Täter früher zur Tat ansetzte, als vom Teilnehmer gedacht, nicht dazu führen, die Strafbarkeit wegen einer vollendeten Tat für den Teilnehmer zu verneinen. Wenn der X zum Beispiel den Y anstiftet, eine Woche später den A zu töten, und der Y den A schon zwei Tage früher als geplant umbringt, dann kann die Verwirklichung einer vollendeten Anstiftung zum Totschlag nicht verneint werden.

[23] Im Vorbereitungsstadium besteht keine Gefahr, solange der Täter nicht erkennt, dass das Gift bereits hergestellt ist (denn er wird es nicht benutzen). Sollte der Täter dies erkennen, so wird damit das Vorbereitungsdelikt verwirklicht und es ist nicht nötig, bereits im Zeitpunkt, in dem das Gift hergestellt wurde, eine Vorbereitungstat zu bejahen.

[24] Vgl. *Maeda* (o. Fn. 2), S. 326.

[25] Ausführlich zur Lehre von der abstrakten Entsprechung *Yoshihiro Hidaka*, Neuere Entwicklungen der strafrechtlichen Irrtumslehre, 1991, S. 31 ff.

vor allem, dass keine qualitativen Unterschiede zwischen den verschiedenen Straftaten gemacht werden.[26] Das Problem des Missverhältnisses hinsichtlich der Bestrafung, wenn beispielsweise jemand eine Person tötet, obwohl er nur den Vorsatz zu einer Sachbeschädigung gefasst hatte, hat sich jedoch durch die Einführung des Straftatbestandes der groben Fahrlässigkeit mit Todesfolge (§ 211 Satz 2 jaStGB) im Jahr 1947 erledigt.[27]

Die erste Variante der Lehre von der deliktstypischen Entsprechung, die die Überlappung von Delikten aus rechtlicher Sicht behandelt, ist die Lehre von der tatbestandlichen Entsprechung.[28] Sie bejaht anhand des Maßstabes des Tatbestandes einen Vorsatz bis zu dem Grad, bis zu dem sich der vom Täter wahrgenommene Tatbestand und der tatsächlich verwirklichte Tatbestand überschneiden. Die zweite Variante thematisiert hingegen die Übereinstimmung zwischen der Vorstellung und der Wirklichkeit unabhängig vom Tatbestand, etwa anhand der Gemeinsamkeiten der Deliktseigenschaften oder der Ähnlichkeiten von Unrecht und Schuld.[29] Auch innerhalb der Lehre von der tatbestandlichen Entsprechung stehen sich zwei Ansichten gegenüber: diejenige, die eine Überschneidung aus formaler Sicht nur beim Grund- und Qualifikationstatbestand annimmt, und diejenige, die diese Überschneidung aus materieller Sicht nach einem vereinfachten Kriterium bejaht.

2. *Zum Standpunkt der Rechtsprechung*

Die Leitsatzentscheidung zu diesem Problem ist der Beschluss des OGH vom 27. März 1979. In diesem Fall, bei dem der Täter mit Gewinnerzielungsabsicht und ohne Erlaubnis des Zollinspektors Heroin importierte, wobei er davon ausging, dass es sich um Stimulanzien handele, urteilte der OGH wie folgt:

> „Heroin und Stimulanzien werden, um die durch deren Missbrauch entstehende volksgesundheitliche Gefahr zu verhindern, durch das Drogenkontrollgesetz und das Stimulanzienkontrollgesetz überwacht. Deren Überwachung wird mittels

---

[26] Vgl. u. a. *Noriyuki Nishida*, Zum Irrtum des Mittäters, in: Festschrift für Dando zum 70. Geburtstag, Bd. 3, 1984, S. 95; *Ida*, Struktur und theoretische Grundlagen der Strafrechtsdogmatik (o. Fn. 6), S. 103; *Machino* (o. Fn. 2), S. 228 ff.; *Nakamori*, Irrtumslehre, 2. Teil, Hōgaku Kyōshitsu, Nr. 107, 1989, S. 53.

[27] Vgl. *Naitō* (o. Fn. 6), S. 970.

[28] Es ist korrekt, auch die Konkretisierungstheorie und die Gleichwertigkeitstheorie, die in Bezug auf den Irrtum über die konkreten Tatsachen vertreten werden, im Rahmen der Lehre von der tatbestandlichen Entsprechung zu lokalisieren, hinsichtlich des Aspektes, dass sie den betreffenden Tatbestand zum Maßstab nehmen.

[29] Vgl. *Saku Machino*, Zur sog. tatbestandlichen Entsprechung, Keisatsu Kenkyū, Bd. 54, Nr. 4, 1983, S. 3 ff., Nr. 5, 1983, S. 3 ff.

dieser zwei Kontrollgesetze jeweils unterschiedlich gehandhabt. Beide Gesetze verfolgen jedoch das gleiche Ziel und die Überwachungsmethoden ähneln sich im Hinblick auf den Import, den Export, die Herstellung, die Veräußerung, den Erwerb und den Besitz etc. Es lässt sich festhalten, dass sowohl Drogen als auch Stimulanzien gleichsam durch deren Missbrauch psychische bzw. körperliche Abhängigkeit (also eine chronische Vergiftung) verursachen. Es handelt sich dabei somit um Mittel, die sowohl beim Individuum als auch in der Gesellschaft einen großen Schaden verursachen können. Auch ihr äußerliches Erscheinungsbild ähnelt einander. Daraus folgt, dass zwischen Drogen und Betäubungsmitteln eine derartige Ähnlichkeit besteht, dass sie vielmehr durch ein und dasselbe Gesetz geregelt werden müssten.

Im vorliegenden Fall hat der Angeklagte zur Gewinnerzielung eine Salzart des Acetylmorphiums, wobei es sich um die Droge Heroin handelt, in Pulverform importiert. Hierbei ging er jedoch irrtümlich davon aus, dass es sich um Stimulanzien handle. Er handelte also mit dem Willen, ein Stimulanzienimportdelikt (nach §§ 41 Abs. 2, Abs. 1 Nr. 1, 13 Stimulanzienkontrollgesetz) zu begehen, tatsächlich verwirklichte er jedoch eine Handlung, die einem Drogenimportdelikt (nach §§ 64 Abs. 2, Abs. 1, 12 Abs. 1 Drogenkontrollgesetz) entspricht. Doch der Unterschied zwischen diesen beiden Delikten besteht nur darin, dass es sich bei dem einen um Stimulanzien und bei dem anderen um Heroin handelt. Die sonstigen Tatbestandsmerkmale der beiden Delikte sind gleich. Auch der gesetzlich vorgeschriebene Strafrahmen ist identisch. Zieht man zudem die Ähnlichkeit von Drogen und Betäubungsmitteln in Betracht, dann ist in diesem Fall klar, dass die Tatbestände beider Straftaten ihrem Wesen nach gänzlich übereinstimmen. Eine solche Beurteilung der Lage ist hier also angemessen. Zusammenfassend lässt sich somit festhalten: Hält der Täter Heroin irrtümlich für Stimulanzien, so führt dies nicht dazu, hinsichtlich des eingetretenen Erfolges eines Drogenimports den Vorsatz zu verneinen.

[...] Das Zollgesetz beschreibt die Pflicht, beim Import von Waren Zollformalitäten einzuhalten. Die Handlung, eine Ware zu importieren, ohne diese Pflicht zu beachten, wird, wenn es sich um eine Ware handelt, deren Import durch § 21 Abs. 1 Zolltarifgesetz generell verboten ist, durch die Strafvorschrift nach § 109 Abs. 1 Zollgesetz, bei allen anderen allgemeinen Importwaren durch die Strafvorschrift nach § 111 Abs. 1 Zollgesetz bestraft. Im Fall einer verbotenen Importware nach dem Zollgesetz wird dann im Vergleich zu den allgemeinen Importwaren eine schwerere Strafe verhängt. Bedenkt man, dass die geschmuggelte Ware je nachdem, ob es sich um Heroin oder Stimulanzien handelt, zollrechtlich zu unterschiedlichen Bestrafungen führt, da es sich bei Stimulanzien um eine einfuhrbeschränkte Ware (gemäß § 118 Abs. 3 Zollgesetz) handelt und bei Heroin um eine einfuhrverbotene Ware, dann sind sich die Straftat, Stimulanzien ohne Erlaubnis einzuführen, und die Straftat, Heroin ohne Erlaubnis einzuführen, in der Hinsicht ähnlich, dass keine Zollformalitäten beachtet werden, die Substanzen also Gegenstände eines Warenschmuggels sind. Diese beiden Taten sind somit als überlappend anzusehen.

Im vorliegenden Fall hatte der Angeklagte den Willen, das Delikt zu begehen, Stimulanzien ohne Erlaubnis einzuführen. Es war ihm nicht bewusst, dass er verbotene Importware (Heroin) einführte, deren Einfuhr die schwere Strafe eines Drogenimports nach sich zieht. Hier fehlte zwar der Vorsatz bezüglich eines

Drogenimports. Dennoch kann man die Verwirklichung der leichteren Straftat, das heißt, der Einfuhr einer einfuhrbeschränkten Ware, bejahen, da sich die Tatbestände beider Delikte überschneiden und hinsichtlich der unerlaubten Einführung der leichteren Stimulanzien Vorsatz vorlag."[30]

Wie durch diese Entscheidung deutlich wird, wendet die Rechtsprechung die *Lehre von der tatbestandlichen Entsprechung* an, die bei einer wesentlichen Überlappung von zwei Tatbeständen eine solche Entsprechung annimmt. Für die Fälle, in denen sich das wahrgenommene Delikt und das tatsächlich verwirklichte Delikt überlappen, hat das Gericht Folgendes klargestellt:

a) Wenn die Strafrahmen beider Delikte identisch sind, wird hinsichtlich der verwirklichten Tat der Vorsatz bejaht, und
b) wenn die Strafe des verwirklichten Deliktes schwerer ist als die wahrgenommene Tat, wird der Täter nach der weniger schwerwiegenden Straftat verurteilt (§ 38 Abs. 2 jaStGB).

Der Leitsatz *b)* hatte den Zweck, die in vielen Gerichtsentscheidungen der unteren Instanzen zum Ausdruck kommende Vorgehensweise abzulehnen, das tatsächlich begangene schwerere Delikt als verwirklicht anzusehen und nur hinsichtlich der Bestrafung den Strafrahmen des leichteren Deliktes heranzuziehen. Diese Klarstellung des OGH fand auch den Beifall der Rechtslehre, da sie deutlich machte, dass es nicht angebracht ist, die Deliktsverwirklichung von ihrer Strafe zu trennen.

Zu der Frage, wie jedoch vorzugehen ist,

c) wenn die wahrgenommene Straftat schwerer wiegt als die tatsächlich verwirklichte, nimmt das Gericht nicht eindeutig Stellung.

Meiner Auffassung nach muss hier wohl hinsichtlich des verwirklichten leichteren Deliktes der Vorsatz bejaht und die wahrgenommene schwerere Tat als versucht angesehen werden. Dazu gibt es folgende Urteile von Gerichten unterer Instanzen: Der Täter versuchte, einen Raub (§ 236 Abs. 1 jaStGB) zu begehen, doch das Opfer übergab ihm aus Angst seine Wertsachen ohne großen Widerstand. Hier liegen laut Gerichtsurteil ein versuchter Raub und eine vollendete Erpressung (§ 249 Abs. 1 jaStGB) in Tateinheit vor.[31] Auch das Distriktgericht Ōsaka erwähnte in einer Entscheidung, dass in einem Fall, bei dem mit Tötungsvorsatz eine Tötung auf Verlangen verwirklicht wurde, der Täter auch wegen einer Tötung auf Verlangen (§ 202 jaStGB) bestraft werden solle.[32]

[30] OGH Beschluss v. 27.3.1979, Keishū, Bd. 33, Nr. 2, S. 140.
[31] Distriktgericht Ōsaka Urteil v. 22.9.1992, Hanrei Times, Nr. 828, S. 281.
[32] Distriktgericht Ōsaka Urteil v. 16.7.1998, Hanrei Jihō, Nr. 1647, S. 156.

Zudem existiert eine frühere Entscheidung des OGH zu einem Fall, bei dem eine Anstiftung zur Anfertigung einer falschen amtlichen Urkunde durch einen Amtsträger (§ 156 jaStGB) geplant war, doch nur die Anstiftung zur Fälschung einer amtlichen Urkunde (§ 155 jaStGB) verwirklicht wurde. Hier wies der OGH darauf hin, dass „zwar beide Delikte verschiedene Tatbestände aufweisen, doch sowohl das Wesen der Delikte als auch deren Strafrahmen gleich sind".[33]

Somit wurde der Vorsatz in Bezug auf die Anstiftung zur Fälschung einer amtlichen Urkunde bejaht. Da das Urteil die „Gleichheit des Wesens der Delikte" zur Grundlage nahm, kann es als Gegenposition zum Urteil von 1979 gesehen werden. Doch ein jüngeres Urteil einer unteren Instanz lautete in einem gleich gelagerten Fall,

> „das Delikt der Anfertigung einer falschen amtlichen Urkunde und das Delikt der Fälschung einer amtlichen Urkunde mit offiziellem Siegel oder offizieller Unterschrift sind beide strafrechtlich unter dem Abschnitt ‚Straftaten der Urkundenfälschung' normiert. Beide haben die amtliche Urkunde zum Objekt und den Schutz des Rechtsgutes des Vertrauens der Allgemeinheit in die amtliche Urkunde gemein. Auch die gesetzlich vorgesehenen Strafrahmen sind für beide Delikte identisch. Beide Delikte können also dahingehend einheitlich aufgefasst werden, dass der Täter eine Urkunde unberechtigterweise hergestellt, also eine Fälschungshandlung begangen hat. Folgt man dieser Ansicht, ist es angemessen, abgesehen davon, dass beide Delikte in jeweils verschiedenen Paragrafen normiert sind, anzunehmen, dass deren Tatbestände in ihren wesentlichen Teilen überlappen. Daher ist der Vorsatz hinsichtlich des Deliktes der Herstellung einer falschen amtlichen Urkunde mit offiziellem Siegel oder offizieller Unterschrift, das durch den oben genannten Irrtum im Ergebnis verwirklicht wurde, nicht zu verneinen (vgl. Beschluss der 1. kleinen Strafkammer des OGH vom 27.3.1979, Keishū, Bd. 33, Nr. 2, S. 140; Urteil der 2. kleinen Strafkammer des OGH vom 23.10.1948, Keishū, Bd. 2, Nr. 11, S. 1386)."[34]

Die „Gleichartigkeit des Wesens von Delikten", wie es im OGH-Urteil von 1948 heißt, nimmt danach den jeweiligen Tatbestand zum Maßstab. Die soeben beschriebene Entscheidung durch das Distriktgericht Tokyo setzt also das Verständnis voraus, dass zwischen dem OGH-Urteil von 1948 und dem OGH-Beschluss von 1979 keinerlei Meinungsunterschied besteht.

Es gibt weitere Urteile, die eine solche Übereinstimmung bejahen, beispielsweise in Fällen der Alleintäterschaft bei Tötung auf Verlangen (§ 202 jaStGB) und gewöhnlicher vorsätzlicher Tötung (§ 199 jaStGB)[35], Fundsachenunterschlagung (§ 254 jaStGB) und Diebstahl (§ 235 jaStGB)[36],

---

[33] OGH Urteil v. 23.10.1948, Keishū, Bd. 2, Nr. 11, S. 1186.

[34] Distriktgericht Tokyo Urteil v. 12.7.2001, Hanrei Times Nr. 1083, S. 288.

[35] Reichsgericht Urteil v. 28.4.1910, Keiroku, Bd. 16, S. 760.

[36] Reichsgericht Urteil v. 29.3.1920, Keiroku, Bd. 26, S. 211; Obergericht Tokyo Urteil v. 15.7.1960, Kakeishū, Bd. 2, Nr. 7=8, S. 989.

Drogen- und Stimulanzienbesitz[37] sowie in Fällen der Mittäterschaft bei Diebstahl (§ 235 jaStGB) und Raub (§ 236 jaStGB)[38] sowie Erpressung (§ 249 jaStGB) und Raub[39].

3. Umfang der Überlappung bei der Lehre von der tatbestandlichen Entsprechung

Geht man davon aus, dass der Vorsatz die Kenntnis der Tatbestandsumstände ist, müssen der verwirklichte und der wahrgenommene Tatbestand übereinstimmen. Das heißt, in Fällen, in denen nur die Kenntnis eines Tatbestandes gegeben ist, der vom verwirklichten Tatbestand abweicht, ist die Straftat nicht verwirklicht. Da der Tatbestand jedoch nicht allein auf den Wortlaut des Gesetzestextes reduziert werden kann, ist eine Überlappung aufgrund einer Gesetzesinterpretation möglich. In diesem Sinne ist die Lehre von der tatbestandlichen Entsprechung zutreffend. Fraglich ist nur, inwieweit man eine Übereinstimmung bzw. Überlappung annehmen kann.

Es gibt bislang keine Gegenstimmen hinsichtlich der Anerkennung einer Überlappung, wenn es sich um einen Grundtatbestand und dessen Qualifikation handelt, zum Beispiel bei der vorsätzlichen Tötung (§ 199 jaStGB) und dem Aszendentenmord (§ 200 jaStGB, der im Jahre 1973 durch den OGH für verfassungswidrig erklärt und im Jahre 1995 aus dem jaStGB gestrichen wurde) sowie bei der Unterschlagung (§ 252 jaStGB) und der qualifizierten Unterschlagung (§ 253 jaStGB). Fasst der Täter den Vorsatz in Bezug auf die Begehung eines Aszendentenmordes, begeht aber lediglich eine Tötung, so ist in dem Vorsatz zum Aszendentenmord auch der Vorsatz zur Tötung eines Menschen enthalten. Der Tatbestand der vorsätzlichen Tötung ist somit objektiv und subjektiv erfüllt (§ 199 jaStGB). Auch in dem umgekehrten Fall, in dem der Täter mit dem Vorsatz zu einer gewöhnlichen Tötung einen Aszendentenmord verwirklicht, tötet er einen Menschen. Der Tatbestand des Totschlags ist somit auch hier objektiv und subjektiv verwirklicht. Fasst man die Lehre von der tatbestandlichen Entsprechung strikt auf, so scheint die Annahme einer Übereinstimmung auf solche Fälle begrenzt. Doch selbst die konsequentesten Anhänger der Lehre von der tatbestandlichen Entsprechung (im Folgenden als strenge Lehre bezeichnet) legen die Überlappung weit aus und vertreten eine Übereinstimmung auch beim Diebstahl (§ 235 jaStGB) und der Fundunterschlagung (§ 254 jaStGB) sowie bei der Erpressung (§ 249 jaStGB) und dem Raub (§ 236 jaStGB).

---

[37] OGH Beschluss v. 9.6.1986, Keishū, Bd. 40, Nr. 4, S. 259.
[38] OGH Urteil v. 1.5.1948, Keishū, Bd 2, Nr. 5, S. 435.
[39] OGH Urteil v. 11.4.1950, Saibanshū, Keiji Nr. 17, S. 87.

Diebstahl und Fundunterschlagung stehen je nach Vorliegen einer Gewahrsamsverletzung in einem Exklusivitätsverhältnis und auch zwischen den Delikten der Erpressung und des Raubes ist ein solches gegeben, je nach dem vorhandenen Übertragungswillen von Sachen oder Wertvorteilen. Daher könnte man davon ausgehen, dass es zu keiner exakten Überlappung kommen wird. In einem gewissen Rahmen ist jedoch auch hier eine flexible Auslegung zu akzeptieren.[40] Die Vertreter der strengen Lehre lehnen im Gegensatz dazu die Übereinstimmung der Falschbeurkundung im Amt (§ 156 jaStGB) und der Fälschung einer amtlichen Urkunde (§ 155 jaStGB) ab, ebenso des Drogen- und des Stimulanzienimports, des Besitzes von Drogen und des Besitzes von Stimulanzien, da hier von einer Überlappung der Tatbestände nicht mehr die Rede sein könne.[41]

Der Grund hierfür liegt wohl darin, dass erstere Delikte unterschiedliche Tätereigenschaften (Amtsträger oder nicht) aufweisen, während letztere unterschiedliche Regelungsobjekte zum Gegenstand haben. Es ist jedoch fraglich, ob die Gleichheit von Tatbestandsmerkmalen wie Tatsubjekt, Tathandlung, Tatobjekt etc. für die Bejahung des Vorsatzes unerlässlich ist.

In Fällen von beispielsweise Erpressung und Raub, in denen sich in derselben Vorschrift mehrere Handlungsalternativen finden, lässt sich sagen, dass die Erpressung (bzw. der Raub) durch Gewalt und die Erpressung (bzw. der Raub) durch Drohung verschiedene Tatbestände sind. Auch die Delikte der Festnahme und des Einsperrens sind in demselben Paragrafen (§ 220 jaStGB) normiert und werden allgemein als verschiedene Tatbestände interpretiert. Menschenraub und Entführung (§§ 224 ff. jaStGB) haben ebenso jeweils unterschiedliche Tatbestände. Doch wäre es hier offensichtlich falsch, würde man den Vorsatz verneinen, falls im Rahmen dieser Tathandlungen ein Irrtum entsteht. Dies wäre beispielsweise der Fall, wenn man zwar zu einer Erpressung durch Gewalt anstiftet, der Angestiftete jedoch eine Erpressung durch Drohung begeht, oder wenn man zu einem Menschenraub anstiftet, der Angestiftete aber eine Entführung verwirklicht. Meiner Ansicht nach gehen auch die Vertreter der strengen Lehre nicht von einer solchen Annahme aus.

---

[40] *Matsumiya* (o. Fn. 6), S. 183, nimmt für einen Fall, bei dem ein Diebstahl mit dem Vorsatz einer Fundunterschlagung verwirklicht wurde, an, gerade wegen des Fortschaffens einer Sache durch den Täter werde diese zu einer Fundsache und in diesem Zeitpunkt werde auch eine Fundunterschlagung verwirklicht.

[41] Vgl. zum Beispiel *Yoshihisa Ōkoshi*, Strafrecht, AT, 2. Aufl. 1996, S. 144 f.; *Asada* (o. Fn. 6), S. 321; *Matsumiya* (o. Fn. 6), S. 181. Lehnt man die Übereinstimmung ab, kommt die Versuchsstrafbarkeit wegen des vom Täter geplanten Deliktes in Betracht. In den Fällen, in denen Drogen in dem Glauben eingeführt werden, es handle sich um Stimulanzien, ist es wohl schwierig, eine objektive Gefährlichkeit der Vollendung des Stimulanzienschmuggels zu bejahen. Dies ist nur denkbar, falls etwa das Tatobjekt währenddessen ausgetauscht wurde.

Diese Ausführungen gelten auch in Bezug auf das Tatobjekt. Taugliche Tatobjekte der Brandstiftung sind Gebäude, Dampflokomotiven, Elektrolokomotiven, Schiffe und Bergwerke (vgl. §§ 108 ff. jaStGB). Doch selbst wenn ein Irrtum zwischen diesen Objekten vorliegen würde, würde der Vorsatz wohl nicht verneint werden, beispielsweise wenn der Täter glaubt, eine Dampflokomotive angezündet zu haben, doch in Wirklichkeit war es eine Elektrolokomotive. Der Unterschied zwischen einer Dampflokomotive und einer Elektrolokomotive kann letztlich nicht anders bewertet werden als der Unterschied von Heroin und Stimulanzien.[42]

Man könnte annehmen, dass die Übereinstimmung in diesen Fällen nur deshalb bejaht wird, da beide Objekte in demselben Paragrafen ausdrücklich aufgeführt sind. Doch gibt es auch Fälle, bei denen alternative Tathandlungen in verschiedenen Paragrafen normiert sind, wie die Betriebssabotage durch Täuschung (§ 233 Alt. 2 jaStGB) und die Betriebssabotage unter Anwendung von Gewalt (§ 234 jaStGB). Hier wäre es falsch, die Übereinstimmung nur mit der Begründung zu verneinen, es fehle eine Vorschrift, die beide Handlungen umfasst. Der Gesetzgeber hat sich allein aus dem Grund für eine getrennte Normierung entschieden, weil er die Betriebssabotage durch Täuschung etc. (zweite Alternative) und die Schädigung des Kredites durch Täuschung etc. (erste Alternative) wegen ihrer Gemeinsamkeiten bezüglich der Mittel in § 233 jaStGB zusammenlegen wollte. Ein darüber hinausgehender Grund ist nicht ersichtlich, denn es wäre auch völlig in Ordnung gewesen, die verschiedenen Alternativen der Betriebssabotage in einer Vorschrift und die Kreditschädigung in einer anderen Vorschrift zusammen zu normieren.

Diese Ausführungen gelten ebenfalls im Hinblick auf die Fälschung einer amtlichen Urkunde und die Falschbeurkundung im Amt. Unter den Befürwortern der Lehre von der tatbestandlichen Entsprechung wird die Übereinstimmung von beiden Tatbeständen überwiegend verneint.[43] Doch die Einschränkung des Tatsubjekts bei der Falschbeurkundung hat nicht den Zweck, dem Beamten eine besondere Pflicht aufzuerlegen. Vielmehr schützt die Strafvorschrift der Falschbeurkundung im Amt kein anderes Rechtsgut als die Vertrauenswürdigkeit von öffentlichen Urkunden. Daher ist die Rechtsprechung meiner Meinung nach unterstützungswürdig.[44]

---

[42] Man könnte dagegen einwenden, eine Dampflokomotive und eine Elektrolokomotive seien praktisch dasselbe. Hier könnte man auch Schiffe und Gebäude als Beispiel nennen. Wahrscheinlich gibt es auch Leser, die hinterfragen, ob ein derartiger Irrtum überhaupt möglich ist. Doch kann es wohl durchaus vorkommen, dass ein Täter ein Objekt anzündet, von dem er glaubt, es handle sich um ein im Hafen verankertes Schiff, obwohl es in Wahrheit ein Gebäude in Form eines Schiffes ist.

[43] Vgl. *Dandō* (o. Fn. 3), S. 427, Fn. 4; *Hayashi* (o. Fn. 2), S. 265 (es wird davon ausgegangen, dass es sich nicht um dasselbe Rechtsgut handelt); *Asada* (o. Fn. 6), S. 323.

[44] Vgl. *Naitō* (o. Fn. 6), S. 982.

Lässt sich bei unterschiedlichen Vorschriften eine Übereinstimmung bejahen, so gilt dies auch, wenn es sich um *verschiedene Gesetzbücher* handelt. Bei den Brandstiftungsdelikten (§§ 108 ff. jaStGB) sind als Tatobjekte keine Busse oder Flugzeuge aufgeführt. Dies hat wohl damit zu tun, dass zu dem Zeitpunkt, als das Strafgesetzbuch in Kraft getreten ist, diese Verkehrsmittel als Massentransportmittel undenkbar waren. Der erste geglückte Flug durch die Wright-Brüder fand im Jahre 1903 statt; das geltende japanische StGB wurde vier Jahre später erlassen. Will der Gesetzgeber angesichts der Verbreitung von Bussen und Flugzeugen auch diese Verkehrsmittel zum Objekt von Brandstiftungsdelikten machen, kann er sie entweder durch eine Änderung des StGB hinzufügen oder ein zusätzliches selbstständiges Gesetz erlassen. Nur weil der Gesetzgeber die zweite Methode gewählt hat, kann der Fall nicht anders bewertet werden, als wenn die erste Variante durchgeführt worden wäre.

Das Drogenkontrollgesetz von 1953 und das Stimulanzienkontrollgesetz von 1951 definieren in einer beigefügten Tabelle zahlreiche Rauschgifte und Medikamente. Unter Letzteren sind jeweils verschiedene Substanzen aufgelistet, so zum Beispiel Heroin und Kokain. Doch nur, weil man versehentlich Heroin statt Kokain besaß, wird nicht der Vorsatz zum Drogenbesitz verneint, da beide Substanzen als Drogen angesehen werden. Es kann nicht sein, dass bei Entfernen von Kokain aus der Liste und Einfügen in ein anderes Gesetz automatisch der Irrtum zwischen Heroin und Kokain beachtlich werden soll.

Akzeptiert man wie hier die Übereinstimmung von Tatbeständen über die Grenzen der Vorschriften und Gesetze hinaus, werden Stimmen laut, die betonen, dass

> „der Grundsatz nulla poena sine lege nicht beachtet wird, wenn man die Tatsache, dass der Gesetzgeber sich für verschiedene Tatbestände bzw. verschiedene Gesetze entschieden hat, als bloße Gesetzgebungstechnik abhakt".[45]

Doch handelt es sich bei Strafvorschriften und Tatbeständen nicht um dieselbe Sache.[46] Legt man die Überlappung von Tatbeständen strikt aus und lehnt überall eine Übereinstimmung ab, würde der Gesetzgeber wohl darauf reagieren, indem er eine umfassende strafrechtliche Vorschrift erließe (zum Beispiel eine Strafrechtsnorm, die Drogen, Stimulanzien sowie Marihuana beinhaltet). Ob dies jedoch ein für den Grundsatz *nulla poena sine lege* wünschenswertes Ergebnis ist, bleibt fraglich.

Inwiefern eine Überlappung angenommen werden kann, ist eine Frage der Auslegung der jeweiligen Tatbestände.[47] Da der Tatbestand zum Schutz

---

[45] *Asada* (o. Fn. 6), S. 323.

[46] Vgl. *Kentaro Kobayashi*, in: Wataru Itō u. a., Strafrecht, AT, 2005, S. 118.

[47] *Hirano* nennt beispielhaft Situationen, in denen eine Übereinstimmung bejaht

eines Rechtsgutes normiert wird, ist es eine unabdingbare Voraussetzung für die Annahme der Überlappung, dass die Schutzgüter der jeweiligen Tatbestände identisch sind. Wurde daher in der Absicht, eine Leiche zurückzulassen (§ 190 jaStGB), in Wirklichkeit ein lebender Mensch ausgesetzt (§§ 217 f. jaStGB) oder in der Absicht einer Leichenschändung (§ 190 jaStGB) tatsächlich ein lebender Mensch verletzt (§ 204 jaStGB), so kann keine Übereinstimmung angenommen werden. Denn zwischen den Straftaten gegen das Leben und den Körper eines Menschen und den Straftaten gegen das Pietätsgefühl gegenüber einem Verstorbenen kann eine Rechtsgutsübereinstimmung nicht bejaht werden.[48]

Hiergegen wird von den Befürwortern der Lehre, die auf die *Gemeinsamkeiten der Deliktseigenschaften* abstellt, vertreten, unter Berücksichtigung der alltäglichen Lebenssituation könne der Wille bejaht werden, dass man einen Menschen aussetzt, bei dem nicht klar ist, ob er noch lebt oder schon verstorben ist. Daher sei auch der Vorsatz zum Delikt des Zurücklassens einer Leiche (§ 190 jaStGB) zu bejahen.[49] In jüngster Zeit vertreten diese Ansicht auch Anhänger der Lehre von der *Entsprechung der Verhaltensnormen*. Nach dieser Lehre wird der Vorsatz bejaht, wenn die Verhaltensnorm, die man ausgehend von einer bestimmten Strafbestimmung in Richtung einer Tatsituation hin konkretisiert, mit der Verhaltensregel übereinstimmt, die aufgrund der vom Täter wahrgenommenen Lage verallgemeinert wird.[50]

werden kann: 1.) Situationen, in denen ein Subsumtionsverhältnis zwischen den beiden Tatbeständen angenommen werden kann, 2.) Fälle, in denen zwar kein solches Subsumtionsverhältnis besteht, aber eine Art Umfassungsverhältnis bejaht werden kann. Als Beispiel für den letzteren Fall nennt er: a) falls zwei Tatbestände in derselben Strafvorschrift alternativ normiert sind, zum Beispiel die Fälschung einer amtlichen Urkunde mit offiziellem Siegel und die Fälschung einer amtlichen Urkunde mit offizieller Unterschrift (§ 155 jaStGB), die Tötung auf Verlangen und die Beihilfe zum Selbstmord (§ 202 jaStGB), Betrug bezüglich einer Sache (§ 246 Abs. 1 jaStGB) und Betrug bezüglich eines Vermögensinteresses (§ 246 Abs. 2 jaStGB); b) in Fällen, bei denen zwei Tatbestände allein wegen der Gesetzgebungstechnik in jeweils verschiedenen Paragrafen normiert sind, zum Beispiel die Fälschung einer amtlichen Urkunde und Falschbeurkundung im Amt, Drogenbesitz und Stimmulanzienbesitz; vgl. *Ryūichi Hirano*, Strafrecht, AT I, 1975, S. 178 ff.

[48] Zu dem gleichen Ergebnis gelangte das Obergericht Sapporo in einem Urteil vom 24.3.1986 (Kōkeishū, Bd. 38, Nr. 1, S. 8), ohne sich auf eine Irrtumslehre zu berufen. Hierbei wurde das erstinstanzliche Urteil aufgehoben, das die Übereinstimmung zwischen dem Zurücklassen einer Leiche (§ 190 jaStGB) und der Aussetzung eines Schutzbefohlenen (§ 218 jaStGB) annahm und die Verwirklichung eines milden Deliktes, nämlich des Zurücklassens einer Leiche, bejahte. Das Obergericht Sapporo war der Meinung, es handle sich hier um eine *Frage der Tatsachenfeststellung*. Obwohl das Gericht dazu nichts Ausführliches darlegt, gehe ich davon aus, dass es der Meinung war, eine Übereinstimmung beider Delikte könne nicht angenommen werden.

[49] Vgl. *Haruo Nishihara*, Strafrecht, AT, Teilband 2, 2. Aufl. 1993, S. 227.

[50] Vgl. *Ida*, Struktur und theoretische Grundlagen der Strafrechtsdogmatik (o. Fn. 6), S. 108 ff.

Doch treten hier Bedenken hinsichtlich der Bejahung der Gleichartigkeit von Delikten auf, deren Schutzgüter sich völlig unterscheiden. Auch bestehen Zweifel hinsichtlich des Vorgehens, die Verhaltensregeln unabhängig von den Schutzgütern zu beurteilen. Würde man nämlich unabhängig von den Schutzgütern die Deliktseigenschaft oder die Verhaltensnorm bewerten, wäre es für einen Fall, in dem ein Täter einen Stein auf eine vermeintliche Person wirft, aber tatsächlich eine Puppe beschädigt, denkbar, die Verhaltensnorm derart zu konstruieren, dass man keine Objekte beschädigen soll, die wie ein Mensch aussehen. Dann müsste aber auch eine Übereinstimmung zwischen Köperverletzung (§ 204 jaStGB) und Sachbeschädigung (§ 261 jaStGB) bejaht werden.

Die Autoren, die die Überlappung von Delikten aus rechtlicher Sicht thematisieren, bemängeln an der Lehre, die auf die tatbestandliche Überlappung abstellt, der Tatbestand sei formaler Natur und die Thematisierung einer wesentlichen Übereinstimmung widerspreche dieser formalen Natur des Tatbestandes. Doch es kann wohl nicht richtig sein, durch das Abstellen auf Maßstäbe, die nicht im Zusammenhang mit dem Tatbestand stehen, eine weitergehende Ausdehnung der Vorsatzschuld zu ermöglichen als die Lehre von der tatbestandlichen Entsprechung.

Auch die Lehrmeinung, die die *Ähnlichkeiten von Unrecht und Schuld* betont, kritisiert die herrschende Lehre von der tatbestandlichen Entsprechung, will aber nicht unbedingt eine weitere Übereinstimmung als diese Lehre annehmen.[51] Sie fordert eine Überlappung der Schuldtypen und bewirkt dadurch eine Einengung der Vorsatzschuld im Vergleich zur Lehre von der tatbestandlichen Entsprechung. So verneint sie beispielsweise eine Übereinstimmung zwischen Diebstahl und Sachbeschädigung. Die Vertreter dieser Ansicht sind der Auffassung, die Sachbeschädigung besitze den eigentümlichen Schuldgehalt, durch die Beschädigung der Sache dem Eigentümer einen Nachteil zuzufügen. Somit stimme sie nicht mit dem Diebstahl überein.[52] Doch meiner Ansicht nach hat die Sachbeschädigung über den mit der Eigentumsbeschädigung korrelierenden Schuldvorwurf hinaus keinen weiteren eigentümlichen Schuldgehalt. Auch vom Standpunkt dieser Lehrmeinung aus besteht wohl kein Hindernis, hier eine Überlappung und somit die Vorsatzschuld einer Sachbeschädigung anzunehmen.

Innerhalb der Lehre von der tatbestandlichen Entsprechung dominieren die Ansichten, die sowohl die Identität der Rechtsgüter als auch die der Tatmodalität zum Maßstab nehmen. Doch habe ich Bedenken dahingehend,

---

[51] Kritisch zu dieser Lehrmeinung *Kanako Takayama*, Vorsatz und Unrechtsbewusstsein, 1999, S. 212ff.; *Atsushi Yamaguchi*, Problemuntersuchung im Strafrecht, AT, 1998, S. 146ff.

[52] *Machino* (o. Fn. 2), S. 230.

inwieweit die Gleichheit der Tatmodalität von Bedeutung ist. Gewaltanwendung und Drohung sind unterschiedliche Handlungsweisen. Doch wird durch einen Irrtum zwischen beiden nicht der Vorsatz verneint. Ferner bedeutet die Akzeptanz der Übereinstimmung von alternativen Handlungsweisen, dass eine Abweichung von sekundären Rechtsgutsverletzungen irrelevant ist. Eine Erpressung durch Gewaltanwendung oder durch Drohung hat, auch wenn es sich um das gleiche Vermögensdelikt handelt, zwei verschiedene Rechtsgutsverletzungen zum Gegenstand, nämlich den Angriff auf den Körper und auf die Freiheit der Person. Doch im Rahmen der Vermögensdelikte ist eine solche sekundäre Rechtsgutsverletzung gerade nicht relevant.[53]

[53] *Ida,* Struktur und theoretische Grundlagen der Strafrechtsdogmatik (o. Fn. 6), S. 108, geht zwar davon aus, dass zwischen einem Betrug und einer Erpressung keine Überlappung der Tatbestände angenommen werden könne, da in der Erpressung durch die Drohung etc. eine eigene Rechtsgutsverletzung (Einschüchterung des Opfers) beinhaltet ist. Doch ist meiner Meinung nach eine solche Schlussfolgerung nicht zwingend.

Über die Fahrlässigkeit

Atsushi Yamaguchi

I. Fahrlässigkeit als Vorhersehbarkeit

1. Einleitung

Der Vorsatz sollte als Kenntnis über die tatbestandsmäßigen Tatsachen verstanden werden. Nach der hier vertretenen Auffassung wird der Inhalt der Fahrlässigkeit mit dem Begriff des Vorsatzes definiert. Das bedeutet, dass die Fahrlässigkeit als die „Möglichkeit, den psychologischen Zustand des Vorsatzes zu erreichen", also die „Möglichkeit des Vorsatzes", verstanden werden sollte. Es ist davon auszugehen, dass der Gegenstand der Erkennbarkeit bzw. der Vorhersehbarkeit bei der Fahrlässigkeit dem der Kenntnis bzw. Voraussicht im Rahmen des Vorsatzes entspricht. Mit anderen Worten ist die Fahrlässigkeit nichts anderes als ein möglicher psychologischer Zustand, der als Vorsatz bewertet werden würde, wenn dieser tatsächlich vorliegen würde. Im Folgenden sollen von diesem Standpunkt aus detaillierte Überlegungen zum Inhalt der Fahrlässigkeit angeführt werden.

Zunächst werden Fahrlässigkeitstheorien aufzeigt, die von der hier vertretenen Auffassung, die die Fahrlässigkeit sowie den Vorsatz gleichermaßen als „Schuldform" ansieht, abweichen. Das ist eine Diskussion, die die Positionierung des Fahrlässigkeitsbegriffes innerhalb der Verbrechenslehre und ferner den Inhalt dieses Begriffes betrifft. Diese Diskussion ist auch als Diskussion über die *Struktur des Fahrlässigkeitsdelikts* bekannt. Anschließend soll der Inhalt der Vorhersehbarkeit der tatbestandsmäßigen Tatsachen bzw. (da bei der fahrlässigen Tötung, die als das typische Fahrlässigkeitsdelikt gilt, die Fahrlässigkeitsschuld lediglich hinsichtlich der Verursachung des Erfolges problematisiert wird) der Vorhersehbarkeit des Erfolges (im Folgenden oft nur Vorhersehbarkeit), die die zentrale Voraussetzung des Fahrlässigkeitsbegriffes darstellt, erörtert werden.

2. *Struktur des Fahrlässigkeitsdelikts*

a) Pflicht zur Erfolgsvoraussicht und zur Erfolgsabwendung

Zunächst soll kurz aufgezeigt werden, welchem Verständnis von der Struktur des Fahrlässigkeitsdelikts dieser Aufsatz folgt. Vom Standpunkt der *Erfolgsunwertlehre* aus, die die materielle Grundlage des Unrechts in der Verursachung der Rechtsgutsverletzung sieht, sind, auf der systematischen Ebene der Tatbestandsmäßigkeit und der Rechtswidrigkeit, das Vorsatz- und Fahrlässigkeitsdelikt wesentlich gleich. Ein Unterschied zwischen diesen ergibt sich erst auf der Ebene der Schuld. Der Vorsatz begründet als Kenntnis und Voraussicht der Tatbestandsverwirklichung die Schuld des Vorsatzdeliktes, wohingegen die Fahrlässigkeit mit der Erkennbarkeit bzw. Voraussehbarkeit der Tatbestandsverwirklichung die Schuld des Fahrlässigkeitsdeliktes begründet. Diesem Verständnis folgend sind sowohl der Vorsatz als auch die Fahrlässigkeit Schuldmomente bzw. Schuldformen.

In der Rechtslehre existieren häufig Ansichten zur Fahrlässigkeit, die von diesem Verständnis abweichen. Hier wird die Fahrlässigkeit als Sorgfaltspflichtverletzung verstanden. Diese Sorgfaltspflicht besteht einerseits aus der Pflicht zur Erfolgsvoraussicht, die die Pflicht zur Vorausschau des Eintritts eines bestimmten Deliktserfolges darstellt, und andererseits aus der Pflicht zur Erfolgsabwendung, bei der es sich um die Pflicht handelt, auf Grundlage der Vorausschau den Eintritt des Erfolges zu verhindern.[1]

Der zentrale Punkt bzw. das ausschlaggebende Element für die Entstehung eines Fahrlässigkeitsdeliktes ist demnach der Verstoß gegen die Erfolgsabwendungspflicht. Ein solches Verständnis ist im Hinblick auf die Struktur des Fahrlässigkeitsdelikts nicht unbedingt notwendig (dazu später mehr), doch wird es von folgenden Überlegungen untermauert: Dieses Verständnis vom Fahrlässigkeitsdelikt hat seinen Ursprung in der *neuen Fahrlässigkeitslehre*. Nach diesem Verständnis wird die Fahrlässigkeit auf der Ebene des Unrechts positioniert und die Abweichung von einem regelgerechten Verhalten (= Verstoß gegen die Erfolgsabwendungspflicht) als Kerngehalt der Fahrlässigkeit angesehen. Diese Ansicht fordert für das Unrecht des Fahrlässigkeitsdeliktes somit nicht den Erfolgsunwert der Verursachung des Deliktserfolges, das heißt der Rechtsverletzung oder -gefährdung, als vielmehr den Handlungsunwert der Verletzung (= Abweichung von) einer Sorgfalt, die in der Erfolgsabwendungspflicht besteht: Es handelt sich um eine Fahrlässigkeitskonzeption, die auf der *Handlungsunwertlehre* basiert.

---

[1] Vgl. zum Beispiel *Hitoshi Ōtsuka*, Strafrecht, AT, 3. Aufl. 1997, S. 224ff.

Diese neue Fahrlässigkeitslehre entwickelte sich seit der Mitte der 1950er-Jahre als Theorie, um einerseits die traditionelle Fahrlässigkeitslehre, die die Fahrlässigkeit als Schuldelement ansah, als sogenannte *alte Fahrlässigkeitslehre* zu kritisieren und um andererseits die Fahrlässigkeitsstrafbarkeit einzugrenzen. Im Hinblick auf die Zunahme der Verkehrsunfälle im Zuge des Fortschrittes der Massenmotorisierung wurde zudem stärker die Meinung, dass die traditionelle Fahrlässigkeitslehre, die auf die Vorhersehbarkeit abstellt, für die Anpassung an die veränderte Lage unzureichend sei (da sie dazu neige, die fahrlässige Strafbarkeit auszudehnen). Hierin liegt der Versuch, die Einschränkung der fahrlässigen Strafbarkeit mittels der Vorhersehbarkeit durch die Verletzung der Erfolgsabwendungspflicht zu ersetzen.

Das größte Problem einer solchen Auffassung im Hinblick auf die Fahrlässigkeit ist im Inhalt des Schlüsselbegriffs der Erfolgsabwendungspflicht zu sehen. Sollte dieser vom Standpunkt der Handlungsunwertlehre aus definiert werden, die die theoretische Grundlage der neuen Fahrlässigkeitslehre darstellt, so wäre die Tür zu einer „willkürlichen" Beurteilung geöffnet, da Raum für eine freie Entscheidung gegeben ist. Die neue Fahrlässigkeitslehre hat in den Folgejahren nach 1965, in denen immer mehr Probleme im Rahmen von Umweltstraftaten auftraten, die Erweiterung der fahrlässigen Strafbarkeit gefordert. Versucht man die „Willkür" der Beurteilung zu beseitigen, ist keine andere Möglichkeit gegeben, als sich auf die Verwaltungsgesetze zu berufen. Dann besteht jedoch die Gefahr, dass Pflichten aufgrund von Verwaltungsgesetzen, wie zum Beispiel bei Straßenverkehrsgesetzen, mit der strafrechtlichen Erfolgsabwendungspflicht gleichgesetzt werden. Es lässt sich wohl sogar sagen, dass diese Gleichsetzung nur selbstverständlich ist, da diese Verwaltungsgesetze aus dem Blickwinkel der Verhinderung der Rechtsgüterverletzung und der Gefahrenabwehr Pflichten statuieren. Das wiederum hat zur Folge, dass ein Fahrlässigkeitsdelikt verwirklicht ist, sobald durch einen Verstoß gegen ein Verwaltungsgesetz eine Rechtsgutsverletzung verursacht wird. Das führt dazu, dass es sich der Sache nach in ein erfolgsqualifiziertes Delikt umwandelt, dessen Grunddelikt der Verstoß gegen das Verwaltungsgesetz ist. Dadurch bewirkt man nicht die Eingrenzung der Fahrlässigkeitsstrafbarkeit, sondern deren Ausweitung, zumal bei der neuen Fahrlässigkeitslehre die Bedeutung des Erfordernisses der Vorhersehbarkeit als relativ unwichtig angesehen wird.

Die neue Fahrlässigkeitslehre, die die Verletzung der Erfolgsabwendungspflicht thematisiert, sieht das Wesen des Unrechts von Fahrlässigkeitsdelikten zwar mehr im Handlungsunrecht der Pflichtverletzung als im Erfolgsunrecht der Rechtsgutsverletzung bzw. -gefährdung. Und dennoch handelt es sich um eine Lehrmeinung vermittelnder Natur, die auch das Erfolgsunrecht als eine unabdingbare Voraussetzung fordert, indem sie auf das Erfordernis der Vorhersehbarkeit des Erfolges zumindest nicht verzichtet. Im Gegensatz hierzu hat die im Folgenden behandelte sogenannte *Theorie der Besorgnis*, die auch „*erneuerte* neue Fahrlässigkeitslehre" genannt wird, den Charakter der Handlungsunwertlehre in konsequenter Weise noch weitergeführt.

b) Theorie der Besorgnis

Die Theorie der Besorgnis entwickelte sich ursprünglich aus dem Standpunkt der neuen Fahrlässigkeitslehre. Dabei kritisierte sie jedoch, dass man Fälle, in denen der Erfolg durch eine bisher unbekannte Gefahr verursacht wird, nicht ausreichend behandeln (das heißt bestrafen) könne, wenn man die Vorhersehbarkeit im herkömmlichen Sinne voraussetzen würde. Vielmehr sei die konkrete Vorhersehbarkeit des Erfolges irrelevant und das Angstgefühl bzw. die Besorgnis, dass etwas passieren könnte, durchaus ausreichend.

Diese Lehre konnte erst auf Grundlage der neuen Fahrlässigkeitslehre entstehen, bei der die Vorhersehbarkeit nur als Anlass zur Erfolgsabwendung verstanden wird. Sie hat den Charakter der Handlungsunwertlehre konsequent weiter fortgesetzt. Dies folgt daraus, dass das Wesen des fahrlässigen Unrechts nicht in der Verursachung der Rechtsgutsverletzung, sondern allein in der Verletzung der Erfolgsabwendungspflicht liegt und somit eine (konkrete) Vorhersehbarkeit des Verletzungserfolges (auch als Schuldelement) nicht erforderlich ist. Auf Grundlage einer solchen Unrechtslehre ist es möglich, eine Besorgnis zum Maßstab einer Erfolgsabwendungspflicht zu nehmen. Mit anderen Worten besagt die Lehre der Besorgnis, dass in Fällen, in denen, auch ohne die konkrete Vorhersehbarkeit, das Gefühl der Besorgnis besteht, dass etwas passieren könnte, eine Maßnahme getroffen werden müsse, um diese Besorgnis aus der Welt zu schaffen (dies wird zum Inhalt der Erfolgsabwendungspflicht). Wird eine solche Maßnahme nicht vorgenommen und wird somit der Erfolg der Rechtsgutsverletzung verursacht, sei dies ausreichend, um das Vorliegen eines Fahrlässigkeitsdeliktes zu bejahen. Hier besitzt die Rechtsgutsverletzungsfolge nicht die Bedeutung eines Elementes, das das fahrlässige Unrecht begründet, sondern lediglich die Bedeutung einer objektiven Bedingung der Strafbarkeit.

Deshalb wird die Lehre der Besorgnis in der Rechtslehre im Allgemeinen dahingehend kritisiert, dass es gegen das Schuldprinzip verstoße, wenn man hinsichtlich des Erfolges nicht die konkrete Vorhersehbarkeit verlangt. Doch das wahre Problem liegt nicht im Verstoß gegen das Schuldprinzip, sondern in der monistischen Unrechtskonzeption, die dort vorausgesetzt wird. Solange man eine derartige Lehre, die allein dem Handlungsunrecht die unrechtskonstituierende Bedeutung beimisst, zu Grunde legt, würde auch die

Lehre der Besorgnis nicht gegen das Schuldprinzip verstoßen. Denn danach hat die Rechtsgutsverletzung keine Bedeutung für das strafrechtliche Unrecht. Deshalb ist eine solche Lehre kaum unterstützbar.

Nicht nur in der Rechtslehre wird die Lehre der Besorgnis stark kritisiert[2]; auch die Rechtsprechung steht ihr kritisch gegenüber. Das nach der Zurückweisung durch den OGH gefällte erstinstanzliche Urteil zum *Morinaga-Trockenmilch-Fall*, der den Anstoß zur Lehre der Besorgnis gab, wandte diese Lehre wie folgt an:

> „Die Vorhersehbarkeit muss dergestalt sein, untermauern zu können, dass es angemessen ist, dem Täter eine gewisse Verpflichtung aufzuerlegen, den Erfolg zu verhindern. In diesem Fall ist es nicht notwendig, dass die Vorhersehbarkeit dergestalt ist, den konkreten Kausalverlauf zu durchschauen. Vielmehr reicht es aus, wenn eine gewisse Besorgnis vorhanden ist, dass eine nicht bestimmbare Gefahr besteht und dieses Gefühl nicht ignoriert werden kann".[3]

In der Judikatur ist jedoch die Stellungnahme im *Elektroskalpell-Fall* die Gängigere:

> „Für die Vorhersehbarkeit des Erfolgseintrittes ist ein inhaltlich unbestimmtes allgemeines bzw. abstraktes Gefühl der Besorgnis bzw. der Angst nicht ausreichend. Vielmehr muss dieser Begriff derart aufgefasst werden, dass die Erkennbarkeit eines bestimmten tatbestandlichen Erfolges sowie der Grundzüge des Kausalverlaufes, der zur Verursachung des Erfolges führt, vorliegen".[4]

Für das Vorliegen eines Fahrlässigkeitsdeliktes ist also die konkrete Vorhersehbarkeit des Erfolgseintrittes unabdingbar. Dies ist jedoch selbstverständlich, da die Erfolgsverursachung die substantielle Grundlage für das fahrlässige Unrecht ist und bezüglich dieser die Schuld bejaht werden muss. Fraglich ist dabei lediglich der Inhalt der Schuld, was im Folgenden erörtert wird.

c) Eigene Auffassung

Zunächst soll die hier vertretene Auffassung zur Struktur des Fahrlässigkeitsdeliktes aus einer anderen Perspektive aufzeigt werden, indem die Begriffe der Erfolgsvorhersehungspflicht und Erfolgsabwendungspflicht an sich kritisch untersucht werden.

Beginnend mit der *Erfolgsvorhersehungspflicht*: Soweit hier die Vorhersehbarkeit des Erfolges (genauer gesagt die Vorhersehbarkeit der Verwirklichung der tatbestandsmäßigen Tatsachen) thematisiert wird, ist dies

[2] Dagegen wird sie zum Beispiel von *Hitoshi Itakura*, Strafrecht, AT, 1994, S. 260ff.; *Takeshi Tsuchimoto*, Untersuchung zum Fahrlässigkeitsdelikt, 1986, S. 21 ff. befürwortet.

[3] Distriktgericht Tokushima, Urteil v. 28.11.1973, Hanrei Jihō Nr. 721, S. 7.

[4] Obergericht Sapporo, Urteil v. 18.3.1976, Kōkeishū Bd. 29, Nr. 1, S. 78.

nicht weiter problematisch. Nichtsdestotrotz ist der Begriff der Erfolgsvorhersehungspflicht besonders anfällig für Missverständnisse. Denn unter der Erfolgsvorhersehungspflicht an sich ist keine selbstständige Pflicht zu verstehen. Die Folge der Erfüllung einer solchen Pflicht wäre die Voraussicht des Erfolges (Kenntnis der Verwirklichung der tatbestandsmäßigen Tatsachen), was bedeutet, dass ein psychologischer Zustand verursacht wird, der folgenschwerer zu bewerten ist als der Vorsatz. Dies würde somit auch zu einer schwerwiegenderen Strafe führen. Eine Pflicht, die eine solche schwere Schuld nach sich zieht, sobald sie tatsächlich in die Tat umgesetzt wird, ist sinnlos. Das zeigt, dass nicht die Auffassung vertreten werden kann, dass die Erfolgsvorhersehungspflicht eine aus der Erfolgsabwendungspflicht verselbstständigte Bedeutung besitze. Denn das würde bedeuten, dass, selbst wenn die Pflicht thematisiert werden würde, würde als Pflicht verlangt werden, den Erfolg vorherzusehen *und* diesen Erfolg abzuwenden, womit Gegenstand der Bestrafung ein Unterlassen wäre.[5] Ferner bedeutet das, dass die Verletzung der Erfolgsvorhersehungspflicht an sich kein Unrechtselement darstellt, das die Strafe begründet. Nach meiner Auffassung liegt hier lediglich ein Schuldelement vor. Somit wäre es auch im Sinne der Vermeidung von Missverständnissen wünschenswert, allein den Begriff der Vorhersehbarkeit und nicht mehr den Ausdruck der Erfolgsvorhersehungspflicht zu benutzen.

Ferner bin ich der Meinung, dass die *Erfolgsabwendungspflicht*, die im Rahmen der neuen Fahrlässigkeitslehre einen Schlüsselbegriff darstellt, dasselbe ist, wie die Handlungspflicht, die aus der Garantenstellung entsteht und ein notwendiger Bestandteil der Strafbarkeit von Unterlassungsdelikten ist. Daher muss in gewöhnlichen Fällen, in denen die Fahrlässigkeitsschuld wegen der Verursachung des Erfolges durch eine Handlung untersucht wird, zunächst die Pflicht zum Unterlassen auferlegt werden. Auch bei Vorsatzdelikten wird auf gleiche Weise eine solche Unterlassungspflicht bzw. in Form einer Handlungspflicht die Erfolgsabwendungspflicht verlangt. Es handelt sich hierbei also um keine speziell den Fahrlässigkeitsdelikten eigene Problemstellung. Mit anderen Worten, auch wenn die Erfolgsabwendungspflicht thematisiert wird, muss deren Inhalt nicht im Sinne der Handlungsunwertlehre, das heißt vom Standpunkt der neuen Fahrlässigkeitslehre aus, aufgefasst werden, sondern so, wie oben bereits erläutert.

In diesem Punkt ist es auch denkbar, dass, und zwar auch in Fällen, in denen der Erfolg durch eine aktive Handlung verursacht wurde, die Tat nicht bestraft werden kann, da durch die gleichzeitige Vornahme einer

---

[5] Vgl. auch *Ryūichi Hirano*, Strafrecht, AT I, 1972, S. 191; *Takaaki Matsumiya*, Strafrecht, AT, 1997, S. 198.

Erfolgsverhinderungsmaßnahme der adäquate Kausalzusammenhang bzw. die objektive Zurechnung verneint wird (da dadurch die Gefährlichkeit der Erfolgsverursachung nicht mehr vorliegt). Es ist möglich, unter der Rubrik der Erfolgsabwendungspflicht beim Fahrlässigkeitsdelikt eine solche Tat, die in dem Sinne erlaubt ist, dass sie nicht bestraft wird, (wahrscheinlich kann man auch Taten, die wegen fehlender Vorhersehbarkeit begangen werden, mit den Taten, die in diesem Sinne nicht bestraft werden, gleichsetzen) zu thematisieren.[6] Es ist deshalb denkbar, für die fahrlässige Strafbarkeit die Möglichkeit zu verlangen, durch eine solche Handlung den Erfolg abwenden zu können. Doch eine solche Pflicht garantiert keinesfalls die tatsächliche Erfolgsabwendung. Daher ist es nicht nur unpassend, diese als Erfolgsabwendungspflicht zu bezeichnen, sondern schlichtweg falsch: Die Strafbarkeit müsste dann bereits dort verneint werden, wo eine Alternativhandlung, bei der der adäquate Kausalzusammenhang bzw. die Vorhersehbarkeit fehlen würde, denkbar ist. Eine solche Alternativhandlung kann nicht mit einer strafrechtlich gebotenen Handlung gleichgesetzt werden. Daraus folgt in Fällen, in denen ein Erfolg durch eine Handlung verursacht wird, dass der Strafgrund nicht im Unterlassen, dass die Gefährlichkeit des Erfolgseintritts nicht beseitigt wurde, sondern im aktiven Tun der Erfolgsverursachung gesehen werden muss.

Im Ergebnis ist das eigentliche Problem der Fahrlässigkeitsdelikte allein die Vorhersehbarkeit des Erfolges. Die Vorhersehbarkeit ist der Kern der Fahrlässigkeit. Die Einschränkung der fahrlässigen Strafbarkeit muss auf Basis dieses Erfordernisses erfolgen. Die Grenze der Fahrlässigkeit muss also durch die Fahrlässigkeit selbst gezogen werden.

Diese Ansicht wird jedoch kritisiert. Es wird behauptet, dass die neue Fahrlässigkeitslehre aus der Kritik hinsichtlich der Ausuferungsmöglichkeit des Begriffes der Vorhersehbarkeit entstanden ist.[7] In letzter Zeit wird zudem stark die Position vertreten, dass der Strafbarkeitsbereich der Fahrlässigkeitsdelikte durch die Eingrenzung der Fahrlässigkeits*handlungen* zu bestimmen sei. Dabei wird die Ansicht bevorzugt, die Fahrlässigkeitshandlung als eine Handlung anzusehen, die ein „substantielles und unerlaubtes Risiko" beinhaltet. Diese soll eingegrenzt werden, indem man für

---

[6] Vgl. auch *Hiroshi Ōtsuka*, Die Struktur der Ausführungshandlung bei Fahrlässigkeitsdelikten, in: Festschrift für Yasumasa Shimomura zum 70. Geburtstag, Bd. 2, 1995, S. 164ff. Auch *Toshio Kamiyama*, Die Struktur des fahrlässigen unechten Unterlassungsdeliktes, in: Festschrift für Taira Fukuda und Hitoshi Ōtsuka zum 70. Geburtstag, Bd. 1, 1993, S. 50, differenziert zwischen der Handlungspflicht und der Erfolgsabwendungspflicht.

[7] *Yasukuni Yoneda*, Heutige Aufgaben der strafrechtlichen Fahrlässigkeitslehre, 1. Teil, Keisatsu Kenkyū, Bd. 63, Nr. 6, 1992, S. 36, kritisiert dies als einen „unvernünftigen Glauben an die Vorhersehbarkeit".

den Inhalt der Gefahr einen „gewissen hohen Grad an Vorhersehbarkeit" fordert.[8] In der Tat ist auch bei Fahrlässigkeitsdelikten für die Bejahung der Tatbestandsmäßigkeit eine rechtsgutsverletzende Handlung notwendig. Dabei ist es selbstverständlich, dass diese, wie bei den Vorsatzdelikten, aus der Perspektive des adäquaten Kausalzusammenhangs bzw. der objektiven Zurechnung festgestellt werden muss.[9] Es ist jedoch fraglich, inwiefern die Betonung der Eingrenzung durch die Gefährlichkeit tatsächlich eine von der Eingrenzung durch die Vorhersehbarkeit abweichende Effizienz besitzt. Dies folgt aus der Tatsache (abgesehen von Fällen, in denen es auf die individuellen Fähigkeiten des Täters ankommt), dass man genauso, wie man die Gefährlichkeit verneint, auch die Vorhersehbarkeit verneinen kann. Somit geht auch diese Lehrmeinung davon aus, dass die Beurteilung des substanziellen Risikos nur innerhalb des Erfordernisses der Vorhersehbarkeit eine Bedeutung erlange.[10]

An dieser Stelle muss kurz auf den *Vertrauensgrundsatz* eingegangen werden. Dieser Grundsatz besagt, dass in Fällen, in denen man darauf vertrauen kann, dass das Opfer oder ein Dritter keine unangemessene Handlung durchführt, anders gesagt, in Fällen, in denen keine Situation vorliegt, bei denen es unangebracht wäre auf ein angemessenes Verhalten zu vertrauen, die fahrlässige Strafbarkeit nicht in Frage komme, auch wenn aufgrund des Vertrauensbruches eine Rechtsgutsverletzung erfolgte. Dieser Grundsatz wird vor allem in Straßenverkehrsfällen durch die Judikatur anerkannt.[11]

Zwar wird dieser Grundsatz auch in der Rechtslehre grundsätzlich akzeptiert, doch gibt es verschiedene Ansichten darüber, wie das erlaubte Risiko zu verstehen ist. Angefangen mit solchen Ansichten, die die Voraussetzung des substantiellen Risikos, das von der Fahrlässigkeitshandlung gefordert wird, ausdrücklich darstellen,[12] und solchen, die diesen Grundsatz als ein methodisches Prinzip heranziehen, um einen an sich abstrakten Maßstab der Vorhersehbarkeit zu konkretisieren.[13] Ferner gibt es solche, die diesen Grundsatz als Maßstab nehmen, um aus der tatsächlichen bzw. natürlichen Vorhersehbarkeit die strafrechtliche Vorhersehbarkeit heraus-

---

[8] *Hirano* (o. Fn. 5), S. 193 ff.

[9] Vgl. auch *Keiichi Yamanka*, „Vorhersehbarkeit" und „Ausführungshandlung" bei Fahrlässigkeitsdelikten, in: Jun'ji Abe u. a. (Hrsg.), Grundlegende Probleme des Strafrechts, Bd. 2, 1994, S. 300 ff.

[10] *Hirano*, Zwei, drei Probleme zur Fahrlässigkeit, in: Festschrift für Masaharu Inoue zum 60. Geburtstag, Bd. 2, 1984, S. 300.

[11] Siehe etwa OGH Urteil v. 20.12.1966, Keishū, Bd. 20, Nr. 10, S. 1212. Zwar handelt es sich nicht um einen Straßenverkehrsfall, doch wurde das Prinzip bereits im OGH Urteil v. 14.6.1966, Keishū, Bd. 20, Nr. 5, S. 449 anerkannt.

[12] *Hirano* (o. Fn. 5), S. 197.

[13] *Takehiko Sone*, Strafrecht, AT, 2. Aufl., 1993, S. 188.

zuarbeiten.[14] Bis hin zu solchen, bei denen die normative Seite betont wird und dieser Grundsatz als ein Maßstab für die Bestimmung der Sorgfaltspflicht verstanden wird und die somit akzeptieren, dass es auch in Fällen, in denen zwar die Vorhersehbarkeit für den Durchschnittsmenschen bejaht, die Sorgfaltspflicht aber beschränkt werden kann.[15]

Nach der Auffassung dieses Aufsatzes geht es bei der Anwendung des Vertrauensgrundsatzes ausschließlich um die Vorhersehbarkeit (sollte es sich um etwas anderes handeln, wäre kein Grund ersichtlich, warum man ein solches, speziell den Fahrlässigkeitsdelikten eigenes Prinzip der Strafbarkeitsbegrenzung akzeptieren darf). In Fällen, in denen eine Situation vorliegt, bei der es angemessen ist, auf ein verkehrsgerechtes Verhalten des Opfers zu vertrauen, hat das erlaubte Risiko lediglich zur Folge, dass die Vorhersehbarkeit des Erfolgseintrittes wegen einer irregulären Handlung nicht mehr bejaht werden kann. Trotzdem darf diesem Grundsatz nicht jegliche Bedeutung abgesprochen werden. Dem Vertrauensgrundsatz kommt die wichtige Aufgabe zu, einen daran zu erinnern, dass lediglich eine Situation vorliegt, in der ein Erfolgseintritt möglich ist. Dabei darf jedoch unter keinen Umständen die Vorhersehbarkeit des Erfolgseintritts bejaht werden, ohne dies genauer zu untersuchen. Daraus folgt, dass für die Vorhersehbarkeit nicht allein die Möglichkeit ausreichend ist, sondern dass vielmehr ein *gewisser hoher Grad an Wahrscheinlichkeit*[16] vorliegen muss (dies wird in Straßenverkehrsfällen als selbstverständlich vorausgesetzt. Es ist jedoch problematisch, dass dies bei der sogenannten Aufsichtsfahrlässigkeit, wie in den später behandelten Großbrandunfällen, gerade nicht so ist).

3. Vorhersehbarkeit

a) Strafbegrenzungsfunktion der Vorhersehbarkeit

Wie bereits angedeutet, ist der Gehalt der Vorhersehbarkeit bei einem Fahrlässigkeitsdelikt ein psychologischer Zustand, der als Vorsatz gewertet werden würde, wenn er tatsächlich vorliegen würde.[17] Daher wird die Vorhersehbarkeit durch den Vorsatzbegriff definiert. Das heißt, dass der Gegenstand der Kenntnis bzw. der Voraussicht bezüglich des Vorsatzes mit dem Gegenstand der Erkennbarkeit bzw. Voraussehbarkeit bei der Fahrlässigkeit übereinstimmt. Würde die Ansicht vertreten werden, dass lediglich

[14] *Haruo Nishihara*, Strafrecht, AT, Bd. 1, 1993, S. 205.

[15] *Ōtsuka* (o. Fn. 1), S. 220ff.

[16] Vgl. *Hirano* (o. Fn. 5), S. 194; *Ken Naitō*, Strafrecht, AT, Bd. 3, Heft 1, 1991, S. 1116.

[17] Vgl. *Takaaki Matsumiya*, Untersuchung der strafrechtlichen Fahrlässigkeitslehre, 1989, S. 301.

Fälle der Fahrlässigkeit eingegrenzt werden müssten, so ist dies im Hinblick auf den vertretenen Vorsatzbegriff falsch. Meiner Ansicht nach ist es nicht möglich, einerseits die Fahrlässigkeit als eine Möglichkeit des Vorsatzes aufzufassen und andererseits anzuerkennen, dass es Fälle gebe, in denen die tatsächliche Wahrnehmung der betreffenden Umstände zur Annahme des Vorsatzes führt, deren Wahrscheinlichkeit jedoch keine Fahrlässigkeit darstellt. Da die Bestrafung von Fahrlässigkeitsdelikten eine Ausnahme darstellt (§ 38 Abs. 1 jaStGB), wird gelegentlich darauf hingewiesen, dass es notwendig sei, den Fahrlässigkeitsbegriff einzugrenzen. Doch ist es wohl eindeutig, dass allein wegen des Ausnahmecharakters eine Eingrenzung der Strafbarkeit nicht begründet werden kann, da man sich bereits für eine Strafbarkeit entschieden hat.

Ferner ist für die Bejahung einer fahrlässigen Strafbarkeit ein gewisser hoher Grad an Vorhersehbarkeit notwendig, um eine strafwürdige Schuld begründen zu können. Ansonsten müsste man bei einem Autounfall stets eine Strafbarkeit wegen fahrlässiger Tötung oder Körperverletzung (§ 211 jaStGB) bejahen. Andernfalls könne man nicht ausschließen, dass sich bei der Autofahrt ein Unfall ereignet. Der Vertrauensgrundsatz im Straßenverkehr hat die Aufgabe, dieses ungerechte Ergebnis zu vermeiden. Gleichwohl ist der Vertrauensgrundsatz nicht auf Straßenverkehrsfälle beschränkt, sondern im Allgemeinen zutreffend. Die Fahrlässigkeitslehre, die diese Tatsache missachtet, kann dem – bildlich gesprochen – Teufelskreis nicht entkommen.

Nichtsdestotrotz gibt es Fälle, in denen aufgrund der Forderung nach Strafe die Vorhersehbarkeit in der juristischen Praxis recht milde ausgelegt wird. Ein Beispiel dafür ist der äußerst tragische *Morinaga-Trockenmilch-Fall*. Diesem lag der Sachverhalt zugrunde, dass zahlreiche Säuglinge umgekommen oder schwer krank geworden sind. Grund hierfür war, dass während des Produktionsprozesses von Säuglingsmilchpulver ein chemisches Mittel, in dem Arsen enthalten war, hinzugefügt wurde, um die Löslichkeit der Milch zu erhöhen. Hier ist wohl anzunehmen, dass es sehr schwierig war, vorherzusehen, dass in dem Mittel, das die *Morinaga-Fabrik* von einem vertrauenswürdigen Großhändler vor Ort gekauft hatte, Arsen enthalten war und deshalb Säuglinge geschädigt werden würden. Trotzdem wurde das Ergebnis der Bejahung der fahrlässigen Tötung und Körperverletzung auch von zahlreichen Vertretern der herrschenden Meinung, die die Lehre der Besorgnis ablehnen, befürwortet. Ein ähnliches Beispiel ist der *Elektroskalpell-Fall*. Hier wurde während einer Operation ein Elektroskalpell benutzt. Allerdings wurden dabei die Kabel falsch angeschlossen, sodass wegen des dabei benutzten Kardiografen ein unerwarteter Stromkreislauf entstand, wodurch Verbrennungen verursacht wurden. Auch hier wurde die Fahrlässigkeitsschuld der Krankenschwester, die die Kabel versehentlich vertauscht hatte, bejaht, trotz der Tatsache, dass durch das Vertauschen der Kabel allein keine Verbrennung verursacht worden wäre. Es wurde aber, und zwar auch von dem Berufungsgericht, welches die Lehre der Besorgnis als allgemeine Lehre ausdrücklich ablehnt, unter Berücksichtigung der Tatsache, dass der Grund für die Verbrennung erst durch ein späteres Gutachten festgestellt wurde, zum Grad der Vorhersehbarkeit festgehalten, „dass im Fall einer Operation unter Verwendung des Elektroskalpells, die mit versehentlich vertauschten Kabeln durchgeführt wird, eine Abnormalität der Funktion beim elektrischen Operationsgerät veranlasst wird und somit Unregelmäßigkeiten bei dem Stromfluss verursacht werden, der vom Gerät über das Kabel in den Körper des Patienten fließt. Im Ergebnis besteht die Gefahr, dass durch den Stromfluss im Körper des Patienten Schäden verursacht werden".[18] Meiner Meinung nach stimmt diese Begründung mit der Lehre der Besorgnis überein. Die Voraussetzung der Vorhersehbarkeit ist hier nichts anderes als ein „Lippenbekenntnis".

Als Inhalt der Vorhersehbarkeit wird im Allgemeinen zwar die Erkennbarkeit des „tatbestandsmäßigen Erfolges und der Grundzüge des zu ihm führenden Kausalverlaufes" gesehen,[19] doch ob dies angemessen ist, bleibt noch zu untersuchen.

b) Erfolg (insbesondere das Tatobjekt)

Es ist unumstritten, dass die Vorhersehbarkeit des tatbestandlichen Erfolges erforderlich ist. Deren Inhalt ist jedoch problematisch. Nach der Lehre von der konkreten tatbestandlichen Entsprechung (= Konkretisierungstheorie), die im Rahmen des Vorsatzes die Kenntnis bzw. die Voraussicht des Objektes, bei dem tatsächlich ein Schaden eingetreten ist, fordert, muss auch im Rahmen der Fahrlässigkeit eine Vorhersehbarkeit dahingehend bestehen, dass dem tatsächlich geschädigten Tatobjekt ein Schaden zugefügt wird.[20] Dagegen wird dies von der Lehre der abstrakten tatbestandlichen Entsprechung (= Gleichwertigkeitstheorie), die von der Rechtsprechung[21] und von namhaften Rechtsgelehrten angewandt wird, nicht gefordert. Diese geht davon aus, dass die Vorhersehbarkeit auch dann bejaht werden kann, wenn zwar ein anderes, aber ein gleichwertiges Objekt beschädigt wird.

Beispielhaft dafür ist ein Fall, den der OGH zu entscheiden hatte. Diesem lag der Sachverhalt zugrunde, dass der Fahrer wegen eines Fahrfehlers mit seinem Auto gegen einen Ampelpfosten fuhr. Dabei kamen A und B, die

---

[18] Obergericht Sapporo Urteil v. 18.3.1976 (o. Fn. 4).
[19] Vgl. zum Beispiel *Naitō* (o. Fn. 16), S. 1118ff.
[20] Vgl. Obergericht Fukuoka (Zweigstelle Miyazaki) Urteil v. 9.9.1958, Saitoku, Bd. 5, Nr. 9, S. 393.
[21] OGH Urteil v. 28.07.1978, Keishū, Bd. 32, Nr. 5, S. 1068.

sich auf der hinteren Ladefläche befanden, ums Leben, der Beifahrer C erlitt durch den Aufprall Verletzungen. Der OGH hat bezüglich des Umstandes, dass nicht festgestellt werden kann, ob der Angeklagte wusste, dass A und B mitfuhren, folgendes erklärt:

> „Was den Angeklagten angeht, kann man ohne weiteres sagen, dass es bei einer wie oben dargestellten waghalsigen Fahrweise auf jeden Fall erkennbar war, dass hierdurch ein Unfall verursacht werden kann, bei dem Menschen tödlich verletzt werden können. Daher ist die Bejahung einer fahrlässigen Tötung unumgänglich, auch wenn der Angeklagte sich der Tatsache nicht bewusst war, dass auf der hinteren Ladefläche des Pkws die oben genannten zwei Personen mitfuhren".[22]

Es ist zwar selbstverständlich, dass für die Bejahung der Vorhersehbarkeit der Tode von A und B die Kenntnis, dass A und B mitfahren, nicht notwendig ist. Nach der Lehre von der abstrakten tatbestandlichen Entsprechung, die von der Judikatur angewandt wird, ist jedoch weder die Kenntnis des Umstandes des Mitfahrens noch dessen Möglichkeit nicht erforderlich. Vielmehr genügt es, dass es vorhersehbar ist, dass ein Mensch sterben wird.[23] Da in dem vorliegenden Fall die Vorhersehbarkeit bejaht werden kann, dass der auf dem Beifahrersitz befindliche C stirbt, ist nach der Gleichwertigkeitstheorie unproblematisch auch die Fahrlässigkeit hinsichtlich des Todes von A und B zu bejahen. Die Fahrlässigkeit ist (wie der Vorsatz) lediglich ein psychologischer Zustand, sodass keine Notwendigkeit besteht, dass die Realität mit diesem übereinstimmt. Der Gegenstand der Vorhersehbarkeit muss also kein tatsächlich existierender Umstand sein. Für die Bejahung der Fahrlässigkeit bezüglich der eingetretenen Rechtsgutsverletzung genügt es, wenn man sich das Objekt vorstellen kann (dies wäre wohl praktisch immer möglich), welches hätte beschädigt werden können, wenn es tatsächlich existiert hätte (mit anderen Worten ist es ausreichend, wenn eine „Unachtsamkeit" gegeben ist). Auch die Entscheidung des OGH lässt die Erkennbarkeit, dass „man eventuell einen Unfall verursachen könnte, der den Tod eines Menschen nach sich zieht", ausreichen. Dies zeigt, dass im Rahmen der Fahrlässigkeitsdelikte die Vorhersehbarkeit hinsichtlich der Strafbegrenzung keinerlei Funktion hat. Sie wird zu einem sinnlosen Begriff herabgestuft. Lediglich die adäquate Kausalität bzw. objektive Zurechnung zur Erfolgsverursachung stellen Schranken für die Bestrafung dar.[24]

---

[22] OGH Beschluss v. 14.3.1989, Keishū, Bd. 43, Nr. 3, S. 262.

[23] Vgl. *Masahide Maeda*, Die Lehre von der tatbestandlichen Entsprechung und die Vorhersehbarkeit bei Fahrlässigkeit, Hōgaku Seminar Nr. 421, S. 58. Ferner *Fumio Yasuhiro*, in: Erläuterungsband zu OGH Entscheidungen im Strafrecht 1989, S. 86.

[24] Die Ansicht, die im Fall, dass das Opfer tatsächlich durch den Unfall ohne irregulären Verlauf umkommt, trotzdem die adäquate Kausalität mit der Begründung verneint, dass die Existenz des Opfers „für die Durchschnittsperson bzw. den Täter nicht erkenn-

Die Lehre von der abstrakten tatbestandlichen Entsprechung ist hingegen bereits bezüglich des Vorsatzes problematisch. Hinsichtlich der Fahrlässigkeit erleidet sie schließlich – bildlich gesprochen – „Schiffbruch".[25] Um dieses Resultat bei der Fahrlässigkeit zu umgehen, ist ein Überdenken des Verständnisses bezüglich des Vorsatzes unumgänglich.[26]

c) *Kausalverlauf*

Nun sollen einige Erörterungen zur Bedeutung der Vorhersehbarkeit des Kausalverlaufes angeführt werden. Hinsichtlich der Beurteilung des Vorliegens des Vorsatzes bezüglich des eingetretenen Erfolges ist das etwaige Abweichen des tatsächlichen Kausalverlaufs und des vom Täter vorgestellten Kausalverlaufs irrelevant, solange beide die Voraussetzungen der adäquaten Kausalität bzw. der objektiven Zurechnung erfüllen. Diese Überlegung trifft auch auf die Fahrlässigkeit zu. Demzufolge kann die Vorhersehbarkeit bezüglich des eingetretenen Erfolges bejaht werden, wenn sowohl der Kausalverlauf, der vom Täter vorhergesehen werden hätte können, als auch der tatsächlich eingetretene Kausalverlauf, selbst wenn diese voneinander abweichen, die Voraussetzungen der adäquaten Kausalität bzw. der objektiven Zurechnung erfüllen. Die Rechtsprechung bejaht dies beispielsweise im *Yūraku-Sauna-Fall.* Hier fing in einer aufbaubaren Sauna eine Holzbank durch die Erhitzung des elektrischen Ofens allmählich an zu verkohlen, bevor sie schließlich zu brennen begann. Das Geschäft, in dem die Sauna aufgebaut worden war, brannte aus. Ein Gast verstarb wegen einer Kohlenmonoxidvergiftung. Hier ging die Rechtsprechung davon aus, dass die Fahrlässigkeit bejaht werden kann, wenn die „Gefahr, dass von der Holzbank aus ein Feuer entstehen kann" vorhersehbar ist, auch wenn der tatsächlich entstandene „Schwelbrand, verursacht durch die allmähliche

---

bar war", ist nur vertretbar als Ergebnis einer formalistischen Anwendung der an sich problematischen allgemeinen Lehre und ist nach meiner Ansicht keine rationale Beurteilung; vgl. *Yasuhiro* (o. Fn. 23), S. 98, Fn. 20.

[25] Vgl. *Atsushi Yamaguchi*, Gegenstand der Voraussicht bei der Fahrlässigkeit, Hōgaku Kyōshitsu, Nr. 107, 1989, S. 92 ff.

[26] *Takaaki Matsumija*, Die Vorhersehbarkeit und die Lehre von der tatbestandlichen Entsprechung bei Fahrlässigkeitsdelikten, Hōgaku Seminar, 1990, Nr. 423, S. 95, vertritt die Meinung, dass auch die Lehre von der abstrakten tatbestandlichen Entsprechung im Rahmen der Beurteilung der adäquaten Kausalität das konkrete Objekt problematisiere und es nicht als konsequent anzusehen sei, wenn man die Vorhersehbarkeit plötzlich abstrahieren würde. Es handelt sich jedoch gerade hierbei um denjenigen Widerspruch, der der Lehre der abstrakten tatbestandlichen Entsprechung (Gleichwertigkeitstheorie) innewohnt. Nur durch die Anwendung der Lehre der konkreten tatbestandlichen Entsprechung (Konkretisierungstheorie) kann eine konsequente und angemessene Lösung gefunden werden; vgl. *Yamaguchi*, Problemuntersuchung im Strafrecht, AT, 1998, S. 119 ff.

Verkohlung der Bank", nicht vorhersehbar war.[27] Ähnliches gilt für den Fall, in dem der Täter vergessen hatte, die Gasheizung auszuschalten und durch deren Erhitzung die anliegende Furnierwand Feuer fing und es somit zum Brand kam. Hier hat es das Gericht für ausreichend angesehen, dass „die Möglichkeit, dass die Furnierwand Feuer fangen wird" vorhergesehen werden konnte und es „nicht relevant [sei], ob der detaillierte Verlauf, [also] ob nun die neben der Gasheizung befindliche Furnierwand direkt Feuer fangen wird, oder vorhergesehen werden konnte, dass zunächst das unterhalb der Heizung befindliche Salbaum-Material Feuer fängt und dieses sich dann auf die Furnierwand ausbreitet".[28]

Hier muss darauf geachtet werden, dass man als Gegenstand der Vorhersehbarkeit *keineswegs*, wie die Rechtsprechung,[29] „die Grundzüge des Kausalverlaufs, die zum Erfolg hinführen" thematisiert und diese „Grundzüge" als „die Abstraktion der tatsächlichen Kausalität" auffasst.[30] Es ist nicht so, dass zwar der tatsächliche Kausalverlauf Gegenstand der Voraussicht sei, aber es nicht möglich sei, diesen vollkommen vorherzusehen, und es deshalb ausreichen müsse, nur die Grundzüge des Kausalverlaufes vorherzusehen.

In der Tat ist es nicht notwendig, den Verlauf bis zum Erfolg bis ins kleinste Detail vorhersehen zu können. Doch die Folge einer solchen Abstrahierung des Kausalverlaufes ist die Wiederkehr der Lehre der Besorgnis. Zwar lässt sich sagen, dass die Grundzüge des Kausalverlaufes die Bedeutung einer Art des Zwischenabschnittes bei der Feststellung der Vorhersehbarkeit haben, der die Vorhersehbarkeit des konkreten Erfolgseintrittes begründet,[31] doch handelt es sich hier meiner Ansicht nach nur um eine Frage der Praktikabilität. Der Begriff der Grundzüge des Kausalverlaufes hat keine theoretische Bedeutung als Gegenstand der Vorhersehbarkeit. Wichtig ist jedoch, dass es nicht bei einer abstrakt-generellen Vorhersehbarkeit bleiben kann, sondern eine (zu einem gewissen Grad) konkrete Vorhersehbarkeit gefordert werden muss. Meiner Überzeugung nach, ist eine Vorhersehbarkeit des Erfolges, die keine ungefähre Prognose des Kausalverlaufes beinhaltet, zwar unmöglich, doch muss (zu einem gewissen Grad) vorhersehbar sein, dass ein bestimmter konkreter tatbestandlicher Erfolg aufgrund eines bestimmten konkreten Kausalverlaufes verursacht wird, auch wenn der tatsächliche Verlauf der Kausalität davon abweicht.

---

[27] OGH Beschluss v. 19.11.1979, Keishū, Bd. 33, Nr. 7, S. 728.

[28] Obergericht *Tokyo* Urteil v. 21.9.1978 in Keigetsu, Bd. 10, Nr. 9–10, S. 1191.

[29] Siehe etwa Obergericht Sapporo Urteil v. 18.3.1976 (o. Fn. 4).

[30] Vgl. *Saku Machino*, Strafrecht, AT I, 2. Aufl. 1995, S. 280ff.

[31] Vgl. *Masahide Maeda*, Die moderne Gesellschaft und der materielle Verbrechensbegriff, 1992, S. 239ff.

Die obigen Sauna- und Gasheizungsfällen sind Beispiele, bei denen gerade das möglich war.

II. Die Aufsichtsfahrlässigkeit

1. Einleitung

Im Folgenden sollen, auf Grundlage der Überlegungen, die zur Vorhersehbarkeit gemacht wurden, zur *Aufsichtsfahrlässigkeit*, die in jüngster Zeit äußerst oft problematisiert und diskutiert wird, eingehende Untersuchungen angestellt werden. Auch hier liegt der Kern des Problems in der Vorhersehbarkeit.

Zum Begriff der Aufsichtsfahrlässigkeit selbst werden später Erörterungen erfolgen, doch sei es erlaubt, zunächst das Problem der Fahrlässigkeitsschuld desjenigen, der im Verhältnis zum Tatnächsten, der unmittelbar den Erfolg verursacht hat, in einem Aufsichtsverhältnis steht, zu behandeln. Im Folgenden werden zunächst Fälle aufgezeigt, in denen eine solche Aufsichtsfahrlässigkeit problematisch war. Anschließend werden Ausführungen zum Begriffsinhalt getätigt, um zu zeigen, wo das eigentliche Problem liegt. Zudem sollen hauptsächlich auf Grundlage der Vorhersehbarkeit, die in der Theorie das Kernproblem darstellt, auch zur Fahrlässigkeitshandlung eigene Überlegungen hinzufügt werden.

2. Der Begriff der Aufsichtsfahrlässigkeit und dessen Problematik

a) Fallbeispiele

Die Aufsichtsfahrlässigkeit wurde hauptsächlich im Zusammenhang mit Explosions- bzw. Brandunfällen in den letzten Jahren häufiger diskutiert. Im Folgenden sollen einige repräsentative Fallbeispiele dargestellt werden.

Als Beispiel für einen Explosionsunfall gilt der *Shin'etsu-Kagaku-Fall*.[32] In einer Chemiefabrik wurde während Wartungs- und Reinigungsarbeiten an einer, am Tank zur Herstellung von Vinylchloridmonomer angebrachten, Entstaubungsanlage das Aspirationsventil beschädigt. Hierdurch strömte das sich noch im Tank befindliche Vinylchloridmonomer aus und verdampfte. Es kam hierbei mit einer Feuerquelle in Berührung und verursachte dadurch eine große Explosion, wodurch einige Menschen ver-

---

[32] Distriktgericht Nīgata Urteil v. 9.3.1978 in Hanrei Jihō Nr. 893, S. 106.

letzt und getötet wurden. Der Arbeiter X hatte im Arbeitseifer den Deckel geöffnet, obwohl sich in der Entstaubungsanlage noch eine erhebliche Menge des flüssigen Vinylchloridmonomer befand. Dabei entdeckte er, dass aus dem Aspirationsventil flüssiges Vinylchloridmonomer in die Anlage hineinfloss. Als er durch Drehen des Steuerrades das Aspirationsventil verschließen wollte, ließ sich das Steuerrad nicht bewegen. Trotzdem verschloss er den Deckel und meldete diesen Vorgang nicht. Vielmehr verschloss er auch das Aspirationsventil durch das Drehen eines größeren Steuerrades. Dabei zerbrach er es, wodurch das flüssige Vinylchloridmonomer austrat. (Das Aspirationsventil wurde durch das Ausströmen der Flüssigkeit beschädigt und hatte somit bereits seine Blockierfunktion verloren). Neben X wurden auch der Fabrikleiter Y und der Abteilungsleiter Z angeklagt und für schuldig gesprochen.

Auch der *Nord-Gas-Fall*[33] muss beachtet werden. Während der Durchführung eines Gaswärmemengeänderungsplans durch *Nord-Gas*, Gaslieferant für die Stadt *Sapporo*, entstand eine Regulierungslücke an einer Gasanlage, wodurch eine Vergiftung mit Kohlenmonoxid verursacht wurde und Menschen getötet und gesundheitlich geschädigt wurden. Es wurden neben dem Arbeiter X auch der Geschäftsführer Y von *Nord-Gas*, der auch Leiter dieses Änderungsplans war, und der Abteilungsleiter Z, der den Entwurf und die Durchführung der Regulierungsarbeiten an den Gasgeräten überwachte, angeklagt und für schuldig gesprochen.

Der nächste Fall war einst der zentrale Fall in der Diskussion um Brandunfälle: Der *Shiroishi-Stadtkrankenhaus-Fall*[34]. Durch die Fahrlässigkeit des Heizungsmannes X wurde in einem Krankenhaus ein Brand verursacht. Der Wachmann wurde durch den Feueralarm auf den Brand aufmerksam und kam zum Tatort, doch die Brandsituation verwirrte ihn derart, dass er lediglich die zufällig mitanwesende Köchin beauftragte die Feuerwehr zu rufen und sich daraufhin wieder vom Tatort entfernte. Eine auszubildende Krankenschwester und eine im Krankenhaus arbeitende Hebamme riefen, nachdem sie von dem Feuer Kenntnis erlangt hatten, den auf der Station befindlichen Patienten zu, sich in Sicherheit zu bringen. Sie dachten jedoch nicht daran, die Neugeborenen herauszutragen, die Notausgänge zu öffnen oder die Patienten hinaus zu begleiten. Später konnten drei Neugeborene durch den Einsatz einer anderen Hebamme gerettet werden, drei weitere Neugeborene verstarben. Da die Notausgänge verschlossen waren, verstarben Patienten, die sich nicht mehr rechtzeitig retten konnten. Neben dem Heizungsmann X wurden auch der Leiter des Krankenhauses Y und

[33] Distriktgericht Sapporo Urteil v. 13.2.1986 in Keigetsu, Bd. 18, Nr. 1=2, S. 68.
[34] Obergericht Sapporo Urteil v. 22.1.1981 in Keigetsu, Bd. 13, Nr. 1=2, S. 12.

der Geschäftsführer Z angeklagt. X wurde schuldig gesprochen. Y und Z wurden freigesprochen.

Im Rahmen von Brandfällen sind folgende vier Fälle des OGH von großer Bedeutung.[35]

Zunächst der *Kawaji Prince Hotel-Fall*[36]: Während der Durchführung von Bauarbeiten an einem Hotel wurde durch die Unachtsamkeit eines Arbeiters ein Brand verursacht. In diesem Hotel waren keine Brandschutztüren und keine Brandschutzbereiche, wie zum Beispiel im Treppenhaus, vorhanden. Deshalb breiteten sich Rauch und Feuer innerhalb kürzester Zeit im Treppen-, Flur- und Gästebereich aus und füllte schließlich alle Bereiche. Eine angemessene Brandmeldung sowie Fluchtanweisung durch die Mitarbeiter unterblieb, sodass mehrere Hotelgäste und Hotelangestelle getötet oder gesundheitlich geschädigt wurden. Neben dem Mitarbeiter der Baufirma wurde auch dessen Geschäftsführer (beide wurden für schuldig gesprochen) und die Geschäftsführerin Y, die Frau des Hotelgeschäftsführers X, zusammen mit ihrem Mann angeklagt und schuldig gesprochen.

Ferner muss der *Sen'nichi-Kaufhaus-Fall*[37] erläutert werden. Im 3. Stock eines Kaufhauses, in dem nach Ladenschluss Bauarbeiten durchgeführt wurden, brach (aus ungeklärten Gründen) ein Feuer aus. Die hierdurch entstandenen großen Mengen an Rauch stiegen über den Aufzugsschacht, das Treppengebäude und die Lüftungsschächte hoch in den 7. Stock und gerieten in das dort betriebene Kabarett-Etablissement. Viele Gäste und Mitarbeiter wurden entweder durch eine Kohlenmonoxidvergiftung oder durch Stürze während des Abstiegs an der Außenseite des heruntergelassenen Rettungsschlauches (den Mitarbeitern war nämlich nicht bekannt, wie die Einstiegsöffnung des Schlauches zu öffnen war) getötet und verletzt. Es wurden der Leiter X der zuständigen Abteilung der Verwaltungsgesellschaft, der die Sicherheitsaufgaben des Hochhauses übernommen hatte, der Manager des Kabarett Y und der leitende Geschäftsführer der Kabarettgesellschaft angeklagt und schuldig gesprochen.

Ebenso der *Taiyō-Kaufhaus-Fall*[38]: Während des Betriebes des Kaufhauses entstand aus ungeklärten Gründen im Eingangsbereich der Treppe vom 2. zum 3. Stockwerk ein Brand. Dieser Brand breitete sich im Verkaufsraum auf dem 3. Stockwerk aus und dehnte sich bis zum 8. Stock aus. Hierbei brannten all diese Stockwerke fast vollkommen aus. Während des

[35] Vgl. zum allgemeinen Problem der fahrlässigen Strafbarkeit bei Brandunfällen Ken'ichi Nakayama/Yasukuni Yoneda (Hrsg.), Brände und strafrechtliche Verantwortlichkeit, 1994; *Katsunori Kai*, Brandunfälle mit Todesfolge und die Lehre von Fahrlässigkeitsdelikten, Hiroshima Hōgaku, Bd. 16, Nr. 4, 1993 usw.

[36] OGH Beschluss v. 16.11.1990, Keishū, Bd. 44, Nr. 8, S. 744.

[37] OGH Beschluss v. 29.11.1990, Keishū, Bd. 44, Nr. 8, S. 871.

[38] OGH Urteil v. 14.11.1991, Keishū, Bd. 45, Nr. 8, S. 221.

Feuers wurde der Brand von keinem Mitarbeiter gemeldet und auch Fluchtanweisungen wurden kaum erteilt. Daher konnten viele Menschen nicht fliehen oder waren gezwungen, aussichtslose Fluchtmethoden zu wählen. Viele Mitarbeiter und Kunden kamen durch Kohlenmonoxidvergiftungen, Stürze oder Abstürze ums Leben oder wurden körperlich verletzt. Neben dem leitenden Geschäftsführer (der während der Verhandlungen in der ersten Instanz verstarb), wurden auch der Leiter der Personalabteilung X, der Abteilungsleiter des Verkaufsbereiches im 3. Stockwerk Y und der Z, der als Leiter der Bau- und Reparaturabteilung und als Feuerschutzbeauftragter angestellt war, angeklagt. Letztendlich wurden X, Y und Z freigesprochen.

Zuletzt wird der *Hotel New Japan-Fall*[39] dargestellt. Im Hotelzimmer eines Gastes entstand (durch eine nicht ausgelöschte Zigarette) ein Brand. Da weder Sprinkleranlagen angebracht noch Feuerschutzbereiche eingerichtet waren und ferner keine angemessenen Brandbekämpfungsmaßnahmen durch die Mitarbeiter getroffen, keine Gäste benachrichtigt wurden und auch keine Fluchtanleitungen durchgeführt wurden, verstarben viele der anwesenden Personen. Der Hotelgeschäftsführer X wurde angeklagt und schuldig gesprochen.

b) Organisations- und Aufsichtsfahrlässigkeit

Um die Problematik dieser Fälle aufzuzeigen wird in jüngster Zeit eine noch präzisere Begriffsdefinition vorgenommen. Eine Ansicht, die derzeit relativ weit verbreitet ist, unterscheidet zwischen der Organisations- und Aufsichtsfahrlässigkeit. Die *Organisationsfahrlässigkeit* liegt vor, wenn eine „Situation, bei der aufgrund des Zusammenhanges eines Mangels an einer durch einen Organisator o.ä., eingerichteten physischen Anlage oder Maschinerie oder eines Organisationsfehlers, der in personellen Mängeln besteht, selbst, mit der Erfolgsverursachung, ohne die Handlungen von Mittelspersonen wie zum Beispiel Angestellten zu beachten, die strafrechtliche Fahrlässigkeit entsteht“. Wohingegen „die Situation, in der die Nachlässigkeit einer vorgesetzten Person bei der Aufsicht über ein gefahrträchtiges Handeln einer ihr unterstehenden Person zur Fahrlässigkeit führt“ als *Aufsichtsfahrlässigkeit* bezeichnet wird.[40] Weiterhin gibt es auch Ansichten, die unter der *Aufsichtsfahrlässigkeit im weiteren Sinne*, die „die Fälle mit einer allgemeinen Bezeichnung versieht, bei denen unabhängig vom Vorliegen einer Fahrlässigkeit (...) eines Dritten, die unmittelbar zum Erfolg führt, der Inhalt der Sorgfaltspflicht die Pflicht ist,

---

[39] OGH Beschluss v. 25.11.1993, Keishū, Bd. 47, Nr. 9, S. 242.

[40] *Makoto Mitsui*, Die Probleme bezüglich der Organisations- und Aufsichtsfahrlässigkeit, Keihō Zasshi, Bd. 28, Nr. 1, 1987, S. 18.

den zu Beaufsichtigenden (der nicht unbedingt der unmittelbare Täter sein muss) zu beaufsichtigen und bei denen zwischen der Missachtung dieser Pflicht und dem Erfolg ein Kausalzusammenhang gegeben ist", *zwischen zwei Falltypen* unterscheidet. Sie unterscheidet zwischen dem „indirekten Vorbeugemodell" und dem „direkten Interventionsmodell". Bei ersterem handelt es sich um eine „Situation, die die Existenz der direkten Fahrlässigkeit voraussetzt und bei der durch die Missachtung der *aufsichtlichen* Sorgfaltspflicht, den unmittelbaren Täter dahingehend zu beaufsichtigen, dass er keine direkte Fahrlässigkeit begeht, der Erfolg verursacht wird", wohingegen beim „direkten Interventionsmodell" die „Situation vorliegt, bei der ohne Rücksicht darauf, ob eine direkte Fahrlässigkeit involviert ist, die Missachtung der Sorgfaltspflicht *als Aufsichtsperson*, darauf aufzupassen, dass der zu Beaufsichtigende zu einer bestimmten Maßnahme veranlasst werden muss, direkt zum Erfolg führt".[41]

Diese Vorschläge für die Begriffsfestsetzung betrachten die jeweiligen Eigenarten der Fälle und kategorisieren diese, um jeweils passende theoretische Konstruktionen zu entwickeln. Von diesem Standpunkt aus sind sie wissenschaftlich wertvoll anzusehen. Auch in praktischer Sicht haben sie ihre Berechtigung. Allerdings entsteht bei der praktischen Anwendung des Vertrauensgrundsatzes eine gewisse Abweichung (bei der „Organisationsfahrlässigkeit" und beim „unmittelbaren Interventionsmodell" ist dieser Grundsatz nämlich nur schwer anwendbar).

Geht man strikt vor, ist die Unterscheidung nur relativ. Aus theoretischer Sicht hat sie keine absolute Bedeutung. Dies deshalb, weil es sich auch in der oben genannten Situation der „Organisationsfahrlässigkeit" doch um die Aufsichtspflicht hinsichtlich der Handlung des Untergebenen handelt, dem das Arrangement von Vorbeugemaßnahmen personeller Art angeordnet wird (hier interveniert das Verhalten eines zu überwachenden Untergeordneten). Bei dem „direkten Interventionsmodell" gilt dasselbe.[42] Untersucht man die Differenzierung, die sich hinter diesen Theoriekonstruktionen verbirgt, näher, mag es möglich sein, zwischen Situationen, in denen zwischen dem Verhalten des Organisators bzw. Aufpassers und dem Erfolg, die Handlung eines Dritten (zu Überwachender oder der eine selbständige Verantwortungseinheit darstellt) interveniert und solchen Situationen, in denen das nicht so ist, zu unterscheiden. Bei Ersterer lässt sich die Besonderheit erkennen, dass das Vertrauen auf die Ausführung der angemessenen Maßnahme durch den zu Überwachenden thematisiert wird (bei der letzteren Situation stellt der Vertrauensgrundsatz hingegen kein

[41] *Fumiya Saiō*, Aufsichtsfahrlässigkeit, in: Wichtige Gerichtsentscheidungen im Strafrecht, 1988, S. 48.

[42] Vgl. *Machino* (o. Fn. 30), S. 303 ff.

Problem dar). Auch hier kommt es jedoch letzten Endes auf das Problem der Vorhersehbarkeit des Erfolges an. Meiner Meinung nach gibt es deshalb zwischen beiden keinen grundsätzlichen Unterschied. Auch bei der letzten Situation wird nach dem Vertrauen auf die Wirksamkeit der Erfolgsabwendung der gewählten physikalischen Maßnahme gefragt.

3. *Vorhersehbarkeit*

a) Fahrlässigkeit des unmittelbaren Täters

Der Erfolg entsteht im Rahmen der Aufsichtsfahrlässigkeit wegen einer Intervention eines Kausalverlaufes. Um die Vorhersehbarkeit des Erfolges zu bejahen, muss auch der Kausalverlauf, der für die Erfolgsverwirklichung unabdingbar ist, vorhersehbar sein. Bei der Aufsichtsfahrlässigkeit („Aufsichtsfahrlässigkeit im engeren Sinne" bzw. beim „indirekten Interventionsmodell"), die die Intervention der Handlung eines Dritten zur Besonderheit hat, bedeutet das, dass die Vorhersehbarkeit der Fahrlässigkeitshandlung des zu Überwachenden, der der unmittelbare Täter ist, thematisiert wird.[43]

Beim *Shin'etsu-Kagaku-Fall* war nach der Feststellung des Gerichts die Möglichkeit gegeben, dass ein Mitarbeiter auch in einer Situation, in der sich innerhalb der Entstaubungsanlage noch Reste des Vinylchloridmonomer befanden, trotzdem den Deckel öffnet, da er wegen der geringen Menge unachtsam war. Weiter lag ein Unfall am Gewindeschneider des Aspirationsventils vor, da der Mitarbeiter über die Nutzungsweise des Steuerrades zur Bedienung des Ventils keinerlei Belehrung erhalten hatte. Die Vorhersehbarkeit durch den Fabrikleiter, dass der Mitarbeiter in unzulässiger Weise durch Drehen des großen Steuerrades das Aspirationsventil schließen und schließlich beschädigen würde, wurde bejaht, da die Erfassung dieser Umstände recht einfach möglich war. Auch im *Nord-Gas-Fall* war nach der Feststellung des Gerichts ein Regulierungsfehler recht naheliegend. Daher wurde auch hier die Vorhersehbarkeit der Erfolgsverursachung hinsichtlich des *Nord-Gas* Hauptgeschäftsführers und des Abteilungsleiters bejaht, da sie sich des Umstandes bewusst waren, bzw. bewusst werden konnten, dass die Arbeiter unter der Bedingung arbeiten, dass, wenn ein Arbeiter einen Regulierungsfehler begeht, sowohl dessen Erkennung als auch Korrektur wohl nicht zu erwarten ist.

---

[43] Vgl. detaillierte Abhandlungen zur Vorhersehbarkeit bei der Aufsichtsfahrlässigkeit *Hiroshi Ōtsuka,* Die Lehre der Vorhersehbarkeit bei der Aufsichtsfahrlässigkeit, in: Waseda Daigaku Daigakuin Hōken Ronshū, Nr. 48 ff., 1988 ff. und Kaijiō Hoan Daigakkō Kenkyū Hōkoku, Bd. 37, Nr. 2 ff., 1991 ff.

In diesen beiden Fällen hätte das fahrlässige Verhalten der Arbeiter am Tatort (der unmittelbaren Täter) vom Aufseher vorhergesehen werden können. Somit kann auch die Vorhersehbarkeit der Situation, dass im Zusammenhang mit der direkten Fahrlässigkeitshandlung der Erfolg verursacht wird, bejaht werden.

Im Gegensatz dazu ist es schwierig, die Vorhersehbarkeit zu bejahen, wenn keine Situation vorliegt, bei der prognostiziert werden kann, dass ein Arbeiter (unmittelbarer Täter) durch eine fahrlässige Handlung eine rechtsgutsverletzende Folge verursacht. Beispielhaft dafür ist eine Situation, bei der der Arbeiter einer Baufirma, die von einem Unternehmen den Auftrag für Umbauten erhalten hat, durch einen Arbeitsfehler einen Brand verursacht. Abgesehen von der Tatsache, dass es durchaus möglich ist, dass der Arbeiter, der der Direkttäter ist, eine Fahrlässigkeitsschuld trägt, ist undenkbar, dass beispielsweise der Geschäftsführer der Firma, die den Bauauftrag erteilt hat, eine Fahrlässigkeitsschuld trägt. Das folgt daraus, dass bei Beauftragung einer vertrauenswürdigen Firma mit Bauarbeiten, es nicht (zu einem gewissen hohen Grad konkret) vorhersehbar ist, dass deren Arbeiter während der Arbeit eine Fahrlässigkeitstat begehen.[44] Um die Fahrlässigkeitsschuld zu bejahen, ist es vielmehr notwendig, dass es für den Geschäftsführer der Firma, die den Bau in Auftrag gegeben hat, möglich war, konkret zu wissen, dass die beauftragte Firma nicht vertrauenswürdig ist. Hinsichtlich des Organisators bzw. Aufsehenden der beauftragten Firma hätte dieser vorhersehen müssen, dass sich der Arbeiter, aufgrund von Überarbeitung o.Ä., in einem Zustand befand, in dem es recht schnell zu einem Fehlverhalten kommt, oder dass der Arbeiter jemand ist, der dazu tendiert aufgrund von Unvermögen Fehler zu begehen. Von der Rechtsprechung wird deshalb auch bei der Aufsichtsfahrlässigkeit der *Vertrauensgrundsatz* für prinzipiell anwendbar erachtet.[45] Doch wie bereits erwähnt, ist nach der Auffassung dieses Aufsatzes der Vertrauensgrundsatz eine Voraussetzung der Vorhersehbarkeit. Daher ist dies selbstverständlich. Folglich kann in Fällen der Aufsichtsfahrlässigkeit wegen des Vertrauensgrundsatzes oft keine Vorhersehbarkeit hinsichtlich der Tatsache angenommen werden, dass der unmittelbare Täter eine Fahrlässigkeitstat begeht und somit eine rechtsgutsverletzende Folge verursacht. Um dem Aufsehenden eine Fahrlässigkeitsschuld aufzuerlegen, muss ein besonderer Umstand vorliegen, der gerade ein solches Vertrauen erschüttert. Ein solch besonderer Umstand

---

[44] Ferner kann man zwar auch sagen, dass zwischen der Firma, die den Bau in Auftrag gegeben hat und dem Arbeiter keine Aufsichtsbeziehung besteht und daher auch keine Aufsichtsfahrlässigkeit problematisiert werden kann. Doch wenn man die Tat des In-Auftrag-Gebens als ein positives Tun ansieht, dann ist die Existenz der Aufsichtsbeziehung kein Umstand, der für die Annahme der fahrlässigen Strafbarkeit eine Rolle spielt.

[45] OGH Urteil v. 27.10.1988, Keishū, Bd. 42, Nr. 8, S. 1109 *(Japan Aerosil-Fall).*

wurde wohl bei dem *Shi'netsu-Kagaku-Fall* und dem *Nord-Gas-Fall* angenommen.

Im *Shiroishi-Stadtkrankenhaus-Fall* führte das Gericht hingegen aus:

> „Man muss sagen, dass es zu weit gehen würde, wenn man fordern würde, dass man sogar für Fälle Vorsorge hätte treffen müssen, in denen die anwesenden Krankenschwestern bzw. Nachtwächter Rettungsaktionen bzw. Fluchtanleitungen, wie Brandmeldung, Öffnung der Notausgangstüren, Transport der Neugeborenen etc., tatsächlich nicht durchführen, obwohl man davon ausgehen kann, dass sie diese selbstverständlich durchführen werden. Es wäre übertrieben, zu verpflichten, auch diese Situationen bereits in die Überlegung miteinfließen und somit entsprechende Feuerschutzvorrichtungen etablieren zu lassen."

In diesem Urteil wird deutlich, – umschreibt man es vom Standpunkt dieses Aufsatzes aus – dass hinsichtlich dieser (tatsächlich entstandenen) Situation (das heißt der unangemessenen Handlung der damals anwesenden Krankenschwester), die (eine strafrechtlichen Schuldvorwurf begründende) Vorhersehbarkeit nicht vorhanden war.

b) Ausbruch des Brandes

In der jüngeren Rechtsprechung zu Großbrandunfällen wird das Unterlassen in Form von Mängeln bei der Organisation von Brandschutzvorkehrungen als Grundlage für die fahrlässige Strafbarkeit thematisiert (hier kommt die „Organisationsfahrlässigkeit" bzw. das „direkte Interventionsmodell" in Betracht). Beim *Kawaji-Prince-Hotel-Fall* wurde als Fahrlässigkeitshandlung der Frau angesehen, die auch Geschäftsführerin war und de facto das Hotelmanagement innehatte, dass sie die Pflicht, Fluchtanweisungsübungen durchzuführen, die auf dem von ihr selbst entworfenen Feuerschutzplan bzw. demjenigen Plan, dessen Entwurf sie einem leitenden Mitarbeiter übertragen hat, basierten, vernachlässigt hat. Des Weiteren hat sie auch ihre eigene Verantwortung vernachlässigt, Brandschutztüren einzurichten und die Treppenbereiche als Brandfluchtbereiche auszuweisen. Im *Sen'nichi-Kaufhaus-Fall* wurde in Bezug auf den Leiter, der zuständigen Abteilung der Hochhausverwaltungsgesellschaft und gleichzeitig Bandschutzbeauftragter war, die Tatsache, dass er die Pflicht verletzte, die Feuerschutz-Rolltore im 3. Stockwerk, wo zu der Zeit Bauarbeiten durchgeführt wurden, zu schließen (mit Ausnahme von den für die Bauarbeiten absolut notwendigen), das Sicherheitspersonal des Kaufhauses an der Baustelle zu positionieren, und im Falle eines Brandes, die Feuerschutz-Rolltore an der Brandursachenstelle umgehend zu schließen und dem Kabarett den Brandausbruch zu melden, als Fahrlässigkeitshandlung eingestuft. Im *Hotel-New-Japan-Fall* wurden hinsichtlich des Hotelgeschäftsführers die Pflichtverletzungen, dass er im 9. und 10. Stock keine

Sprinkleranlagen bzw. Ersatzfeuerschutzbereiche eingerichtet hatte, die Feuerschutzbeauftragten nicht kommandierte und beaufsichtigte, weder einen Brandplan aufstellte noch den Mitarbeitern diesen bekannt gab und auch keine auf diesen basierende Feuerschutzübungen bzw. Überprüfung der Brandschutz- bzw. Feuerbekämpfungsanlagen durchführte, noch Instandhaltungsmanagement- noch Brandvorbeugemaßnahmen durchgeführt hatte, als Fahrlässigkeitshandlungen gewertet. Dieses Ergebnis folgt daraus, dass von dem Zeitpunkt an, indem der Brand bereits ausgebrochen war, die Möglichkeit zur Erfolgsabwendung nicht mehr gegeben war. Deshalb kann die Fahrlässigkeitsschuld nicht auferlegt werden. Vielmehr muss die Fahrlässigkeitshandlung in der Vergangenheit gesucht werden. Diese Fälle werden als fahrlässige unechte Unterlassungsdelikte behandelt.

Eine solche Einordnung zu den Unterlassungsdelikten wird positiv bewertet, da sie „unserem natürlichen Empfinden entspricht",[46] bzw. aus der Sicht, um die Strafbarkeit des individuellen Täters, und nicht des Gesamtbetriebs zu identifizieren, durchaus richtig sei.[47] In der Tat lässt sich sagen, dass die Rechenschaftsziehung über die Unterlassungshandlung des Mangels der Einrichtung an Brandschutzeinrichtungen hinsichtlich des Aufsichtführenden unserer natürlicher Anschauung entspricht, da nicht die Ungeschicktheit im Umgang mit der Brandvernichtung im Zeitpunkt des Brandausbruches problematisiert, sondern die Fahrlässigkeitsschuld in einem davor liegenden Zeitpunkt untersucht wird.

Die Tatsache, dass der Mangel an Brandschutzvorrichtungen zu einer rechtsgutsverletzenden Folge führt, basiert auf der Tatsache, dass wegen des Hotelbetriebes Gäste aufgenommen wurden. Dieser Argumentation folgend wäre auch ein Verständnis denkbar, dass solche Fälle nicht als Unterlassungs- sondern als Begehungsdelikte behandelt werden müssten. Doch hinsichtlich des Hotelbetriebes ist es kaum möglich, in Bezug auf den Organisator bzw. Aufsichtspflichtigen der Gesellschaft ein aktives (verbotswidriges) Tun zu bestimmen, das Gegenstand einer Strafe sein könnte.[48] Es ist deshalb vernünftiger, eine gebotswidrige Unterlassung des Organisators oder Aufsichtspflichtigen und damit eine Unterlassungsstrafbarkeit zu thematisieren. Zur Begründung der Schuld im Rahmen eines Unterlassungsdeliktes ist es allerdings erforderlich, eine Garantenpflicht des Organisators oder Aufsichtspflichtigen bejahen zu können.[49]

---

[46] *Masahide Maeda*, Zur Aufsichtsfahrlässigkeit, Hōsō Jihō, Bd. 42, Nr. 2, 1990, S. 6.

[47] Vgl. *Makoto Ida*, Probleme bezüglich der Sorgfaltspflicht, Keihō Zasshi, Bd. 34, Nr. 1, 1995, S. 97.

[48] Da der Organisator bzw. Aufsichtspflichtige nicht jeden einzelnen Hotelgast an die Hand nimmt, um ihn ins Hotel zu ziehen, liegt lediglich das Betreiben des Hotels vor. Für ein Unterlassen sind konkrete Handlungen, nämlich Maßnahmen zur Beendigung des Betriebes, notwendig.

[49] Vgl. hierzu eine Ansicht, die in diesem Punkt zur Bejahung des Vorliegens eines

Unabhängig davon, wie man im Rahmen der Großbrandunfälle die Fahrlässigkeitshandlung auffasst, liegt das Kernproblem in der Existenz bzw. des Nichtvorliegens der Vorhersehbarkeit. Im *Kawaji-Prince-Hotel-Fall*, *Sen'nichi-Kaufhaus-Fall*, *Taiyō-Kaufhaus-Fall* und *Hotel-New-Japan-Fall* werden, wie bereits aufgezeigt, die Fahrlässigkeitsschuld hinsichtlich der mangelhaften Brandschutzmaßnahmen durch die Geschäftsleitung (entweder durch eigene Maßnahmen oder durch die Anweisung von Untergeordneten, zum Zeitpunkt vor dem Brandausbruch) genauer untersucht. Um hier die Vorhersehbarkeit des Erfolges zu bejahen, muss nach der *Vorhersehbarkeit des Brandausbruchs* gefragt werden. In den obigen vier Fällen wird zwar die Fahrlässigkeitsschuld, durch den Brand mehrere Personen getötet zu haben, problematisiert, doch kann der Erfolg der Tötung oder der Verletzung von Menschen durch Feuer nicht entstehen, wenn kein Brand ausbricht. Mit anderen Worten muss für die Bejahung der Vorhersehbarkeit des Erfolgseintritts des Todes und der Körperverletzung die Vorhersehbarkeit des Brandausbruches, der ein wesentlicher Bestandteil des Kausalverlaufes zum Erfolg ist, vorliegen.

Es bedarf also der Erläuterung, ob dies in den Brandunfällen in den Hotels und Kaufhäusern, die in der Rechtsprechung behandelt wurden, bejaht werden kann.

Im Beschluss des OGH zum *Kawaji-Prince-Hotel-Fall* wurde zur Vorhersehbarkeit folgendes festgehalten:

> „In einem Hotel, das eine Unterkunftseinrichtung vorsieht und unabhängig von der Tageszeit einer unbestimmten Anzahl von Menschen Dienstleistungen, wie beispielsweise eine Unterkunft, anbietet, ist die Gefahr eines Brandausbruches stets gegeben. Da dem Angeklagten darüber hinaus bewusst war, dass in demselben Hotel die personellen, wie auch technischen Brandschutzmaßnahmen unzureichend waren, war es ihm auch ohne weiteres möglich vorherzusehen, dass, wenn erst einmal ein Feuer ausgebrochen ist, die Gefahr besteht, dass dieser Brand zu spät entdeckt wird, bzw. sich das Feuer durch Fehlverhalten bei der anfänglichen Brandbekämpfung zu einem großen Brand entwickelt und es wegen der fehlenden Anleitungen am Gebäudekomplex bzw. an den Fluchtwegen zum Tod oder zu Verletzungen unter den sich im Haus befindlichen Personen kommen kann".[50]

Eine solche Argumentationslinie wird auch bei den anderen drei Fällen verfolgt. Hier lässt sich erkennen, dass „*im Falle, dass ein Brand entfacht*, der Erfolg vom Tod oder den lebensgefährlichen Verletzungen vorhersehbar ist", das heißt es wird wegen einer, sozusagen mit einer Bedingung behafteten,

---

Unterlassungsdeliktes eine dringliche Situation einer konkreten reellen Gefahr fordert, *Kei'ichi Yamanaka*, Kausalität (objektive Zurechnung), in: Nakayama/Yoneda (Hrsg.), Brände und strafrechtliche Verantwortlichkeit (o. Fn. 35), S. 85.

[50] OGH Beschluss v. 16.11.1990 (o. Fn. 36).

Vorhersehbarkeit die Fahrlässigkeitsschuld begründet, wobei die Vorhersehbarkeit des Brandausbruches im direkten Sinn nicht problematisiert wird.[51] Da jedoch eine Vorhersehbarkeit des Erfolges notwendig ist, ist es unabdingbar, dass zumindest die *Vorhersehbarkeit des Brandausbruches* vorliegt. Im obigen Urteil des *Kawaji-Prince-Hotel-Fall* lässt sich festhalten, dass dies durch die Kenntnis der Tatsache, dass ein Hotel „immer die Gefahr eines Brandausbruches in sich birgt", versucht wird zu begründen. Die Frage ist, ob eine solche Vorhersehbarkeit des Brandausbruches, die auf der Gefahr des Brandausbruches basiert, zur Begründung der Fahrlässigkeitsschuld ausreicht.

Eine solche Begründung der Vorhersehbarkeit wird äußerst kritisch betrachtet.[52] Hiernach wird bei einer solchen Gefahr eine konkrete Vorhersehbarkeit des Brandausbruchs, die eine Fahrlässigkeitsschuld begründen soll, nicht bejaht werden können. Daher muss die Vorhersehbarkeit der Verursachung des rechtsgutsverletzenden Erfolges verneint werden. Mit anderen Worten, ein Grad der Vorhersehbarkeit, dass irgendwo irgendwann ein Feuer ausbrechen könnte, ist zu abstrakt und zu allgemein, sodass eine konkrete Vorhersehbarkeit, die eine Fahrlässigkeitsstrafe begründet, nicht bejaht werden kann.[53]

Zu einer solchen Kritik gibt es Gegenstimmen, die behaupten, dass der Ausbruch eines Brandes lediglich einen Teil des Kausalverlaufes darstellt, der zum Todes- oder der Körperverletzungserfolg führt und somit dessen konkrete Vorhersehbarkeit nicht erforderlich ist.[54] Die Autoren denken, dass man dieser Auffassung folgen müsse, da sonst in Situationen, wie in den zur Erörterung stehenden Brandunfällen, eine fahrlässige Strafbarkeit nicht in Betracht kommen könne, und eine strafrechtliche Pflicht, Brandschutzmaßnahmen zu treffen, entfallen würde.[55]

Nach der Auffassung, die die Funktion der Vorhersehbarkeit des Kausalverlaufes darin sieht, dem Täter die Vorhersehbarkeit des Erfolges zu ermöglichen,[56] kann die Vorhersehbarkeit des Brandausbruches nicht als

---

[51] *Sone* (o. Fn. 13), S. 191, hält eine solche Vorgehensweise für bedenklich.

[52] *Takaaki Matsumiya*, Organisations- und Aufsichtsfahrlässigkeit und Brandfälle, Ritsumei'kan Hōgaku, Nr. 218, 1991, S. 20f.; *Saku Machino*, Etablierung der Lehre von der „Organisations- und Aufsichtsfahrlässigkeit"?, Hōgaku Kyōshitsu, Nr. 139, 1992, S. 130. Vgl. ferner u.a. *Kuniji Shibahara*, Aufsichtsfahrlässigkeit, in: Shibahara u.a. (Hrsg.), Die moderne Entwicklung der Strafrechtstheorie, Bd. II, 1990, S. 90.

[53] Vgl. ferner *Toshio Kamiyama*, in: Großer Strafrechtskommentar, Bd. 2, 1989, S. 732.

[54] Vgl. u.a. *Mikito Hayashi*, Gegenwärtige Aufgaben des Strafrechts, 1991, S. 26; *Makoto Ida*, Der gegenwärtige Stand der Verbrechenslehre und die finale Handlungslehre, 1995, S. 218; *Akira Kanaya*, Erläuterungsband zu OGH Entscheidungen im Strafrecht 1990, S. 187.

[55] Vgl. *Kanaya* (o. Fn. 54), S. 188.

[56] Vgl. *Hayashi* (o. Fn. 54), S. 26.

unnötig angesehen werden. Hintergrund dessen ist, dass man bei Vorsatzdelikten die Kenntnis über den Kausalverlauf, der den Inhalt des Vorsatzes bildet, nicht verneinen kann und daher auch bei Fahrlässigkeitsdelikten dessen Vorhersehbarkeit thematisiert werden muss.[57] Ferner ist auch aus der Sicht, die die Vorhersehbarkeit des Erfolges garantieren will, die Vorhersehbarkeit des Brandausbruches unabdingbar, da ohne einen Brandausbruch der Todes- oder der Körperverletzungserfolg nicht eintreten kann. Fraglich ist hier nur, ob diese von allgemeiner bzw. abstrakter Art sein darf. Die obige Gegenmeinung bejaht diese Frage. In der Tat ist es nicht notwendig, dass der tatsächlich eingetretene Kausalverlauf eins zu eins vorhersehbar ist (auch im Rahmen von Vorsatzdelikten wird dies nicht gefordert). Doch ist es zweifelhaft, ob deshalb eine allgemeine Vorhersehbarkeit der Art, dass ein Brandausbruch möglich sein könnte, ausreichend ist. Die Vertreter dieser Ansicht setzen diese Situation hier mit der Vorhersehbarkeit, dass an einer unübersichtlichen Straßenkreuzung ein Fahrzeug fahren kann,[58] oder mit der Vorhersehbarkeit, dass durch ein KFZ, dessen Bremsen defekt sind, ein Unfall verursacht wird,[59] gleich. Doch kann man meiner Meinung nach die Vorhersehbarkeit, dass ein Auto oder ein Mensch die Straße überquert, nicht mit der Vorhersehbarkeit eines Brandausbruchs (vor allem steht hier ein Brandausbruch zur Erörterung, der vor Ort nicht gelöscht werden kann und somit zum Tod oder zur Körperverletzungen führt) gleichgesetzt werden. Beiden ist lediglich gemein, dass es sich um das Wissen bzw. Bewusstsein handelt, dass derartiges passieren könnte. Sollte dies ausreichen, würde eine Fahrlässigkeit unbegrenzt bejaht werden können. Es ist aber gerade zweifelhaft, ob sich mit einer solchen begründeten Vorhersehbarkeit eine Fahrlässigkeitsschuld bejahen lässt. Zumindest kann man nicht in Abrede stellen, dass hierdurch die Konkretheit der Vorhersehbarkeit doch sehr verweichlicht wird. Daher ist es nicht möglich, eine solche Auffassung von der Vorhersehbarkeit als eine selbstverständliche anzusehen.

Tatsächlich lässt sich bei der Beurteilung der Fahrlässigkeitshandlung bezüglich der Mängel hinsichtlich der Brandschutzmaßnahmen der zeitliche Rahmen, in dem der Erfolg eintreten könnte, äußerst weit setzen.[60] Ein Hotel wird über mehrere Jahrzehnte betrieben. In dieser Zeit besteht auch die Möglichkeit, dass ein Brand ausbricht. Folgt man dieser Ansicht, kann also die Möglichkeit des Brandausbruchs durchaus bejaht werden. Dies wiederrum hat zur Folge, dass auch die Vorhersehbarkeit bejaht werden kann, dass in einem solchen Fall der Todes- oder Körperverletzungserfolg

[57] Vgl. *Yamaguchi* (o. Fn. 26), S. 129 ff., S. 168 ff.
[58] *Kanaya* (o. Fn. 54), S. 187.
[59] *Ida* (o. Fn. 54), S. 218.
[60] Vgl. zu dieser Auffassung *Matsumiya* (o. Fn. 17), S. 285 ff.

verursacht werden kann. Hiergegen wird die Kritik angeführt, dass dann alle andauernden Unterlassungssituationen als illegal eingestuft werden müssten,[61] und somit der Anwendungsbereich des Strafrechts in großem Umfang erweitert wird.[62] Ich bin der Ansicht, dass man eine solche Argumentation nicht als kategorisch falsch werten kann. Das Problem liegt hier eher in der Frage, ob überhaupt eine ausreichend konkrete Vorhersehbarkeit bejaht werden kann, selbst wenn die Spannweite der Vorhersehbarkeit erweitert wird. Denn die Vorhersehbarkeit, die durch eine solch erweiterte „Spannweite der Vorhersehbarkeit" bejaht werden kann, beschränkt sich auf eine abstrakte Vorhersehbarkeit, „ob die Möglichkeit eines Brandausbruches vorhanden ist oder nicht".[63]

Letztendlich wird in Fällen von Großbrandunfällen ein *bloßes Verwaltungsunrecht* als schwerwiegende Pflichtverletzung der Vernachlässigung von Brandschutzmaßnahmen zum *Strafgrund* gemacht, nur bedingt hingegen die Verursachung der rechtsgutsverletzenden Folge: Diese Bewertung kann man nicht umgehen.[64]

Wie man hier erkennen kann, besteht im Rahmen des Fahrlässigkeitsverständnisses der jüngsten Rechtsprechung im Hinblick auf Brände in Hotels und Kaufhäusern ein grundsätzliches Problem bezüglich der Vorhersehbarkeit. In der Lehre lässt sich die Bewegung beobachten, einerseits die Vorhersehbarkeit zu bejahen, aber durch die Problematisierung der anderen Voraussetzungen den Rahmen der Fahrlässigkeitsschuld einzugrenzen. Diese Bewegung an sich kann man zwar, solange man die jetzige Vorgehensweise der Rechtsprechung hinsichtlich der Vorhersehbarkeit des Brandausbruches voraussetzt, respektieren, doch ist ihre Reichweite bzw. Wirksamkeit begrenzt, da sie das Kernproblem umgeht.

---

[61] Es wäre dann zum Beispiel nicht ausgeschlossen, dass gegen das Betreiben des Hotels die Notwehr zum Schutz der Leben der Hotelgäste ausgeübt werden darf.

[62] Als ein Beispiel für Stimmen, die aus der Sicht der Gefährlichkeit die Annahme der Ausführungstat hier in Frage stellt, vgl. *Yasuyuki Sakai*, Die Ausführungstat bei der Organisations- und Aufsichtsfahrlässigkeit, in: Festschrift für Shimomura zum 70. Geburtstag, Bd. 1, 1995, S. 119.

[63] Eine solch abstrakte Vorhersehbarkeit kann zwar als Grund einer Verwaltungsregulierung dienen, sie kann aber wohl keine strafrechtliche Schuld begründen; vgl. auch *Kayoko Kitagawa*, Die Tendenz in der Praxis bei Brandfällen in Hotels und Kaufhäusern und die fahrlässige Strafbarkeit von Managern und Direktoren, 3. Teil, Waseda Daigaku Daigaku'in Hōken Ronshū, Nr. 66, 1993, S. 116.

[64] *Shibahara* (o. Fn. 52).

4. Fahrlässigkeitshandlung und erlaubtes Risiko

In der Rechtslehre wird die Ansicht vertreten, den Wert des gefährdeten Rechtsgutes, dessen Quantität und den Gefahrendgrad, sowie den konkreten Nutzen und die Notwendigkeit der betreffenden Handlung gegeneinander abzuwägen. Dadurch soll der Inhalt der Fahrlässigkeitshandlung bestimmt und somit der Inhalt der Erfolgsabwendungspflicht festgelegt werden. Diese Lehrmeinung beruft sich auf das Rechtsprinzip des sogenannten *erlaubten Risikos*. Sie geht darauf basierend davon aus, dass durch die Verletzung der Pflicht, Vorbeugemaßnahmen zu treffen, die Gefahr zwar entstehe, doch zum Beispiel in der Handlung, Gäste in das Hotel zu locken, keine Fahrlässigkeitshandlung gesehen werden könne. Hier sei der Nutzen mitumfasst, den Gästen eine Unterkunft im Hotel zu bieten. Demgegenüber sei die Verletzung der Pflicht an sich, Vorbeugemaßnahmen zu treffen, sehr wohl eine Fahrlässigkeitstat, da sie nur den Nutzen beinhalte, den Tätern, hier den Betreiber des Hotels, einen mehr oder weniger großen wirtschaftlichen Vorteil zu bescheren.[65]

Auch wenn man versuchsweise eine derartige Ansicht des erlaubten Risikos als Grundlage nimmt und hierdurch den Inhalt der Fahrlässigkeitshandlung bestimmt, kann man wohl nicht unter Anerkennung der Gefahr gegenüber dem Leben des Menschen, zur Beurteilung kommen, dass der Nutzen der Unterkunftsgewährung etc. überwiege (bzw. auch wenn er nicht überwiege, so werde er als erlaubt gehandhabt).[66] Man kann beispielsweise auch nicht sagen, dass es einem besetzten Taxi mehr erlaubt sei, die Gefahr, einen Fußgänger anzufahren, zu verursachen, als einem nicht besetzten Taxi. Wenn die Gefahr einer Rechtsgutsverletzung im Hinblick auf das Leben involviert ist, spielen solche Nutzungserwägungen keine Rolle.[67] Daher, selbst wenn man durch das erlaubte Risiko den Inhalt der Fahrlässigkeitshandlung bestimmen wollte, könnte man im Rahmen des Problems des Nutzens einer Handlung nicht sagen, dass die Tat, Gäste in das Hotel zu locken, keine Fahrlässigkeitshandlung sei, aber die gleichzeitige Verletzung der Pflicht, Brandschutzmaßnahmen zu treffen eine Fahrlässigkeitshandlung darstelle.[68]

---

[65] *Hayashi* (o. Fn. 54), S. 5ff., S. 17ff.

[66] Überhaupt kann ich die Ansicht an sich nicht verstehen, dass hinsichtlich der Gefahr, die durch die Verletzung der Pflicht, Vorbeugemaßnahmen zu treffen, entsteht, zwar der Nutzen der Unterkunft überwiegen soll, aber wirtschaftliche Vorteile durch Einsparungen der Ausgaben nicht überwiegen sollen.

[67] Vgl. auch *Ida* (o. Fn. 54), S. 227.

[68] Vgl. *Matsumiya* (o. Fn. 52), S. 14; *Ida* (o. Fn. 47), S. 97.

Meiner Ansicht nach ist der Gedanke des erlaubten Risikos selbst grundsätzlich bedenklich.[69] Überhaupt ist dieser Begriff mehrdeutig. Überspitzt ausgedrückt, handelt es sich um eine Ansicht, nach der durch den Nutzen, die in einem Verhalten gesehen werden kann, die Durchführung der Handlung selbst erlaubt und hierdurch auch die folgende Rechtsgutsverletzung erlaubt ist. Oft wird daher das erlaubte Risiko als eine Art Rechtfertigungsgrund gehandhabt. Die oben aufgeführte Ansicht benutzt dies als Argument, um die Tatbestandsvoraussetzungen des Fahrlässigkeitsdelikts zu begrenzen (indem sie die Fahrlässigkeitshandlung eingrenzt). Das Problem an dem Rechtsprinzip des erlaubten Risikos ist also die Frage, warum im Falle, dass die *Handlung* erlaubt ist, auch die *Verursachung der Rechtsgutsverletzung* erlaubt sein soll.[70] Wenn die Durchführung einer Handlung an sich ein tatbestandsmäßiges Verhalten darstellt, dieses aber gerechtfertigt ist, ist diese Handlung erlaubt (und somit stellt die Durchführung der Tat selbst keine Straftat dar). Doch auch wenn die Durchführung einer *Handlung* an sich erlaubt sein sollte, allerdings erst später ein rechtsgutsverletzender Erfolg verursacht wird, kann die Schuld bezüglich der Verursachung der Rechtsgutsverletzung nicht umgangen werden, solange sie selbst nicht gerechtfertigt ist. Das Prinzip des erlaubten Risikos ist ein Prinzip, das ohne eine ausreichend überzeugende Begründung in diesem Punkt aus einer erlaubten Handlung heraus mit einem Schlag die Beseitigung der Rechtswidrigkeit der Verursachung der Gesetzesverletzung bejaht. Daher ist die Berufung auf dieses Prinzip als Begründung der Straflosigkeit meiner Meinung nach unangemessen oder zumindest ungenügend.[71] Um zu diesem Ergebnis zu gelangen, ist es notwendig, konkret zu begründen, warum die Durchführung der betreffenden Handlung, trotz der Möglichkeit der Rechtsgutsverletzung, „auf jeden Fall (das heißt auch wenn nach der Tat eine Rechtsgutsverletzung eintritt, die nicht mehr abgewendet werden kann)“ erlaubt sein soll.[72] In diesem Punkt muss nach den konkreten Handlungstypen

---

[69] Vgl. zum Rechtsprinzip des erlaubten Risikos im Allgemeinen *Masahide Maeda*, Das erlaubte Risiko, in: Gegenwärtige Probleme des Strafrechts, Bd. 3, 1979, S. 25ff.; *Kimiho Shinoda*, Eine Überlegung zur Lehre vom erlaubten Risiko, Keihō Zasshi, Bd. 27, Nr. 2, 1986, S. 39ff.

[70] Zu dieser Frage vgl. auch *Fumiaki Uchida*, Revision des Rechtsprinzips des „erlaubten Risikos“, Kenshū, Nr. 525, 1992, S. 3ff.

[71] *Mikito Hayashi,* Der adäquate Kausalzusammenhang und die Generalprävention, Jōchi Hōgaku Ronshū, Bd. 40, Nr. 4, 1997, S. 28ff., wägt hier die „Adäquanz im weiteren Sinne“, die eine Voraussetzung des adäquaten Kausalzusammenhanges ist, mit dem sozialen Nutzen der Handlung ab, und vertritt für den Fall, dass die Gefahr nicht derart hoch ist, dass sie nicht erlaubt wäre, die Ansicht, dass die Handlung nicht verboten werden könne. Dies ist zwar eine Ansicht, die beachtet werden sollte, doch bleibt hier die Frage offen, warum allein eine Abwägung mit der *Handlung* erfolgen soll.

[72] Falls nach der Tat ein Erfolg verursacht werden sollte, dessen Eintritt nicht mehr abgewendet werden kann, muss dargelegt werden, warum es trotzdem erlaubt sein sollte,

dessen Beweis geführt werden.[73] Zur Begründung der Straflosigkeit ist es unzureichend, wenn man bloß auf das allgemeine Prinzip des erlaubten Risikos verweist.

Als Voraussetzung zur Anwendung einer solchen Ansicht ist es erforderlich, dass die erlaubte Handlung (einschließlich Rechtsgutsverletzung) ausreichend untermauert wird. Die Vorgehensweise, die Ansicht des erlaubten Risikos weiter zu verallgemeinern und zur Bestimmung und Abgrenzung der tatbestandlichen Handlung zu verwenden (dies müsste logischerweise nicht nur für die Fahrlässigkeitsdelikte, sondern auch für die Vorsatzdelikte gelten), ist eine Vorgehensweise, die ohne ausreichende Begründung dieses Punktes versucht, die Tatbestandsvoraussetzungen einzugrenzen (in den Fällen, in denen die Handlung keinen Nutzen besitzt, besteht vielmehr die Gefahr der Erweiterung). Daher ist diese Ansicht nicht unterstützbar.

---

die Handlung auszuführen. Zum Beispiel handelt es sich bei folgendem Sachverhalt um einen solchen Fall, bei dem es sich um eine ärztliche Operation handelt, dessen Misserfolgswahrscheinlichkeit recht hoch ist, sie jedoch die einzige Möglichkeit zur Lebensrettung bzw. Lebensverlängerung darstellt. Nachdem die Operation auf Wunsch des Patienten, der sich der Gefahr bewusst war, durchgeführt wurde, missglückte diese. In diesem Fall kann durch den Willen des Patienten die Handlung *samt des Misserfolges* als erlaubt angesehen werden.

[73] Vgl. zur Ansicht, die den Anwendungsbereich des Prinzips des erlaubten Risikos als sehr begrenzt ansieht: *Sone* (o. Fn. 13), S. 192; *Maeda*, Strafrecht, AT, 2. Aufl. 1994, S. 419, etc.

Notwehrlehre

Takashi Hashizume

I. Ziel dieses Aufsatzes

Zur Notwehrlehre existiert bereits eine Fülle an bedeutenden Urteilen des OGH und auch durch die Lehre wurden schon zahlreiche relevante Studien veröffentlicht.[1] Auch meine Ansicht zu diesem Problemkreis wird bereits in einer anderen Publikation detailliert dargelegt.[2] Ziel dieses Aufsatzes soll es daher sein, die wissenschaftliche Auseinandersetzung zu vertiefen und weiterzuentwickeln. Ferner soll der wesentliche Verlauf der bisherigen Diskussion klar aufgezeigt, meine eigene Ansicht dazu dargestellt und ihre Bedeutung erläutert werden. wegen des begrenzten Umfangs dieses Aufsatzes wird kein Überblick über die gesamte Lehre der Notwehr gegeben. Vielmehr werden nur entlang der wichtigen Problempunkte theoretische Untersuchungen angestellt.

II. Zur Legitimation des Notwehrrechts

1. Ausgangslage der Diskussion

Die Legitimation des Notwehrrechts wurde wegen des Einflusses der deutschen Strafrechtslehre auch in Japan lebhaft diskutiert. Es ist allgemein bekannt, dass die stark vertretene Lehrmeinung das *Rechtsbewährungsprinzip* und das *Individualschutzprinzip* kumulativ verwendet werden, um so das Grundprinzip der Notwehr zu begründen.[3] Der (rechtfertigende)

---

[1] Beispiele für repräsentative Studien: *Teruyuki Yamamoto*, Zur Notwehr gegenüber einem selbst herbeigeführten Angriff, Jōchi Hōgaku Ronshū, Bd. 27, Nr. 2, 1984, S. 137ff.; *Keiichi Yamanaka*, Die Grenzen der Notwehr, 1985; *Seiji Saitō*, Grund und Entwicklung des Notwehrrechts, 1991; *Hiroshi Kawabata*, Rehabilitation des Notwehrrechts, 1998.

[2] Vgl. *Takashi Hashizume*, Grundlagen der Notwehrlehre, 2007.

[3] Statt vieler, *Claus Roxin*, Die „sozialethischen Einschränkungen" des Notwehrrechts – Versuch einer Bilanz, ZStW Bd. 93, 1981, S. 70f.; *Kristian Kühl*, „Sozialethische" Einschränkung der Notwehr", Jura 1990, S. 247; *Theodor Lenckner/Walter Perron*, in:

Notstand bezweckt hingegen ausschließlich den Individualschutz. Das heißt, nur dieser stellt das gemeinsame Prinzip der Notwehr und des Notstandes dar. Entsprechend der herrschenden Meinung soll die Notwehr denjenigen schützen, gegenüber dem eine Rechtsverletzung verübt wird. Doch die hierzu vertretene Gegenansicht ist ebenfalls zu berücksichtigen. Diese betrachtet den Schutz der Rechtsordnung oder die allgemeine Verhinderung von Rechtsverletzungshandlungen gerade nicht als Ziele der Notwehr und spricht sich somit gegen eine solche Begründung durch das Rechtsbewährungsprinzip aus.

Im Hinblick auf diesen Punkt ist zunächst festzustellen, wegen welches theoretischen Interesses der Legitimationsgrund der Notwehr diskutiert wird bzw. diskutiert werden sollte. § 36 Abs. 1 jaStGB[4] ist relativ knapp gehalten. Es ist daher unmöglich, mittels bloßer Auslegung des Wortlautes aus dieser Norm ein konkretes Ergebnis herzuleiten. Folglich muss man sich bei der Interpretation dieser Vorschrift immer auf den Legitimationsgrund der Notwehr berufen und daraus einen einheitlichen Auslegungsmaßstab ableiten. Mit anderen Worten: Der Legitimationsgrund der Notwehr soll in der Praxis als Auslegungshilfe herangezogen werden. Eine solche Heranziehung soll gerade nicht zum Zweck erfolgen, um das Verständnis vom Rechtsinstitut der Notwehr systematisch mittels der Wertvorstellungen der jeweiligen Wissenschaftler zu ordnen.

Wie sich ausgehend von diesem Standpunkt festhalten lässt, stimmen die einander heute gegenüberstehenden Lehrmeinungen hinsichtlich des Punktes überein, dass in Notwehrsituationen die Interessenkollision prinzipiell zum Nachteil des rechtswidrigen Angreifers zu lösen sei. Weiterhin ist nach dem generellen Verständnis im Rahmen der Notwehr keine strikte Abwägung zwischen dem geschützten und dem verletzten Rechtsgut notwendig. Auch ist allgemein anerkannt, dass der Angegriffene nicht grundsätzlich zu einem Ausweichen vor dem Angriff verpflichtet ist. Folglich ist es gerade die Aufgabe der Lehre vom Legitimationsgrund der Notwehr, einerseits rational die Grundlage dafür zu schaffen, dass hinsichtlich der Notwehr die oben beschriebenen Regeln grundsätzlich Anwendung finden. Andererseits soll sie die konkreten Fälle aufzeigen, bei denen diese Regeln ausnahmsweise nicht anwendbar sind und der Interessenkonflikt zum Nachteil des

Schönke/Schröder (Hrsg.), Strafgesetzbuch, Kommentar, 27. Aufl. 2006, § 32 Rn. 1f. Auch in Japan vgl. u. a. *Yamanaka* (o. Fn. 1), S. 35ff.; *Saitō* (o. Fn. 1), S. 90ff.; *Takehiko Sone*, Die Lehre von der Rechtfertigung im Strafrecht, 1980, S. 97ff.; *Ken Naitō*, Strafrecht, AT, Bd. 2, 1986, S. 329ff.; *Makoto Ida*, Struktur und theoretische Grundlagen der Strafrechtsdogmatik, 2005, S. 158ff.

[4] § 36 Abs. 1 jaStGB lautet: „Eine Handlung, welche unvermeidlich ist, um einen gegenwärtigen, rechtswidrigen Angriff auf ein Recht von sich oder einem anderen abzuwehren, ist nicht strafbar."

Angegriffenen (oder des Angreifers *und* des Angegriffenen) gelöst werden muss. Bei der Auslegung in der Praxis spielt selbstverständlich vor allem letztere Aufgabe eine große Rolle.

2. Kritische Auseinandersetzung mit dem Rechtsbewährungsprinzip

Der Inhalt des Rechtsbewährungsprinzips ist zwar keinesfalls eindeutig geklärt, doch die traditionelle Ansicht akzeptiert seit jeher den hohen Stellenwert des Gedankens, dass die Privatperson die Rechtmäßigkeit und die Wirksamkeit der Rechtsordnung verteidigt, indem sie die rechtswidrige Handlung beseitigt.[5] Dieser Standpunkt gewährt einerseits ein weites Notwehrrecht und trägt so andererseits nichts dazu bei, dessen Umfang rational einzugrenzen. Erkennt man tatsächlich bei der Verteidigung gegen einen rechtswidrigen Angriff immer ein Interesse der Rechtsordnungsverteidigung an, ist es wohl unmöglich, bei Vorliegen eines rechtswidrigen Angriffs einen Fall des eingeschränkten Notwehrrechts anzunehmen. In Deutschland wurde zwar auch die Meinung vertreten, nur ein Verhalten stelle einen rechtswidrigen Angriff im Sinne der Notwehrvoraussetzung dar, das die Rechtsordnung bewusst ignoriert und damit die *empirische Geltung* der Rechtsordnung gefährdet.[6] Doch meiner Ansicht nach ist es unmöglich, durch solch eine Konstruktion den Umfang des Notwehrrechts klar einzugrenzen.[7]

Viele der Wissenschaftler messen heute auf Grundlage des Rechtsbewährungsprinzips dem Interesse, rechtswidrigem Verhalten im Allgemeinen vorzubeugen, große Bedeutung bei (im Folgenden als *Generalpräventionsmodell* bezeichnet). Das heißt, der potenzielle Verbrecher werde durch die Ankündigung abgeschreckt, dass ein notwehrbedingter Gegenangriff gerechtfertigt ist, wodurch der rechtswidrige Angriff von vornherein verhindert werde. Gleichzeitig liege es auch im Wesen des Rechtsbewährungsinteresses, das Vertrauen der Allgemeinheit in die Rechtsordnung zu stärken.[8] In der Lehre werden vor allem zwei Auffassungen vertreten. Die

[5] Vgl. *Albert Friedrich Berner*, Die Nothwehrtheorie, Archiv des Criminalrechts, Neue Folge, 1848, S. 554, 562.

[6] Vgl. *Eberhard Schmidhäuser*, Über die Wertstruktur der Notwehr, in: Festschrift für Richard M. Honig, 1970, S. 185ff.; *ders.*, Die Begründung der Notwehr, GA 1991, S. 118ff.

[7] Vgl. etwa *Heinz Wagner*, Individualistische oder überindividualistische Notwehrbegründung, 1984, S. 19f.

[8] Vgl. *Roxin* (o. Fn. 3), S. 73f. Auch in Japan bekennen sich klar zu dieser Auffassung *Saitō* (o. Fn. 1), S. 90ff.; *Yamanaka* (o. Fn. 1), S. 36ff. Der Faktor, den *Shinji Saitō* unter dem „Beitrag zur Aufrechterhaltung der Rechtsordnung" versteht, meint wohl grund-

eine besagt, durch die Verwirklichung des individuellen Interessenschutzes und des Rechtsbewährungsinteresses sei die Handlung gerechtfertigt,[9] und die andere, durch die Addition des Rechtsbewährungsinteresses und des Abwehrinteresses des Verteidigers würden dessen Interessen gegenüber denen des Angreifers überwiegen.[10] Doch halte ich den Unterschied beider Ansichten für nicht besonders wichtig. Denn laut beiden Ansichten wird die Notwehr nur bejaht, wenn jeweils ihre Interessen verwirklicht sind.

Der größte Vorteil des Generalpräventionsmodells ist, dass auch bei Vorliegen eines rechtswidrigen Angriffs die Notwehr begrenzt bzw. abgelehnt werden kann, wenn keine Notwendigkeit einer Generalprävention besteht. Tatsächlich nimmt diese Ansicht in folgenden Fällen eine Begrenzung der Notwehr an, da das Erfordernis einer Generalprävention hier als gering einzustufen ist:

a) wenn der Angreifer nicht schuldhaft handelt bzw. wenn die Schuld auffallend gering ist,
b) wenn der Angegriffene den Angriff rechtswidrig provoziert hat,
c) bei sehr geringfügigen Rechtsverletzungen und
d) bei Rechtsverletzungen innerhalb eines Garantenverhältnisses.

Doch meiner Meinung nach liegt das größte Problem dieser Ansicht darin, dass die Begrenzung des Notwehrrechts nur wegen der fehlenden Notwendigkeit der Generalprävention vorgenommen werden soll, unabhängig vom jeweiligen Fall. In welchen Fällen das Erfordernis der Generalprävention besteht bzw. inwieweit dieses überhaupt existiert, kann nicht konkret beurteilt werden, weil dieses nicht sichtbar ist. Daher überlässt diese Ansicht letzten Endes die Beurteilung, ob eine Notwehr zulässig oder unzulässig ist, dem persönlichen Empfinden der Wissenschaftler. Dies wird deutlich, wenn beispielsweise *Roxin* zur Notwehrprovokation den Fall „Ein Streit zwischen Freunden" erörtert. Hier würde eine Durchschnittsperson die Situation nicht derart auffassen, dass sie selbst bedroht werde. Somit sei die Notwendigkeit des allgemeinen Schutzes verschwindend gering.[11]

---

sätzlich dasselbe. Vgl. *Shinji Saitō*, „Rechtsbewährung" – der rechtliche Charakter der Notwehr und des Notwehrexzesses, Keihō Zasshi, Bd. 35, Nr. 2, 1996, S. 60ff.

[9] *Kawabata* (o. Fn. 1), S. 19, sagt zwar, die Notwehr bestehe aus zwei Seiten, nämlich dem Naturrecht und dem Notrecht, doch stimmt seine Ansicht wohl mit dieser überein. Eine weitere gleich gelagerte Ansicht äußert *Hiroaki Myōshō*, Der Grund des Notwehrrechts und eine erneute Überprüfung der objektiven Voraussetzungen der Notwehr, Keihō Zasshi, Bd. 47, Nr. 2, 2008, S. 25ff.

[10] Vgl. *Theodor Lenckner*, Der rechtfertigende Notstand, 1965, S. 137f.; *ders.*, Der Grundsatz der Güterabwägung als Grundlage der Rechtfertigung, GA 1985, S. 299f.; vgl. zu den Vertretern aus Japan: *Naitō* (o. Fn. 3), S. 329ff.; *Sone* (o. Fn. 3), S. 101ff.

[11] Vgl. *Claus Roxin*, Strafrecht Allgemeiner Teil, Bd. I, 4. Aufl. 2006, § 15 Rn. 69.

Folgt man dieser Auffassung, könnte man zum Beispiel bei Fällen eines internen Streits einer kriminellen Bande undifferenziert die Notwehr eingrenzen bzw. verneinen, da eine kriminelle Bande nicht in den Genuss des Schutzes der Rechtsordnung kommen sollte. Natürlich billigen die Autoren ein derartiges Ergebnis nicht.[12] Doch auf Basis des Generalpräventionsmodells ist eine solche Schlussfolgerung nicht rational aus der Welt zu schaffen. Vielmehr würde eine intuitive Beurteilung der Zulässigkeit oder Unzulässigkeit der Notwehr dazu führen, dass die jeweiligen Ergebnisse der Wissenschaftler zwangsläufig voneinander abweichen. So sieht zum Beispiel *Bockelmann* zwar den Legitimationsgrund der Notwehr in dem Individualschutz- und dem Rechtsbewährungsprinzip, lehnt jedoch in Fällen der Notwehrprovokation eine Begrenzung der Notwehr ab, da die Rechtsordnung von dem Angreifer erwarte, dass dieser sich nicht auf die Provokation einlasse.[13]

Die Probleme in den obigen Fällen *a)* bis *d)* werden in der Wissenschaft als Einheit behandelt, obwohl sie jeweils anders gelagert sind. Meiner Ansicht nach muss aber jeder Fall von einem praktischen Standpunkt aus einzeln begutachtet werden. So geht es zum Beispiel im Fall *a)* um die Frage, ob der Angreifer schuldhaft handeln muss, damit eine Notwehr – im Gegensatz zum Notstand – angenommen werden kann. Im Fall *b)* steht das gemeinsame Problem der Notwehr und des Notstandes im Fokus, welchen Einfluss die Situation, die dem Interessenkonflikt vorausgeht, auf die Rechtfertigung der Nothandlung hat. Ferner ist es im Fall *c)* unabdingbar zu fragen, in welchem Umfang die Realisierung der Rechte der Privatperson akzeptiert werden soll. Folgt man diesem Gedankengang, kann man in den jeweiligen Fällen, in denen die Begrenzung der Notwehr angesprochen wird, jeweils charakteristische Problemsituationen vorfinden. Hier sollte man sich fragen, ob nicht zu stark vereinfacht wird, wenn all diese Probleme mittels einer Kombination des Individualschutz- und Rechtsbewährungsprinzips gelöst werden sollen.[14]

---

[12] *Shinji Saitō* ist der Ansicht, dass, falls man die Notwehr bei Auseinandersetzungen zwischen kriminellen Banden verneint, „die Möglichkeit besteht, durch den Ausschluss des rechtswidrigen Angriffs das Interesse der Bewahrung der Rechtsordnung (der Bestätigung des Rechts bzw. der Gerechtigkeit) unrichtigerweise zu übersehen bzw. nicht zu beachten". Daher müsse die Notwehr bejaht werden, wenn die Voraussetzungen erfüllt seien; vgl. *Shinji Saitō*, Die neuesten Entwicklungen in der gegenwärtigen Rechtsprechung (§ 36 StGB), Hōgaku Shinpō, Bd. 112, Nr. 1–2, 2005, S. 398 ff.

[13] Vgl. *Paul Bockelmann*, Notwehr gegen verschuldete Angriffe, in: Festschrift für Richard M. Honig, 1970, S. 31.

[14] Als Hinweis in dieselbe Richtung vgl. *Hitoshi Saeki*, Notwehrlehre, 1. Teil, Hōgaku Kyōshitsu, Nr. 291, 2004, S. 78; *Ryōsuke Terunuma*, Die Struktur der Notwehr, Okayama Daigaku Hōgaku'kai Zasshi, Bd. 56, Nr. 2, 2007, S. 146.

Bei der Begründung des Notwehrrechts durch das Rechtsbewährungsprinzip besteht die größte Schwierigkeit darin, dass in jeder Problemsituation die alleinige Grundlage die abstrakte These ist, ein Interesse zur Rechtsbewährung (Generalprävention) fehle, wodurch man zu jedem beliebigen Ergebnis kommen kann. Dies gleicht dem Problem der Lehre von der Sozialadäquanz, die in Japan vertreten wird und als allgemeiner Maßstab für die Rechtfertigung gelten soll. Diese ist auf keinen Fall richtig.

3. Das Fehlen bzw. die Reduktion der Schutzbedürftigkeit des Rechtsgutes des Angreifers

Zudem wird in der Lehre stark vertreten, man solle nicht das Individual- und das Rechtsbewährungsinteresse „addieren“, sondern die Notwehr auf das Fehlen bzw. die Reduktion der Schutzbedürftigkeit der Interessen des Angreifers zurückführen.

Ryūichi Hirano äußerte in Japan den Gedanken der fehlenden Rechtsgutseigenschaft des Angreifers. Er verneinte die Schutzbedürftigkeit der Rechtsgüter des Angreifers, soweit ihre Beeinträchtigung für eine Verteidigung erforderlich ist.[15] Diese Ansicht erklärt, bei der Notwehr werde weder eine Interessenabwägung noch eine Subsidiarität der Verteidigung verlangt und deshalb sei dem Angegriffenen keine Pflicht zum Ausweichen auferlegt. Dies folgt daraus, dass die Schutzwürdigkeit des Rechtsgutes im Interesse des Angreifers (im Rahmen der notwendigen Verteidigung) verneint und die Verteidigungshandlung gegen den Angreifer nicht als Herbeiführung eines Unrechts bewertet wird. Allerdings wird hier meiner Meinung nach das zu Beweisende bereits vorausgesetzt. Wenn eine Rechtsgutsverletzung mit Sicherheit verhindert werden kann, indem der Angegriffene flüchtet oder ausweicht, ist es fraglich, ob die Verteidigungshandlung wirklich „notwendig“ ist. *Hirano* erachtete es von vornherein als selbstverständlich, dass der Angegriffene keine Pflicht zur Flucht trage, und betrachtet deshalb auch in Fällen, in denen eine Flucht möglich ist, die Verteidigungshandlung als notwendig. Die fehlende Schutzbedürftigkeit des Angreifers ist nicht der Grund, sondern die Folge dieser Argumentation. Doch frage ich mich, ob man den Grund für das Verneinen der Pflicht zur Flucht nicht auf theoretischer Basis klären muss.

[15] Vgl. *Ryūichi Hirano*, Strafrecht, AT II, 1975, S. 213. Als gleich gelagerte Ansichten siehe u. a. *Kanako Takayama*, Notwehrlehre, Teil 1, Hōgaku Kyōshitsu, Nr. 267, 2002, S. 82; *Saeki* (o. Fn. 14), S. 79; *Noriyuki Nishida*, Strafrecht, AT, 1. Aufl. 2006, S. 146. Vgl. auch *Paul Johann Anselm Feuerbach*, Lehrbuch des gemeinen in Deutschland gültigen peinlichen Rechts, 11. Aufl. 1832, S. 30 f., § 36.

Ferner wird es, wenn man wie *Hirano* die Pflicht zur Flucht verneint, sehr schwierig sein, einen Fall, bei dem ausnahmsweise die Pflicht zur Flucht besteht, aus dem Legitimationsgrund der Notwehr abzuleiten.

Andererseits werden auch Ansichten stark vertreten, die davon ausgehen, bei der Notwehr sei die Schutzbedürftigkeit des Rechtsgutes des Angreifers vermindert. So verlangt *Teruyuki Yamamoto* in einer Notwehrsituation keine strikte Subsidiarität des anzuwendenden Verteidigungsmittels und keine strikte Interessenabwägung, da wegen eines rechtswidrigen Angriffs die Schutzbedürftigkeit der Rechtsgüter des Angreifers als gering einzustufen sei.[16] In jüngster Zeit kommt auch *Ryōsuke Terunuma* zu demselben Ergebnis, nämlich dass der sich rechtswidrig verhaltende Angreifer gegen die Gewährleistungsnorm verstoße und hierdurch das Rechtsgut eines anderen in große Gefahr bringe. Somit veranlasse er selbst, dass die Notwendigkeit des auf einer Rechtsnorm basierenden Schutzes zurücktritt.[17] Doch meiner Meinung nach sind diese Ansichten durchaus problematisch. Erstens kann von ihrem Standpunkt aus grundsätzlich ein (wenn auch vermindertes) Interesse des Angreifers und dessen Schutzbedürftigkeit bejaht werden. Somit bestünde eine Pflicht zur Flucht, wenn dieses Interesse durch eine Flucht des Angegriffenen geschützt werden könnte. Es wäre schwer zu erklären, warum bei der Notwehr das Kriterium der Subsidiarität unnötig sein und dem Angegriffenen keine Pflicht zur Flucht auferlegt werden soll.[18]

Ein wesentlich praktischeres Problem ist, dass nach dieser Ansicht die Grenzen zwischen der Notwehr und dem Notwehrexzess verschwimmen, da es äußerst schwierig ist, das Ausmaß eindeutig zu erfassen, in dem sich die Schutzbedürftigkeit des Angreifers vermindert. Das Schrifttum führt hier zwar den Maßstab an, „welcher Vorteil bzw. Nachteil entsteht, wenn man generell erlaubt, dass man zu einer solchen Verteidigungshandlung schreitet",[19] doch finde ich dieses Beurteilungskriterium keinesfalls eindeutig.

---

[16] Vgl. *Yamamoto* (o. Fn. 1), S. 211ff. Weiter als gleichgelagerte Ansicht vgl. *Saku Machino*, Das Selbstbestimmungsrecht des Patienten und das Recht, 1986, S. 148; *Mikito Hayashi*, Strafrecht, AT, 1. Aufl. 2000, S. 193.

[17] *Terunuma* (o. Fn. 14), S. 15ff., lehnt die Interessensabwägungslehre ab und berücksichtigt im Rahmen der Verhaltensnormentheorie die Bewilligung bzw. Ausweitung des Erlaubnissatzes. Somit unterscheidet er sich grundlegend von der Ansicht *Yamamotos*.

[18] Vgl. u.a. *Atsushi Yamaguchi*, Problemuntersuchung im Strafrecht, AT, 1998, S. 51; *Hashizume* (o. Fn. 2), S. 64.

[19] Vgl. *Terunuma* (o. Fn. 14), S. 166.

4. Eigene Ansicht

Früher wurde der Legitimationsgrund der Notwehr von dem Standpunkt aus erörtert, inwiefern ein Unterschied zwischen Notwehr und Notstand zu begründen sei. Doch wie bereits aufgezeigt, stellen sich unter den Auslegungsfragen der Notwehr sowohl die für die Notwehrlehre eigentümlichen Probleme als auch diejenigen Probleme, die im Zusammenhang mit der allgemeinen Lehre der Rechtfertigung erörtert werden müssen. Daneben gibt es einen gemeinsamen Fragenkreis der Notwehr und des Notstandes. Die Probleme können aber auch voneinander abweichen. Daher muss meiner Meinung nach eine noch differenziertere Diskussion ermöglicht werden, indem man ebenfalls hinsichtlich der Rechtfertigungsbegründungslehre von verschiedenen Gesichtspunkten aus an sie herantritt. Daher vertrete ich die Auffassung, die Grundprinzipien der Notwehr sollten auf Basis folgender drei Gesichtspunkte erörtert werden.[20]

1. Wie bei einem Vergleich mit dem Notstand deutlich wird, besteht die Eigenart der Notwehrlage darin, dass man im Rahmen eines gegenwärtigen rechtswidrigen Angriffs diesem nicht nachgeben muss. Stattdessen wird das Interesse des Einzelnen, „dorthin zu gehen, wohin man gehen will" bzw. „das zu tun, was man machen möchte" (also das Interesse, am Ort zu verweilen), dem Sicherungsinteresse hinzugerechnet. Der Angegriffene hat nicht die Pflicht zu fliehen, weil dieses „Interesse, am Ort zu verweilen" geschützt werden muss. Da diesem Interesse ferner der gleiche Stellenwert wie dem Schutz des Lebens oder des Körpers zukommen sollte, kann hierdurch der prinzipielle Vorrang des Interesses des Angegriffenen gegenüber dem Interesse des Angreifers erklärt werden.

2. Da der Angreifer auch in einer Notwehrsituation ein schützenswertes Interesse am Erhalt seiner Rechtsgüter hat, kann mithilfe der Notwehr auch innerhalb einer Situation, in der sich mehrere Interessen gegenüberstehen, diese Interessenkollision auf rationale Weise aufgelöst werden. Somit bildet die Notwehr einen Rechtfertigungsgrund, der sich aus dem Prinzip des überwiegenden Interesses ableiten lässt. Wenn der Angegriffene einer solchen Interessenkollision mühelos ausweichen kann, ohne dabei sein rechtmäßiges Interesse aufzugeben, dann muss die Rechtfertigung der rechtsgutsverletzenden Handlung als allgemeine äußere Bedingung für das Prinzip des überwiegenden Interesses abgelehnt werden. Denn es ist ein Interessenkonflikt entstanden, der nicht hätte entstehen müssen.

[20] Vgl. ausführlicher *Hashizume* (o. Fn. 2), S. 8ff., S. 345ff.

3. Die Notwehr und der Notstand bilden Ausnahmen des „grundsätzlichen Verbots zur Selbsthilfe“ und rechtfertigen den Schutz des Individualrechts mittels der direkten Gewaltanwendung einer Privatperson. Auch wenn eine Rechtsgutsverletzung bejaht würde, kann es daher Fälle geben, in denen der Rechtsinhaber einen Schaden für eine kurze Dauer erdulden muss und die Pflicht hat, Rettungsmaßnahmen durch die Staatsorgane anzunehmen. Hierbei sind jedoch konkrete Umstände zu berücksichtigen, wie die Gewissheit bzw. Schnelligkeit der öffentlichen Rettung oder das Ausmaß des Interesses des Angreifers. In einem solchen Fall ist es denkbar, dass es an der Eigenschaft der Notwehrhandlung fehlt und die Gewaltanwendung durch die Privatperson nicht hingenommen werden kann.

Auf *2.* (also auf die äußeren Bedingungen des Prinzips des überwiegenden Interesses) werde ich später unter V. näher eingehen. Im Folgenden möchte ich versuchen, mögliche Kritikpunkte zu *1.* und *3.* zu widerlegen.

Zunächst zu *1.* An meinem Gedanken, durch die Addition des „Interesses, am Ort zu verweilen“ einen generellen Vorrang des Interesses des Angegriffenen herzuleiten, wird kritisiert, ein solches Interesse sei absolut geringfügig und auf keinen Fall geeignet, das Überwiegen des Interesses des Angegriffenen zu begründen.[21] Wie oben bereits erwähnt,[22] möchte ich anfügen, dass das „Interesse, am Ort zu verweilen“ sich nicht auf ein physisches Interesse beschränkt, am Ort zu verbleiben. Vielmehr handelt es sich hier um ein allgemeines bzw. institutionelles Interesse, an diesem Ort keinen rechtswidrigen Angriff befürchten zu müssen und die Möglichkeit freier Tätigkeiten als Individualperson zu garantieren.[23] Gerade weil hier ein derartiges institutionelles Interesse thematisiert wird, kann dem Interesse, am Ort zu verweilen, der gleiche Wert zuerkannt werden wie dem Leben oder dem Körper. Es ist richtig, dass der Ausdruck des „Interesses, am Ort zu verweilen“, eher unpassend ist, um einen derartigen Grundgedanken des allgemeinen, institutionellen Interesses zu formulieren.[24] Unabhängig davon gibt es hauptsächlich zwei Gründe dafür, weshalb ich diese Begrifflichkeit wähle. Zunächst besteht die Notwendigkeit, bei der Begründung der Not-

[21] Vgl. *Hayashi* (o. Fn. 16), S. 192.

[22] Vgl. *Hashizume* (o. Fn. 2), S. 74 ff.

[23] Dieselbe Ansicht vertritt *Hitoshi Saeki,* Notwehrlehre, 2. Teil, Hōgaku Kyōshitsu, Nr. 292, 2005, S. 78.

[24] Es ist wohl Unsinn zu behaupten, das Interesse, an einem Ort zu verweilen, werde in einem Fall geschützt, in dem der eingesperrte Angegriffene Notwehr übt, um zu entfliehen. Es bedarf zwar keiner Erklärung, doch wird hier das Interesse, dorthin zu gehen, wohin man gehen will, und das zu tun, was man machen möchte, dem Schutzinteresse hinzuaddiert.

wehr in rationaler Weise darzulegen, dass der Angegriffene keine Pflicht zur Flucht hat. Hierfür ist es meiner Meinung nach vorteilhafter, sich nicht auf das allgemeine bzw. institutionelle Interesse zu berufen, sondern sich zunächst auf die Begrifflichkeit des Ortes zu beschränken. Darüber hinaus besteht bei der Verwendung abstrakter Begriffe wie „die Handlungsfreiheit eines Einzelnen" oder „die persönliche Autonomie des Angegriffenen" die Gefahr, dass der Beurteilungsmaßstab für deren Schutzbedürftigkeit unpräzise wird. Daher vertrete ich folgende Auffassung: Durch eine Rekonstruktion vom Standpunkt des Interesses aus, am Ort zu verweilen, kann deutlich gemacht werden, dass unter Zugrundelegung des Ortes, an dem sich der Angegriffene aufhält (bzw. an den er versucht zu gelangen), die Schutzbedürftigkeit beurteilt werden kann.[25]

Betrachtet man nun wie hier das Interesse, am Ort zu verweilen, als allgemeines institutionelles Interesse, ließe sich dagegen vorbringen, dies sei lediglich eine andere Bezeichnung für das Rechtsbewährungsinteresse. Letztendlich wird hier die Frage thematisiert, wie man die Situation auflöst, dass sich in der Notwehrsituation Recht und Unrecht gegenüberstehen. Daher weist möglicherweise jede Herangehensweise zwangsläufig einen ähnlichen Charakter auf. Doch wie ich zu diesem Punkt bereits oben ausgeführt habe,[26] berücksichtigen die Ansichten, die sich auf das Rechtsbewährungsprinzip berufen, mit Blick auf die konkreten Umstände den Angreifer, den Angegriffenen, das Verhältnis der beiden, die vorausgegangene Situation und andere Tatsachen, um die Existenz einer Notwehrsituation zu beurteilen. Somit besteht die Gefahr, dass ein beliebiges Ergebnis vorschnell angenommen wird. Mein Ziel ist es, solche abstrakten bzw. zusammenfassenden Beurteilungsmethoden des Rechtsbewährungsinteresses zu beseitigen. Die Begründungslehre, die auf dem Interesse beruht, am Ort zu verweilen, konzentriert sich auf den substanziellen Grund, dass der Angegriffene nicht fliehen muss, und stellt dahingehend Untersuchungen an. Dabei wird also allein die Schutzbedürftigkeit des Angegriffenen als Beurteilungsmaßstab herangezogen.[27]

---

[25] *Nishida* (o. Fn. 15), S. 146, kritisiert an meiner Ansicht, dies sei nichts anderes als die hinsichtlich der Notwehr fehlende Pflicht zur Flucht. Doch wird *nur* in Fällen, in denen das Interesse, am Ort zu verweilen, als schützenswert beurteilt wird und bejaht werden kann, die Pflicht zur Flucht verneint. Somit handelt es sich nicht lediglich um einen anderen Ausdruck.

[26] Vgl. *Hashizume* (o. Fn. 2), S. 75 ff.

[27] *Terunuma* (o. Fn. 14), S. 149, kritisiert, es sei kein Grund ersichtlich, warum unter den verschiedenen Interessen demjenigen, am Ort zu verweilen, eine Sonderstellung eingeräumt werden sollte. Doch finde ich es durchaus berechtigt, den Umstand, sich gegen Unrecht zu wehren, der Lage des Angegriffenen hinzuzurechnen, da die Notwehr schließlich die Beziehung zwischen Recht und Unrecht regelt.

Nun zu Punkt *3.* Ich bin der Meinung, dass je nach der Art des Angriffs und dem Interesse des Angegriffenen der ordentliche Rechtsschutz durch die Staatsorgane Vorrang genießen sollte. In diesem Fall wird das Recht zur Gewaltanwendung wegen einer Notwehrlage verneint werden. Die Vertreter der Ansicht, das Recht brauche dem Unrecht nicht zu weichen, werden dies wohl als eine unangemessene Beschränkung des Notwehrrechts kritisieren. Doch wenn zum Beispiel aus der Nichterfüllung einer Zahlungsverpflichtung eine Vermögensschädigung folgt und diese Situation anhält, so ist ein Verhalten, das den Schuldner durch Gewalt oder Drohung zur Erfüllung zwingt, nicht durch Notwehr gerechtfertigt. Der Gläubiger muss durch die Erhebung einer zivilrechtlichen Klage die Verwirklichung seiner Interessen verfolgen. Die Unannehmlichkeiten müssen bis zur Wiederherstellung des Rechts durch die Justiz also prinzipiell hingenommen werden. Nur in Ausnahmefällen, in denen die Notwendigkeit bzw. Eilbedürftigkeit der sofortigen Rechtsverwirklichung äußerst hoch ist, ist die Rechtswiederherstellung durch Selbsthilfe erlaubt. Da unter dem staatlichen Gewaltmonopol die Rechtsdurchsetzung mittels Selbstjustiz grundsätzlich verboten ist, kann die sofortige Rechtsverwirklichung durch Notwehr bzw. Notstand nicht akzeptiert werden. Vielmehr ist davon auszugehen, dass die öffentliche, nach der Tat stattfindende Rettungsmaßnahme Vorrang genießt.

Gegen diese Auffassung könnte dahingehend argumentiert werden, der Zahlungsverzug sei keine rechtswidrige Angriffshandlung und man könne selbstverständlich nicht in Notwehr handeln, da es sich lediglich um eine fortdauernde Rechtsverletzungssituation handele. Somit sei es unangemessen, aus einer Situation, in der eine rechtswidrige Verletzungshandlung andauere, einen Fall abzuleiten, in der die Notwehr begrenzt wird. Doch ist im Zahlungsverzug auch eine rechtswidrige Unterlassungshandlung zu sehen. Daher ist es möglich zu behaupten, dass die Verletzungshandlung fortdauert.[28] Betrachtet man ferner Fälle wie das Sich-nicht-Entfernen aus der Wohnung oder die Vernachlässigung eines Kindes durch seine Mutter, ist es nicht angemessen, Verletzungshandlungen durch Unterlassen aus dem Anwendungsbereich der Notwehr auszuschließen.[29] Letzten Endes gibt es eher selten Fälle einer Verletzung durch Unterlassen, bei denen sich der

---

[28] Vgl. *Gunther Arzt*, Notwehr, Selbsthilfe, Bürgerwehr, in: Festschrift für Friedrich Schaffstein, 1975, S. 80f.

[29] *Roxin* hingegen ist der Ansicht, dass ein rechtswidriges Unterlassen ebenfalls nicht unter den Begriff des rechtswidrigen Angriffs fällt, solange es strafrechtlich kein Gegenstand der Erfolgszurechnung ist; vgl. *Roxin* (o. Fn. 11), § 15 Rn. 12. Jedoch kann auch eine nicht strafbare Handlung einen rechtswidrigen Angriff im Sinne der Notwehrvoraussetzung darstellen. Hier scheidet die Notwehr deshalb aus, weil die öffentliche Rettungsmaßnahme bevorzugt werden soll; vgl. *Otto Lagodny*, Notwehr gegen Unterlassen, GA 1991, S. 300.

Schutzzustand der Interessen schlagartig verändert. Somit besteht in der Praxis die Tendenz, vorschnell die Pflicht aufzuerlegen, die Unannehmlichkeiten der Rechtsverletzung hinzunehmen. Bei einer rechtswidrigen Verletzung durch ein Tun sind hingegen Fälle denkbar, bei denen die sofortige Gewaltanwendung untersagt werden muss, wobei der Umfang des Interesses des Angegriffenen bzw. Umfangs des Schadens zu berücksichtigen ist, den die Gewaltanwendung verursachen würde. Ein weiterer Grund für das notwendige Verbot der Gewalt in solchen Fällen ist die Effektivität des Rechtsschutzes durch öffentliche Rettungsmaßnahmen.[30]

Wollte man bei der Auslegung der Notwehr erörtern, ob die sofortige Gewaltanwendung erlaubet sei, so sollte dies im Rahmen der *Notwehrvoraussetzung der Gegenwärtigkeit des Angriffs* geschehen. Wenn das Warten auf die nachträgliche Rettung durch die öffentlichen Organe geboten ist, kann man die Gegenwärtigkeit des Angriffs verneinen, die eine sofortige Gewaltanwendung rechtfertigen würde.[31] Wenn man wie hier die Vor- und Nachteile einer sofortigen Gewaltanwendung nach den einzelnen Falltypen untersucht und das Für und Wider einer Notwehr diskutiert, wird zwar die Grenze zwischen der Notwehr und der Selbsthilfe verwischt.[32] Da es sich aber bei beiden um Instrumente handelt, die die Interessengegenüberstellung von Recht gegen Unrecht regulieren, ist es wohl auch nicht falsch, beide im Zusammenhang zu sehen. Ist der Schaden durch die sofortige Gegenmaßnahme gering und besteht keine ausgeprägte Notwendigkeit, die eigentlich vorrangige öffentliche Rettung abzuwarten, wird die Gegenwärtigkeit des Angriffs bejaht, woraus folgt, dass die Widerstandshandlung als Notwehr gerechtfertigt wird. Ist kein solcher Umstand gegeben, hat der Angegriffene grundsätzlich die Pflicht, den gegenwärtigen Nachteil hinzunehmen, bis er die öffentliche Hilfe in Anspruch nehmen kann. Im Ergebnis wird also die Rechtfertigung der Gewaltanwendung abgelehnt.[33]

---

[30] Als Beispiel kann der *Kōchi-Beton-Fall* genannt werden (Distriktgericht Kōchi, Urteil v. 31.3.1976, Hanrei Jihō, Nr. 813, S. 106). Zur Analyse dieses Urteils vgl. *Hashizume* (o. Fn. 2), S. 113ff.

[31] Ansichten mit demselben Ergebnis vgl. *Toshimaro Kōjō*, Die Gegenwärtigkeit bei der Notwehr, in: Mitsuru Kobayashi/Toshimaro Kōjō (Hrsg.), Tatsachenfeststellung im Strafrecht, Bd. 1, 1992, S. 294ff.; *Saeki* (o. Fn. 14), S. 83ff.; *Nishida* (o. Fn. 15), S. 152. *Atsushi Yamaguchi*, Strafrecht, AT, 2. Aufl. 2007, S. 117ff., positioniert dieselbe Erwägung in der Notwehrvoraussetzung der Rechtswidrigkeit des Angriffs. Doch könnte dann ein rechtfertigender Notstand angenommen werden und es besteht die Befürchtung, dass es infolgedessen kein praktisches Erfordernis mehr gibt, die Pflicht zum Abwarten der öffentlichen Rettungsmaßnahme aufzuerlegen.

[32] Auf diesen Punkt weist mit Recht hin: *Makoto Ida*, Das Verhältnis des Strafrechts zum Zivilrecht, in: Atsushi Yamaguchi/Makoto Ida/Hitoshi Saeki (Hrsg.), An vorderster Front der Strafrechtsdogmatik II, 2006, S. 58.

[33] Folgt man der hier vertretenen Ansicht, so könnte man zumindest hinsichtlich Angriffen auf das Vermögen meinen, dass der Umfang, innerhalb dessen die Widerstands-

III. Die Abgrenzung der Notwehr vom Notstand

1. Problemstellung

Da die Notwehr die Interessenkollision von „Recht" und „Unrecht" regelt, wird allein der Widerstand gegen einen rechtswidrigen Angreifer als Notwehr betrachtet. Liegt kein „rechtswidriger Angriff" vor, auch wenn es sich um ein Verhalten handelt, das eine gefährdende Handlung abwehrt, kann keine Notwehr bejaht werden. Hier würde ausschließlich das Vorliegen eines (defensiven) Notstandes problematisiert werden. Ferner wird, auch wenn ein gegenwärtiger rechtswidriger Angriff vorliegen sollte, keine Notwehr, sondern ein (aggressiver) Notstand angenommen, wenn man sich nicht gegen den Gefahrverursacher wehrt, sondern die Gefahr auf einen Dritten abwälzt, zum Beispiel indem man einen Dritten wegstößt, um zu fliehen.

Zunächst ist es bezüglich der Grenzen von Notwehr und Notstand also notwendig, den Begriff des rechtswidrigen Angriffs zu klären. Dieses Problem wurde traditionell hinsichtlich des Vorliegens bzw. Nichtvorliegens einer *Sachwehr* diskutiert. Weiter muss geklärt werden, wie die Gefahrenquelle von den sonstigen Objekten unterschieden wird. Dies ist ein Gebiet, das seit jeher mit dem Ausdruck „die Notwehrhandlung und der Dritte" bezeichnet wurde. Dieses Problem möchte ich im Folgenden kurz erörtern.

2. Die Notwendigkeit der Verantwortlichkeit des Angreifers – Sachwehr

Unter einem rechtswidrigen Angriff versteht man nach Auffassung der herrschenden Lehre eine rechtswidrige Interessensverletzung. Somit wird der Begriff der Rechtswidrigkeit so beurteilt, wie es in der Verbrechenslehre üblich ist.[34] Somit kann ein gerechtfertigtes Verhalten kein rechtswidriger Angriff sein. Hinsichtlich der schuldlosen Handlung unterscheidet sich

handlung gerechtfertigt ist, einander bezüglich folgender Fälle gleicht: des Falles, in dem die Widerstandshandlung als Notwehr gerechtfertigt ist, und des Falles, in dem (in exzeptionellen Situationen) eine Selbsthilfe vorliegt.

[34] Vgl. zum Beispiel *Hirano* (o. Fn. 15), S. 230ff.; *Naitō* (o. Fn. 3), S. 337; *Nishida* (o. Fn. 15), S. 149; *Yamaguchi* (o. Fn. 31), S. 116; *Minoru Ōya*, Strafrecht, AT, 2. Aufl. 2007, S. 282; *Keiichi Yamanaka*, Strafrecht, AT, 2. Aufl. 2008, S. 455. Dagegen ist *Hitoshi Ōtsuka*, Strafrecht, AT, 3. Aufl. 2005, S. 342, Anm. 10, der Meinung, die Rechtswidrigkeit des Angriffs müsse vom gewöhnlichen Rechtswidrigkeitsbegriff getrennt bestimmt werden.

das Ergebnis zwar je nach dem Verständnis der Fahrlässigkeit. Will man Letztere auf der Ebene der objektiven Tatbestandsmerkmale (Verstoß gegen die Erfolgsvermeidungspflicht als Abweichung vom normgemäßen Verhalten) *und* auf der Ebene der Schuld (subjektive Vorhersehbarkeit) prüfen, so kann ein Verhalten, das gegen die Erfolgsvermeidungspflicht verstößt, aber keine subjektive Vorhersehbarkeit aufweist, als rechtswidriger Angriff beurteilt werden. Ein Verhalten, das nicht gegen die Erfolgsvermeidungspflicht verstößt, kann dagegen auch nicht als rechtswidriger Angriff bewertet werden.[35]

Fraglich ist nun, ob ein rechtswidriger Angriff angenommen werden kann, wenn einem Dritten durch das Eigentum eines anderen, wie zum Beispiel durch einen Haushund, ein Schaden zugefügt wird. Diese Frage betrifft die Sachwehr.[36] In der Lehre herrscht zwar Einigkeit darüber, dass ein rechtswidriger Angriff durch einen Menschen angenommen werden kann, wenn dem Halter hinsichtlich der Aufsicht über den Hund Fahrlässigkeit zur Last gelegt werden kann bzw. wenn der Halter den Hund vorsätzlich aufgehetzt hat. Doch wird weiterhin intensiv diskutiert, ob eine Abwehr durch Notwehr gerechtfertigt sein kann, wenn dem Halter nicht einmal fahrlässiges Handeln vorzuwerfen ist.

Traditionell wurde dieses Problem von dem Standpunkt aus diskutiert, ob die Rechtswidrigkeitsbeurteilung allein menschliches Verhalten betrifft. Doch, wie bereits aufgezeigt,[37] kann auch das Verhalten des Hundes als Verlängerung des menschlichen Verhaltens (Unterlassen) aufgefasst werden, sofern der Halter die Möglichkeit hat, den Hund zu kontrollieren (also die Möglichkeit hat, den Erfolg zu vermeiden). Kern der Diskussion ist vielmehr, ob hinsichtlich des rechtswidrig handelnden Angreifers eine Verantwortlichkeit (Fehlverhalten) gefordert werden sollte. Anders ausgedrückt, geht es um die Frage, ob ein Verhalten, das den Vermögensgegenstand beschädigt, der die Rechtsgutsverletzung hervorgerufen hat, als Notwehr gerechtfertigt werden sollte und ob dem Eigentümer für die Auferlegung der Pflicht, diese Rechtsgutsverletzung zu dulden, eine Verantwortlichkeit zukommen muss. Dieser Aspekt muss in Verbindung mit dem Legitimationsgrund der Notwehr diskutiert werden. Daher ist das Problem der Sachwehr ebenso zu diskutieren wie der Fall, bei dem das Eigentum eines Dritten, das für einen rechtswidrigen Angriff benutzt wurde, durch die Widerstandshandlung zerstört wird.[38] Traditionell wird in Japan

---

[35] Bei meiner Darstellung in *Takashi Hashizume*, Fahrlässigkeitsdelikt, Teil 1, Hōgaku Kyōshitsu, Nr. 275, 2003, S. 76ff., war die Analyse von einem solchen Standpunkt aus ungenügend.

[36] Detailliert zum Diskussionsstand vgl. *Kawabata* (o. Fn. 1), S. 125ff.

[37] Vgl. *Yamaguchi* (o. Fn. 31), S. 115.

[38] *Ida* (o. Fn. 3), S. 166, behandelt diesen Punkt korrekt.

hinsichtlich letzteren Falles die Meinung vertreten, auch die Verwendung des Eigentums eines Dritten begründe einen rechtswidrigen Angriff. Es gab zwar die Tendenz, diesen Fall unabhängig von dem Fall der Sachwehr zu erörtern.[39] In jedem Fall muss jedoch die Frage diskutiert werden, ob die Beschädigung des Rechtsgutes des Eigentümers, bei dem keine Verantwortlichkeit vorliegt, durch eine Notwehrhandlung erlaubt sein darf. Dies führt mich wiederum zu der Überzeugung, dass eine solche Unterscheidung nicht logisch ist.

Fraglich ist nun aber, ob bezüglich der Notwehrlage eine Verantwortlichkeit des Angreifers gefordert werden sollte. *Makoto Ida* geht von dieser Notwendigkeit aus, da er der Ansicht ist, nur mit einer Verantwortlichkeit des Angreifers könne die Verringerung der Schutzbedürftigkeit des Rechtsgutes begründet werden.[40] Auch *Kanako Takayama* kommt zu diesem Ergebnis und fasst die Notwehr als ein Institut auf, das eine Lösung zum Nachteil desjenigen findet, der die Interessenkollision verursacht hat: Auch wenn Vorsatz bzw. Fahrlässigkeit des Angreifers nicht erforderlich sei, begründe allein die Situation, die der Angreifer willentlich hervorgerufen hat, den rechtswidrigen Angriff.[41] Doch wie bereits erwähnt, besteht die Besonderheit der Notwehr darin, dass man den rechtswidrigen Angriff nicht erdulden muss, sondern das Interesse des Angegriffenen, (am Ort zu verweilen und) sich frei verhalten zu können, geschützt werden muss. Die Besonderheit ist nicht darin zu suchen, dass die Schutzbedürftigkeit des Interesses des Angreifers vermindert wird. Die Notwehr ist keine Sanktionsmaßnahme gegen den Angreifer. Daher braucht kein Fehlverhalten des Angreifers vorausgesetzt werden. Vielmehr sollte die Widerstandsmöglichkeit durch Notwehr gegenüber den Angriffen, die der Angegriffene nicht hinnehmen muss, anerkannt werden. Dies gilt unabhängig davon, auf wessen Eigentum diese Situation zurückzuführen ist.

Hingegen gewinnt die Auffassung, die die Sachwehr ablehnt und die Widerstandshandlung aufgrund von § 720 Abs. 2 jaBGB (nicht nach § 37 Abs. 1 jaStGB) rechtfertigt, immer mehr an Einfluss.[42] Die Vertreter dieser Ansicht sind der Meinung, diese Vorschrift rechtfertige die Beeinträchtigung des Gegenstandes, der zur Gefahrenquelle geworden ist, mit

---

[39] Vgl. z. B. *Taira Fukuda*, Strafrecht, AT, 4. Aufl. 2004, S. 158, Anm. 3; *Naitō* (o. Fn. 3), S. 384; *Masao Okumura*, Die Notwehrhandlung und die Rechtsgutsverletzung eines Dritten, Gendai Keijihō Nr. 56, 2003, S. 42; *Akiko Saitō*, Die Notwehrhandlung und der Dritte, in: Noriyuki Nishida u. a. (Hrsg.), Streitpunkte im Strafrecht, 2007, S. 46.

[40] Vgl. *Makoto Ida*, Die Struktur der Rechtfertigung und ihre materiellen Prinzipien, in: Atsushi Yamaguchi / Makoto Ida / Hitoshi Saeki (Hrsg.), An vorderster Front der Strafrechtsdogmatik, 2001, S. 68 ff.

[41] Vgl. *Takayama* (o. Fn. 15), S. 85.

[42] Vgl. u. a. *Hisashi Hashida*, Die Rechtswidrigkeit des Angriffs und die Sachwehr, Gendai Keijihō Nr. 9, 2000, S. 39 ff.; *Ida* (o. Fn. 3), S. 168.

milderen Voraussetzungen als beim strafrechtlichen Notstand. Denn auch wenn dem Eigentümer weder Vorsatz noch Fahrlässigkeit zur Last gelegt werden kann, besteht keine Verantwortung zum Schadensersatz in Fällen, in denen ein Gegenstand beschädigt wird, um einer gegenwärtigen Gefahr auszuweichen, die aus dem fremden Gegenstand entstanden ist. Doch ist meiner Meinung nach der (an sich richtige) Gedanke, der dieser Ansicht zugrunde liegt, nämlich dass die Zerstörung der Gefahrenquelle in einem weiteren Umfang zu rechtfertigen sei als bei einem allgemeinen Notstand, bei der Auslegung des Strafrechts ohne Weiteres durch die Bejahung der Sachwehr verwirklicht werden kann. Die Notwendigkeit, die zivilrechtliche Auslegung umzuleiten, scheint mir gar nicht gegeben zu sein.[43]

Gegen diese Ansicht, die die Verantwortlichkeit des Angreifers für unnötig hält und die Zerstörung des Gegenstandes rechtfertigt, der zum Angriff verwendet wurde, wird vorgebracht, das Ergebnis könne nicht richtig sein, wenn zum Beispiel der X einen Säugling in Richtung des Y wirft und der Y gegen diesen Säugling dann in Notwehr handeln könne.[44] Dies ist meiner Meinung nach keine angemessene Kritik, da sie auf der falschen Schlussfolgerung beruht, im Rahmen der Notwehr sei alles erlaubt. Wie ich später ausführen werde, hat der in Notwehr Handelnde grundsätzlich keine Pflicht, vom Tatort zu fliehen. Doch ist zu verlangen, dass unter den am Tatort zur Verfügung stehenden Maßnahmen diejenige zu wählen ist, die ihrem Wesen nach die geringste Rechtsgutsverletzung zur Folge hat. Ferner sind auch Situationen denkbar, in denen zwar die Notwehr bejaht wird, aber die Pflicht besteht, eine Kollision mit dem Angreifer zu vermeiden, da ein Ausweichverhalten verlangt werden kann, das nicht unbedingt einer „Flucht" gleichkommt, zum Beispiel ein leichtes Ducken.[45] Daher ist in der Realität wohl kein Fall denkbar, in dem es erlaubt ist, einen Säugling zu töten, nur um eine Gefahr von sich selbst abzuwenden.[46] Selbst wenn man die Notwehr bejahen sollte, darf dies keinesfalls zu einem ungerechten Ergebnis führen.

---

[43] Derselben Ansicht folgen auch *Saeki* (o. Fn. 14), S. 82; *Nishida* (o. Fn. 15), S. 150.

[44] Vgl. *Ida* (o. Fn. 3), S. 167; vgl. ferner *Takayama* (o. Fn. 15), S. 86, Anm. 25. Als Reaktion auf eine solche Problemstellung trennt *Okumura* (o. Fn. 39), S. 43 ff., den Fall, bei dem der Angreifer eine Sache eines Dritten benutzt, von der Situation, in der der Dritte als Mittel verwendet wurde, und bejaht bezüglich des letzten Falles bloß einen Notstand.

[45] Falls in diesem Beispiel der Y ausweicht, würde der Säugling fallen und sich verletzen, doch da Y keine Handlungspflicht zum Schutz des Säuglings hat, wird der Verletzungserfolg nicht dem Y, sondern dem X zugerechnet.

[46] Da ausnahmsweise eine gewisse Balance zwischen dem geschützten Rechtsgut und dem verletzten Rechtsgut gefordert wird, wird bei der Tötung des Säuglings zur Vermeidung einer geringen Rechtsgutsverletzung die Notwehr verneint.

3. Widerstand gegen die Gefahrenquelle oder die Abwälzung der Gefahr auf Dritte

Bei Widerstandshandlungen, die sich direkt gegen Handlungen wenden, die einen rechtswidrigen Angriff begründen, wird die Notwehr bejaht. Dagegen kann, wenn ein unbeteiligter Dritter in das Geschehen mit einbezogen wird und ihm durch eine Notwehrhandlung ein Schaden zugefügt wird, diese Handlung nur durch den Notstand gerechtfertigt sein, da in Bezug auf den Dritten nur eine Interessenkollision von Recht und Recht verwirklicht ist. Das bedeutet, wenn beispielsweise der X den Y angreift, der Y mit dem Baseballschläger des A den Angriff abwehrt und dabei der Baseballschläger beschädigt wird, liegt nur ein Notstand vor, da der in Notwehr Handelnde hier den Vermögensgegenstand eines Dritten zum Zwecke der Verteidigung benutzt. Somit wird die Rechtswidrigkeit dennoch nicht beseitigt, falls der Y durch andere Maßnahmen den Angriff des X mit an Sicherheit grenzender Wahrscheinlichkeit abwehren kann, denn für die Beschädigung des Baseballschlägers des A fehlt die *Subsidiarität* als Notstandsvoraussetzung.[47] Es stellt sich weiterhin die Frage, ob der Y die Pflicht hat zu fliehen (falls ihm eine Flucht möglich ist), wenn im obigen Fall angenommen wird, dass Y am Tatort verweilt und zu einer Abwehrhandlung ansetzt, für die keine andere Maßnahme infrage kommt als die Benutzung des Baseballschlägers des A. Verneint man in diesem Fall die Subsidiarität, da eine Fluchtmöglichkeit gegeben ist, und bestraft somit die Beschädigung des Baseballschlägers des A, käme dies letztendlich einem Notwehrverbot gleich. Auf den ersten Blick könnte dies einen Selbstwiderspruch des Rechts darstellen. Allerdings hatte der Y meiner Ansicht nach die Möglichkeit, sein Leben bzw. seinen Körper zu schützen, ohne den Baseballschläger des A zu beschädigen, indem er geflohen wäre. Er war also verpflichtet zu fliehen. Es sollte ihm nicht erlaubt sein, den Schläger des A zu beschädigen. Wenn man – der hier vertretenen Auffassung folgend – bei einer Notwehrsituation das Interesse, am Ort zu verweilen, mit dem Interesse des Angegriffenen addiert, könnte man einwenden, dass der Y auch in Bezug auf A nicht zu fliehen brauche. Doch eine derartige Addition der Interessen sollte nur bei der Beurteilung der Notwehr infrage kommen.

In der Rechtslehre wird intensiv diskutiert, wie ein Fall zu behandeln sei, bei dem die Notwehrhandlung, die gegen den Angreifer gerichtet ist, im

[47] Es ist fraglich, ob im Falle der fehlenden Subsidiarität noch ein Notstandsexzess (§ 37 Abs. 1 S. 2 jaStGB) anzunehmen ist. Falls überhaupt verneint wird, dass die Beschädigung des betreffenden Rechtsgutes erforderlich ist, kann hinsichtlich dieser Rechtsgutsverletzung eine Verminderung der Rechtswidrigkeit nicht bejaht werden. Somit scheidet hier ein Notstandsexzess aus; vgl. *Takashi Hashizume*, Urteilsbesprechung, Hanrei Select 1999, Hōgaku Kyōshitsu Nr. 234, Extraband, 2000, S. 28.

Ergebnis ein Rechtsgut eines Dritten verletzt.[48] Wenn zum Beispiel der Y, der von X angegriffen wird, in Richtung X einen Stein wirft, dieser jedoch den A trifft und ihn dabei verletzt, wird die Tat gegenüber dem A nicht durch die Notwehr gedeckt, da dieser gerade kein rechtswidriger Angreifer ist.[49] Innerhalb der Lehre wird vertreten, dass hier die Rechtswidrigkeit der Tat durch den Notstand (§ 37 Abs. 1 jaStGB) aufgehoben werde.[50] Natürlich besteht zwischen diesen beiden die Beziehung „Recht gegen Recht" und somit die theoretische Möglichkeit des Notstandes. Doch die Fälle, in denen ein Notstand angenommen werden kann, sind begrenzt. Hierfür muss eine Situation vorliegen, in der kein milderes Mittel in Betracht kommt, mit dem der Täter die Gefahr vermeiden kann (Subsidiarität).[51] Vorliegend wäre auch denkbar, die Alternativlosigkeit der Verteidigungshandlung zu bejahen, da zum Beispiel der Y keine andere Wahl hatte, als den Stein zu werfen. Doch hinsichtlich der Frage, ob die Abwälzung der Gefahr auf einen unbeteiligten Dritten gerechtfertigt sein soll, erscheint es mir nicht richtig, allein das Tatverhalten – unabhängig von seiner Folge – zu berücksichtigen und die Subsidiarität ohne Weiteres zu bejahen.

Ferner sind Fälle denkbar, in denen nicht klar unterschieden werden kann, ob gegen die Gefahrenquelle des rechtswidrigen Angriffs vorgegangen oder die Gefahr auf einen unabhängigen Dritten abgewälzt wird. Dies trifft beispielsweise zu, wenn der X mit einem Fahrrad auf den Y zufährt, auf dem Gepäckträger des Fahrrads jedoch der A – von X hierzu gezwungen – sitzt und der Y durch eine Notwehrhandlung den A verletzt. Dieses Problem wird aktuell anhand der Frage diskutiert, ob das Abschießen eines Flugzeuges gerechtfertigt ist, das zu terroristischen Zwecken entführt wurde. Bekanntlich regelte § 14 Abs. 3 dtLuftSiG[52], dass in Fällen, in denen die Gefahr der Schädigung von Menschenleben unmittelbar bevor-

---

[48] Vgl. zur detaillierteren Ausführung *Okumura* (o. Fn. 39), S. 39 ff.; *Kawabata* (o. Fn. 1), S. 220 ff.; *Seiji Saitō*, Die Notwehr und der Dritte, in: Strafrechtswissenschaften in Zeiten des Wandels, Festschrift für Tadashi Morishita zum 70. Geburtstag, 1995, S. 219 ff.

[49] Hingegen bejaht *Kawabata* (o. Fn. 1), S. 224, die Notwehr, da die Handlung als Notwehr gerechtfertigt werde und somit auch der Erfolgt gerechtfertigt sei. Doch ist dies wohl ein Ergebnis, zu dem man nur unter Anwendung der monistischen Handlungsunwertlehre gelangen kann.

[50] Vgl. zum Beispiel u. a. *Ōya* (o. Fn. 34), S. 284 ff.; *Okumura* (o. Fn. 39), S. 41; *Hayashi* (o. Fn. 16), S. 198.

[51] In einer Situation, in der zum Beispiel X einen Dritten A als Schutz verwendet und versucht, Y anzugreifen, sodass bei einer Verteidigung des Y auch A zwangsläufig verletzt wird, müssen auch hinsichtlich der Schädigung des A die Voraussetzungen der Subsidiarität erfüllt sein; vgl. hierzu *Yamanaka* (o. Fn. 34), S. 476.

[52] Derselbe Absatz normierte: „Die unmittelbare Einwirkung mit Waffengewalt ist nur zulässig, wenn nach den Umständen davon auszugehen ist, dass das Luftfahrzeug gegen das Leben von Menschen eingesetzt werden soll, und sie das einzige Mittel zur Abwehr dieser gegenwärtigen Gefahr ist."

steht und kein anderes Mittel zur Verfügung steht, auch der Abschuss eines Flugzeuges gerechtfertigt sein kann.[53] In Bezug auf die Angemessenheit dieser Vorschrift kam es zu einer intensiven Diskussion.[54] Da auch in Japan für derartige Fälle keine Notwehr angenommen werden sollte, wird die Ansicht vertreten, das Verhalten desjenigen, der zur Gefahrenquelle geworden ist, stelle keinen rechtswidrigen Angriff dar.[55] Doch geht man danach in unzutreffender Weise davon aus, auch die Passagiere im Flugzeug seien eine Gefahrenquelle. Man sollte deshalb nur in Fällen, in denen durch die Existenz eines Menschen oder einer Sache die Gefahrenlage oder der Gefahrengrad tatsächlich verändert wird, sagen, dass von diesen die Gefahr ausgeht. Für den Fall des entführten Flugzeuges begründet nur der Absturz des Flugzeuges die Gefahr; die Existenz der Passagiere im Inneren beeinflusst den Gefahrengrad hingegen in keiner Weise. Daher besteht hinsichtlich des Abschusses des Flugzeuges, wodurch die Insassen getötet werden, nur noch Raum für einen Notstand.[56] Dagegen wurde im obigen Fahrradfall der Grad der Gefahr tatsächlich durch die Existenz des A (Gewicht) beeinflusst. Daher ist es wohl auch möglich, hinsichtlich der Verletzung des A eine Notwehr anzunehmen. Es gibt bestimmt auch Grenzfälle, in denen die Unterscheidung schwierig ist, doch darf dies nicht dazu führen, die Vernünftigkeit der Unterscheidung selbst zu verneinen. In diesem Zusammenhang ist ein Urteil der unteren Instanz[57] näher zu betrachten. In dem hier zugrunde liegenden Fall wurde das Opfer in einem Büro einer kriminellen Bande festgehalten und fortlaufend geschlagen. Das Opfer zündete schließlich das Büro an, das sich in einem Holzgebäude mit fünf Wohnungen befand, um in dem vom Feuer ausgelösten Chaos zu entkommen. Das Gericht thematisierte hier keine Notwehr, sondern ausschließlich einen Notstand sowie einen Notstandsexzess. Dies ist verständlich, denn das Holz-

---

[53] Das Bundesverfassungsgericht entscheid am 15.2.2006, dass derselbe Absatz mit dem GG unvereinbar und nichtig sei, da der Abschuss eines Flugzeuges, das harmlose Passagiere an Bord hat, diese Passagiere zu einfachen Objekten der Rettungshandlung herabstufe. Dies sei aus der Sicht des Schutzes der Menschenwürde durch Art. 1 Abs. 1 GG nicht mit dem Schutz des Lebens bzw. der körperlichen Unversehrtheit nach Art. 2 Abs. 2 GG zu vereinbaren (BVerfGE 115, 118).

[54] Vgl. für eine detaillierte Ausführung *Masatsuna Morinaga*, Die strafrechtliche Rechtfertigung, ein zu terroristischen Zwecken entführtes Flugzeug abzuschießen, Teil 1 und 2, Himeji Hōgaku Nr. 41/42, 2004, S. 195 ff.; ebd. Nr. 43, 2005, S. 149 ff.

[55] Vgl. *Masatsuna Morinaga*, Die strafrechtliche Rechtfertigung, ein zu terroristischen Zwecken entführtes Flugzeug abzuschießen, Teil 3, Himeji Hōgaku Nr. 45, 2006, S. 162.

[56] Die Frage, ob hier die Rechtfertigung durch einen Notstand (§ 37 Abs. 1 jaStGB) bejaht werden kann, hängt davon ab, ob man dort eine Abwägung von Leben gegen Leben zulässt. Doch kann dies in diesem Aufsatz nicht behandelt werden; vgl. zu diesem Problem *Hisashi Hashida*, Zur Lebensgefahrengemeinschaft, Sandai Hōgaku Bd. 30, Nr. 3/4, 1997, S. 82 ff.; *Hitoshi Saeki*, Notstandslehre, Hōgaku Kyōshitsu Nr. 294, 2005, S. 83 ff.

[57] Obergericht Ōsaka, Urteil v. 24.6.1998, in: Kōkeishū, Bd. 51, Nr. 2, S. 116.

gebäude als Objekt der Brandstiftung verursachte erstens nicht selbst die rechtswidrige Freiheitsberaubung und zweitens bestand hier die Gefahr, dass das Feuer auf die umliegenden Gebäude übergreift, die natürlich auch keine Gefahrenquellen darstellten.[58]

Einen etwas spezielleren Fall stellt der folgende dar, bei dem der X den Y angreift, der Y sich mit einem in der Nähe befindlichen Baseballschläger des X wehrt und der Schläger beschädigt wird. Es geht um Fälle, in denen der Notwehrübende ein Rechtsgut des Angreifers beschädigt, das jedoch keinen rechtswidrigen Angriff begeht.[59] Handelt es sich um ein Rechtsgut eines rechtswidrig Angreifenden, kann die Notwehr wohl auch dann bejaht werden, wenn die Verletzungshandlung gegen eine andere Gefahrenquelle erfolgt. Berücksichtigt man allerdings, wie hier vertreten, die Tatsache, dass es sich um eine Widerstandshandlung gegen den rechtswidrigen Angriff an sich handeln muss, ohne die Verantwortlichkeit bezüglich der Schadensverursachung zu problematisieren, kann man dies auch als Frage des Notstandes und nicht nur als Frage der Notwehr behandeln. Denn auch wenn es sich um ein Rechtsgut des Angreifers handelt, richtet sich die Widerstandshandlung gegen etwas, das außerhalb der Gefahrenquelle liegt.

IV. Zum Verteidigungswillen

Hinsichtlich des Erfordernisses eines Verteidigungswillens bzw. dessen Inhalts existiert zwar seit jeher ein Streit in der Rechtslehre. Geht man allerdings, wie hier vertreten, davon aus, dass die Besonderheit der Notwehr im Schutz des rechtmäßigen Interesses des Angegriffenen (das Interesse, am Ort zu verweilen) gegenüber dem rechtswidrigen Angriff zu sehen ist, sollte der Verteidigungswille *keine* notwendige Voraussetzung der Notwehr sein. Ob der Angegriffene ein rechtmäßiges Interesse besitzt, das durch die Notwehr geschützt werden soll, wird wegen der Interessenlage, die zum Zeitpunkt des rechtswidrigen Angriffs vorliegt, abschließend beurteilt. Wird also für den Zeitpunkt der Notwehrhandlung festgestellt, das Interesse, am Ort zu verweilen, sei zu schützen, dann sollte es bei der Beurteilung der Schutzwürdigkeit der Interessen des Angegriffenen keine Rolle spielen, welches Bewusstsein bzw. Motiv dieser zum Zeitpunkt der Abwehrhandlung hatte. Dementsprechend sollte ein Verteidigungswille keine Voraussetzung der Notwehr sein. Dies lässt sich aus Sicht der „Erfolgsunwertlehre" belegen, nach der der Vorsatz allgemein (hinsichtlich einer Vollendungstat) nicht als subjektives Unrechtselement aufgefasst wird. Denn im Um-

---

[58] Bei *Hashizume* (o. Fn. 47), S. 28, war die Erläuterung zu diesem Punkt nicht ausreichend.

[59] Vgl. *Günther Jakobs*, Strafrecht, AT, 2. Aufl. 1993, § 12 Rn. 28.

kehrschluss kann der Verteidigungswille, also der „Vorsatz zur Notwehr", nicht als Voraussetzung für den Ausschluss der Rechtswidrigkeit verlangt werden. Natürlich bedeutet dies nicht, dass das subjektive Element zum Zeitpunkt der Abwehrhandlung für die Auslegung des § 36 jaStGB bedeutungslos wäre. Verweilt man am Tatort ausschließlich in der Absicht, den Angreifer zu schädigen, ist die Rechtfertigung der Abwehrhandlung auf den Notstand beschränkt, da ein Verweilen am Ort mit diesem Ziel nicht schutzwürdig ist und somit die Pflicht zur Flucht besteht. Sofern die Abwehrhandlung in einen Exzess ausartet, sollte im Rahmen der Beurteilung, ob man die Strafe nach § 36 Abs. 2 jaStGB mindern bzw. gänzlich von ihr absehen sollte, die subjektive Seite zum Zeitpunkt der Abwehrhandlung berücksichtigt werden. In diesem Sinne lässt sich wohl sagen, dass der Verteidigungswille keine Voraussetzung für die Notwehr ist, sondern vielmehr eine Minderungsmöglichkeit im Falle eines Notwehrexzesses.[60]

Im Gegensatz hierzu wird aus der Sicht der „Handlungsunwertlehre", die den Vorsatz einer Vollendungstat als Unrechtselement auffasst, der Verteidigungswille üblicherweise für notwendig erachtet. Selbst wenn man dieser Ansicht folgt, muss man wohl den Inhalt des Verteidigungswillens auf die Kenntnis der Notwehrlage und das Bewusstsein der Verteidigung beschränken. Denn es ist für die Rechtfertigung der Handlung nicht notwendig, mehr als den „Vorsatz zur Notwehr" zu verlangen.[61] Wenn dies zutrifft, ist dieser Meinungsstreit nur in Fällen der *Zufallswehr*[62] relevant. Doch auch in Fällen der Zufallswehr sind Situationen denkbar, in denen objektiv das Interesse des Angegriffenen geschützt werden muss. Dann können wohl auch diejenigen, die einen Verteidigungswillen verlangen, nicht abstreiten, dass das Erfolgsunrecht fehlt und allein ein Handlungsunrecht bestehen bleibt. Somit wird nur die Rechtswidrigkeit des Versuchs- und nicht des Vollendungsdeliktes bejaht.[63] Andererseits erwägen auch diejenigen, die das Erfordernis eines Verteidigungswillens ablehnen, in Fällen der Zufallswehr die theoretische Möglichkeit, ein Versuchsunrecht anzunehmen. Dabei

---

[60] Gleich gelagerte Ausführungen vgl. u. a. zum Beispiel *Takaaki Matsumiya*, Strafrecht, AT, 3. Aufl. 2004, S. 139 ff.; *Takehiko Sone*, Die wichtigsten Probleme zum Strafrecht, AT, 2. Aufl. 2005, S. 96.

[61] Vgl. u. a. *Minoru Nomura*, Studien zum Versuchsdelikt, 1984, S. 158 ff.; *Yoshikatsu Naka*, Strafrechtliche Probleme, 1991, S. 81 ff.; *Ida* (o. Fn. 3), S. 140, 165; *Takuto Yasuda*, Der Verteidigungswille, in: 100 ausgewählte strafrechtliche Entscheidungen I, AT, 6. Aufl. 2008, S. 51. Auch in Deutschland ist die Ansicht vorherrschend, dass die Kenntnis der Notwehrlage und das Bewusstsein, sich zu verteidigen, ausreichen; vgl. *Roxin* (o. Fn. 11), § 14, Rn. 97; *Jakobs* (o. Fn. 59), § 11, Rn. 20; *Kristian Kühl*, Strafrecht, AT, 5. Aufl. 2005, § 7, Rn. 128 f.

[62] Anmerkung der Übersetzerin: Die Zufallswehr bezeichnet Fälle, in denen ohne Verteidigungswillen gehandelt wurde, obwohl objektiv eine Notwehrlage vorlag.

[63] Vgl. als Ansichten, die dieses Ergebnis unterstützen, *Nomura* (o. Fn. 61), S. 161 ff.; *Ida* (o. Fn. 3), S. 141.

zielen sie auf das Vorliegen einer Gefahr ab, dass ein rechtmäßiges Interesse verletzt wird.[64] Wie sich an diesem Punkt zeigt, hat die Diskussion über das Erfordernis eines Verteidigungswillens keine praktische Bedeutung mehr.

Nichtsdestotrotz wird die Erforderlichkeit des Verteidigungswillens heute noch immer von zahlreichen Autoren vertreten. Sie fordern inhaltlich unter anderem „den Willen, auf den Angriff zu reagieren“[65], oder „die simple Gemütslage, die den Angriff wahrnimmt und ihn von sich abwenden möchte“[66]. Diese Ansicht geht also davon aus, dass es für den in Notwehr Handelnden unzumutbar wäre, würde man in einer Notsituation einen reinen Abwehrzweck verlangen. Sie schwächt dieses Kriterium zwar ab, fordert aber gleichzeitig ein Willenselement, das sich nicht auf die Kenntnis der Notwehrlage beschränkt. Eine solche Ansicht bringt aber einige Probleme mit sich. Zunächst sind „der Wille, auf den Angriff zu reagieren“ oder „die simple Gemütslage, die den Angriff wahrnimmt und ihn von sich abwenden möchte“, als Kriterien zu ungenau. Zwar reagiert der Handelnde in Situationen, in denen er einen rechtswidrigen Angriff wahrnimmt und eine Abwehrhandlung vornimmt, immer auf den Angriff und versucht, ihn von sich abwenden. Daher ist unklar, in welchen Situationen diese Ansicht den Verteidigungswillen verneint. Gelegentlich wird behauptet, auch die Judikatur folge dieser Ansicht. Dies ist meiner Meinung nach jedoch nicht richtig. Bekanntlich folgt der OGH der Lehre der Notwendigkeit des Verteidigungswillens. Hierzu hat er bereits mehrere Urteile gefällt und darin deutlich gemacht, dass der Verteidigungswille zwar in Fällen, in denen man wütend ist bzw. außer sich gerät, nicht abhandenkomme, er aber entfalle, wenn man zu einer aktiv angreifenden Handlung schreitet.[67] Ferner sei es zwar nicht schädlich, wenn gleichzeitig ein Angriffswille vorliegt. Falls aber eine Handlung gegeben sei, die unter dem Vorwand der Verteidigung einen aktiven Angriff gegenüber dem Angreifer darstellt, fehle der Verteidigungswille.[68] Die Rechtsprechung akzeptiert also lediglich die Koexistenz von Verteidigungs- und Angriffswille sowie von Emotionen wie Wut und Zorn, sie schwächt aber nicht den Inhalt des Verteidigungswillens selbst ab. Vielmehr sollte die Rechtsprechung dahingehend verstanden werden, dass sie als Inhalt des Verteidigungswillens die Verteidigung als einen Anlass

[64] Das Vorliegen bzw. Nichtvorliegen eines Versuchsunrechts ist ein Problem, das im Rahmen der Versuchslehre die Interpretation der Untauglichkeit des Objektes betrifft, und somit kein spezielles Problem der Notwehr. Im Zusammenhang hiermit vgl. *Yoshihiro Matsubara*, Zufallswehr, Gendai Keijihō Nr. 56, 2003, S. 52 ff.; *Saeki* (o. Fn. 23), S. 73.

[65] U. a. *Kunio Shōji*, Strafrecht, AT, 3. Aufl. 1996, S. 239; *Hiroshi Kawabata*, Strafrecht, AT, 2. Aufl. 2006, S. 305; *Hiroaki Myoshō*, Zum Inhalt des Verteidigungswillens, Hōritsu Ronsō, Bd. 73, Nr. 6, 2001, S. 79.

[66] *Ōtsuka* (o. Fn. 34), S. 372. *Ōya* (o. Fn. 34), S. 289, ist vermutlich derselben Ansicht.

[67] OGH Urteil v. 16.11.1971 (Keishū, Bd. 25, Nr. 8, S. 996).

[68] OGH Urteil v. 28.11.1975 (Keishū, Bd. 29, Nr. 10, S. 983).

bzw. als Ziel verlangt, es jedoch ausreicht, wenn dies als kleiner Rest in der Psyche des Handelnden vorhanden ist.[69]

Ein weiteres Problem dieser Ansicht ist das folgende: Durch ihre Forderung nach einem willentlichen Element, dessen Inhalt keinesfalls klar zu bestimmen ist, verneint sie in Fällen des – sozusagen – „deliktischen Willens“ den Verteidigungswillen.[70] Dies geschieht ohne ausreichende Argumentation. Typischerweise verneint diese Ansicht in Fällen einer selbst herbeigeführten Rechtsgutsverletzung (Notwehrprovokation) den Verteidigungswillen. *Minoru Ōya* vertritt die Meinung, dass

> „in Fällen, in denen eine Handlung vorgenommen wird, um einen verbrecherischen Plan durchzuführen, schon das Bewusstsein eines rechtswidrigen Angriffs selbst nicht angenommen wird“.[71]

Aber auch wenn man den Angriff selbst provoziert hat und wie vorhergesehen mit der Rechtsgutsverletzung konfrontiert wird, nimmt man wohl wahr, dass der Angreifer ohne rechtfertigenden Grund zur Angriffshandlung schreitet. Somit kann die Kenntnis der Notwehrlage nicht verneint werden. Vor allem, wenn der provozierte Angriff auf eine gravierende Verletzung des Lebens oder des Körpers gerichtet ist, lässt sich wohl auch nicht der Wille verneinen, den Angriff von sich abzuwenden. Meiner Meinung nach ist die Unbestimmtheit dieser Ansicht offensichtlich, da sie trotz der obigen Einwände an der Meinung festhält, wenn ein aktiver Wille zum Angriff festgestellt werde, müsse auch der Verteidigungswille verneint werden.

V. Die Eingrenzung der Notwehr in Kampfsituationen

1. Die wissenschaftliche Diskussion zum Thema

Wenn der Angegriffene (oder der in Notwehr Handelnde) den rechtswidrigen Angriff selbst herbeigeführt hat, ist es fraglich, ob dieser Umstand zur Begrenzung bzw. Verneinung der Notwehr führt. Hinsichtlich dieser Frage besteht in der Rechtslehre eine Kontroverse. Im Folgenden möchte ich die Gegensätze der einzelnen Ansichten deutlich machen. Hierfür wird jedoch die Differenzierung der theoretischen Struktur außer Acht gelassen. Vielmehr konzentriere ich mich allein auf das konkrete Resultat und erläutere die Gründe für die Meinungsverschiedenheiten.

---

[69] Dieselbe Meinung vertreten *Yoshihiko Nakamori*, Urteilsbesprechung, Hanrei Hyōron, Nr. 329, 1986, S. 66; *Yasuda* (o. Fn. 61), S. 51.

[70] Vgl. zum Beispiel *Taira Fukuda/Hitoshi Ōtsuka*, Gespräch zum Strafrecht AT II, 1986, S. 9, 23 (Äußerung von *Ōtsuka*).

[71] Vgl. *Ōya* (o. Fn. 34), S. 289ff.

Als Ausgangspunkt der Diskussion stellt sich die *Frage (1)*, ob eine Bestrafung des Angegriffenen begründet werden kann, indem man den Handlungsverlauf berücksichtigt, der dem rechtswidrigen Angriff vorausgeht.[72] Wenn man davon ausgeht, die Zulässigkeit der Notwehr solle allein wegen der Verteidigungshandlung beurteilt werden und die Berücksichtigung einer dieser vorhergehenden Lage führe nur zu einer Verwirrung der Beurteilungsmaßstäbe, sollte man diese Frage wohl verneinen.[73] Somit wird in den Fällen, bei denen der in Notwehr Handelnde den Angriff absichtlich herbeigeführt hat, die Notwehr zumeist sowieso verneint, da ihre objektiven Voraussetzungen nicht erfüllt sind. Das ist zum Beispiel in den Fällen gegeben, in denen bereits vor Beginn des Angriffs eine Abwehrhandlung vorgenommen wird oder diese offensichtlich unverhältnismäßig ist.[74]

Wenn man *Frage (1)* bejaht und den Umstand, der der Abwehrhandlung vorangegangen ist, zur Begründung der Strafe heranzieht, stellt sich als Nächstes die Frage, in welchem Umfang vorausgehende Umstände zur Begrenzung der Notwehr genutzt werden dürfen. *Frage (2)* lautet also, ob die Begrenzung bzw. Verneinung der Notwehr nur vorzunehmen ist, wenn der Angriff durch eine rechtswidrige Provokationshandlung verursacht worden ist. Hier werden als zwei Hürden die Rechtswidrigkeit und die Provokationshandlung verlangt. Der Täter hat sich hier nicht lediglich zum Tatort begeben bzw. ist dortgeblieben, sondern er hat durch konkrete Provokationshandlungen, wie eine Beleidigung oder Gewalthandlung, den rechtswidrigen Angriff hervorgerufen. Es stellt sich die Frage, ob diese Provokationshandlung rechtswidrig sein muss, damit das Notwehrrecht eingeschränkt werden kann. Die herrschende Lehre in Deutschland bejaht diese Frage nur in bestimmten Grenzen.[75] Diese Tendenz ist auch in der japanischen Diskussion zu erkennen.[76]

---

[72] Hier scheint die Theorienkonstruktion *actio illicita in causa* die *Frage (1)* bejahend zu lösen, da demnach die vorausgegangene Tat selbst als zu missbilligende Handlung aufgefasst wird. Doch wenn man diese Theoriekonstruktion so versteht, dass die Strafe nicht durch einen Umstand begründet wird, der noch vor der zu missbilligenden Tat liegt, dann ist dieser Punkt auch nach dieser Konstruktion wohl zu verneinen.

[73] Vgl. *Winfried Hassemer*, Die provozierte Provokation oder über die Zukunft des Notwehrrechts, in: Festschrift für Paul Bockelmann, 1979, S. 232ff.

[74] Vgl. als solche Ansicht *Kazushige Asada*, Strafrecht, AT, 2. Aufl. 2007, S. 235.

[75] Vgl. *Claus Roxin*, Die provozierte Notwehrlage, ZStW Bd. 75, 1963, S. 556ff.; *ders.* (o. Fn. 11), §15, Rn. 65, 73; *Kühl* (o. Fn. 61), §7, Rn. 219. *Lenckner* nimmt zwar an, zur Notwehreinschränkung sei eine rechtswidrige Provokationshandlung nicht unbedingt notwendig, doch geht er von der Notwendigkeit einer *Mitzuständigkeit* des Angreifers bezüglich des rechtswidrigen Angriffs aus, und zwar durch eine bewusste Steuerung der Situation durch den Täter. Somit ist er der Ansicht, dass das Notwehrrecht nicht allein deshalb eingeschränkt wird, weil eine Person mit Streitabsicht eine Gaststätte besucht; *Lenckner/Perron* (o. Fn. 3), §32, Rn. 56.

[76] Vgl. zum Beispiel u.a. *Saitō* (o. Fn. 1), S. 208ff.; *Yamanaka* (o. Fn. 1), S. 299ff.; *Nobuyuki Yoshida*, Das Wesen der Rechtswidrigkeit und der Handlungsunwert, 1992,

Es ließe sich aber wohl auch vertreten, eine Begrenzung der Notwehr könne nicht nur bei einer rechtswidrigen Provokationshandlung vorgenommen werden. Beispielsweise liegt kein rechtswidriges Verhalten vor, nur weil man sich zum Tatort begibt, obwohl man damit rechnet, dass es zu einem Streit kommen wird. Ferner kann man hier auch nicht sagen, das Aufsuchen des Tatorts habe konkret den rechtswidrigen Angriff provoziert.[77] Doch lässt sich nicht leugnen, dass sich der rechtswidrige Angriff auch aufgrund des Verhaltens realisiert hat. Dies könnte in bestimmten Situationen zur Begrenzung der Notwehr führen. Wenn man dieser Auffassung folgt, stellt sich natürlich als *Frage (3)*, welche subjektiven bzw. objektiven Umstände vor dem Angriff vorliegen müssen, um eine Begrenzung bzw. Verneinung der Notwehr anzunehmen. Die Notwehr kann schließlich nicht immer verneint werden, nur weil ein weiterer kausaler Beitrag vorliegt. Und selbst wenn man die Notwehr nach bestimmten Kriterien begrenzen bzw. verneinen sollte, sind auch Meinungsverschiedenheiten dahingehend denkbar, wie und inwieweit das Notwehrrecht eingeschränkt wird. Es besteht also auch Diskussionsbedarf, ob diese *Frage (4)* dahingehend zu lösen ist, dass man die Möglichkeit der Notwehr und des Notwehrexzesses gänzlich verneint, oder ob man entsprechend der konkreten Situation stufenweise zwischen Fällen unterscheidet, in denen eine Notwehr unbegrenzt angenommen werden kann, Fällen, in denen die Abwehrhandlung beschränkt wird, und Fällen, in denen nicht einmal das Vorliegen eines Notwehrexzesses bejaht werden kann.

Die Tendenz der japanischen Lehre geht dahin, *Frage (1)* positiv zu lösen, doch hinsichtlich *Frage (2)* eine beschränkte Auffassung zu vertreten. Bei *Frage (4)* unterscheidet sich das Ergebnis, je nachdem, bei welcher Notwehrvoraussetzung das Problem thematisiert wird. So ist zum Beispiel der Meinung, die die Angemessenheit der Notwehr fordert, und der Rechtsmissbrauchslehre nach die stufenweise Lösung anzuwenden. Dagegen führte der OGH in der Leitentscheidung aus dem Jahre 1977 aus:

> „Für den Fall, dass man dem vorausgesehenen Angriff nicht ausgewichen ist, sondern diese Gelegenheit mit dem Willen ausgenutzt hat, aktiv gegen den anderen eine Verletzungshandlung zu begehen, und zur Verletzungshandlung geschritten ist, ist es angemessen davon auszugehen, dass der Angriff keine Gegenwärtigkeit aufweist."[78]

S. 94ff.; *Masako Okamoto*, Zur Entwicklung der Diskussion in unserem Lande zum selbst herbeigeführten Angriff, Dōshisha Hōgaku Bd. 53, Nr. 3, 2001, S. 340; *Toshimasa Nakazora*, Der provozierte Angriff und die Notwehrlehre, Gendai Keijihō Nr. 56, 2003, S. 32.

[77] Es ist zwar nicht eindeutig unterscheidbar, ob in dieser Situation der rechtswidrige Angriff absichtlich verursacht wurde oder nicht, doch möchte ich hier von dem Standpunkt aus, ob ein aktives Vorgehen gegenüber dem Angreifer vorliegt oder nicht, beide vorerst unterscheiden.

[78] OGH Beschluss v. 21.7.1977, Keishū Bd. 31, Nr. 4, S. 747.

Dieser *aktive Schädigungswille* wird also hinsichtlich des vorherigen Willensinhaltes von dem Zeitpunkt der Voraussicht des rechtswidrigen Angriffs bis zur Ausübung der Verletzung problematisiert.[79]

Überträgt man den Standpunkt der Rechtsprechung auf die Diskussion in der Rechtslehre, so lässt sich festhalten, dass sie *Frage (1)* bejaht. Ferner lehnt sie eine Begrenzung hinsichtlich *Frage (2)* ab. Bei *Frage (3)* verneint sie die Notwehr, indem sie den Bewusstseinsinhalt des in Notwehr Handelnden vor der Tat zur Grundlage nimmt. Hiermit sind der subjektive Umstand der Voraussicht der Rechtsgutsverletzung und der aktive Schädigungswillen gemeint. Hinsichtlich *Frage (4)* wählt die Rechtsprechung die Lösung, die die Möglichkeit der Notwehr und des Notwehrexzesses vollkommen beseitigt, indem sie mit der Gegenwärtigkeit eine Notwehrvoraussetzung verneint.

Um meine Auffassung vorwegzunehmen: Ich schließe mich der Rechtsprechung dahingehend an, dass *Frage (1)* bejaht und bei *Frage (2)* keine Begrenzung vorgenommen werden sollte. Doch hinsichtlich *Frage (3)* bin ich der Ansicht, man solle unter Beachtung der objektiven Lage des Angegriffenen die Notwehr ablehnen. Dies bezieht sich auf eine Situation, in der der Angegriffene den Angriff rechtzeitig vorhergesehen hat und die Möglichkeit hatte, dieser Rechtsgutsverletzung zu entfliehen, ohne seine rechtmäßigen Interessen zu opfern. Da er den Angriff trotzdem nicht gemieden hat, sollte die Notwehr hier verneint werden. Hinsichtlich *Frage (4)* stimme ich der Judikatur zu, die der Ansicht ist, durch die Verneinung der Gegenwärtigkeit des Angriffs solle in bestimmten Fällen die Rechtfertigung vollkommen beseitigt werden. Im Folgenden möchte ich zu den *Fragen (1)* bis *(4)* einige Erörterungen hinzufügen.

2. Eigene Auffassung

Zunächst zu *Frage (1)*. Die Autoren, die hier eine negative Lösung bevorzugen, sind der Auffassung, dass allein die tatsächliche Abwehrhandlung den Strafgrund darstelle und die Voraussetzungen der Notwehr daher zum Zeitpunkt der Abwehrhandlung vorliegen müssten. In der Tat ist eine solche Meinung aus theoretischer Sicht nachvollziehbar. Ist dem Provokateur wegen seiner rechtswidrigen Provokationshandlung die Notwehr verwehrt, so hat er hinsichtlich des Zeitpunktes, in dem sich die Rechtsgutsverletzung verwirklicht, keinen Raum mehr für die Rechtfertigung der Abwehrhandlung. Daher entsteht der Eindruck, gerade das Fehlverhalten

[79] Vgl. *Fumio Yasuhiro*, Erläuterung zum Urteil v. 12.9.1985, in: Erläuterungsband zu OGH-Entscheidungen im Strafrecht 1985, S. 150. Vgl. auch zur Analyse der OGH-Entscheidungen *Hashizume* (o. Fn. 2), S. 150ff.

in der Vergangenheit begründe die Bestrafung der späteren Tat.[80] Doch ist die Bejahung der Notwehr, wenn die Abwehrhandlung lediglich objektiv ihre Voraussetzungen erfüllt, unabhängig von einer Provokationshandlung oder Ähnlichem, zu starr und meiner Meinung nach auch im Ergebnis nicht angemessen. Darüber hinaus wird, auch wenn *Frage (1)* bejaht wird, die Strafe nicht direkt durch den Umstand begründet, der der Tathandlung vorausgeht. Denn allein die Rechtsgutsverletzung, die mittels der Abwehrhandlung herbeigeführt wird, begründet die Strafe. Der subjektive bzw. objektive Umstand, der dieser Abwehrhandlung vorausgeht, wird als Beurteilungskriterium lediglich bei der Frage des Unrechtsausschlusses zum Umstand der Abwehrhandlung hinzugefügt. Dagegen ließe sich zwar vorbringen, dass man auch bei der Frage des Unrechtsausschlusses die vorhergehenden Umstände nicht berücksichtigen sollte. Doch es sind genügend Fälle denkbar, in denen der der Handlung vorausgehende Umstand zum Maßstab der Rechtfertigung wird. Zum Beispiel gilt bei einem medizinisch-chirurgischen Eingriff unter Vollnarkose die Einwilligung des Patienten nicht zum Zeitpunkt der Operation, sondern in einem bestimmten Stadium vor der Operation als Voraussetzung für die Rechtfertigung.[81] Ebenso kann, wenn zuvor ein wirksamer Vertrag geschlossen wurde, dieser nicht einseitig willkürlich aufgelöst werden. Daher kann der Ausschluss der Rechtswidrigkeit bejaht werden, selbst wenn dem Willen des Opfers zum Tatzeitpunkt widersprochen wird.[82] Da also wegen vorhergehender Umstände eine tatbestandsmäßige Handlung gerechtfertigt sein kann, ist im Umkehrschluss auch denkbar, dass ein vorhergehender Umstand dazu dient, den Unrechtsausschluss zu verneinen.

Nun möchte ich *Frage (2)* erörtern, ob für die Begrenzung bzw. Verneinung der Notwehr eine *rechtswidrige* Provokationshandlung unabdingbar ist. Es ist zwar bisher die allgemeine Ansicht in der Lehre, diese Frage zu bejahen. Doch nehmen die Anhänger dieser Auffassung meinem Verständnis nach an, es liege in der Freiheit des Handelnden, ob er eine rechtmäßige Handlung begeht. Daher sei es nicht möglich, deshalb die Notwehr zu begrenzen.[83] Nach dieser Auffassung wird eine Interessenkollision im Rahmen der Notwehr immer zulasten des rechtswidrigen Angreifers gelöst, soweit sich der Angegriffene rechtmäßig verhält. Hier wird somit

[80] Vgl. eine gleich gelagerte Ansicht *Hayashi* (o. Fn. 16), S. 195.

[81] Vgl. als Ansicht, die diesen Punkt hervorhebt, *Hitoshi Saeki*, Behandlung am Lebensende und der Wille des Patienten und der Familie, in: Norio Higuchi (Hrsg.), Fallstudien zur Bioethik und zum Recht, 2004, S. 88.

[82] Vgl. zu diesem Problem *Hitoshi Saeki*, Einwilligung des Opfers und Vertrag, in: Festschrift für Haruo Nishihara zum 70. Geburtstag, Bd. 1, 1998, S. 385 ff.

[83] Als repräsentativen Vertreter dieser Auffassung in Japan vgl. zum Beispiel *Katsuyoshi Ikuta*, Das Tatprinzip und die Lehre von der strafrechtlichen Rechtswidrigkeit, 2002, S. 252 ff.

vorbildlich dem Prinzip „Recht braucht Unrecht nicht zu weichen“ entsprochen. Doch ändert dies nichts an der Tatsache, dass die Notwehr ein vernünftiger Lösungsweg für eine Interessenkollision ist. Denn wenn es sich um einen rechtswidrigen Angreifer handelt, hat dieser die Schutzwürdigkeit seiner Rechtsgüter keinesfalls völlig verloren. Wenn dem so ist, stellt sich die Frage, ob in bestimmten Fällen nicht die Interessenkollision durch ein Nachgeben des rechtmäßig Handelnden reguliert werden sollte. Das heißt, wenn der Täter dem rechtswidrigen Angriff rechtzeitig ausweichen kann, ohne dass ihm ein besonderer Nachteil droht, ist eine Verpflichtung hierzu möglicherweise vernünftiger, um einen rechtswidrigen Angriff und die Verletzung von Leben und Körper des Angreifers durch die Notwehr zu verhindern, auch wenn dies den Verzicht auf ein rechtmäßiges Verhalten bedeutet. Wird man zum Beispiel von einem Streitgegner herausgefordert und ist man sich bewusst, dass es zu einer körperlichen Auseinandersetzung kommt, aber trotzdem zu der Kneipe geht, in der der „Gegner“ auf einen wartet, ist das bloße Betreten der Kneipe ein rechtmäßiges Verhalten. Auch wenn sich der rechtswidrige Angriff durch den Streitgegner verwirklichen sollte, trägt der Angreifer die Schuld. Doch hätte man das Lokal nicht betreten, wäre die Interessenkollision vorab verhindert worden. Dies ist zwar keine Frage der einfachen Interessenabwägung, doch meiner Meinung nach ist es keine unangemessene Wertung, wenn der Herausgeforderte verpflichtet wäre, das Betreten des Lokals zu unterlassen, um eine Gefährdung von Leben und Gesundheit zu vermeiden. Folgt man dieser Argumentation, wäre es meiner Ansicht nach nicht notwendig, die Begrenzung der Notwehr vollkommen von der formellen Beurteilung der Rechtswidrigkeit der vorangegangenen Tat abhängig zu machen. Vielmehr sollte die vorherige Interessensituation des Angegriffenen zum Gegenstand der Beurteilung gemacht und der Angegriffene zur Vermeidung der Interessenkollision verpflichtet werden, solange dies für ihn keine besondere Last darstellt.[84] Folglich ist es kein entscheidendes Kriterium, ob das vorausgegangene Verhalten als eine den Angriff hervorrufende Provokation bewertet werden kann. Eine Provokationshandlung wird nicht auf ein Tun begrenzt. Es ist deshalb schwierig, das Aufsuchen des Tatorts bzw. das Verweilen am Tatort aus der Kategorie der Provokationshandlungen sauber herauszutrennen. Selbst wenn man aktiv eine gravierende Provokationshandlung begangen hätte, ändert dies nichts an der Tatsache, dass der rechtswidrige Angriff des

[84] *Fumiya Satō* verlangt nur für den Fall, dass man das alltägliche Interesse nicht limitiert, die Angriffsvermeidungspflicht. Dies basiert wohl auf demselben Grundgedanken; vgl. *Fumiya Satō*, Zur Fluchtmöglichkeit im Rahmen der Notwehr, in: Festschrift für Haruo Nishihara (o. Fn. 81), S. 242ff. Vgl. ferner *Hitoshi Saeki*, Die Notwehr und die Pflicht zur Flucht, in: Festschrift für Mitsuru Kobayashi / Fumiya Satō zu ihrem 70. Geburtstag, Bd. 1, 2006, S. 104.

Provozierten letztendlich wegen seiner eigenen Entscheidung verwirklicht wurde. Somit besteht kaum eine Notwendigkeit, hierzu ein aktives Tun zu verlangen. Daher sollte man keine Beschränkung dahingehend aufstellen, ob man von einer Provokation sprechen kann oder nicht, sondern man sollte davon ausgehen, dass auch das Sich-zum-Tatort-Begeben bzw. Verharren am Tatort eine Notwehreinschränkung begründen kann. Ich habe immer entsprechend dieser Auffassung eine Problemlösung vertreten, die auf der *Verpflichtung zur Vermeidung des Angriffs* basiert.[85] Diese Auffassung zielt darauf ab, einen neuen Gedanken einzuführen. Und zwar soll anstelle der Verneinung der Notwehr, da der Handelnde durch die Provokationshandlung aktiv den rechtswidrigen Angriff hervorgerufen habe, die Möglichkeit von Fällen vertreten werden, in denen die Notwehr verneint wird, da der rechtswidrige Angriff nicht schon vorher abgewendet wurde. Dies resultiert aus der bisher dargestellten Problemstellung.

Wenn man wie hier den vorangegangenen Umstand ausdehnt, der die Notwehr begrenzt, stellt sich die Frage nach dem konkreten Inhalt dieses subjektiven bzw. objektiven Umstandes. Es geht hier um *Frage (3)*. Wie zu diesem Punkt bereits aufgezeigt wurde, berücksichtigt die Rechtsprechung die Voraussicht des Angriffs *und* den aktiven Schädigungswillen, also die subjektive Einstellung des Täters vor der Tat, und gelangt zur Ablehnung der Notwehr. Doch ist meiner Auffassung nach ein Denkgerüst, das sich derart auf die subjektive Seite konzentriert, problematisch. Natürlich kann man die subjektive Wahrnehmung des Täters nicht deshalb aus den Beurteilungselementen herausnehmen, weil die Notwehr ein Rechtfertigungsgrund sei. Aber die Begründung dafür, warum aufgrund der inneren Einstellung des Täters, also wegen seines aktiven Schädigungswillens, die Notwehr verneint wird, ist keinesfalls einleuchtend. Die in der Judikatur verbreitete Ansicht argumentiert, dass, wenn eine Rechtsgutsverletzung mit einem aktiven Schädigungswillen begangen wurde, die Rechtsgutsverletzung

> „ein Ergebnis ist, das der Täter bewusst gebilligt hat und man somit dieses Ergebnis dem Täter auferlegen sollte",[86]

oder dass

> „in Bezug auf den Angriff des Gegners dieser nicht in einer Position war, einen Rechtsschutz zu genießen".[87]

---

[85] Vgl. detailliert u.a. *Hashizume* (o. Fn. 2), S. 305ff. Vgl. als grundsätzlich gleich gelagerte Ansichten u.a. *Nishida* (o. Fn. 15), S. 154; *Saeki* (o. Fn. 23), S. 80; *Satō* (o. Fn. 83), S. 242ff.; *Tsutomu Tochigi*, Notwehr (1) – Gegenwärtigkeit des Angriffs, in: Mitsuru Kobayashi/Ritsurō Uemura (Hrsg.), 50 wichtige Gerichtsentscheidungen zur Tatsachenfeststellung, Bd. 1, 2. Aufl. 2007, S. 56ff.

[86] *Kōjō* (o. Fn. 31), S. 263.

[87] *Toshimaro Kōjō*, Strafrecht und Verwaltungsstrafrecht, 2005, S. 32 (zuerst erschienen in: Erläuterungsband zu OGH-Entscheidungen im Strafrecht 1977, S. 248).

Doch der aktive Schädigungswille bedeutet lediglich aktiven Widerstand im Falle der Verwirklichung eines Angriffs. Daher kann meiner Meinung nach wegen dieser inneren Einstellung dem Täter der rechtliche Schutz nicht versagt werden. Ferner entwickelt der Täter die innere Einstellung, den Angriff bewusst hinzunehmen, erst dann, wenn er mit dem vorhergesehenen Angriff konfrontiert wird; somit wird diese nicht erst dann entstehen, wenn ein aktiver Schädigungswille vorliegt.[88]

Weiterhin ist es auch aus theoretischer Sicht problematisch, die Grenzen der Strafbarkeit an dem Gesinnungselement des aktiven Schädigungswillens zu messen. Man kann zwar sagen, der aktive Schädigungswille sei eine innere Einstellung bei der Konfrontation mit dem Angriff, doch hat dies keinen direkten Einfluss auf die objektive Situation der Abwehrhandlung. Darüber hinaus führt nicht die Existenz des aktiven Schädigungswillens, sondern die Vorhersehbarkeit des Angriffs zu der Möglichkeit, die Rechtsgutsverletzung von vornherein zu vermeiden. So gesehen, handelt es sich bei dem aktiven Schädigungswillen um ein Gesinnungselement, das nichts mit der Bewertung des rechtsgutsverletzenden Charakters der Tat zu tun hat. Daher bin ich der Auffassung, dass die Verneinung der Notwehr auf dieser Grundlage eine Art des gesinnungsstrafrechtlichen Denkens darstellt. Somit ist sie – auch aus der Sicht der Handlungsunwertlehre – nicht zu rechtfertigen.[89]

Betrachtet man die Notwehr als vernünftiges Mittel zur Auflösung eines Interessenkonflikts, so sollte man wohl auch zur Begrenzung der Notwehr, die auf einem vorausgegangenen Umstand beruht, auf die *objektive Interessenlage* des Angegriffenen abstellen. Wie schon mehrfach erwähnt, sollte dem Angegriffenen in Fällen, in denen er dem rechtswidrigen Angriff ausweichen kann, ohne seine rechtmäßigen Interessen zu opfern, die *Pflicht* auferlegt werden, *den Angriff zu meiden*. Dies resultiert aus den äußeren Grenzen des Prinzips des überwiegenden Interesses. Dieses Prinzip bezweckt den bestmöglichen Schutz der gesamten Interessen der Gesellschaft. Zumindest in Situationen, in denen eine Interessenkollision vermieden werden sollte, können durch die Verpflichtung zur Meidung der Kollision ein Schutz beide entgegenstehenden Interessen geschützt werden.

---

[88] Vgl. zu diesem Punkt *Saeki* (o. Fn. 83), S. 119.

[89] Auch unter den Vertretern der Handlungsunwertlehre herrscht der Standpunkt vor, dass nur Elemente, die allgemein bzw. abstrakt im Zusammenhang mit der Rechtsgutsverletzung stehen können, das Handlungsunrecht begründen können; vgl. u. a. *Makoto Ida*, Der gegenwärtige Stand der Verbrechenslehre und die finale Handlungslehre, 1995, S. 146 ff.; *Ryōsuke Terunuma*, Die systematische Teilnahmelehre und die strafrechtliche Unrechtslehre, 2005, S. 54 ff. Vgl. als kritische Meinung hierzu u. a. *Jun Shiomi*, Allgemeine Prinzipien des Unrechts und des Unrechtsausschlusses, Teil 1, Hōgaku Kyōshitsu Nr. 265, 2002, S. 84.

Dies ist in solchen Fällen das zu bevorzugende Ergebnis. Wenn in einer solchen Situation der rechtswidrige Angriff nicht vermieden wird und er sich verwirklicht, ist es möglich, die Gegenwärtigkeit des Angriffs als Notwehrvoraussetzung und somit die Rechtfertigung der Abwehrhandlung zu verneinen. Denn hier verwirklicht sich lediglich die Interessenkollision, die in der Vergangenheit zu lösen war, wodurch die Gegenwärtigkeit der Rechtsgutsverletzung bloßer Schein ist. Daher ist meiner Ansicht nach bei der obigen *Frage (4)* keiner abgestuften Lösung zu folgen, sondern in bestimmten Fällen die Möglichkeit der Notwehr und des Notwehrexzesses im Ganzen zu beseitigen.

Weiterhin kann in Fällen, in denen der Angegriffene den Angriff nicht vorhergesehen hat, natürlich nicht erwartet werden, dass er den Angriff meidet. Somit sollte, wenn man eine solche *Angriffsmeidungspflicht* verlangt, als deren Voraussetzung ein rechtzeitiges Erkennen des Angriffs festgesetzt werden.[90] Daher wäre die Auferlegung einer solchen Pflicht in Fällen, in denen der Angriff vom Täter nicht vorhergesehen wurde, an sich schon unangemessen, da dies den Angegriffenen unangemessen benachteiligen würde. Natürlich gäbe es theoretisch auch die Möglichkeit, die Pflicht zur Angriffsmeidung zu fordern, wenn zwar der Angriff nicht vorhergesehen wurde, er jedoch vorhersehgesehen werden konnte. Doch ist es denkbar, dass man eine Person leichtfertig provoziert. Es ist falsch, nur deshalb die Rechtfertigung der Abwehrhandlung abzulehnen. Zu diesem Punkt ist es weiterhin denkbar, die Notwehr zwar nicht vollkommen abzulehnen, wenn der Angriff zwar nicht vorhergesehen wurde, aber vorhersehbar war, sondern den Rechtfertigungsrahmen der Abwehrhandlung (entsprechend dem Grad der Vorhersehbarkeit) stufenweise einzugrenzen. Da die Vorhersehbarkeit des Angriffs in der Praxis jedoch schwer feststellbar ist, besteht für Fälle, in denen das Gericht Bedenken hinsichtlich dieser Feststellung hat, die Gefahr, hier die Rechtfertigung der Abwehrhandlung übermäßig einzugrenzen. Denn zumindest die Vorhersehbarkeit des Angriffs ist gegeben und man könnte somit tendenziell zu früh zur Annahme des Notwehrexzesses neigen.[91] Berücksichtigt man diese Umstände, empfinde ich es als vorzugswürdig, das Erkennen des Angriffs – und nicht bloß seine Vorhersehbarkeit – zur Voraussetzung der Notwehrbegrenzung zu machen.

---

[90] Vgl. als gleich gelagerte Meinungen *Satō* (o. Fn. 83), S. 243; *Tochigi* (o. Fn. 84), S. 58 ff. Vgl. ferner die Hinweise darauf, dass die Rechtsprechung des OGH das eindeutige Erkennen des Angriffs fordert, bei *Shigeru Matsuura*, Entscheidungserläuterung, in: Erläuterungsband zu OGH-Entscheidungen im Strafrecht 1984, S. 44.

[91] Vgl. weiter *Ryūichi Hirano*, Fahrlässiger Notwehrexzess, in: ders., Probleme der Verbrechenslehre, Bd. 1, 1981, S. 62.

Dies soll im Folgenden anhand konkreter Beispiele verdeutlicht werden. Betrachten wir zunächst Fallkonstellationen, in denen der Täter den Angriff vorhergesehen und sich trotzdem zum Angriffsort begeben hat (Konstellation des *Aufsuchens*). Hier muss für die Beurteilung des Falles betrachtet werden, welcher Nachteil durch die Untersagung entsteht, sich zum Tatort zu begeben. Ist das Aufsuchen des Tatortes an sich eine rechtmäßige Handlung, dann kann keine Pflicht zur Meidung des Angriffs entstehen. Selbst wenn ein Freund angegriffen wird, ist zwar die Gefahr, dass man selbst auch angegriffen wird, recht groß. Eilt man trotzdem zur Hilfe, lässt sich wohl das Aufsuchen des Tatortes als rechtmäßiges Interesse einordnen und folglich die Möglichkeit der Notwehr bejahen, soweit es sich nicht um eine Situation handelt, in der auch durch das Anfordern von öffentlichen Hilfskräften der Freund mit Sicherheit gerettet werden kann.[92] Sucht jedoch eine Person eine andere auf, obwohl ihr bewusst ist, dass es zum Streit kommen wird, so kann in bestimmten Fällen unter Berücksichtigung dieses Wissens das Aufsuchen des Tatortes als nicht rechtmäßiges Interesse bewertet werden.[93] In solchen Fällen besteht wohl Raum dafür, eine Angriffsvermeidungspflicht aufzuerlegen und das Aufsuchen des Tatortes zu untersagen.

Andererseits bin ich der Auffassung, dass in Fällen, in denen der Täter den Angriff zwar vorhersieht und dennoch an einem bestimmten Ort verharrt, um auf den Angreifer zu warten (Konstellationen des *Verharrens*), das Interesse des Angegriffenen variiert, je nachdem, wo sich dieser befindet. Erwartet der Handelnde zum Beispiel auf der Straße seinen Streitgegner[94], kann man ihm wohl kaum ein rechtmäßiges Interesse zuerkennen, mit dem

[92] Vgl. die Urteile, in denen die Notwehr bzw. der Notwehrexzess bejaht wurde: OGH Urteil v. 22.1.1957 (Keishū Bd. 11, Nr. 1, S. 31); OGH Beschluss v. 26.3.1987 (Keishū Bd. 41, Nr. 2, S. 182: in Wirklichkeit lag kein Angriff vor und das Gericht bejahte einen Putativnotwehrexzess); Obergericht Ōsaka Urteil v. 31.3.1995 (Hanrei Times Nr. 887, S. 259). Natürlich handelt es sich um eine andere Situation, wenn im Rahmen der Rettung eines Dritten absichtlich zu einer Handlung geschritten wird, die einen Angriff provozieren könnte; vgl. als Rechtsprechungsbeispiel, das die Gegenwärtigkeit des Angriffs verneint, zum Beispiel Obergericht Tokyo Urteil v. 20.6.1985 (Hanrei Jihō Nr. 1162, S. 168).

[93] Als Beispiele sind zu nennen: der Fall, in dem in einer Kneipe mit einem Gegenüber eine bedrohliche Streitsituation entsteht und man der Aufforderung des Gegenübers „Lass uns das draußen klären" folgt und die Kneipe verlässt (Distriktgericht Ōsaka Urteil v. 18.11.1988, Hanrei Times, Nr. 702, S. 265); das Verhalten, die Wohnung des Anführers einer Schlägergruppe aufzusuchen, obwohl zwischen ihr und der Gruppe, zu der der Täter gehörte, ein ernsthafter Konflikt bestand (Distriktgericht Sapporo Urteil v. 2.10.1989, Hanrei Times Nr. 721, S. 249); das Verhalten, einer Aufforderung durch seinen Streitpartner, zu ihm zu kommen, Folge zu leisten (Distriktgericht Tokyo Urteil v. 21.2.1991, unveröffentlicht).

[94] Vgl. Urteil des OGH v. 25.10.1955, Keishū Bd. 9, Nr. 11, S. 2295.

Ziel, sich zu streiten, auf der Straße zu verharren. Daher muss er dazu verpflichtet werden, den Tatort zu verlassen und so den Angriff zu meiden.[95] Hält sich der Handelnde jedoch rechtmäßig zu Hause oder während seiner Arbeitszeit im Büro auf, wird dem Aufenthalt selbst ein im Alltag wichtiges Interesse zuerkannt, sodass ihm, auch wenn er den Angriff vorhergesehen hätte, keine Pflicht auferlegt werden sollte, diesen Ort zu verlassen und so den Angriff zu meiden.

Hitoshi Saeki vertritt hierzu die Meinung, die Belastung, sich aus der eigenen Wohnung zu entfernen, übersteige wohl kaum den Wert des Lebens. Sieht man also den Angriff vorher und ist sich bewusst, dass eine lebensgefährliche Abwehrmaßnahme notwendig ist, um sich vor ihm zu schützen, sollte die Pflicht bestehen, sowohl die eigene Wohnung als auch den Arbeitsplatz zu verlassen.[96] *Saeki* stellt auf die notwendigen Abwehrmaßnahmen ab und leitet daraus eine vorherige Ausweichpflicht ab. Doch falls ein Angriff mit Waffen, wie Pistolen oder Messern, prognostiziert wird, werden in den meisten Fällen auch lebensgefährliche Abwehrmaßnahmen notwendig sein. Daher verpflichtet diese Auffassung den Angegriffenen prinzipiell wohl auch, vorab den Ort zu verlassen, wenn tatsächlich ein gravierender Angriff gegen das Leben bzw. den Körper bevorsteht. Doch frage ich mich, ob es nicht zu weit geht, eine derart weitläufige Ausweichpflicht anzunehmen, da man hiermit die Handlungsfreiheit bedeutend einschränkt. Ich gehe davon aus, dass *Saeki* das Interesse, in seiner Wohnung zu verbleiben, mit dem Wert des Lebens abwägt, doch ist hier fraglich, ob überhaupt die Voraussetzung für eine Interessenabwägung (Dringlichkeit) vorliegt. Auch sollte man meiner Meinung nach nicht beides leichtfertig miteinander vergleichen.

Natürlich bedeutet dies nicht, dass keine Pflicht zum Ausweichen vor dem Angriff bestehen kann, wenn man sich in der eigenen Wohnung befindet. Hat man den Angriff vorhergesehen, kann man die Polizei benachrichtigen, diese um Hilfe bitten und den Angriff vorab verhindern. Ist es dem Handelnden ohne besondere Belastung möglich, die Polizei zu rufen, so kann nicht nur der Schutz durch die Polizei sicher erwartet werden, sondern der Angegriffene kann auch den Angriff abwenden, ohne ein rechtmäßiges Interesse zu opfern. In diesem Rahmen sollte ihm also die Pflicht auferlegt werden, durch eine Anzeige bei der Polizei den Angriff abzuwenden.[97]

---

[95] Natürlich bedeutet dies nicht, dass es falsch wäre, auf der Straße auszuharren. Hier geht es um die Frage, ob das Interesse, mit einem bestimmten Ziel an einem Ort zu verweilen, als ein gerechtfertigtes Interesse bewertet werden kann.

[96] Vgl. *Saeki* (o. Fn. 83), S. 104.

[97] Zu diesem Punkt kritisiert *Matsumiya*, es sei den Bürgern nicht zumutbar, ihnen die Pflicht zur Anforderung öffentlichen Schutzes in Situationen aufzuerlegen, in denen nicht feststeht, dass dieser Schutz in der Tat gewährt wird. Denn oft schreitet die Polizei selbst

Der OGH-Entscheidung aus dem Jahre 1977 liegt folgender Sachverhalt zugrunde: Während der Vorbereitung einer politischen Versammlung in einem Festsaal fanden mehrere Angriffe durch eine Gegenpartei statt. Hier kann das Schutzbedürfnis der Freiheit, eine Versammlung abzuhalten, nicht verneint werden. Somit sollte keine Pflicht auferlegt werden (solange es sich um keine rein förmliche handelt), die Versammlung zu unterbrechen und den Tatort zu verlassen.[98] Doch ist es zumutbar, die Polizei um Schutz zu bitten, wenn die Angeklagten den Angriff mit Sicherheit vorhersahen und ferner die Möglichkeit bestand, dass dadurch der Angriff mit Sicherheit hätte abgewendet werden können. Hier besteht auch Raum dafür, eine solche Pflicht aufzuerlegen.[99] Falls hier ein solcher Umstand vorgelegen hätte, kann man insofern das Ergebnis der OGH-Entscheidung unterstützen, die die Gegenwärtigkeit des Angriffs verneint hat.

VI. Die Reichweite der gerechtfertigten Widerstandshandlung

1. Erforderlichkeit und Angemessenheit der Verteidigungshandlung

Zwar wird die Abwehrhandlung in einer Notwehrsituation nur in Fällen gerechtfertigt, in denen keine andere Möglichkeit bestand, doch urteilte der OGH hinsichtlich deren Bedeutung:

> „Die Handlung nach § 36 Abs. 1 jaStGB, ‚welche unvermeidlich ist', muss eine solche sein, bei der die Abwehrhandlung gegen den gegenwärtigen rechtswidrigen Angriff, als Abwehrmaßnahme, um die eigenen oder die Rechte Dritter zu schützen, notwendigerweise das mildeste Mittel ist, also dass diese Abwehrmaßnahme als Verteidigungsmittel gegen diesen Angriff angemessen ist. Die Abwehrmaßnahme darf diesen Grad nicht überschreiten und muss somit als Verteidigungsmittel gegenüber dem Angriff angemessen sein. Wenn also der Schaden, der durch die Abwehrhandlung zufällig entstanden ist, größer als das Interesse ist, welches angegriffen werden sollte, hat dies nicht zur Folge, dass diese Abwehrhandlung keine Notwehrmaßnahme mehr ist."[100]

---

in Situationen nicht ein, in denen tatsächlich ein Schaden durch eine Straftat vorausgesehen werden kann; vgl. *Takaaki Matsumiya*, Strafgesetzgebung und Teilnahmesystematik, 2003, S. 9. Da ich aber der Ansicht bin, dass eine Behördenmitteilungspflicht auf Situationen zu begrenzen ist, in denen eine Rettung durch die Polizei auf jeden Fall erwartet werden kann, ist diese Ansicht wohl nicht als Kritik gegen mich aufzufassen.

[98] Vgl. zu diesem Punkt *Saku Machino*, Einführung ins Strafrecht, 3. Aufl. 2004, S. 178.

[99] Vgl. als gleich gelagerten Hinweis *Yamaguchi* (o. Fn. 18), S. 59.

[100] OGH Urteil v. 4.12.1969, in Keishū Bd. 23, Nr. 12, S. 1573.

Wie aus den angeführten Urteilspassagen deutlich wird, ist die unvermeidliche Handlung das mildeste notwendige, also *angemessene*, Verteidigungsmittel.[101]

Doch in der Rechtslehre ist die herrschende Auffassung, die unvermeidliche Handlung beinhalte die beiden Voraussetzungen der Erforderlichkeit und der Angemessenheit der Verteidigungshandlung.[102] Hinsichtlich der *Erforderlichkeit* der Notwehrmaßnahme wird im Gegensatz zur Judikatur vertreten, diese sei nicht im Sinne einer Unentbehrlichkeit zu verstehen, sondern stark abgeschwächt als

> „ein rationales Mittel, das zur Beseitigung der Angriffshandlung notwendig ist",[103]
> „eine Handlung, die zum Schutz in irgendeinem Sinne nützlich sein könnte".[104]

Daher ist es kaum denkbar, dass die Rechtfertigung durch Notwehr an dieser Voraussetzung scheitert, außer wenn eine Handlung vorliegt, die mit einer Verteidigung in keinem Zusammenhang steht. Zunächst ist überhaupt die Richtigkeit der Auslegung selbst fraglich, die in den Begriff der „unvermeidlichen Handlung" eine doppelte Bedeutung hineinliest. Ferner ist es problematisch, einerseits eine solche Interpretation vorzunehmen, andererseits jedoch der Erforderlichkeit der Notwehrmaßnahme keinerlei Bedeutung beizumessen. Die Vernünftigkeit der Tat als Notwehrmaßnahme sollte vielmehr bei der Frage berücksichtigt werden, ob es sich um eine Maßnahme handelt, die zum Schutz durchgeführt wurde.[105] Wichtiger ist folgender Punkt: Da die Erforderlichkeit als Voraussetzung bedeutungslos geworden ist, wird im Rahmen des allgemeinen Verständnisses der Rechtslehre der ursprünglich relevanteste Gesichtspunkt nicht mehr ausreichend berücksichtigt, nämlich ob man von einer erforderlichen Notwehrhandlung sprechen kann.

Im Zusammenhang mit dieser Tendenz in der Rechtslehre häufen sich seit dem Urteil von 1969 in der Gerichtspraxis die Entscheidungen, die die *Angemessenheit* der Verteidigungshandlung unabhängig vom mildesten notwendigen Mittel beurteilen. Im Urteil von 1969 heißt es am Ende, die

[101] Von einem solchen Standpunkt aus analysiert *Hirano* (o. Fn. 90), S. 63, das vorliegende Urteil dahingehend, dass es nicht notwendig sei, die minimale Erforderlichkeit derart strikt auszulegen. Denn schließlich handle es sich um eine Notsituation und dies sei ein anderer Ausdruck für die Angemessenheit.

[102] Vgl. zum Beispiel u. a. *Ōtsuka* (o. Fn. 34), S 373; *Fukuda* (o. Fn. 39), S. 157; *Naitō* (o. Fn. 3), S. 345.

[103] *Yukio Horigome*, Notwehr II, in: Wichtige Gerichtsentscheidungen im Strafrecht, 1988, S. 28.

[104] Vgl. *Matsumiya* (o. Fn. 60), S. 134.

[105] Auf diesen Punkt weist hin: *Teruyuki Yamamoto*, Grundlegung durch das Prinzip des überwiegenden Interesses und die Grenzen der Notwehr, Keihō Zasshi Bd. 35, Nr. 2, 1996, S. 54. Allerdings hege ich Zweifel hinsichtlich des Punktes, dass diese Ansicht den Eintritt eines Verteidigungseffekts fordert.

Schwere des verursachten Schadens werde nicht hinterfragt und man konzentriere sich darauf, ob die betreffende *Handlung* als Verteidigungsmittel angemessen ist. Daher kann dieses Urteil auch so verstanden werden, dass es nicht das *Ergebnis* der Verteidigungshandlung und das zu erwartende *Ergebnis* des Angriffs gegeneinander abwiegt, sondern die Angemessenheit wegen der Art und Weise der Verteidigungs*handlung* beurteilt.[106] In späteren Urteilen der unteren Instanzen häuften sich die Fälle, in denen die Gefährlichkeit der Angriffs- und der Verteidigungshandlung, das heißt die Angemessenheit, durch das „Prinzip der Waffengleichheit" beurteilt wurde.[107] Auch in den darauf folgenden Entscheidungen des OGH wird die Angemessenheit der Notwehrhandlung durch eine grundsätzlich materielle Abwägung der *Gefährlichkeit der Handlungen* beurteilt.[108]

Auch in der Lehre wird tendenziell die Auffassung der Rechtsprechung unterstützt, die Gefährlichkeit der Angriffs- und der Verteidigungshandlung abzuwägen und durch eine *Ex-ante-Beurteilung* der Gefährlichkeit über die Angemessenheit der Verteidigungshandlung zu entscheiden.[109] Nach dieser Ansicht kann in Fällen, in denen eine relativ ungefährliche Notwehrmaßnahme angewandt wurde, die Angemessenheit der Verteidigungshandlung bejaht werden, auch wenn im Ergebnis eine erhebliche

[106] Vgl. als derartige Analyse *Haruo Nishihara*, Urteilsbesprechung, Hanrei Times Nr. 248, 1970, S. 80.

[107] Vgl. als detaillierte Analyse der Entscheidungen unterer Instanzen *Yoshihisa Ōkoshi*, Entwicklung der Strafrechtsauslegung, 1992, S. 47 ff. Nach Ansicht *Ōkoshis* bejaht die Rechtsprechung die Angemessenheit selbst in Situationen, in denen nicht davon ausgegangen werden kann, dass Waffengleichheit herrscht, wenn für den Täter keine andere Handlungsmöglichkeit bestand; vgl. ebd. S. 54, 57. *Shōgo Kawaguchi*, Entscheidungserläuterung, in: Erläuterungsband zu OGH-Entscheidungen im Strafrecht 1989, S. 345, führt aus, die Rechtsprechungspraxis mache die Gefährlichkeit des Tatverhaltens zur Grundlage ihrer Abwägung und berücksichtige auch zahlreiche Faktoren, wie zum Beispiel die Möglichkeit für den in Notwehr Handelnden, eine andere Handlung vorzunehmen oder zu fliehen. Zudem bewerte sie die Ernsthaftigkeit der schädigenden Folge in ihrer Gesamtheit.

[108] Im OGH-Urteil v. 13.11.1989 (Keishū Bd. 43, Nr. 10, S. 823) wird in einem Fall, bei dem der Angeklagte mit einem Küchenmesser gegen das unbewaffnete Opfer vorging, unter Berücksichtigung des Alters und der körperlichen Verfassung der beiden Parteien bzw. der konkreten Verwendung der Waffe durch den Angeklagten (mit anderen Worten, des defensiven Vorgehens), die Angemessenheit bejaht. Hingegen wurde im OGH-Urteil v. 16.6.1997 zu einem Fall, bei dem der Angreifer (das Opfer) eine Eisenstange nutzte, unter Berücksichtigung seiner geringen Kraft und der Gefährlichkeit der Verteidigungshandlung (der Angreifer wurde aus dem ersten Stockwerk gestoßen), die Angemessenheit verneint.

[109] Vgl. zum Beispiel *Hideo Fujiki*, Strafrecht, AT, 1. Aufl. 1975, S. 169 ff.; *Ida* (o. Fn. 3), S. 163. Vgl. ferner Ansichten, die die Gefährlichkeit der Verteidigungshandlung zur Grundlage der Abwägung machen, aber auch die schädigende Folge in die Abwägung aufnehmen, *Hayashi* (o. Fn. 16), S. 199; *Masahide Maeda*, Strafrecht, AT, 4. Aufl. 2006, S. 350 ff.; *Osamu Sakuma*, Strafrecht, AT, 1. Aufl. 1997, S. 205.

Rechtsgutsverletzung verursacht worden ist. Hiergegen wird vertreten, dass die Angemessenheitsbeurteilung anhand des Ergebnisses – *ex post* – vorgenommen werden sollte.[110] Anders ausgedrückt, besteht die Notwendigkeit in einer Notwehrsituation in erster Linie darin, den Angegriffenen zu schützen. Es werde zwar kein absolutes Gleichgewicht zwischen dem Interesse des Angegriffenen und dem des Angreifers verlangt, doch falls zwischen beiden eine starke Ungleichheit besteht, wird die Angemessenheit verneint.

In der Lehre existiert zwar der dargestellte Streit über die Beurteilungskriterien der Angemessenheit, doch diese Ansichten sind insofern gleich, als sie durch Abwägung der Umstände der Angreifer- und der Angegriffenenseite die Angemessenheit der Verteidigungshandlung beurteilen. Da jedoch in § 36 Abs. 1 jaStGB im Gegensatz zur Notstandsvorschrift des § 37 jaStGB eine Regelung fehlt, die die Abwägung zwischen den Interessenlagen der Angreifer- und der Angegriffenenseite verlangt, bin ich der Auffassung, dass eine solche Interpretation an sich schon problematisch ist.

Zunächst ist bereits die Schlussfolgerung unzutreffend, die Notwehr könne bejaht werden, wenn allein die Ausgeglichenheit des Endergebnisses bzw. der Handlung gegeben ist. Steht zum Beispiel ein Angriff mit dem Messer gegen das Leben unmittelbar bevor und kann der in Notwehr Handelnde unter Anwendung eines Holzschwertes diesen Angriff mit Sicherheit abwenden und würde hierdurch den Angreifer nur leicht verletzen, so wäre es die Pflicht des in Notwehr Handelnden, dies zu tun. Ich bin nicht von der Richtigkeit der Annahme überzeugt, dass in diesem Fall sogar die Tötung des Angreifers gerechtfertigt sein soll, da sich Leben und Leben (oder Messer gegen Messer) gegenüberstehen. Wie bereits erläutert, können Handlungen, die unnötig das Leben des Angreifers beschädigen, nicht gerechtfertigt werden, da auch in einer Notwehrsituation die Schutzwürdigkeit der Rechtsgüter des Angreifers nicht völlig erlischt. Trotz des „Prinzips der Waffengleichheit" ist es jedoch abwegig, die Gleichwertigkeit der Handlungen beider Parteien zu fordern, da schließlich der Angegriffene gegenüber dem rechtswidrigen Angreifer rechtlich schutzwürdiger ist.[111] Auch wenn man dieses Prinzip so auffasst, dass die Handlung des Angegriffenen (im Vergleich zur Handlung des Angreifers) nicht hochgradig gefährlich sein darf, fehlt es meiner Meinung nach an einer ver-

---

[110] Vgl. *Machino* (o. Fn. 97), S. 171; *Hisashi Hashida*, Die Angemessenheit der Notwehrhandlung, Teil 2, Hōgaku Ronsō, Bd. 137, Nr. 5, 1995, S. 72; *Teruyuki Yamamoto*, Die Angemessenheit der Notwehrhandlung und der Notwehrexzess, Gendai Keijihō Nr. 9, 2000, S. 55; *Nishida* (o. Fn. 15), S. 164; etc.

[111] Vgl. *Takaaki Matsumiya*, Die Schädigungshandlung durch das Opfer und das Vorliegen bzw. Nichtvorliegen einer Gewalttat bzw. einer Notwehr, Ritsumei'kan Hōgaku Nr. 310, 2007, S. 417ff.

nünftigen Grundlage, die Gefährlichkeit der Handlung unabhängig von der schädigenden Folge zu problematisieren. Denn schließlich soll das Ergebnis der Rechtsgutsverletzung durch die Notwehr gerechtfertigt werden.

Ist umgekehrt zwar die Verteidigungshandlung oder der Erfolg unangemessen, kann der Angegriffene sich aber nicht anderweitig schützen, so ist es wohl nicht richtig, allein wegen dieser Unausgeglichenheit die Rechtfertigung zu verneinen. Beispielhaft dafür ist ein Fall, in dem eine Frau nachts auf der Straße von einem Mann angegriffen wird, sie keinen Dritten um Hilfe bitten kann und die einzige Möglichkeit, diesem Angriff zu entfliehen, darin besteht, einen in der Nähe liegenden Stein zu werfen. Dieser trifft den Mann am Kopf, wodurch er jedoch schwere Verletzungen erleidet. Verneint man in diesem Fall die Angemessenheit der Handlung, da das Werfen eines Steins ein unausgeglichenes Verteidigungsmittel sei, stellt sich die Frage, was die Frau stattdessen hätte tun sollen. Sollte man die Frau wegen eines Notwehrexzesses bestrafen? Oder sollte sie eine schwere Verletzung ihrer sexuellen Selbstbestimmung hinnehmen? Beide Lösungen sind nicht zufriedenstellend, da sie das unschuldige Opfer schutzlos lassen.

Diese Ungerechtigkeit wird wohl dadurch verursacht, dass die Ansicht, die die Abwägung der Interessen von Angreifer und Angegriffenem betont, die Erforderlichkeit der Verteidigungshandlung vernachlässigt und somit deren Inhalt aushöhlt. Man dürfte vielmehr prinzipiell keine Abwägung (der Handlung bzw. des Ergebnisses) durchführen. Der in Notwehr Handelnde müsste zum Schutz seiner Interessen das mildeste notwendige Mittel und somit die Handlung wählen, die die geringste Beeinträchtigung mit sich bringt.[112] Bei dieser Beurteilung wird nicht verlangt, dass der in Notwehr Handelnde ein Risiko auf sich nehmen und ein unsicheres Notwehrmittel wählen muss. Selbstverständlich ist es dem Notwehrhandelnden erlaubt, eine Maßnahme zu wählen, die den Angriff mit Sicherheit abwehrt.[113] Will ein Gericht die Eigenschaft des mildesten notwendigen Mittels der Verteidigungshandlung verneinen, muss meiner Meinung nach konkret festgestellt werden, dass die Gefahr mit Sicherheit auch hätte abgewendet werden können, wenn der in Notwehr Handelnde ein milderes Notwehrmittel gewählt hätte.[114] Sofern diese Möglichkeit nicht bewiesen werden kann, sollte das Gericht die Notwehr bejahen. Im Übrigen lässt sich meiner Ansicht nach das Urteil von 1969, wie bereits erörtert, gerade in diesem Sinne verstehen, wenn man es wörtlich nimmt. Denn darin wird die An-

---

[112] Vgl. als gleich gelagerte Ansichten *Yamaguchi* (o. Fn. 31), S. 130; *Saeki* (o. Fn. 23), S. 79; *Kanako Takayama*, Notwehrlehre, Teil 2, Hōgaku Kyōshitsu Nr. 268, 2003, S. 67 ff.

[113] Vgl. *Toshimaro Kōjō*, Die Angemessenheit bei der Notwehr, in: Mitsuru Kobayashi / Toshimaro Kōjō (Hrsg.), Tatsachenfeststellung im Strafrecht, Bd. 1, 1992, S. 320.

[114] Vgl. zu diesem Punkt *Takashi Hashizume*, Urteilsbesprechung, Jurist Nr. 1154, 1999, S. 136. Die gleiche Ansicht vertritt *Takayama* (o. Fn. 111), S. 67.

gemessenheit der Verteidigungshandlung als die mildeste notwendige Maßnahme bezeichnet, die zur Verteidigung der eigenen Rechte oder der Rechte anderer notwendig ist.[115]

2. Die Pflicht zur Flucht im Rahmen der Notwehr

Fraglich ist, ob in Fällen, in denen der Angegriffene sich durch eine Flucht vom Tatort mit Sicherheit selbst schützen kann, er zu dieser Handlung verpflichtet werden kann, wenn der rechtswidrige Angriff unmittelbar bevorsteht. Nach der traditionellen Auffassung muss „Recht dem Unrecht nicht weichen", somit besteht auch für den in Notwehr Handelnden keine Pflicht zur Flucht. Doch die jüngere Rechtslehre fordert verstärkt in bestimmten Situationen eine solche Pflicht. Wie *Fumiya Satō* meint, liegt in Fällen, in denen man sicher flüchten kann und trotzdem zur Exzesshandlung – einem sogenannten intensiven Notwehrexzess – schreitet, nicht einmal ein Notwehrexzess vor, da die Handlung nicht zum Schutz begangen wurde. Auch in sonstigen Fällen werde die Fluchtmöglichkeit zum wichtigen Indiz, um die Angemessenheit der Verteidigungshandlung zu beurteilen, denn eine vorhandene Fluchtmöglichkeit schwäche den Grad der Dringlichkeit am Tatort ab. Nach *Satōs* Auffassung können schließlich Notwehrhandlungen, die bei fehlender Fluchtmöglichkeit angemessen wären, im Falle einer Fluchtmöglichkeit zumindest als Notwehrexzess bewertet werden.[116] *Hitoshi Saeki* dagegen differenziert zwischen Fällen, in denen eine Verteidigungshandlung vorgenommen wird, die gegenüber dem Leben einen hohen Gefährlichkeitsgrad besitzt, und Fällen, in denen gerade keine Lebensgefahr gegeben ist. Bezüglich der Verteidigungshandlung, die das Leben des Angreifers gefährdet, begrenzt er die Notwehr auf Fälle, in denen die Handlung wichtige Rechtsgüter schützt, wie zum Beispiel das eigene Leben, und in denen keine Fluchtmöglichkeit besteht. Ansonsten dürfe man keine tödliche Verteidigungshandlung vornehmen; vielmehr müsse dem Angegriffenen die Pflicht zur Flucht auferlegt werden. Falls trotzdem eine Notwehrhandlung ausgeübt wird, liege ein Notwehrexzess vor.[117]

---

[115] Wenn wie hier der Standpunkt vertreten wird, die durchgeführte unvermeidbare Handlung sei durch die minimale Notwendigkeit des Verteidigungsmittels zu beurteilen, so folgt man einer Ansicht, die im Hinblick auf die bisherige Fachterminologie die Erforderlichkeit der Verteidigungshandlung streng auffasst und die Angemessenheit als Voraussetzung für unnötig hält. Wenn man aber der Terminologie des Urteils aus dem Jahre 1969 folgt, kann man die minimale Notwendigkeit des Verteidigungsmittels wohl auch als Voraussetzung der Angemessenheit der Verteidigungshandlung verstehen.

[116] Vgl. *Satō* (o. Fn. 83), S. 249, 254 ff.

[117] Vgl. *Saeki* (o. Fn. 83), S. 104 ff.

Es sollte nicht nur von einer Flucht vom Tatort gesprochen werden, sondern vielmehr klar unterschieden werden zwischen einem Ausweichen, wenn der Angriff unmittelbar bevorsteht (Ausweichmanöver), und der Flucht vom Tatort nach der Verwirklichung des Angriffs, um sich selbst zu schützen (Fluchtmanöver). Bei Ersterem wird infrage gestellt, ob man bereits vor einer Kollision der Interessen des Angreifers und des Angegriffenen diesem Aufeinandertreffen ausweichen muss. Hier habe ich bereits ausgeführt, dass die Pflicht zur Angriffsvermeidung besteht, wenn dem Angegriffenen das Ausweichen ohne größere Belastung möglich ist.

Hinsichtlich einer Flucht nach Verwirklichung des Angriffs wird jedoch hinterfragt, ob in einem Stadium, in dem sich die Interessenkollision bereits verwirklicht hat, dieser Konflikt durch eine Flucht des Angegriffenen gelöst werden muss (sofern keine Pflicht besteht, dem Angriff schon vorab auszuweichen). Meinem Ergebnis nach sollte dem Angegriffenen keine solche Pflicht zur Flucht auferlegt werden, wenn sein Interesse, am Ort zu verweilen, schutzwürdig ist. Denn nach dem Verständnis dieses Aufsatzes ist der privilegierte Schutz des Interesses, am Ort zu verweilen, gerade die Besonderheit der Notwehr. Das bedeutet, der Aufenthalt an einem Ort, der nicht zu den üblichen Plätzen des alltäglichen Lebens der betreffenden Person gehört, kann ein Indiz dafür sein, dass derjenige sich mit Schädigungsabsicht gegen den anderen am Tatort aufhält. Somit wird dem Angegriffenen die Pflicht zur Flucht auferlegt. In allen anderen Fällen kann eine Flucht hingegen nicht verlangt werden.

Saeki kritisiert, das Interesse, am Ort zu verbleiben, könne niemals den Wert des Lebens übersteigen.[118] In der Tat wiegt das Interesse, am Ort zu verbleiben, an sich nicht schwerer als das Leben. Schreitet der in Notwehr Handelnde aber zum Beispiel zu einer lebensgefährdenden Verteidigungshandlung gegen einen gegen das Leben gerichteten Angriff, schützt der Angegriffene durch die Abwehrhandlung sein eigenes Leben gleichzeitig mit dem Interesse, am Ort zu verweilen, als Einheit. Da es dem Angegriffenen erlaubt sein sollte, beide Interessen gleichzeitig zu schützen, werden wohl auch im Rahmen der Interessenabwägung beide Interessen als Einheit berücksichtigt und danach ihre Bedeutung beurteilt. Folgt man dieser Auffassung, dass das Interesse, am Ort zu verweilen, für sich betrachtet dem Wert des Lebens untergeordnet sein sollte, kann meiner Meinung nach dennoch die Pflicht des Angegriffenen zur Flucht nicht allein daraus abgeleitet werden.

Natürlich gibt es nicht allzu viele Ziele, die es wert sind, verfolgt zu werden, wenn man dafür unter Umständen eine andere Person töten muss. Wenn dem so ist, könnte der Umstand, dass der Angegriffene am Tatort

---

[118] *Saeki* (o. Fn. 83), S. 103; vgl. ferner *Saeki* (o. Fn. 23), S. 77.

verweilt, obwohl ihm bewusst ist, dass er eine lebensbedrohliche Maßnahme anwenden muss, einen mittelbaren Einfluss auf die Beurteilung der Schutzwürdigkeit seines Interesses haben. Ist das objektive Interesse, am Ort zu verweilen, nicht sehr groß, müssen meiner Ansicht nach Fälle, in denen der Angegriffene am Tatort verweilt, obwohl ihm bewusst ist, dass er durch die Verteidigungshandlung den Angreifer womöglich töten muss, als solche bewertet werden, bei denen der Angegriffene ausschließlich am Tatort verweilt, um die Interessen eines anderen absichtlich zu schädigen. In diesen Fällen besteht Raum, die Schutzwürdigkeit des Interesses des Angegriffenen, am Ort zu verweilen, zu verneinen und eine Pflicht zur Flucht zu bejahen.

Im Gegensatz dazu sollte die Pflicht zur Flucht verneint werden, wenn dem Verbleiben am Ort, zum Beispiel zu Hause oder im Büro, ein wichtiges alltägliches Interesse zuerkannt werden kann. Auch wenn von dem in Notwehr Handelnden ein bestimmtes Ausweichmanöver gefordert wird, sollte diese Pflicht allein in solchen Handlungen bestehen, die nicht als Flucht bezeichnet werden können, wie ein Ducken oder ein Verlassen des Raumes. Ferner sind auch Situationen denkbar, in denen als Folge der Pflicht, am Angriffsort das mildeste notwendige Mittel als Verteidigungsmaßnahme zu wählen, in einem engen Rahmen ein kurzzeitiger Ortswechsel gefordert werden kann, um ein noch milderes Mittel zu erlangen.[119] Doch basieren diese Forderungen nicht auf der Pflicht zur Flucht.

3. Notwehr gegen unbeachtliche Rechtsverletzungen

Fraglich ist, ob in einem Fall, in dem ein Dieb eine geringwertige Sache stiehlt und damit flieht, der Eigentümer berechtigt ist, den Täter in Notwehr zu töten, wenn keine andere Möglichkeit besteht, das Eigentum zurückzuerlangen. Aus der traditionellen Sicht, die die Handlungen oder die Ergebnisse abwägt, wird die Angemessenheit der Verteidigungshandlung verneint, da diese unverhältnismäßig sei. Vielmehr würde die Handlung als Notwehrexzess behandelt werden. Hiergegen wendet sich die Ansicht, der auch dieser Aufsatz folgt, die als mildeste notwendige Mittel diejenigen Verteidigungsmaßnahmen versteht, die unvermeidlich waren. Nach dieser Ansicht scheint Notwehr dann vorzuliegen, wenn die Tötung des Diebes die einzige Möglichkeit zum Schutz des Eigentums war. In der heutigen Rechtslehre wird zudem eine Auffassung vertreten, die aus der

[119] Vgl. im Zusammenhang mit diesem Punkt *Kunihiko Endō*, Einige Überlegungen zur Notwehr, in: Festschrift für Mitsuru Kobayashi/Fumiya Satō zu ihrem 70. Geburtstag, Bd. 1, 2006, S. 82ff.

Sicht der konsequenten Gegenüberstellung von Recht und Unrecht die Notwehr bejaht.[120]

Doch bin ich der Ansicht, dass die Tötung eines Diebes, nur um einen geringwertigen Vermögensbestandteil zu schützen, nicht als Notwehr gerechtfertigt sein kann. Wie bereits erwähnt, sind nach dem prinzipiellen Verbot der Selbsthilfe durch Privatpersonen auch Rechtsverletzungen in einem gewissen Umfang zu dulden. Auch im obigen Fall kann es nicht erlaubt sein, durch die Tötung des Diebes das Recht sofort wiederzuerlangen. Vielmehr ist meiner Ansicht nach zunächst die Rechtsverletzung zu erdulden und nach der Tat öffentliche Hilfe anzufordern.

Ich vertrete zwar die Meinung, dass in einer Notwehrsituation das Interesse, am Ort zu verweilen, besonders schützenswert ist. Doch gilt dies meiner Meinung nach nur für Fälle, in denen persönliche bzw. wesentliche Rechtsgüter, wie beispielsweise das Leben, der Körper oder die Freiheit der Willensbildung, gefährdet sind. Ferner wird bei Gefährdungen des Vermögens oder der persönlichen Ehre das Interesse, am Ort zu verweilen, nicht direkt angegriffen. Somit unterscheidet sich die Notwendigkeit, diese zu schützen, wesentlich von dem Fall, in dem gewichtige Verletzungen des Lebens oder des Körpers drohen.

So gesehen finden hinsichtlich der Abwehrhandlungen, die als Notwehr gerechtfertigt werden, unterschiedliche Maßstäbe Anwendung, je nachdem, ob ein Angriff gegen Kerninteressen, wie das Leben oder den Körper, oder gegen Randinteressen vorliegt.[121] Da im ersteren Fall das Interesse, am Ort zu verweilen, direkt gefährdet ist, entfällt sowohl die Pflicht zur Flucht als auch eine Rechtsgüterabwägung. Hinsichtlich des letzteren Falles kann man davon ausgehen, dass eine Verhältnismäßigkeit zwischen dem Interesse des Angegriffenen und dem Interesse des Angreifers gefordert wird. Denn die Schutzwürdigkeit des Interesses, am Ort zu verweilen, wird abgeschwächt und diesem wird kein wichtiger Wert zugeschrieben, wodurch das Bedürfnis einer Rechtsgüterabwägung bestehen bleibt.[122] Nach dieser Auffassung

---

[120] Vgl. zum Beispiel *Matsumiya* (o. Fn. 60), S. 136; *Takayama* (o. Fn. 111), S. 69. Auch der Gesetzgeber vertritt die Auffassung, dass selbst die Tötung des Täters eine unvermeidliche Handlung im Sinne der Notwehrvorschrift ist, falls diese notwendig ist, auch wenn es sich um die Verteidigung eines einzelnen Kleidungsstückes handelt; vgl. Yūsaburō Kuratomi/Kiichirō Hiranuma/Takuzō Hanai (Hrsg.), Historischer Überblick über die Entstehungsgeschichte des Strafgesetzbuches, Eine ergänzte und erweiterte Aufl. 1990, S. 883 ff. (Äußerung von *Bin'ichi Ishiwata*).

[121] *Montenbruck* unterteilt die Notwehr in folgende zwei Bereiche: in den Kernbereich, bei dem ein Angriff gegen das Leben, die körperliche Unversehrtheit oder die Freiheit vorliegt, und in das Umfeld, wobei ein Angriff gegen Interessen vorliegt, die veräußert werden können, wie zum Beispiel das Vermögen. Dadurch werden die Grenzen der Rechtfertigung deutlich. Die Auffassung in diesem Aufsatz ist von seiner Meinung beeinflusst; vgl. *Axel Montenbruck*, Thesen zur Notwehr, 1983, S. 13 ff.

[122] Vgl. zu einer solchen Interpretation *Hashizume* (o. Fn. 2), S. 358. *Yamaguchi* hin-

werden schwere Verletzungshandlungen gegen das Leben oder den Körper nur als Verteidigungshandlungen zugelassen, wenn sie gegen einen erheblichen rechtswidrigen Angriff gerichtet sind, der das Leben, den Körper oder die Handlungsfreiheit zu verletzen droht.[123] Lebensgefährliche Verteidigungsmaßnahmen, die zum Schutz des Vermögens gegen den Dieb gerichtet sind, sind jedoch nicht als Notwehr gerechtfertigt, auch wenn es sich um das einzige Verteidigungsmittel zum Schutz des Vermögens handelt, da dieses der (abgeschwächten) Interessenabwägung nicht genügt. Ein Notwehrexzess ist hingegen wohl zu bejahen.

Meine im Aufsatz dargelegte Ansicht versucht, den Begriff der unvermeidlichen Handlung in zwei Arten aufzuspalten, nämlich entsprechend dem Grad und dem Inhalt des rechtswidrigen Angriffs. Diese Auffassung lässt sich dahingehend kritisieren, dass sie gegen das Gesetzlichkeitsprinzip (den Grundsatz der *nulla poena sine lege)* verstoße. Aber die Frage, welche Abwehrhandlung unvermeidbar ist, kann je nach Inhalt des rechtswidrigen Angriffs differieren. Somit ist meine Unterteilung in zwei Arten wohl noch zulässig.

---

gegen lehnt die Notwehr in Situationen ab, in denen der durch den Angriff zu erwartende Schaden äußerst gering ist und eine unverhältnismäßige Folge durch die Verteidigungshandlung entsteht, da hier die Rettung nach der Tat vorrangig sei und man somit nicht von einer Notwehrhandlung sprechen könne; vgl. *Yamaguchi* (o. Fn. 31), S. 131 ff. Diese Ansicht versucht einerseits ein vertretbares Ergebnis zu bewahren und andererseits zu verhindern, dass die Beurteilung der Notwehr durch die Miteinbeziehung der Interessenabwägung intransparent wird. Wenn man nun aber, wie in diesem Aufsatz, die Notwehr in zwei Gruppen unterteilt und begrenzt auf die letztere Gruppe eine (abgemilderte) Interessenabwägung durchführt, so wird eine Miteinbeziehung einer Interessenabwägung für die erstere Gruppe (die den Kernbereich der Notwehr betrifft) verhindert und die Bedenken *Yamaguchis* sind wohl als überflüssig zu bewerten.

[123] *Saeki* (o. Fn. 83), S. 107 ff. weist deutlich darauf hin. Auch *Bernsmann* rechtfertigt nur dann lebensgefährdende Abwehrmaßnahmen, wenn sich die Verteidigungshandlung gegen einen Angriff auf das Leben richtet oder gegen Angriffe, die schwere körperliche Verletzungen verursachen, die lebenslang anhalten werden, sowie gegen gravierende Menschenrechtsverletzungen, zum Beispiel Folter oder Vergewaltigungen; vgl. *Klaus Bernsmann*, Überlegung zur tödlichen Notwehr bei nicht lebensbedrohlichen Angriffen, ZStW Bd. 104, 1992, S. 332 f.

Zur konspirativen Mittäterschaft

NORIYUKI NISHIDA

I. Einführung

§ 60 jaStGB sieht vor: „Begehen zwei oder mehr Personen eine Straftat gemeinschaftlich, so wird jeder als Täter bestraft." Hinsichtlich der Interpretation dieser Vorschrift stehen sich die Rechtsprechung und die Literatur seit jeher kontrovers gegenüber. In der Rechtslehre war früher die sog. *Ausführungsmittäterschaftslehre* die absolut herrschende Lehre. Diese nahm nur bei denjenigen Personen die Mittäterschaft an, die die Tatbestandshandlung, also die Ausführungshandlung im Sinne des § 43 jaStGB ausführen. Die Rechtsprechung vertritt dagegen seit jeher die *Lehre der konspirativen Mittäterschaft*. Darunter versteht man diejenige Mittäterschaftsform, bei der der Täter selbst keine Ausführungshandlung durchführt.[1]

Es lässt sich wohl sagen, dass es *Ryūichi Hirano* war, der durch seine Problematisierung den Anstoß zu einer Veränderung dieser Konfrontationslage zwischen Rechtslehre und Rechtsprechung gab. Er wies auf die Notwendigkeit einer praktischeren Herangehensweise *de lege lata* und *de lege ferenda* hin: Man solle davon ausgehen, dass die konspirative Mittäterschaftslehre bereits die ganz gefestigte Rechtsprechung darstelle. Daher liege „die Aufgabe der Strafrechtsdogmatik" nicht darin, dieser eine eigene theoretische Position gegenüberzustellen, sondern vielmehr darin, „herauszufinden, wie man die jetzige Situation der Judikatur nötigenfalls ändern kann".[2] Wegen dieser Problematisierung begann die Rechtslehre nach und

---

[1] Die Judikatur bejahte zwar bereits zu Zeiten des früheren StGB von 1880 die konspirative Mittäterschaft (RG Urteil v. 3.3.1896, Keiroku Bd. 2, Nr. 3, S. 10), doch für eine kurze Zeit beschränkte sie diese auf intellektuelle Verbrechen. Seit dem Urteil der Vereinigten Strafsenate des RG v. 28.5.1936, Keishū Bd. 15, S. 715, wird die konspirative Mittäterschaft auf sämtliche Straftaten angewandt. Näheres hierzu vgl. *Kinsaku Saitō*, Konspirative Mittäterschaft, in: Sei'ichirō Ono u. a. (Hrsg.), Systematische Studien zu Gerichtsentscheidungen im Strafrecht, Bd. 2, 1956; *Fumio Natsume*, Kritische Begutachtung zur „Die Lehre der konspirativen Mittäterschaft", 1. Teil, in: Aichi Daigaku Houkei Ronshū Hōritsu'hen, Nr. 53, 1967, S. 1 ff.

[2] *Ryūichi Hirano*, Grundlagen des Strafrechts, 1966, S. 248; vgl. auch Vorbereitungs-

nach, wenngleich mit verschiedenen Begründungen und mit unterschiedlichem Umfang, sich der Lehre der konspirativen Mittäterschaft anzuschließen. Bezeichnend ist hierfür wohl die Meinungsänderung von *Shigemitsu Dandō*. Früher war er ein Unterstützer der strengsten Ausprägung der Ausführungsmittäterschaftslehre, doch im Laufe der Zeit revidierte er seine Meinung wie folgt: „Wenn man sich der gesellschaftlichen Wirklichkeit anpassen will, dann kann man nicht leugnen, dass die Tatsache, dass die Praxis, die auf die konspirative Mittäterschaft beharrt, in gewissem Grade auch ihre Berechtigung hat." Bezüglich der Interpretation des § 60 jaStGB schrieb er: „Es besteht wohl interpretatorisch genügend Spielraum, bis zu einem gewissen Grade die Auffassung der konspirativen Mittäterschaft zu akzeptieren. Wenn dem so ist, dann sollte unserer Weg derjenige sein, die konspirative Mittäterschaft in einem akzeptablen Rahmen zu billigen und dafür zu sorgen, dass sie nicht über dieses Maß hinaus angewendet wird."[3]

Die Bejahung der konspirativen Mittäterschaft nicht nur aus praktischer, sondern auch aus theoretischer Sicht ist meiner Meinung nach die zutreffende Interpretationsweise des § 60 jaStGB. Im Folgenden werden die Gründe und Grenzen hierfür aufzeigt.

II. Mittäter als Teilnehmer

1. Die formale Grundlage für die Lehre der Ausführungsmittäterschaft liegt im Wortlaut des § 60 jaStGB: „begehen [...] eine Straftat gemeinschaftlich". Doch der Gesetzestext allein[4] kann nicht die entscheidende Argumentationsgrundlage sein. Nichtsdestotrotz bietet der Aspekt, dass Täter derjenige sein müsse, der die Ausführungshandlung selbst begeht, einen substantiellen Grund für eine Auslegung am Gesetzestext, sofern auch der Mittäter *Täter* sein soll. Somit ist das Erfordernis, dass dieser zumindest einen Teil der Ausführungshandlung übernimmt, nicht fernliegend. *Seiichirō Ono* vertritt die These: „*Täter* ist, wer die Tatbestandsmerkmale verwirklicht und die strafrechtliche Verantwortung hierfür trägt. Wer die Tat alleine begeht, ist *Alleintäter*. Wird die Tat durch mehrere Personen gemeinschaftlich ausgeführt, ist jeder von ihnen *Mittäter*."[5] Diese These ist klarer Ausdruck für ein solches Täterschaftsverständnis. Die Bindungskraft des Dogmas, dass

kommission zur Strafrechtsreform (Hrsg.), Entwurf eines japanischen Strafgesetzbuches mit Begründung, 1961, S. 112.

[3] Vgl. das Votum des Richters *Dandō* im OGH Urteil v. 16.7.1982, Keishū Bd. 36, Nr. 6, S. 697 ff.

[4] Vgl. *Tadashi Uematsu*, Konspirative Mittäterschaft, in: Criminal Law Society of Japan (Hrsg.), Probleme des Strafrechts, Bd. 4, 1963, S. 111 ff.; *Haruo Nishihara*, Konspirative Mittäterschaft, in: Yoshikatsu Naka (Hrsg.), Theorienstreite im Strafrecht, 1976, S. 224.

[5] *Seiichirō Ono*, Strafrecht, AT, 2. Aufl., 1948, S. 202 ff.

ein Mit-*Täter* eben ein Tatausführender ist, zeigt sich auch in der Aussage von *Hideo Fujiki*, der eigentlich als Unterstützer der konspirativen Mittäterschaftslehre galt: „Es ist ein unumstrittenes Prinzip der Täterschaft, dass derjenige Täter ist, der tatsächlich die Straftat selbst begangen hat. Da bei der Mittäterschaft jeder einzelne für sich ein Täter ist, ist letztendlich die positive Feststellung notwendig, dass jeder einzelne eine Straftat ausgeführt hat."[6]

In der Tat lässt sich der Strafgrund der Alleintäterschaft nur in der tatsächlichen Ausführung der Straftat erblicken. Doch ist bei der Mittäterschaft der Begriff der „Täterschaft" genauso zu verstehen wie bei der Alleintäterschaft? Zwar normiert § 60 jaStGB das Rechtsprinzip der „Gesamthaftung trotz Verwirklichung nur eines Teils der Tat", jedoch ist fraglich, ob die Übernahme der Ausführungshandlung bei der Mittäterschaft in demselben Sinne wie bei der Alleintäterschaft die Gesamthaftung der Mittäterschaft begründen kann.[7] Die Antwort lautet nein. Wenn beispielsweise der Täter A Gewalt anwendet und der Täter B Wertgegenstände wegnimmt, ist es unstrittig, dass beide wegen eines Raubes (§ 236 jaStGB) in Mittäterschaft bestraft werden, sofern sie einvernehmlich gehandelt haben. Versteht man die Mittäterschaft hingegen als eine Zusammensetzung aus Alleintaten, dann würde der Täter A nur wegen einer Gewalttat (§ 208 jaStGB) und der Täter B wegen Diebstahls (§ 235 jaStGB) bestraft werden. Hier versuchte *Ono* die Begründung einer Gesamthaftung trotz Verwirklichung nur eines Teils der Tat dadurch zu erklären, indem er den § 60 jaStGB zu einem *Modifizierungsgrund des Tatbestandes* erklärte, der auch denjenigen für den Taterfolg verantwortlich macht, für den die eigene Handlung nicht kausal geworden ist.[8] Doch ist es offensichtlich, dass eine solche Konstruktion dem strafrechtlichen Schuldprinzip widerspricht.

2. Dagegen gibt es auch Ansichten, die von einem materiellen Standpunkt der *funktionellen Tatherrschaft* aus versuchen zu erklären, dass die Mittäterschaft, in demselben Sinne wie die Alleintäterschaft, einer Täterschaftlichkeit bedarf. Nach *Claus Roxin* kann bei einem Banküberfall, bei dem der Täter A mit der Pistole droht, B währenddessen das Geld entwendet, und beide Tatbeiträge derart essentiell sind, dass die Tat unmöglich werden

---

[6] *Hideo Fujiki*, Die konspirative Mittäterschaft, in: ders., Die Lehre vom strafwürdigen Unrecht, 1967, S. 325.

[7] Auch die Kritiker der konspirativen Mittäterschaftslehre pflichten der Meinung bei, dass die bisherigen Theorien, die sich gegen die konspirative Mittäterschaft aussprechen, keine „schlagfertigen Gründe liefern", warum bei einer Aufteilung der Ausführungshandlung eine Gesamthaftung eintreten sollte; vgl. *Ken'ichi Nakayama*, Die konspirative Mittäterschaft, in: Ken'ichi Nakayama u. a. (Hrsg.), Gegenwärtige Probleme des Strafrechts, Bd. 3, 1979, S. 208.

[8] *Ono* (o. Fn. 5), S. 206.

würde, wenn eine von ihnen wegfallen würde, die Situation derart bewertet werden, dass die Teilhandlungen des A und des B gleichzeitig die Gesamtsituation funktionell beherrschen, sodass folglich jedem von ihnen der Gesamterfolg zuzurechnen ist.[9]

In der Tat scheint die obige Erläuterung recht überzeugend. Dennoch ist fraglich, ob A und B tatsächlich jeder für sich allein das Gesamttatgeschehen beherrschen. Stünde fest, dass der gesamte Plan misslungen ist, hätten A oder B auch ihren Tatbeitrag zurückgenommen. Dies ist im Umkehrschluss aber nur ein Indiz dafür, dass A auf B und wiederum B auf A vertraute. Sie sind voneinander abhängig und nur deshalb konnte die Tat verwirklicht werden. Wenn dem so ist, würde das bedeuten, dass sowohl A als auch B tatsächlich nur ihren eigenen Teil der Straftatverwirklichung beherrschten.[10] Außerdem müsste nach dieser Ansicht bei einem typischen Fall der Mittäterschaft, bei dem A und B mittäterschaftlich einen Mord planen und beide gleichzeitig auf das Opfer schießen, aber nur die Kugel des A das Opfer lebensgefährlich verletzt, die Mittäterschaft des B verneint werden. Denn an dem Umstand der Tötung des Opfers hätte sich nichts geändert, wenn B seinen Tatbeitrag zurückgenommen hätte.[11]

Auch in Japan gibt es Vertreter, wie zum Beispiel *Masahiro Hashimoto*, die den Grund dafür, dass sowohl die Mittäterschaft als auch die mittelbare Täterschaft als Täterschaft angesehen werden, in der rechtlichen Gleich-

---

[9] Vgl. *Claus Roxin,* in: Leipziger Kommentar, 10. Aufl. 1978, § 25 Rn. 108; *ders.*, Die Mittäterschaft im Strafrecht, JA 1979, 519ff.; *ders.*, Täterschaft und Tatherrschaft, 5. Aufl. 1990, S. 275ff. Wie allseits bekannt, fasst der neue deutsche Allgemeine Teil des StGB von 1975 im § 25 Abs. 1 und 2 die Alleintäterschaft, die mittelbare Täterschaft und die Mittäterschaft unter dem Überbegriff der *Täterschaft* zusammen. *Roxin* entwickelte für diese drei Täterschaftsformen das Prinzip der *Tatherrschaft* und untergliederte dieses in die *Handlungsherrschaft* für die unmittelbare Täterschaft, in die *Willensherrschaft* für die mittelbare Täterschaft und die *funktionelle Täterschaft* für die Mittäterschaft. Zur Einführung in und Kritik zu *Roxins* Lehre, vgl. *Hisashi Sonoda*, Täterschaftlichkeit der Mittäterschaft – Eine Einleitung, 2. Teil, Kansai Daigaku Hōgaku Ronshū, Bd. 29, Nr. 3, 1979, S. 70ff.; *Itaru Matsumura*, Mittäterschaft und Täterschaft der Mittäterschaft – Eine systemtheoretische Untersuchung, Teil 1 u. 2, Komazawa Daigaku Hōgaku Ronshū, Nr. 32, 1986, S. 300ff.; *Norio Takahashi*, System und Theorie der Teilnahme, 1988, S. 300ff.; *Masahiro Hashimoto*, Struktur und Entwicklung der Tatherrschaftslehre, Hitotsubashi Daigaku Kenkyū Nenpō Hōgaku Kenkyū 18, 1988, S. 120ff. *Matsumura*, ebd., Nr. 44, S. 27ff. und *Takahashi*, ebd., S. 319 kritisieren die Lehre von *Roxin* dahingehend, dass er die funktionelle Tatherrschaft auf das Ausführungsstadium beschränkt, da er davon ausgeht, dass Tatbeiträge während des Vorbereitungsstadiums nicht die Deliktsverwirklichung beherrschen können (vgl. *Roxin*, ebd., Leipziger Kommentar, § 25 Rn. 127).

[10] Vgl. *Wilfried Küper*, Versuchs- und Rücktrittsprobleme bei mehreren Tatbeteiligten, JZ 1979, S. 775 (786).

[11] Vgl. *Rolf Dietrich Herzberg*, Täterschaft und Teilnahme, 1977, S. 56ff.; *Kurt Seelmann*, Mittäterschaft im Strafrecht, JuS 1980, S. 574; *Yoshikatsu Naka*, Einseitige Mittäterschaft, Kansai Daigaku Hōgaku Ronshū, Bd. 16, Nr. 4/5/6, 1967, S. 17.

wertigkeit dieser Konstruktionen zur Alleintäterschaft sehen, wobei die Tatherrschaft das gemeinsame Element bildet. Das heißt, dass die Tatherrschaft bei der Mittäterschaft demjenigen zuerkannt werde, der „durch einen faktischen Tatbeitrag während der Straftatbegehung eine wesentliche Funktion zur Tatbestandsverwirklichung erfüllt". Der Inhalt dieser „wesentlichen Funktion" liege „in der Entscheidung über das „Ob" der Tatbestandsverwirklichung und in der Fähigkeit, den Fortgang der Tat aufzuhalten, den Tatverlauf zu unterstützen und den weiteren Verlauf zu lenken." Wegen dieser Herrschaft sei bei einer Mittäterschaft, trotz Verwirklichung nur eines Teils der Tat, die gesamte Verantwortung zuzurechnen.[12] Die Ansicht von *Hashimoto* bejaht im Vergleich zur Lehre von *Roxin* die Mittäterschaft noch rigoroser, nämlich auf Basis der Gleichartigkeit zur Alleintäterschaft, begrenzt diese aber gleichzeitig durch dieses Kriterium. Auch gegenüber dieser Ansicht greift dieselbe Kritik, die auch gegenüber der Lehre von *Roxin* geäußert wird. Zudem wäre die Folge dieser Ansicht, dass der A wegen eines versuchten Raubes in Mittäterschaft und wegen Beihilfe zum vollendeten Raub verurteilt werden würde, wenn A und B zum Zwecke eines Raubes den C bewusstlos schlagen und danach der A dem B den Diebstahl überlassen und den Tatort verlassen würde. A war es bezüglich des Diebstahls nicht möglich, diesen „zu stoppen, fortzuführen oder dessen Verlauf zu beeinflussen". Die Ansicht von *Hashimoto* bewirkt letztendlich die Gleichsetzung der Mittäterschaft mit der Alleintäterschaft. Daher ist sie nach meiner Ansicht als problematisch anzusehen, da sie hierdurch zu einer Theorie mutiert, die den § 60 jaStGB aushebelt.

3. Wie die obigen Ausführungen zeigen, ist es nicht möglich, die Täterschaft bei der Mittäterschaft im gleichen Sinne wie bei der Alleintäterschaft aufzufassen und gleichzeitig den Grundsatz der *Gesamthaftung trotz Verwirklichung nur eines Teils der Tat* zu rechtfertigen. Daher bleibt als Grundlage für die Gesamthaftung trotz Verwirklichung nur eines Teils der Tat innerhalb der Mittäterschaft nur die physikalische und psychologische Kausalität zu dem aus der Tat des anderen Mittäters resultierenden Erfolg. Bei dem oben bereits erwähnten Fall, dass A und B gemeinsam beschließen, den C umzubringen und gleichzeitig jeweils einen Schuss mit der Pistole abfeuern, aber nur die Kugel des A zum Tod des C führt, liegt der Grund dafür, dass auch B die Verantwortung für einen vollendeten Mord trägt, darin, dass B durch die gemeinsame Planung des Mordes mit A, den Tötungsvorsatz des A verstärkt und dessen Tötungshandlung psychisch gefördert hat und dadurch den Erfolg in Form des Todes des C psychisch kausal verursacht

[12] Vgl. *Hashimoto* (o. Fn. 9), S. 168 ff., 298 ff.

hat.[13] In diesem Sinne ist die Konstruktion der strafrechtlichen Haftung bei der Mittäterschaft grundsätzlich der der Anstiftung und Beihilfe gleich. Denn durch die Tathandlung eines anderen wird die Kausalität der eigenen Handlung erweitert und die Verantwortung für den Erfolg, der durch die Tat eines anderen verursacht wurde, einem selbst aufgebürdet. Die Mittäterschaft unterscheidet sich deshalb wesentlich von der Alleintäterschaft und soll als eine Teilnahmeform – neben der Anstiftung und der Beihilfe – aufgefasst werden. Der § 60 jaStGB ist, wie von *Ono* bereits formuliert,[14] ein Modifizierungsgrund des Tatbestandes mit der Wirkung einer Strafbarkeitserweiterung. Gerade deshalb hat der japanische Gesetzgeber die Vorschrift über die Mittäterschaft ins Kapitel „Teilnahme" aufgenommen.

4. Betrachtet man die Mittäterschaft lediglich als eine *Unterart der Teilnahme* und sucht deren Strafgrund in der physikalischen und psychischen Kausalität zum Taterfolg, dann führt dies zu folgenden zwei Ergebnissen.

Erstens: Noch bevor man sich Gedanken darüber macht, ob ein Beteiligter Mittäter, Anstifter oder Beihilfeleistender ist, muss zunächst geklärt werden, ob dieser Beteiligte überhaupt als Teilnehmer strafbar ist.[15] Dies ist letztendlich auf das Problem der Begrenzung die den Strafgrund der Teilnahme darstellenden Kausalität zurückzuführen. Dieses Thema wurde bisher zwar überwiegend im Kontext der Kausalität einer Beihilfe diskutiert,[16] doch müsste diese Diskussion im Rahmen der konspirativen Mittäterschaftslehre vertieft werden. Konkret sind folgende Fälle problematisch: a) Jemand erfährt bereits vor der Tat von dem Tatplan eines Dritten, unternimmt dagegen jedoch nichts. In diesem Fall wird es, soweit keine Handlungspflicht zur Verhinderung der Straftat besteht, nicht akzeptabel sein, diesen als Mittäter zu bestrafen, da dies dazu führen würde, dass man eine, nach dem geltenden Recht nicht strafbare, Nichtanzeige einer Straftat bestrafen würde.[17] b) Jemand nimmt die Straftat eines anderen am Tatort wahr und beobachtet diesen bei der Tatausführung. Auch in diesem Fall, vorausgesetzt

[13] *Ryūichi Hirano*, Strafrecht, AT II, 1975, S. 381; *Yoshihisa Ōkoshi*, Revision der Teilnahmelehre, 1989, S. 178.

[14] *Seiichirō Ono*, Lehre vom Deliktstatbestand, 1953, S. 108.

[15] *Tsugio Nakano*, Probleme der konspirativen Mittäterschaft, Hōritsu No Hiroba, Bd. 13, Nr. 1, 1960, S. 12; *Ryūichi Hirano*, Täterschaft und Ausführung, in: Verbrechen und Strafe, Festschrift für Chihiro Saeki zum 60. Geburtstag, Bd. 1, 1968, S. 137.

[16] *Noriyuki Nishida*, Strafgrund der Teilnahme und die Teilnahmelehre, in: Keihō Zasshi, Bd. 27, Nr. 1, 1986, S. 145 ff.

[17] Im Sachverhalt des Urteils des Obergerichts Nagoya v. 2.10.1956, Kōkeishū Bd. 9, Nr. 4, S. 325, hat ein Vorstandsmitglied vom Chef der Firma erfahren, dass dieser, um die Absetzung von Öl auf dem Schwarzmarkt zu vertuschen, die Firma in Brand setzen wird. Das Vorstandsmitglied hat die Tat jedoch nicht verhindert. Hier hat das Obergericht entschieden, dass die Brandstiftung nicht konspirativ begangen wurde. Vgl. auch Distriktgericht Tokyo Urteil v. 1.12.1967 in Hanrei Times, Nr. 207, S. 187.

es liegt keine Unterstützungshandlung zum Beispiel in Form eines Anfeuerns vor, ist es grundsätzlich nicht angemessen vorschnell eine Konspiration am Tatort anzunehmen; es sei denn, es liegt eine Situation vor, bei der allein die Anwesenheit selbst zur Drohgebärde werden kann, wie zum Beispiel beim Raub oder bei der Erpressung.[18]

Zweitens: Wenn auch die Mittäterschaft, wie ich es verstehe, eine Art der Teilnahme ist, dann passt dasselbe Täterschaftsprinzip wie bei der Alleintäterschaft hier nicht.[19] Da, wie bereits aufgezeigt, die Übernahme der Ausführungshandlung nicht die mittäterschaftliche „Gesamthaftung trotz Verwirklichung nur eines Tatteils" begründet, leitet sich die Notwendigkeit einer Übernahme der Ausführungshandlung auch nicht aus dem Strafgrund der Mittäterschaft logisch unabdingbar ab.[20] Wenn dem so ist, ist die Ansicht, die die Übernahme einer Tathandlung als Voraussetzung für die Mittäterschaft ansieht, lediglich eine Ansicht unter vielen, die aber zumindest nach dem Wortlaut des § 60 jaStGB vertretbar ist. Im Folgenden werden

---

[18] Als Urteilsbeispiele, die hinsichtlich derjenigen, die zufällig am Tatort eines Verbrechens eines Dritten anwesend waren bzw. die zufällig Zeuge eines fremden Verbrechens geworden sind, die Mittäterschaft verneinen, Obergericht Nagoya Urteil v. 28.10.1954, Saitoku Bd. 1, Nr. 10, S. 427; Obergericht Tokyo Urteil v. 20.7.1957, Kōkeishū Bd. 10, Nr. 8, S. 633; Distriktgericht Ōsaka Urteil v. 28.3.1967, Keishū Bd. 9, Nr. 3, S. 348; Distriktgericht Okayama Urteil v. 1.8.1969, Geppō Bd. 1, Nr. 8, S. 813; Obergericht Tokyo Urteil v. 24.2.1970, Hanrei Times Nr. 249, S. 251, etc. Im Gegensatz hierzu Urteile, die die Mittäterschaft bejahten; vgl. Obergericht Tokyo Urteil v. 7.6.1965, Hanrei Times Nr. 180, S. 144; Obergericht Tokyo Urteil v. 14.6.1973, Geppō Bd. 5, Nr. 6, S. 1012; Obergericht Tokyo Urteil v. 30.1.1980, Hanrei Times Nr. 416, S. 173, etc. Auch das Distriktgericht Tokyo Urteil v. 4.6.1966, Hanrei Times Nr. 194, S. 173, hat in einem Fall, bei dem A, B, C und D zu einem Arbeiterwohnheim kamen, wo der A aus dem Inneren des Wohnheimes eine Tüte mit Reis stahl und dem D vor die Füße legte, wobei A, B und C daraufhin wieder in das Wohnheim gingen, um Kleidung, etc. zu stehlen, doch D während dieser Zeit für ein paar Minuten bei der oben erwähnten Tüte mit Reis wartete, entschieden, dass dieses Verhalten des D, unter Berücksichtigung der Tatsache, dass D später auch das Diebesgut empfangen hat, dahingehend zu beurteilen sei, dass D die Diebstahlstat des A, B und C akzeptierte und das Diebesgut der Tüte mit dem Reis beaufsichtigte und somit gleichzeitig Wache hielt. Es besteht hier wohl auch genügend Spielraum lediglich wegen des Empfanges von Diebesgut (§ 256 jaStGB) zu bestrafen.

[19] *Nishihara* (o. Fn. 4), S. 230; *Atsushi Yamaguchi*, Stimulanzienmissbrauch und Teilnahmelehre, Keihō Zasshi, Bd. 27, Nr. 2, 1986, S. 429.

[20] *Yoshikatsu Naka*, Strafrecht, AT, 1980, S. 240, 253, geht davon aus, dass auch die Mittäterschaft im Wesentlichen eine Teilnahmeform darstellt, doch ist er der Ansicht, dass die Grundlage der Gesamthaftung der Mittäterschaft in der „physikalischen und psychologischen Funktion, die eine teilweise Tatausführung mit sich bringt", liegt. Da eine physikalische und psychologische Funktion nicht nur auf denjenigen begrenzt wird, der einen Teil der Ausführungshandlung übernimmt, sondern auch zum Beispiel bei demjenigen bejaht werden kann, der im Vorbereitungsstadium eines Wohnungseinbruchsdiebstahles einen Ersatzschlüssel bereitstellt, bin ich der Ansicht, dass eine tatsächliche Übernahme der Ausführungshandlung keine notwendige Voraussetzung für eine Mittäterschaft ist.

aus dem Blickwinkel, welche Maßstäbe für die Mittäterschaft logisch und praktisch angemessen sind, Literaturmeinungen einschließlich Gerichtsentscheidungen betrachtet, die bisher vertreten bzw. erlassen wurden.

II. Maßstab der Mittäterschaft

1. Lehre der formalen Ausführungsmittäterschaft

Die Lehre der formalen Ausführungsmittäterschaft (im Folgenden: *formale Lehre*) fordert als Maßstab für die Mittäterschaft eine dem Tatbestand entsprechende Handlung. Es handelt sich dabei um eine Ansicht, die die Übernahme eines Teils der Ausführungshandlung im Sinne des § 43 jaStGB fordert.[21]

Der Vorteil der formalen Lehre ist, dass durch die strenge Anforderung an das Vorliegen einer teilweisen Ausführungshandlung, eine Unterscheidung zwischen Mittäterschaft, Anstiftung und Beihilfe objektiv präzise möglich ist. Auch aus materieller Sicht, also vom Standpunkt derer aus, die den Grund der Teilnahmestrafbarkeit in der Kausalität zum rechtsgutsverletzenden Erfolg sehen, ist die Ansicht angemessen, diejenigen, die die Ausführungshandlung, das heißt die Handlung, die die konkrete Gefahr der Erfolgsverursachung in sich trägt, übernommen haben, als Mit-*Täter* schärfer zu bestrafen. Hierbei ist jedoch problematisch, dass sich die formale Lehre auf Grund ihres förmlichen Charakters von den vielschichtigen Erscheinungsformen der Mittäterschaft in der Realität abhebt, sodass diejenigen Tatbeteiligten, die eigentlich die Strafwürdigkeit als Mit-*Täter* besitzen, letztendlich nicht ausreichend erfasst werden. Vor allem, wenn eine Straftat organisiert bzw. bandenmäßig begangen wird, hat derjenige, der die Tat im Hintergrund geplant bzw. geleitet hat und an der Ausführung selbst nicht beteiligt war, eine wichtige Rolle übernommen und ist somit gleich den Tatausführenden, oder sogar mehr noch als diese, als *Täter* zu bestrafen. Die Notwendigkeit einer solchen schweren Bestrafung eines Drahtziehers wird auch von den Vertretern der formalen Lehre akzeptiert.[22]

---

[21] Als Vertreter dieser Ansicht siehe *Yukitoki Takikawa*, Einführung in die Verbrechenslehre, 2. Aufl. 1947, S. 228 ff.; *Chihiro Saeki*, Strafrecht, AT, 1. Aufl. 1968, S. 350 ff.; *Tsuneo Kikkawa*, Strafrecht, AT, 1972, S. 252 ff.; *Tokuo Kogure*, Konspirative Mittäterschaft, Jurist, Nr. 500, 1972, S. 406 ff.; *Yasukuni Yoneda*, Konspirative Mittäterschaft, in: Yoshikatsu Naka (Hrsg.), Theorienstreite im Strafrecht, 1976, S. 238 ff.; *Taira Fukuda*, Strafrecht, AT, 2. Aufl. 1984, S. 241 ff.; *Tatsuo Kagawa*, Strafrecht, AT, 2. Aufl. 1987, S. 343 ff.; *Takehiko Sone*, Strafrecht, AT, 1. Aufl. 1987, S. 282 ff.; *Kenichi Nakayama*, Strafrecht I, 1989, S. 254 ff.; *Minoru Nomura*, Konspirative Mittäterschaft, Hōgaku Seminar, Nr. 414, 1989, S. 81 ff. u. Nr. 415, 1989, S. 102 ff. usw.

[22] *Yukitoki Takigawa*, Die konspirative Mittäterschaft, in: ders., Verschiedene Probleme

Man mag darauf erwidern, dass die obige Kritik keine so bedeutende sei, da der Anstifter gleich einem Täter bestraft werden könne. Doch da hinsichtlich der Beihilfe eine notwendige Strafmilderung verlangt wird (§ 63 jaStGB), könnte man denjenigen, der für die Tatverwirklichung eine wichtige Rolle spielte, lediglich als Beihilfeleistenden bestrafen, weil er bei der formalen Tatausführung keinen Anteil hatte. Dies ist ein unbestritten unzureichendes Ergebnis. Wenn A und B einen Versicherungsbetrug mittels Brandstiftung planen, wobei A das Feuer legen und B die Mitteilung an die Versicherung übernehmen soll, dann wäre A wegen Brandstiftung und wegen Beihilfe zum Betrug, B wegen Betrugs und wegen Beihilfe zur Brandstiftung zu bestrafen. Planen A und B den Betrug zusammen, wobei A das gefälschte Gut beschafft und B für den Verkauf zuständig ist, dann würde B als Täter des Betruges, A dagegen lediglich als Gehilfe bestraft werden. Dies ist ein ebenso fragliches Ergebnis. Sieht man dies so, ist die formale Lehre gerade hinsichtlich der konkreten Angemessenheit der Teilnehmerbestrafung ungenügend.[23] Der Grund dafür, dass *Ono*, der zunächst die strikte formale Lehre vertrat, später vom Standpunkt der „ganzheitlichen Betrachtung" aus dazu überging, auch die „Handlung, die für die Ausführung nicht fehlen darf" unter den Begriff der Ausführungshandlung zu subsumieren und somit im Ergebnis auch für denjenigen, der während der Tat nur Wache hält, die Mittäterschaft zu bejahen, liegt wohl an den oben angestellten Überlegungen.[24]

Demgegenüber meint *Takehiko Sone*, dass die formale Lehre unterstützungswürdig sei, „da dem Konzept der Ausführungshandlung im Strafrecht die Funktion des Menschenrechtsschutzes zukommt".[25] Doch die Frage, ob man die konspirative Mittäterschaft anerkennt oder nicht, ist keine Frage der Maßstabsetzung dahingehend, ob der Beteiligte, der die Tat nicht ausführt, überhaupt zu bestrafen ist oder nicht. Die Strafbarkeit als Teilnehmer steht nämlich bereits außer Frage. Es gilt nur noch zu klären, in welchem Ausmaß zu bestrafen ist, also welche Teilnahmeform – Mittäterschaft, Anstiftung oder Beihilfe – vorliegt. Daher ist es hier wohl erlaubt, den Aspekt der konkreten Angemessenheit der Bestrafung über den Aspekt der Exaktheit der Unterscheidung zu setzen.

---

des Strafrechts, 1951, S. 236; *Shigemitsu Dandō*, Strafrecht, AT, 2. Aufl. 1979, S. 371. Doch wie bereits erwähnt revidierte *Dandō* seine Ansicht später.

[23] Als Hinweis eines Praktikers zu diesem Punkt vgl. *Nakano* (o. Fn. 15), S. 13; *Masayoshi Honda*, Die gesetzliche Regelung der konspirativen Mittäterschaft, in: Die moderne Teilnahmelehre; Festschrift für Kinsaku Saitō zum 60. Geburtstag, 1964, S. 204 ff.

[24] *Ono* (o. Fn. 5), S. 204 ff. Man kann wohl sagen, dass bereits hier die formale Lehre aufgegeben wurde, da, wie es *Hirano* (o. Fn. 13), S. 398, beschreibt, „es nicht sein kann, dass, lediglich, weil man eine ganzheitliche Betrachtung durchgeführt hat, eine Handlung, die nicht die Tatbestandsvoraussetzungen erfüllt, diese auf einmal doch erfüllt".

[25] *Sone* (o. Fn. 21), S. 284.

Darüber hinaus sind weitere Gründe für die Unterstützung der formalen Lehre denkbar. Erkennt man die Konstruktion der konspirativen Mittäterschaft an, bestehe „die Gefahr, dass jemand durch das Geständnis eines Beteiligten mit hineingezogen wird“ oder, dass die Strafverfolgung das Geständnis überbewertet. Doch auch wenn man der formalen Lehre folgt und die konspirative Mittäterschaft in die Anstiftung und Beihilfe auftrennt, würde für die Beweisführung das Geständnis des Ausführungstäters hinzugezogen werden. Somit ist diese Kritik nicht nur auf die Lehrmeinung begrenzt, die die konspirative Mittäterschaft anerkennt.[26]

2. *Lehre vom Subjekt des gemeinsamen Willens*

Die Lehre vom Subjekt des gemeinsamen Willens ist eine Ansicht, die alle dazugehörigen Teilnehmer als Mittäter bestraft. Besitzen mehr als zwei unterschiedliche Individuen den gemeinsamen Willen, eine bestimmte Tat zu begehen, und bilden dafür eine Einheit (= Subjekt) mit einem gemeinsamen Willen, dann wird die Tat, die nur durch einen Teil der Mitglieder ausgeführt wird, als eine Tat dieses Subjekts angesehen und „folglich wird die Tat des Mittäters, der die Ausführungshandlung übernommen hat, direkt und unmittelbar auch denjenigen Komplizen zugerechnet, die nicht an der Ausführungshandlung beteiligt waren“.[27] Allerdings lag das theoretische Interesse des Schöpfers dieser Lehrauffassung, *Hyō'ichiro Kusano*, wohl nicht in der Begründung der konspirativen Mittäterschaft. Seine Intention war es, einerseits die Struktur der strafrechtlichen Teilnehmerstrafbarkeit zu präzisieren und andererseits *Eichi Makinos* Lehre von der selbständigen Strafbarkeit der Teilnahme, die jegliche Akzessorietät der Teilnahme verneinte, zu widerlegen. *Kusano* erklärte, dass es einen Versuch der Teilnahme ohne die Realisierung der Einheit des gemeinsamen Vorsatzes, das heißt ohne die Tatausführung, nicht geben könne. Dies folgt daraus, dass *Kusano* auch im Fall der Anstiftung das Subjekt mit gemeinsamen Willen anerkannte.[28]

---

[26] Zum Beweisproblem der Konspiration, vor allem zum Geständnis eines Mittäters vgl. *Wazaaki Ishikawa*, Die Bedeutung der konspirativen Mittäterschaft und ihre prozessualen Probleme, Nihon Hōgaku, Bd. 29, Nr. 6, 1964, S. 40ff.; *Hiroshi Tamiya*, Zum Beweis der Konspiration im Rahmen der konspirativen Mittäterschaft, in: Die heutige Teilnahmelehre; Festschrift für Kinsaku Saitō zum 60. Geburtstag, 1964, S. 585ff.; *Heikichi Ōno*, Prozessuale Reflexion zur Mittäterschaftstheorie, Keihō Za'sshi, Bd. 25, Nr. 2, 1983, S. 239ff.

[27] Vgl. *Kinsaku Saitō*, Untersuchungen zur Teilnahmelehre, 1954, S. 118; *Hyō'ichirō Kusano*, Wichtige Fragen zur Strafrechtsreform, 1950, S. 315ff.

[28] Vgl. *Kusano* (o. Fn. 27), S. 254ff., 317.

Durch diese Lehre vom Subjekt des gemeinsamen Willens werden in den Fällen, in denen man eine konspirative Mittäterschaft feststellt, alle konspirativen Komplizen zu Mittätern. Denn „wenn innerhalb eines Subjekts des gemeinsamen Willens die Verwirklichung einer Straftat beschlossen wird, dann ist für alle Beteiligten die Mittäterschaft zu bejahen und eine Unterscheidung danach, wer tatsächlich die Tat ausgeführt hat und wer lediglich nur konspirativ mitgewirkt hat, unnötig".[29]

Gegen diese Ansicht ist, wie schon mehrfach darauf hingewiesen, die Kritik angebracht, dass diese Lehre eine kollektive Verantwortlichkeit annimmt, indem sie eine überindividuelle Gruppe in Form einer Einheit mit gemeinsamen Willen zum Ausführungssubjekt der Tat macht und allen Beteiligten die strafrechtliche Verantwortung zurechnet. Dadurch wird das Prinzip der persönlichen (individuellen) Schuld untergraben.[30] Nichtsdestotrotz unterstützt *Haruo Nishihara* die Lehre vom Subjekt des gemeinsamen Willens mit folgender Begründung: Wenn A und B konspirativ einen Raub planen, wobei A die Gewalthandlung und B die Wegnahme des Wertgegenstandes übernimmt, dann müsse, damit eine Gesamthaftung trotz Verwirklichung nur eines Teils der Tat angenommen werden könne, eine „gesellschaftliche Konstruktion, die über den Begriff der natürlichen Person hinausgeht" in Form eines menschlichen Gefüges aus „A und B" gebildet werden. Diese Konstruktion sei das Subjekt der Ausführungshandlung des Raubes.[31] Jedoch tragen A und B vorliegend die strafrechtliche Verantwortung des Raubes, da sie jeweils gegenseitig die Tat des anderen ausnutzten und somit eine physikalische und psychische Kausalität zum strafrechtlichen Erfolg des Raubes gegeben ist. Den Fall so zu lösen, folgt, wie bereits erwähnt, aus der Auffassung, die Mittäterschaft als eine Art der Teilnahme zu sehen. Die Lehre nach *Nishihara*, der die strafrechtliche Verantwortung des durch A und B gebildeten Subjekts des gemeinsamen Willens dem A und dem B als Individuen einzeln zurechnet, hinterlässt den Beigeschmack der ehemaligen kollektiven Verantwortlichkeit bzw. der Verantwortungsabwälzung.[32] Überdies ist die Richtigkeit dieser Ansicht zweifelhaft, da sie auf Grundlage der konspirativen Beteiligung ohne Differenzierung immer die Mittäterschaft annimmt. Legt man den Maßstab der „Konspiration" weit aus und lässt bereits jegliche Verständigung über das Vorhaben ausreichen, dann wäre jede Art der Betei-

---

[29] *Yasumasa Shimomura*, Die konspirative Mittäterschaft und die Teilnahmelehre, 2. erweiterte Aufl. 1983, S. 84.

[30] Vgl. *Takigawa* (o. Fn. 22), S. 229ff.; *Dandō* (o. Fn. 22), S. 371.

[31] *Nishihara* (o. Fn. 4), S. 227ff.; Auch *Mitsuo Okano* unterstützt dies in: Die konspirative Mittäterschaft, Hōgaku Seminar Nr. 264, 1977, S. 62ff.

[32] Vgl. *Yoshikatsu Naka*, Die konspirative Mittäterschaft, Hōritsu Jihō Bd. 37, Nr. 1, 1965, S. 14; *Nomura* (o. Fn. 21), S 85.

ligung eine Mittäterschaft. Die heutzutage vertretene Lehre des Subjekts des gemeinsamen Willens will aber zwischen Mittäterschaft und Gehilfenschaft unterscheiden, indem geprüft wird, ob ein Mitglied des Subjekts des gemeinsamen Willens hinsichtlich der Straftatverwirklichung eine wichtige Rolle gespielt hat.[33] Doch eine solche modifizierte Lehre des Subjekts des gemeinsamen Willens kann nicht die Grundlage für die konspirative *Mittäterschaft* bilden, sondern ist allenfalls als eine allgemeine Theorie aufzufassen, die lediglich erklären kann, warum ein Teilnehmer auch hinsichtlich des Ergebnisses einer Tat eines anderen die Verantwortung übernehmen muss.[34]

3. Materielle Lehre der Ausführungsmittäterschaft

a) Die materielle Lehre der Ausführungsmittäterschaft versucht die Lehre der konspirativen Mittäterschaft sowohl zu rechtfertigen als auch einzuschränken. Sie versucht dies, indem sie einerseits auch von der Voraussetzung ausgeht, dass die in § 60 jaStGB normierte „Ausführung" so zu verstehen ist, dass man einen Teil der tatbestandserfüllenden Handlung übernimmt, andererseits den Begriff der Ausführungstat mittels des Tatherrschaftsbegriffs aber normativ und materiell versteht.[35]

Der Erste, der diese Ansicht vertreten hat, war *Yasuharu Hiraba*. Er ist der Auffassung, dass auch für die Alleintäterschaft die eigenhändige Ausführung nicht notwendig sei. Es reiche, wenn eine „finale Herrschaft über die tatbestandserfüllende Handlung" vorläge. Auch bei der Mittäterschaft sei es ausreichend, wenn „Tatherrschaft hinsichtlich der Ausführungshandlung" vorläge. „Im Extremfall ist eine Mittäterschaft auch dann möglich, wenn man selbst keinen Finger rührt, aber durch die Beherrschung eines anderen seine eigene Straftat ausführt." Diese Ausführungsherrschaft wird nach Ansicht *Hirabas* in solchen Fällen bejaht, in denen „der Tatbeteiligte nicht nur an der Tatplanung teilgenommen hat, sondern dieser auch

---

[33] Vgl. *Saitō* (o. Fn. 27), S. 174; *Nishihara* (o. Fn 4), S. 224; *ders.*, Die Ausführung der Straftat bei der Mittäterschaft, in: Die heutige Teilnahmelehre (o. Fn. 26), S. 159 ff.; *Yasumasa Shimomura*, Die Konspiration und die Lehre vom Subjekt des gemeinsamen Willens, in: ders., Grundgedanken der Verbrechenslehre, Bd. 2, 1965, S. 108.

[34] Vgl. *Nakano* (o. Fn. 15), S. 10. Dass *Sone* (o. Fn. 21), S. 272, einerseits die Lehre des Subjekts des gemeinsamen Willens unterstützt und andererseits der formalen Lehre von der Ausführungsmittäterschaft folgt, ist wohl ein Beweis dafür.

[35] Man kann wohl sagen, dass – neben den im folgenden Text vorzustellenden Autoren – auch *Kunio Shōji*, Die Lehre von der konspirativen Mittäterschaft und das Wesen der Mittäterschaft, Hōritsu No Hiroba Bd. 17, Nr. 2, 1964, S. 10 ff.; *Tadashi Morishita*, Konspirative Mittäterschaft, Jurist Nr. 300, 1964, S. 306 ff.; *Fumiaki Uchida*, Strafrecht I, Allgemeiner Teil, 2. Aufl. 1986, S. 298, dieser Ansicht folgen.

tatsächlich Einfluss auf den Willen des die Tat unmittelbar Ausführenden genommen hat und die Straftat hierdurch verwirklicht wurde."[36]

Fujiki hat die Lehre von *Hiraba* schließlich weiterentwickelt.[37] Nach *Fujiki* besteht die Möglichkeit, den Komplizen als denjenigen, der „eine gemeinsame Ausführungshandlung begangen hat" anzusehen, wenn „der Mittäterschaft, insbesondere der Ausnutzungshandlung des Komplizen wertungsmäßig, das heißt vergleichbar damit, dass die mittelbare Täterschaft als Alleintäterschaft angesehen wird, dieselbe Bedeutung zukommen kann, wie der eigenhändig ausgeführten Tat." Und „wenn zwei Personen hinsichtlich einer Straftatverwirklichung zu einer Übereinstimmung gelangen und die Aktivitäten dieser beiden ganzheitlich betrachtet werden können, dann ist es möglich, hier ein Ausnutzungsverhältnis, ähnlich wie bei einer mittelbaren Täterschaft, zu erkennen." Denn wenn die Komplizen „in dem sicheren Willen, eine Straftat zu begehen, übereinstimmen" (= Konspiration), dann führt der für die Ausführung der Tat Verantwortliche die Tat zwar mit seinem eigenen Willen aus, doch „der Inhalt dieses Willensentschlusses basiert auf einem Versprechen gegenüber den anderen Komplizen. Das bedeutet, dass die spätere Tat durch einen Konsens festgesetzt wurde und der für die Ausführung Verantwortliche nicht nochmals durch seinen eigenen freien Willen beschließen kann, ob er die Tat ausführt oder nicht. Ihm ist es also nicht erlaubt, auf eigene Faust seinen Willen zur Ausführung zu verwerfen. Somit nimmt der Ausführende die Rolle eines Werkzeuges gegenüber dem anderen Komplizen ein."[38]

Auch *Dandō* gab die bisher vertretene formale Lehre auf: „Es ist derjenige der Täter, der den tatbestandserfüllenden Umstand beherrscht hat, also derjenige, der über die Verwirklichung des tatbestandserfüllenden Umstandes selbst Herr geworden ist."[39] Anhand dessen wird deutlich, dass *Dandō* in Bezug auf den Beschluss des OGH vom 16.7.1982 seine Ansicht konkretisiert hat. Er ging davon aus, dass der Täter derjenige sei, „der den tatbestandserfüllenden Umstand verwirklicht hat" und meint nunmehr, dass „in den Fällen, bei denen einer (A) seinem Komplizen (B) die Ausführungshandlung überlässt und diesen (B) nach seinem Willen (Wille des A) handeln lässt, gerade A selbst das Subjekt der Straftatverwirklichung geworden und der ausgenutzte Komplize B Täter ist. Auch der A, der die Ausführungshandlung veranlasst hat, ist Mittäter. Grund hierfür ist, dass er Mitverwirklicher des tatbestandserfüllenden Umstandes ist."[40] *Hitoshi Ōtsuka* meint

[36] *Yasuharu Hiraba*, Strafrecht, AT, 1961, S. 155 ff.

[37] *Fujiki* (o. Fn. 6), S. 334 ff.; vgl. ferner *ders.*, Die Täterschaftlichkeit im Rahmen der konspirativen Mittäterschaft, Hōgaku Kyōshitsu, 2. Periode, Nr. 8, 1975, S. 55 ff.

[38] *Fujiki* (o. Fn. 6), S. 334 ff.

[39] *Dandō* (o. Fn. 22), S. 347 ff.

[40] *Dandō* (o. Fn. 3), S. 698.

bei „Fällen, in denen jemand innerhalb einer bestimmten gesellschaftlichen Beziehung eine äußerst überragende Stellung einnimmt, übt fast genauso intensiv eine psychologische Beschränkung aus, da er einen anderen, der sich nicht vollkommen der Freiheit des Befohlenen entreißt, zu seinem Werkzeug degradiert", sodass auch der im Hintergrund stehende Komplize aus normativer Sicht den Umstand der gemeinsamen Ausführung verwirklicht hat. Dies nennt *Ōtsuka* die Mittäterschaft durch überlegene Herrschaft, mittels der er versucht, wenn auch nur begrenzt, die strenge ablehnende Lehre, die er zunächst selbst vertreten hatte, abzuschwächen.[41]

b) Die verschiedenen Ansichten versuchen im Großen und Ganzen auf Grundlage der theoretischen Struktur der mittelbaren Täterschaft, welche auf dem Merkmal der Willensbeherrschung basiert, von einem normativen Standpunkt aus einen bestimmten Komplizen in den Kreis der gemeinsam die Tat Ausführenden zu integrieren. Wie bereits kritisiert, wäre der Ausführende, wenn der Komplize diesen tatsächlich beherrschen würde, dann jedoch sein Werkzeug und kein Täter; der im Hintergrund stehende Komplize wäre Alleintäter und nicht Mittäter.[42] Diesen Kritikpunkt sah auch *Fujiki* ein: „Natürlich ist ein mittelbarer Täter Alleintäter und es ist inakzeptabel die Verantwortung des Komplizen mit der Verantwortung bei der mittelbaren Täterschaft gleichzusetzen."[43] Gerade deshalb hat *Fujiki* seine Lehre als „eine Denkweise, die in Analogie zur mittelbaren Täterschaft steht" bezeichnet. Darunter versteht man eine Konstruktion, die der mittelbaren Täterschaft *ähnlich* ist. Darüber hinaus vertrat er die Ansicht, dass nicht mit dem Beginn der „Ausführung" des im Hintergrund stehenden Komplizen, sondern erst mit dem Beginn der Tatausführung des direkt Handelnden die Versuchsstrafbarkeit des Komplizen beginne („Ausführungsabhängigkeit der Mittäterschaft").[44] Hier besitzt der Begriff

---

[41] *Hitoshi Ōtsuka*, Die Grundprobleme der Verbrechenslehre, 1982, S. 340 ff.; vgl. *ders.*, Das Wesen der Mittäterschaft, Hōgaku Kyōshitsu Nr. 109, 1989, S. 33.

[42] Vgl. *Yoshikatsu Naka*, Die Täterschaftlichkeit bei der Mittäterschaft, in: Die heutige Teilnahmelehre (o. Fn. 26), S. 182 ff.; *ders.* (o. Fn. 32), S. 15; *Nishihara*, Die Ausführung der Straftat bei der Mittäterschaft (o. Fn. 33), S. 134 ff. Dagegen schlägt *Takashi Ōkubo*, Eine Überlegung zur konspirativen Mittäterschaft, Hōgaku Za'sshi der Ōsaka Ichiritsu Universität, Bd. 28, Nr. 1, 1981, S. 144 ff.; Nr. 2, 1982, S. 264 ff., vor, die mittelbare Täterschaftlichkeit des Mittäters durch die Theorie des „Täters hinter dem Täter" zu bejahen, doch behält der Autor sich eine Erörterung zur Richtigkeit dieser Theorie an sich vor.

[43] *Fujiki* (o. Fn. 6), S. 336; vgl. auch ebd., S. 324.

[44] Vgl. *Fujiki* (o. Fn. 6), S. 369. *Hiraba* (o. Fn. 36), S. 159, behauptete zwar, dass im Zeitpunkt der gemeinsamen Besprechung „bereits ein Ansetzen zur Tat und damit der Versuchsbeginn angenommen werden kann, jedoch erst mit der Ausführung der Tat durch den direkt Handelnden, auch die Tat des Konspirateurs gefährlich wird und somit erst dann auch dieser zu bestrafen ist"; aber später wurde die Ansicht, die bereits in der Absprache die Tatausführung sehen will, durch *Hiraba*, Reformvorschläge zur Täterschaft

der vom normativen Standpunkt aus erweiterten „Ausführungstat“ nach § 43 jaStGB keine dogmatische Funktion mehr. Man kann sagen, dass diese Ansicht im Wesentlichen eine solche war, die auf Grund der starken psychischen Einflussnahme und der psychischen Herrschaft durch den Komplizen, die Mittäterschaft des Komplizen bejaht, wenn die Einflussnahme und psychische Herrschaft eine derart wichtige Rolle gespielt haben, dass sie einer tatsächlichen Ausführung gleichkommen.[45] Ferner, wie u. a. auch *Hirano* und *Tsugio Nakano* aufzeigen,[46] ist es nach der obigen Ansicht zwar möglich bei der Fallkonstellation, in der ein *vertikales Herrschaftsverhältnis* zwischen den Beteiligten besteht, eine konspirative Mittäterschaft zu bejahen. Eine solche bei der Fallkonstellation anzunehmen, in der jeder gleichwertig zur Tatausführung beiträgt und die Rollen gleichmäßig, *horizontal*, verteilt werden, ist dies allerdings schwierig. *Fujiki* hat zwar versucht mit der psychischen Bindungswirkung der Konspiration (= bestimmtes gegenseitiges Einvernehmen zur Tatausführung) diese beiden Formen der konspirativen Mittäterschaft zu erklären, doch da sich bei der zweiten Form der *horizontalen Rollenverteilung* der Komplize und der Ausführende gleichwertig gegenüberstehen, stellt es für den Ausführenden in der Realität wohl auch keine große Schwierigkeit dar, die Tatausführung zu unterbrechen. Somit ist seine Theorie wohl kaum haltbar. Diese beiden Formen sind deshalb dahingehend zu verstehen, dass die Mittäterschaft des Komplizen darauf basiert, dass er sich zwar nicht an der Tatausführung beteiligt, aber im Hinblick auf die Straftatverwirklichung einen ebenso wichtigen Beitrag geleistet bzw. wichtige Rolle übernommen hat.

---

und Teilnahme, Hōritsu No Hiroba Bd. 12, Nr. 7, 1959, S. 15 ff., insb. auf S. 19, Anm. 6, aufgegeben.

[45] Hiergegen ist *Uchida* (o. Fn. 35), S. 297 ff., der Ansicht, dass ausgehend von einem eingeschränkten Täterbegriff, der auf der materiell-objektiven Lehre von der Täterschaft basiert, als ein objektives Tatbestandserfordernis der Mittäterschaft die Übernahme eines Teils der „Ausführungshandlung“ notwendig sei. Zum Schmiere-Stehen während einer Tat führt er aus: „Wenn gerade auf Grund dieses Bewachens die konkrete Straftat verwirklicht werden konnte, dann ist davon auszugehen, dass ein Teil der Ausführungstat übernommen wurde.“ Aber wenn zum Beispiel A und B zusammen einen Einbruchsdiebstahl in die Wohnung des C planen und A die Wache übernimmt und B in die Wohnung des C eindringt, doch der C den B entdeckt, bevor der B überhaupt zur Diebstahlstat ansetzen konnte und B flieht, dann wäre es wohl unvertretbar, hier den A, auch wenn dessen Bewachung für die Tat unabdingbar gewesen sein sollte, wegen versuchten Diebstahles zu verurteilen, nur weil man bereits im Zeitpunkt des Bewachens hinsichtlich des A davon ausgehen kann, dass er selbst einen Teil der „Ausführungstat“ übernommen hat und deshalb schon zur „Tat“ ansetzte. Somit wäre aber wohl das Bewachen keine Übernahme eines Teils der „Ausführungstat“ im Sinne des Art. 43 jaStGB.

[46] Vgl. *Hirano* (o. Fn. 13), S. 402; *ders.* (o. Fn. 15), S. 135; *Tsugio Nakano,* Fall, in dem eine konspirative Mittäterschaft angenommen wurde, insbesondere zum Votum des Richters Dandō, Keisatsu Kenkyū Bd. 56, Nr. 1, 1985, S. 70 ff.; *ders.*, Strafrecht, AT, 2. Aufl. 1988, S. 146, Anm. 9.

c) Zieht man diese beiden Aspekte in Betracht, dann ist die materielle Ausführungsmittäterschaftslehre letztendlich eine Ansicht, die die Mittäterschaft für solche Fälle bejaht, in denen das Verhalten des Komplizen hinsichtlich der Verwirklichung der Straftat im Vergleich zu einer Übernahme der Ausführungshandlung gleichwertig ist bzw. der Komplize eine entsprechend wichtige Rolle übernommen hat. Daher wäre es vielleicht sogar zutreffender, diese Ansicht als die „Quasi-Ausführungsmittäterschaftslehre" zu bezeichnen. Wie schon erwähnt, ist auch die formale Ausführungsmittäterschaftslehre aus der Sicht derer, die den Strafgrund der Teilnahme in der kausalen Verursachung des Deliktserfolgs sehen, eine richtige Lehre, da auch sie das Erfordernis der Täterschaft, die Ausführungshandlung, voraussetzt. Die Quasi-Ausführungsmittäterschaftslehre ist eine Lehre, die vom Standpunkt der konkreten Angemessenheit der Bestrafung der Beteiligten aus versucht, den Bereich der Mittäterschaft bis zu demjenigen Komplizen zu erweitern, der hinsichtlich der Straftatverwirklichung, beurteilt nach dem Herrschaftsverhältnis bzw. Rollenaufteilungsverhältnis zwischen dem Komplizen (Nichtausführender) und dem Ausführenden, eine derart wichtige Rolle übernommen oder einen derart wichtigen Beitrag geleistet hat, dass seinem Verhalten eine Bedeutung wie einer Ausführungshandlung zukommt.

In Bezug auf diese Ansicht wird kritisiert, dass die Unterscheidung zwischen Mittäterschaft, Anstiftung und Beihilfe unklar sei.[47] Tatsächlich ist diese Kritik zutreffend, wenn man die Ansicht mit der formalen Ausführungsmittäterschaftslehre vergleicht. Doch dieses Problem lässt sich wohl dadurch lösen, indem man durch folgende Prüfungspunkte das einer Ausführung entsprechende Herrschafts- bzw. Rollenübernahmeverhältnis konkret typisiert:

1. insbesondere bei kriminellen Vereinigungen und anderen organisierten Verbrechen das Über-Unterordnungsverhältnis zwischen dem Komplizen und dem Ausführenden,
2. die Relevanz der Rolle, die der Komplize hinsichtlich der Tatverwirklichung eingenommen hat, wie z.B. Straftatplanung, Weisungserteilung zur Ausführungsweise oder zur Rollenaufteilung, Leitung bzw. Führung des Komplotts,
3. die Bedeutung der Stellung des Komplizen während des Vorbereitungs- und Ausführungsstadiums. Bei trotzdem bestehenden Unklarheiten sollte meiner Meinung nach der konkreten Angemessenheit der Bestrafung der Beteiligten der Vorrang eingeräumt werden, da man hier davon ausgehen darf, dass zumindest die Strafbarkeit als Teilnehmer feststeht.

[47] Vgl. *Nakayama* (o. Fn. 7), S. 207ff.

Als zweiter Kritikpunkt wird angeführt, dass die Lehre von der konspirativen Mittäterschaft denjenigen, der eigentlich nur die Rolle des Gehilfen eingenommen hat, zu einem Mittäter heraufsetzt und schwer bestraft.[48] Doch auch dieses Problem kann unter Hinzuziehung der erwähnten konkreten Prüfungspunkte gelöst werden. Entscheidend ist eine sorgfältige Überprüfung, ob der Komplize neben der Beteiligung an der Planung eine derart wichtige Rolle übernommen hat, dass sein Verhalten einer Ausführung gleichkommt. Die Notwendigkeit einer solchen detaillierten Überprüfung muss auch prozessrechtlich garantiert werden. Zieht man hinsichtlich der Beihilfe eine notwendige Strafmilderung in Betracht, dann handelt es sich bei der Unterscheidung, ob Mittäterschaft oder Beihilfe vorliegt, nicht nur um einen Strafzumessungsumstand, sondern vielmehr um den *Unterschied bezüglich des die Straftat ausmachenden Sachverhaltes*. Daher ist die Tatsache, dass man eine die Mittäterschaft begründende, einer Ausführungstat entsprechende wichtige Rolle übernommen hat, sowohl in der Anklageschrift als auch im Urteil deutlich aufzuführen und dementsprechend festzustellen.

Bekanntlich hat das Urteil des OGH zum Nerima-Fall[49] wie folgt die Mittäterschaft begründet:

> „Damit eine konspirative Mittäterschaft entsteht, müssen mindestens zwei Personen, um eine bestimmte Straftat zu begehen, die Konspiration bilden, die zum Inhalt hat, sich unter einem gemeinsamen Willen zusammenzuschließen, gegenseitig die Tat des anderen auszunutzen und so den Willen jedes Einzelnen in die Tat umzusetzen. Es muss außerdem feststehen, dass die Straftat umgesetzt wurde. Wenn eine solche Beziehung besteht und die Tatsache sicher ist, dass jemand an dieser Verschwörung teilgenommen hat, dann besteht, auch wenn dieser an der unmittelbaren Ausführungshandlung nicht beteiligt gewesen war, kein Grund zwischen den Beteiligten einen Unterschied hinsichtlich der strafrechtlichen Verantwortung zu machen, denn dieser hat die Handlung des anderen zu seinem Zweck ausgenutzt und somit die Tat sozusagen als eigene durchgeführt. Wenn dem so ist, dann ist es für die strafrechtliche Verantwortlichkeit der Beteiligten unerheblich, ob jemand an der Ausführungshandlung unmittelbar beteiligt war oder wie die Rollen jeweils aufgeteilt bzw. übernommen worden waren."

Dieses Urteil war bahnbrechend, da es anerkannte, dass die Konspiration einen die Straftat ausmachenden Sachverhalt darstellt und dass hierfür ein *Strengbeweis* notwendig ist. Andererseits blieb es jedoch nur bei der Klarstellung, dass es „für den Beweis der Konspiration ausreicht, wenn festgestellt wird, dass sie im oben ausgeführten Sinne zustande gekommen ist.

---

[48] Vgl. *Chihiro Saeki*, Konspirative Mittäterschaft, in: Probleme der Strafrechtsreform, Festschrift für Naohira Takeda und Shigemasa Ueda zu ihrem 80. Geburtstag, 1967, S. 95; *Yoneda* (o. Fn. 21), S. 243.

[49] Urteil v. 28.5.1958 in Keishū, Bd. 12, Nr. 8, S. 1718.

Es ist somit nicht erforderlich, die genaueren Umstände der Konspiration, wie beispielsweise Tag, Uhrzeit, Ort der Tat bzw. dessen detaillierter Inhalt, das heißt die Art und Weise der geplanten Ausführung, die jeweilige Tataufteilung und die Rollenverteilung unter den Tatbeteiligten in konkreter Form zu beweisen." *Fuijki* ist der Ansicht, dass die Konspiration als ein subjektives Element die Strafbarkeit der Mittäterschaft begründe und daher die jeweilige Art und Weise der Beteiligung zur Verschwörung für die Begründung der Mittäterschaft nicht relevant sei.[50] Das obige Urteil scheint in dieselbe Richtung zu gehen.

In der Tat gibt es Fälle, bei denen das Vorliegen der Konspiration zwar bewiesen ist, doch der genaue Umstand der Entstehung und des Verlaufes der Konspiration nicht mehr geklärt werden kann.[51] Auch in diesem Fall ist es wegen der Existenz einer gemeinsamen Planung erlaubt den Komplizen als psychisch Beihilfeleistenden anzusehen. Doch kann die gemeinsame Planung in einem solchen Fall wohl nur die Teilnahmestrafbarkeit auslösen. Um die Mittäterschaft zu begründen, muss, wie bereits mehrfach verdeutlicht, von der betreffenden Person eine derart wichtige Rolle übernommen werden, die einer tatsächlichen Ausführung gleichkommt. Beschränkt sich der Komplize nur auf eine Beteiligung an der Konspiration, dann ist gerade die jeweilige Art und Weise der Beteiligung zur Verschwörung ein ganz wichtiger Indikator für die Mittäterschaft, wenn auch die Tatzeit und der Ort der gemeinsamen Planung nicht unbedingt bewiesen zu werden braucht. Es ist wohl als unzumutbar zu werten, jemanden allein aufgrund der Tatsache, dass er an der gemeinsamen Planung teilgenommen hat, als Mittäter zu bestrafen. Denn dadurch würde man die Konspiration als das Prinzip der Teilnahme zu einem Prinzip der Täterschaft umwandeln. Man könnte das Urteil des OGH zum *Nerima-Fall*, wie es Richter *Akira Kitani* verfasst hat[52], auch so interpretieren, dass von der *„Beteiligung an der Verschwörung*, wie sie in diesem Urteil genannt wird, nur dann die Rede sein kann, wenn die betreffende Person an der Konspiration *aktiv* teilnimmt und somit der Akt des direkt Handelnden zum eigenen Akt des Komplizen umgewandelt wird. Bei einer solchen einengenden Interpretation des Urteils könnte die (positive) Teilnahme an der Konspiration unmittelbar zur Grundlage einer Mittäterschaft werden. Doch darüber, ob dies der Fall ist oder nicht, könnte letztendlich ohne Berücksichtigung, welche konkrete Rolle der betreffende Komplize bei der Verschwörung gespielt hat, nicht

[50] Vgl. *Fujiki* (o. Fn. 6), S. 343ff.; *ders.*, Der Begriff der Konspiration im Rahmen der konspirativen Mittäterschaft, Kenshū Nr. 206, 1965, S. 9.

[51] Vgl. *Yoshio Suzuki*, Die „Konspiration" im Rahmen der konspirativen Mittäterschaft und der „die Straftat ausmachende Sachverhalt", Hōgaku Seminar, Nr. 45, 1959, S. 74ff.

[52] *Akira Kitani*, Fall, in dem die Konspiration zu einem Drogenschmuggel bejaht wird, in: Erläuterungsband zu OGH Entscheidungen im Strafrecht 1982, 1986, S. 230.

geurteilt werden. Daher müsste man das Urteil zum *Nerima-Fall* letztendlich so interpretieren, dass es nur wegen der Beteiligung an der Konspiration die konspirative Mittäterschaft bejaht hat." In diesem Zusammenhang ist erwähnenswert, dass der OGH im Beschluss vom 16.7.1982[53] die konspirative Mittäterschaft hinsichtlich einer Marihuana-Schmuggelaktion bejahte. Hier hat das Gericht zunächst den Inhalt des Willens des Komplizen sowie seine konkrete Rolle beim Ausführungsverlauf der Straftat festgestellt und sich erst dann entschieden, dass eine „Verschwörung vorliegt". Es ist hier ein, wenn auch nur sehr feiner Unterschied zu sehen.[54] Im Urteil des Distriktgerichts in *Nagasaki* (Zweigstelle *Sasebo*) vom 6.11.1985[55] wurde als Voraussetzung für die konspirative Mittäterschaft verlangt, dass der an der Konspiration Beteiligte „selbst, als ein der betroffenen Tatausführung gleichwertiges oder sogar übergeordnetes Handlungssubjekt teilnimmt und er darüber hinaus durch seine übernommene Handlung eine derart wichtige Rolle einnimmt, die der Tat des Ausführenden als ebenbürtig anzusehen ist" oder er „die Ausführungstat des anderen derart beherrscht bzw. ausgenutzt hat, sodass die Lage so bewertet werden muss, dass er die Tat gemeinsam mit dem Ausführenden verwirklicht hat". Diesem Urteil kommt deshalb besondere Bedeutung zu, da es aufzeigt, dass für die Annahme einer konspirativen Mittäterschaft sowohl die Tatsache vorliegen muss, dass man eine der Ausführungshandlung entsprechende wichtige Rolle, die über eine simple Beteiligung an der Tatplanung hinausgeht, übernommen haben muss, als auch, dass die Feststellung dieser Tatsache durch das Gericht notwendig ist.[56]

---

[53] Keishū, Bd. 36, Nr. 6, S. 695.

[54] Hanrei Times Nr. 623, S. 212. Dieser Fall handelt von dem Angeklagten A, der von B, der plante, aus Thailand Drogen einzuführen, gebeten wurde, die Verantwortung für die Tatausführung zu übernehmen. Er befand sich gerade in der Bewährungszeit nach einer Strafaussetzung, weshalb er diese Bitte abgelehnt hat. Da er sich jedoch trotzdem zu dem Gedanken, dass er an Drogen gelangen könnte, hingezogen fühlte, hat er als Ersatz für sich seinen Bekannten C vorgeschlagen, mit dem Versprechen, einen Teil der eingeführten Drogen zu bekommen. Zudem hat er Geldmittel zur Verfügung gestellt. Auch *Kitani* (o. Fn. 52), S. 230, ist der Ansicht, dass „es nicht nur theoretische Probleme bereitet, bei jemandem, der keinen Teil der Ausführungshandlung übernimmt, allein aufgrund der Tatsache, an der Konspiration teilgenommen zu haben, eine Mittäterschaft anzunehmen, sondern der Umfang der Bestrafung wäre hierbei zu groß und somit auch als ungerecht anzusehen". Auch in diesem Sinne „ist die Vorgehensweise dieses Beschlusses der Beachtung wert und bei der Bewertung zukünftiger gleichgelagerter Fälle zu berücksichtigen".

[55] Diesem Urteil lag der Sachverhalt zugrunde, dass der Angeklagte, der von einer kriminellen Bande, die einen Raub einer Geldsumme von einem Goldschmuggler plante, gebeten wurde, der Bande sein Fischerboot auszuleihen, nicht nur zugesagt, sondern auch ein weiteres Boot, welches zur Flucht benötigt wurde, bis zum Tatort navigiert und einen Flucht-Pkw bis zum Hafendamm nahe des Tatortes gefahren hat.

[56] Dieses Urteil hat bezüglich des im Rahmen des *Nerima-Fall-Urteils* festgesetzten

4. Auseinandersetzung mit der Rechtsprechung

a) Wie *Dandō* und Richter *Tokio Matsumoto* aufzeigen[57], unterscheidet die Judikatur, ob eine konspirative Mittäterschaft besteht oder nicht, indem es prüft, ob der Wille, eine eigene Straftat auszuführen, oder der Wille, sich an einer Straftat eines anderen zu beteiligen, vorliegt. Es lässt sich sagen, dass es sich hier um eine Art *subjektive Täterschaftslehre* handelt.[58] Meiner Meinung nach wurde eine solche Tendenz gerade durch das Urteil zum *Nerima-Fall* nochmals verstärkt. Dieses Urteil hat mit dem Ziel, den Konspirationsbegriff *subjektiv einzuschränken*, den subjektiven und psychischen Aspekt des eigenen Verbrechensverwirklichungswillens betont, indem es die Mittäterschaft nur dann annimmt, wenn die betreffende Person an der Konspiration teilgenommen hat. Die Konspiration muss zum Inhalt haben, „sich unter einem gemeinsamen Willen zusammenzuschließen, gegenseitig die Tat des anderen auszunutzen und so den Willen jedes Einzelnen in die Tat umzusetzen" und „die Handlung des anderen zu seinem Zweck auszunutzen und somit die Tat sozusagen als Eigene durchzuführen."[59]

Betrachtet man die Entscheidungen der unteren Instanzen seit dem *Nerima-Fall-Urteil*, so wird deutlich, dass diese die in diesem Urteil entwickelten *subjektiven Maßstäbe* anwenden, um die Mittäterschaft von der

Konspirationsbegriffes ausgeführt, dass „hinsichtlich des Inhalts der obigen gemeinsamen Konspiration nicht der subjektive Willensaustausch an sich wichtig ist, sondern die tatsächliche Existenz einer, durch die Konspiration entstandene, einheitlichen Beziehung, sich gegenseitig auszunutzen.

[57] Vgl. *Dandō* (o. Fn. 22), S. 373, Fn. 26; *Tokio Matsumoto*, Die Mittäterschaft – seine Unterscheidung von der Beihilfe, in: Kuniji Shibahara (Hrsg.), Grundlegende Gerichtsentscheidungen im Strafrecht, 1988, S. 64 ff.; *ders.*, Die konspirative Mittäterschaft und die Praxis, Hōgaku Kyōshitsu, 2. Periode, Nr. 5, 1974, S. 35 ff.

[58] Ansichten, die als subjektive Tatbestandsvoraussetzung der Mittäterschaft den „Täterwillen" fordern, *Nakano*, Strafrecht, AT (o. Fn. 46), S. 140 ff.; *Minoru Ōya*, Strafrecht, AT, 2. Aufl. 1989, S. 406; *Masahide Maeda*, Strafrecht, AT, 1988, S. 419. Man kann wohl sagen, dass die Ansichten des *Fujiki* (o. Fn. 6), S. 344 ff., der das „Einverständnis zur mittäterschaftlichen Ausführung" der Tat voraussetzt, und des *Nishihara,* Die Ausführung der Straftat bei der Mittäterschaft (o. Fn. 33), S. 165, der das Bewusstsein zur gemeinsamen Tatausführung voraussetzt und als Grundlage zur Feststellung dieses Bewusstseins auch die „subjektive Absicht des Täters" berücksichtigt, sowie des *Hirano* (o. Fn. 13), S. 403, der nur diejenigen als Mittäter ansieht, die „hinsichtlich der Tatausführung eine *dahingehende Willensrichtung* besitzen, die auf dem *Gesamtwillen* beruht", zu diesem Theorienlager gehören.

[59] *Takeyoshi Itō*, Die Feststellung der Konspiration im Rahmen der konspirativen Mittäterschaft, in: Die moderne Entwicklung der Strafjustiz, Festschrift für Keiji Ono zu seiner Pensionierung, 1988, S. 134, ist der Ansicht, dass das Urteil des *Nerima-Falles* „als selbstverständlich voraussetzt, dass hinsichtlich desjenigen, der nicht direkt an der Ausführungshandlung teilnimmt, ein aktives bzw. positives Verhalten zur Verbrechensverwirklichung vorliegt (welches wohl aus dem Willen, das Delikt verwirklichen zu wollen entsteht)".

Beihilfe abzugrenzen. Natürlich gab es unter diesen auch solche, die zwar den subjektiven Willen als Prüfungsmaßstab hinzuzogen, aber im Wesentlichen auf Grund der Bewertung der *Rolle, die der Komplize zur Straftatsverwirklichung eingenommen hat*, die Mittäterschaft ablehnten und die Beihilfe bejahten.[60] Andererseits gab es auch solche, die die Bedeutsamkeit der zur Straftatverwirklichung übernommenen Rolle anerkannten, aber wegen des *Fehlens des subjektiven Willens*, obwohl wegen einer konspirativen Mittäterschaft angeklagt war, nur wegen Beihilfe verurteilten. Folgende Urteile der unteren Instanzen stellen Beispiele hierfür dar.[61]

1) Urteil des Distriktgerichts *Chiba* Zweigstelle *Matsudo* vom 20.11.1980.[62]
Der Angeklagte A fuhr, während B, C und D einen Geldtransporter überfielen und Bargeld in Höhe von etwa 47 Millionen Yen raubten, den Fluchtwagen und bekam als Entlohnung 2 Millionen Yen. Im Urteil wurde festgestellt, dass die Rolle des A keinesfalls geringfügig, sondern vielmehr unabdingbar war. Da A aber bei der gemeinsamen Tatplanung und vorherigen Besichtigung des Tatortes durch B, C und D nicht dabei gewesen war und die 2 Millionen Yen aus dem Anteil des B bezahlt wurden, könne nicht darauf geschlossen werden, dass A den Willen hatte, die Taten der B, C und D auszunutzen und selbst auch diesen Raub zu begehen.

2) Urteil des Distriktgerichts *Tokyo* vom 28.7.1982.[63]
Der in den USA lebende Angeklagte A half dem B und C beim Einschmuggeln von Schusswaffen nach Japan. A erwarb von einem Amerikaner Schusswaffen samt Munition und übergab diese dem B. Hier urteilte das Gericht: Es sei festzustellen, dass A für die Anschaffung der Schusswaffen und Munition eine äußerst wichtige Rolle gespielt hat. Da A jedoch hinsichtlich der Anschaffung eine eher negative Haltung einnahm, bezüglich der Schmuggelmethoden und dem weiteren Vorgehen in Japan keinerlei Interesse zeigte und zwischen A und B bzw. C keine derart enge menschliche Beziehung bestand, dass daraus ein berechtigtes Interesse des A gefolgert werden kann, aktiv zum Erfolg der Schmuggelaktion des B, C bei-

---

[60] Vgl. z. B. Distriktgericht *Sapporo* Urteil vom 31.3.1959, Kakeishū Bd. 1, Nr. 3, S. 856; Obergericht *Nagoya* Urteil v. 15.8.1961, Kakeishū Bd. 3, Nr. 7=8, S. 676; Distriktgericht *Ōsaka* Zweigstellt *Sakai* Urteil v. 15.3.1971, Hanrei Times Nr. 61, S. 294; Distriktgericht *Urawa* Urteil v. 29.1.1975, Hanrei Jihō Nr. 795, S. 112; Obergericht *Ōsaka* Urteil v. 11.5. 1978, Hanrei Jihō Nr. 919, S. 112; OGH Urteil v. 22.4.1982, Saiban'shū Bd. 227, S. 75; Obergericht *Ōsaka* Urteil v. 14.3.1984, Hanrei Times Nr. 535, S. 304 etc.

[61] Vgl. zu den folgenden Gerichtsentscheidungen *Itō* (o. Fn. 59), S. 135 ff.; *Tamotsu Saegusa*, Die konspirative Mittäterschaft im Rahmen der Mittäterschaftslehre, 2. Teil, Chūkyō Daigaku Hōgaku Kenkyū Ron'shū Nr. 7, 1987, S. 1 ff.

[62] Hanrei Jihō Nr. 1015, S. 143.

[63] Hanrei Jihō Nr. 1073, S. 159.

zutragen, könne nicht festgestellt werden, dass A die Taten des B und C ausgenutzt hat, um den eigenen Straftatverwirklichungswillen zu erfüllen.

3) Urteil des Obergerichts *Tokyo* vom 21.12.1982.[64]
Der Angeklagte A verkaufte Schwerter u. Ä. auf Provision. Er verkaufte an seinen Kollegen B, wohl bewusst, dass dieses zum Betrug benutzt werden wird, ein wertloses japanisches Schwert und ein Garantieformular zur Bescheinigung, dass es sich um einen äußerst wertvollen Kunstgegenstand handele. Es ist zwar klar, dass A einen großen Beitrag zum Betrug durch den B leistete, indem er dem B die Bescheinigung übergab, dass es sich bei dem Schwert um ein wertvolles Stück handele. Doch da A weder wusste, wer betrogen werden sollte, noch nach Methode, Zeit etc. der Tat gefragt hat und auch keine weitere Beteiligung vorlag und A auch keine Beteiligung am Verkaufserlös verlangte, sei davon auszugehen, dass A keinen mittäterschaftlichen Willen hatte. Das Obergericht hob das erstinstanzliche Urteil, welches Mittäterschaft angenommen hatte, auf und verurteilte wegen Beihilfe.

4) Urteil des Distriktgerichts *Ōsaka* vom 30.11.1983.[65]
Der Angeklagte A wurde von B ersucht, ihm beim Einschmuggeln von Schusswaffen zu helfen. Da sich A gerade in der Bewährungszeit nach einer Strafaussetzung befand, dachte er sich, dass er selbst die Tat nicht ausführen könne und stellte dem B den C vor. A übernahm die Abzinsung sowie die Einlösung des von dem B angetragenen Finanzwechsels und besorgte für B ein Flugticket nach Thailand. Das Gericht meinte, der A hätte zwar bei der Tat keine geringe Rolle gespielt, doch er handelte nur auf Bitten des B, da er ihm noch einen Gefallen schuldete. A handelte also nicht aus eigener Motivation heraus. Daher könne man nicht sagen, dass A die Taten von B und C ausgenutzt hat, um seinen eigenen Willen in die Tat umzusetzen.

5) Urteil des Obergerichts *Sapporo* vom 20.3.1985.[66]
Der Angeklagte A wurde von dem Leiter des Beförderungsprüfungsamtes der japanischen Selbstverteidigungsstreitkräfte B beauftragt, Kopien von Prüfungsaufgaben, die der B gestohlen hatte, zu verkaufen. Daraufhin vermittelte A über mehrere Male hinweg zwischen Kaufinteressenten und erhielt einen Teil des Geldbetrages, den die Käufer als Dank an den B zahlten, für sich ein. Das Gericht entschied, dass nicht festgestellt werden kann, dass A aus eigenem Antrieb, für seinen eigenen Vorteil bzw. aus eigenem Interesse autonom die Kaufinteressenten vermittelt hat, denn A hatte keine näheren Kenntnisse hinsichtlich der Entwendungsvorgänge der

---

[64] Hanrei Jihō Nr. 1085, S. 150.
[65] Hanrei Jihō Nr. 1123, S. 141.
[66] Hanrei Times Nr. 550, S. 315.

Prüfungsaufgaben und der Verkauf der Aufgaben geschah nur auf Bitten des B. Außerdem bestünden keine Anzeichen dafür, dass A auf den B eine starke psychische Bindungswirkung ausgeübt hätte. Zudem hätten beide nicht in dem Bewusstsein gehandelt, gemeinsam einen Diebstahl zu begehen. Daher hob das Gericht das erstinstanzliche Urteil auf und verurteilte A nur wegen Beihilfe.

In den obigen fünf Fällen haben die Angeklagten zwar eine wichtige, aber eben nur begrenzte Rolle gespielt. Daher lag keine Rollenverteilung vor, die einer Ausführungshandlung gleichwertig gewesen wäre. Diesen Gerichtsentscheidungen ist gemeinsam, dass sie zur Feststellung des eigenen Willens zur Straftatverwirklichung bzw. des Willens zur gemeinsamen Ausführung auf *subjektive Aspekte, wie Motivation, Zuteilung von Vorteilen und Aktivität des Verwirklichungswillens* abstellen. Ein Urteil, das durch die Schwerpunktsetzung auf solche subjektiven Aspekte – trotz Übernahme der Ausführungshandlung – nur eine Beihilfe annahm, ist das Urteil des Distriktgerichts *Fukuoka* vom 30.8.1984.[67] Hier ging es um die Verurteilung einer Bande, bestehend aus den Angeklagten A und B sowie drei weiteren Mitgliedern. Die Angeklagten planten einen Mord, um Drogen zu rauben. Dabei täuschte A vor, er werde später für den Verkauf der Drogen zuständig sein, doch tatsächlich flohen er und B gemeinsam nach dem Erhalt der Drogen vom Tatort. Der Mord blieb im Versuch stecken. Hier entschied das Distriktgericht *Fukuoka* wie folgt: Zunächst ist festzuhalten, dass der Wille zur gemeinsamen Ausführung die Voraussetzung für eine Mittäterschaft ist. Hinsichtlich der Ausführungsmittäterschaft kann aus der Übernahme der Ausführung der Wille zur gemeinsamen Ausführung vermutet werden. „Doch die Tatsache, dass ein Teil der Ausführungshandlung übernommen wurde, ist letztendlich nur ein Indiz für die Feststellung des Willens zur gemeinsamen Ausführung." Das heißt „nur aus der einen Tatsache, dass ein Teil der Ausführungshandlung übernommen wurde kann nicht immer auf das Vorhandensein des Willens zur gemeinsamen Ausführung geschlossen werden. Existiert ein besonderer Umstand, der die oben genannte Vermutung widerlegen würde, dann ist auch in einem Fall, bei dem der betroffene Täter formal gesehen zwar einen Teil der Ausführungshandlung verwirklicht hat, die Existenz des Willens zur gemeinsamen Ausführung zu verneinen und nur die Beihilfe anzuerkennen." Danach wandte das Gericht diese Theorie auf den konkreten Fall an und entschied, dass A nur an der

[67] Hanrei Times Nr. 1152, S. 182. Vgl. als eine Besprechung dieses Urteils *Tadashi Takeuchi*, Ein Urteilsbeispiel, bei dem ein versuchter Raubmord in Mittäterschaft wegen fehlendem Willen zur gemeinsamen Ausführung abgelehnt und eine Beihilfe bejaht wurde, Hanrei Hyōron Nr. 322, 1985, S. 42 ff.; vgl. ferner zu diesem Urteil *Yoshihiko Nakamori*, Der Gehilfe, der die Tat ausführt, Hanrei Times Nr. 560, 1985, S. 67 ff.

Tat teilgenommen habe, da er von B getäuscht wurde und dachte, dass ihm Gefahr drohe, wenn er nicht teilnehme. Der Tatplanung saß er nur stumm bei. Auch bei der Tatausführung entsprach er nur den Befehlen des B. Es lag kein Versprechen vor, dass A einen Teil der Beute bekommen würde. Auch tatsächlich bekam A keinen Anteil. Betrachtet man die Gesamtheit der Tat, so war A kein unabdingbares Mitglied. Daher kann, „auch wenn der Angeklagte selbst einen Teil der Tat übernommen hat, [...] kein Täterwille, der dem B bzw. den anderen Mittätern zugerechnet werden könnte, diesen Raubmord zu begehen, festgestellt werden. Das heißt der Wille zur gemeinsamen Ausführung liegt nicht vor.“ Somit wurde A als Gehilfe verurteilt.

Sowohl das Urteil des Distriktgerichts *Yokohama* Zweigstelle *Kawasaki* vom 25.11.1976[68], bei dem der Angeklagte für den Vertrieb von Drogen zuständig war als auch das Urteil des Distriktgerichts *Ōtsu* vom 26.12. 1978[69], bei dem der Angeklagte einem anderen Drogen spritzte und diesem somit die Drogen zum Gebrauchen überließ, wurden die Angeklagten wegen Fehlens des Täterwillens nur wegen einer Beihilfe verurteilt. Nach der letzteren Entscheidung lässt sich das Gebrauchen-Lassen zwar auch unter den Begriff des „Gebrauchens“ fassen, der Täterwille ist jedoch nicht gegeben. Somit liegt nur eine Beihilfe zu einer Gebrauchstat vor. Diese beiden Urteile folgen derselben Denkrichtung wie das obige Urteil des Distriktgerichts *Fukuoka*, da sie die Angeklagten als ein „doloses Gehilfenwerkzeug“ ansehen.

Wie bereits erwähnt, hatte sich das Urteil zum *Nerima-Fall* auf die subjektive Seite des Komplizen fokussiert. Der OGH setzte den *eigenen Straftatverwirklichungswillen als Maßstab*, um auch bei demjenigen, der an der Ausführungstat nicht beteiligt war, die Mittäterschaft anzunehmen. Meiner Ansicht nach wollte das Gericht nicht so weit gehen, dass die Mittäterschaft in solchen Fällen verneint wird, bei denen eine Übernahme der Tat tatsächlich vorliegt. Da auch die konspirative Mittäterschaft eine Mittäterschaft im Sinne des § 60 jaStGB ist, muss dessen subjektive Voraussetzung auch für die Ausführungsmittäterschaft gelten. Es muss feststehen, dass der eigene Wille zur Straftatverwirklichung als Maßstab gesetzt wird und dass „in diesem Fall die Frage, ob es die Straftat des anderen bzw. die eigene Straftat ist [...] nicht ohne eine Beurteilung der Ausführungstat geklärt werden kann. Schließlich ist derjenige, der die Tat selbst ausführt, auch wenn er dies für einen anderen tut, automatisch Täter.“[70] Andernfalls würde

[68] Hanrei Jihō Nr. 842, S. 127. Vgl. als eine Besprechung dieses Urteils *Tatsuo Kagawa*, Ein Fallbeispiel, das ein doloses Gehilfenwerkzeug annahm, in: Erläuterungen zu wichtigen Entscheidungen im Jahr 1977, 1978, S. 155 ff.

[69] Hanrei Jihō Nr. 924, S. 145. Vgl. als eine Besprechung dieses Urteils *Hidenobu Konishi*, Doloses Gehilfenwerkzeug, Kenshū Nr. 371, 1979, S. 430 ff.

[70] Obergericht Tokyo Urteil v. 23.5.1950, Kōsai Hantoku Nr. 9, S. 12.

dies zu einer *dualistischen* Maßstabsetzung für die Mittäterschaft führen. Würde man die willentliche bzw. Gesinnungsseite des subjektiven Aspektes des eigenen Strafverwirklichungswillens immer weiter unterstreichen, dann ist es durchaus möglich, zur Lehre des Distriktgerichts *Fukuoka* oder zur Lehre des „dolosen Gehilfenwerkzeugs" zu gelangen.

b) Nun, warum fordert die Judikatur dann subjektive Merkmale, wie den eigenen Willen zur Straftatverwirklichung, den Willen zur gemeinsamen Ausführung bzw. den Täterwillen?

Der Grund dafür liegt *zum einen* in der Notwendigkeit, die konspirative Mittäterschaft von der bloßen Anstiftung und Beihilfe zu unterscheiden. Würde man nur die Ausführungsmittäterschaft akzeptieren, dann würde bei jeder tatsächlichen gemeinsamen Tatausführung auch der Wille zur gemeinsamen Ausführung bejaht werden. Hinsichtlich der konspirativen Mittäterschaft, die das Erfordernis der teilweisen Übernahme der Ausführungshandlung für entbehrlich erachtet, ist aber gerade das subjektive Merkmal des Willens zur gemeinsamen Ausführung das Hauptunterscheidungsmerkmal zwischen den Teilnahmeformen.[71] Da es kein Eigentumsrecht an einer Straftat gibt, ist es fraglich, ob eine Unterscheidung nach den Kriterien „eigene Straftat" oder „Straftat eines anderen" möglich ist.[72] Selbst wenn dies möglich wäre, wäre eine solche Unterscheidung, wenn man die Situation nach subjektiven Kriterien wie dem Wollen der Verwirklichung einer Straftat, Zuteilung von Vorteilen und der Stärke des Verwirklichungswillens beurteilen würde, sehr schwierig, wenn hierfür keine deutlichen Indizien vorliegen, und würde oft zu einer ungewissen Lage führen.[73] Setzt man, wie diese Abhandlung, voraus, dass derjenige, der eine der Ausführungshandlung entsprechende wichtige Rolle übernommen hat, konspirativer Mittäter ist, dann kann man eine Unterscheidung zwischen Mittäterschaft, Anstiftung und Beihilfe durch das *objektive Kriterium*,

---

[71] Vgl. *Makoto Iwata*, Entscheidungserläuterung, in: Erläuterungsband zu OGH Entscheidungen im Strafrecht 1958, 1964, S. 407; *Fujiki* (o. Fn. 6), S. 367.

[72] Als Stimme, die dieselben Zweifeln vorbringt, vgl. *Shigemi Anazawa*, Eine Überlegung zur konspirativen Mittäterschaft, Shihō Kensyū'jo Ronshū Nr. 44, 1970, S. 61 ff.

[73] Vgl. *Yoshio Suzuki*, Die Feststellung der Konspiration im Rahmen der konspirativen Mittäterschaft, Kenshū Nr. 269, 1970, S. 72. Auch *Itō* (o. Fn. 59), S. 139 ist der Ansicht, dass „für die Fälle, dass der subjektive Aspekt, die Tatbestandsverwirklichung zu wollen, nicht positiv vorliegt, muss die Täterschaftlichkeit eher verneint werden", doch „ist diese Feststellung wohl mit ziemlichen Schwierigkeiten verbunden". Außerdem erörtert *Satoshi Ueno*, Empirische Untersuchungen von Tatsachenfestellungen (6. Teil), Feststellung der Konspiration, Hanrei Times Nr. 254, 1971, S. 14 ff., die Feststellungskriterien der subjektiven Tatbestandsvoraussetzng der konspirativen Mittäterschft; der Autor geht dabei davon aus, dass die Konspiration als eine Übereinstimmung vom definitiven Willen, das Delikt gemeinsam durchzuführen, die subjektive Tatbestandsvoraussetzung der Mittäterschaft sei.

ob ein tatsächlicher Beitrag (das bereits erwähnte Herrschafts- und Aufteilungsverhältnis) existiert, der einer Ausführungshandlung gleichkommt, treffen. Bezüglich des subjektiven Aspekts der Mittäterschaft reicht es dann, dass man den Willen zum Mittäterbeitrag hinsichtlich der Straftat und die Kenntnis dieser Rolle bzw. dieses Beitrags feststellt.

Der *zweite* Grund dafür, dass die Rechtsprechung „den Gehilfen, der die Tat ausführt", anerkennen will, ist wohl in der Überlegung zu sehen, dass jemand, der nach der Gesamtbeurteilung aus kriminalpolitischer und strafzumessungsrechtlicher Sicht nur eine geringe strafrechtliche Verantwortung trägt, bereits in die mildere Straftatenkategorie des Gehilfen klassifiziert werden sollte.[74] Gerade deshalb unterscheidet die Judikatur zwischen Mittäterschaft und Beihilfe, auch in Fällen, in denen der Angeklagte hinsichtlich der Straftatverwirklichung eine wichtige Rolle gespielt hat, und sogar in Fällen, bei denen eine Übernahme der Ausführungshandlung stattgefunden hat, nach emotionalen (schuldbezogenen) Gesichtspunkten, wie Motive, Stärke des Verwirklichungswillens, Aktivität der Mitwirkung und Zuteilung von Vorteilen (Beute). Es ist hinsichtlich der Beteiligtenbestrafung die Frage essentiell, ob dieser überhaupt zu bestrafen ist. Die Unterscheidung, ob jemand nur Mittäter oder Gehilfe ist, wirkt sich hingegen nur in der Strafzumessung aus. Es ist eventuell sogar vollkommen unnötig, die obige Überlegung der derzeitigen Praxis abzulehnen, wenn die Berücksichtigung von subjektiven Merkmalen nur dahingehend einseitig wirkt, den Kreis der Beihilfe zu erweitern. Doch die Gefahr, dass die subjektiven Merkmale gerade in die Gegenrichtung wirken, also auch für diejenigen, die hinsichtlich der Straftatverwirklichung objektiv keine wichtige Rolle übernommen haben, und diese *allein wegen ihres subjektiven Willensinhalts* mit in den Kreis der *Täter* hineingezogen werden, kann nicht vollkommen ausgeschlossen werden. Betrifft die Unterscheidung zwischen Mittäter und Gehilfe nicht nur die Strafzumessung, sondern auch die Frage des *Unterschieds bezüglich des die Straftat ausmachenden Sachverhaltes*, dann sollte diese Unterscheidung wegen einer objektiv-typisierenden Betrachtung erfolgen, die den tatsächlichen Beitragsgrad hinsichtlich der

[74] Auch die Tatsache, dass die deutsche Rechtsprechung der subjektiven Täterlehre folgt und zum Beispiel im *Badewannen-Fall* (RGSt 74, 84) und im *Staschynskij-Fall* (BGHSt 18, 87) den Ausführenden der Tötungshandlung nur als Beihilfe-Leistenden verurteilt hat, beruht wohl auf diesen Überlegungen. Doch scheint mir dieses Ergebnis davon beeinflusst worden zu sein, dass das deutsche StGB die Vorschriften wie §§ 66 f. jaStGB, die ganz allgemein nach den Umständen eine fakultative Strafmilderung zulassen, nicht kennt und darüber hinaus für Mord nur die lebenslange Freiheitsstrafe (absolute Strafandrohung) zur Anwendung gelangt (vor der Reform durch das Bonner Grundgesetz war in Art. 102 GG die Todesstrafe vorgesehen); vgl. detailliert hierzu *Noruyuki Nishida*, Der Begriff der Täterschaft, in: Shōzō Horiuchi/Saku Machino/Noriyuki Nishida (Hrsg.), Das deutsche Strafrecht nach Rechtsprechungsbeispielen, AT, 1987, S. 190 ff.

Straftatverwirklichung zum Beurteilungsmaßstab nimmt.[75] Die subjektiven Gesinnungsmerkmale sollten dabei nur als Strafzumessungsfaktoren in Erwägung gezogen werden. Zusammenfassend lässt sich daher festhalten, dass die heutige Rechtsprechung mittels ihrer Schwerpunktsetzung auf die subjektiven Merkmale des an der Straftat Beteiligten nur Unsicherheiten bei der Unterscheidung zwischen Mittäterschaft und Beihilfe mit sich bringt.[76]

---

[75] Dass *Yamaguchi* (o. Fn. 19), S. 428, der der Vorgehensweise, „ohne den Grad des kausalen Beitrages zum Maßstab zu nehmen, allein wegen der Schwere der Schuld die Täterschaftlichkeit zu bejahen", widerspricht, läuft wohl auf dieselbe Ansicht hinaus.

[76] Vgl. *Nakamori* (o. Fn. 67), S. 71.

Fundstellennachweis

Makoto Ida
Einführung in das japanische Strafrecht
Originalbeitrag

Makoto Ida
Zum Begriff der „Adäquanz“ beim adäquaten Kausalzusammenhang im Strafrecht
veröffentlicht in: Hōgaku Kenkyū, Bd. 64, Nr. 11, 1991, S. 1–32 (wiederabgedruckt mit einem Nachtrag in: *Makoto Ida*, Der gegenwärtige Stand der Verbrechenslehre und die finale Handlungslehre, 1995, S. 79–114)

Atsushi Yamaguchi
Intervention des Opfers in den Tathergang sowie eine Betrachtung der Kausalität
veröffentlicht in: *Atsushi Yamaguchi*, Strafrecht im Lichte der neueren Gerichtsentscheidungen, 3. Auflage 2015, S. 1–16

Hitoshi Saeki
Vorsatzlehre – Teil 1
veröffentlicht in: Hōgaku Kyōshitsu, Nr. 298, 2005, S. 43–53 (wiederabgedruckt in: *Hitoshi Saeki*, Thinking and Enjoying Criminal Law, Allgemeiner Teil, 2013, S. 236–256)

Hitoshi Saeki
Vorsatzlehre – Teil 2
veröffentlicht in: Hōgaku Kyōshitsu, Nr. 299, 2005, S. 66–73 (wiederabgedruckt in: *Hitoshi Saeki*, Thinking and Enjoying Criminal Law, Allgemeiner Teil, 2013, S. 257–271)

Hitoshi Saeki
Vorsatzlehre – Teil 3
veröffentlicht in: Hōgaku Kyōshitsu, Nr. 301, 2005, S. 37–46 (wiederabgedruckt in: *Hitoshi Saeki*, Thinking and Enjoying Criminal Law, Allgemeiner Teil, 2013, S. 272–289)

Atsushi Yamaguchi
Über die Fahrlässigkeit
veröffentlicht in: *Atsushi Yamaguchi*, Problemuntersuchung im Strafrecht, AT, 1998, S. 156–186

Takashi Hashizume
Notwehrlehre
veröffentlicht in: Hiroshi Kawabata / Kazushige Asada / Atsushi Yamaguchi / Makoto Ida (Hrsg.), Strafrechtsdogmatische Untersuchungen, Bd. 1, 2008, S. 93–135

Noriyuki Nishida
Zur konspirativen Mittäterschaft
veröffentlicht in: Ken Naitō / Kōya Matsuo / Hiroshi Tamiya / Kuniji Shibahara (Hrsg.), Festschrift für Ryūichi Hirano zu seinem 70. Geburtstag, Band 1, 1991, S. 363–388 (wiederabgedruckt in: Noriyuki Nishida, Entwicklung der Teilnahmelehre, 2010, S. 40–66)

Autorenverzeichnis

Prof. Takashi Hashizume
Jahrgang 1970; seit 2009 Professor an der Tokyo Universität.

Prof. Dr. Dres. h.c. Makoto Ida
Jahrgang 1956; 1995–2016 Professor an der Keio-Universität in Tokyo; seit 2016 Professor an der Chuo Law School in Tokyo.

Prof. Noriyuki Nishida
1947–2013; 1985–2008 Professor an der Tokyo Universität; 2008–2013 Professor an der Gakushūin-Universität in Tokyo.

Prof. Hitoshi Saeki
Jahrgang 1958; 1996–2020 Professor an der Tokyo Universität; seit 2020 Professor an der Chuo Law School in Tokyo.

Prof. Atsushi Yamaguchi
Jahrgang 1953; 1992–2014 Professor an der Tokyo Universität; 2014–2017 Professor an der Waseda-Universität in Tokyo; seit 2017 Richter des Obersten Gerichtshofs.

Sachregister